Erlebnis – Gedächtnis – Sinn

Fritz Bauer Institut
Studien- und Dokumentationszentrum
zur Geschichte und Wirkung des Holocaust

In Zusammenarbeit mit der Evangelischen Akademie Arnoldshain

Wissenschaftliche Reihe des Fritz Bauer Instituts, Band 3

Hanno Loewy, Bernhard Moltmann (Hg.)

Erlebnis – Gedächtnis – Sinn

Authentische und konstruierte Erinnerung

Campus Verlag
Frankfurt/New York

Die Deutsche Bibliothek – CIP-Einheitsaufnahme

Erlebnis – Gedächtnis – Sinn : authentische und konstruierte
Erinnerung / Hanno Loewy ; Bernhard Moltmann (Hg.) –
Frankfurt/Main ; New York : Campus Verlag 1996
  (Wissenschaftliche Reihe des Fritz-Bauer-Instituts ; Bd. 3)
  ISBN 3-593-35444-6
NE: Loewy, Hanno [Hrsg.]; Fritz-Bauer-Institut <Frankfurt, Main>:
  Wissenschaftliche Reihe des ...

Das Werk einschließlich aller seiner Teile ist urheberrechtlich geschützt. Jede Verwertung ist ohne
Zustimmung des Verlags unzulässig. Das gilt insbesondere für Vervielfältigungen, Übersetzungen,
Mikroverfilmungen und die Einspeicherung und Verarbeitung in elektronischen Systemen.
Copyright © 1996 Campus Verlag GmbH, Frankfurt/Main
Umschlaggestaltung: conceptdesign, Offenbach
Umschlagmotiv: »Platz-Wunde Aschrottbrunnen«, Skizze von Horst Hoheisel für ein Denkmal in Kassel
Redaktion und Satz: Ernst Karpf, Frankfurt am Main
Druck und Bindung: KM-Druck, Groß-Umstadt
Gedruckt auf säurefreiem und chlorfrei gebleichtem Papier.

Inhalt

Vorwort   7

Aleida Assmann
Erinnerungsorte und Gedächtnislandschaften   13

Micha Brumlik
Individuelle Erinnerung – kollektive Erinnerung   31
Psychosoziale Konstitutionsbedingungen des erinnernden Subjekts

Dan Diner
Massenvernichtung und Gedächtnis   47
Zur kulturellen Strukturierung historischer Ereignisse

Jörn Rüsen
Trauer als historische Kategorie   57
Überlegungen zur Erinnerung an den Holocaust in der
Geschichtskultur der Gegenwart

James E. Young
Das Dilemma der ästhetischen Auseinandersetzung   79
mit dem Holocaust
Deutschland und USA im Vergleich

Jürgen Ebach
»Schrift« und Gedächtnis   101

Daniel Krochmalnik
Amalek   121
Gedenken und Vernichtung in der jüdischen Tradition

Christoph Münz
Erinnerung im jüdischen Kontext: Der Welt ein Gedächtnis geben   137

Dietrich Neuhaus
Gottes-Dienst als Erinnerungspraxis 165
Sinn und Gestalt des Erinnerns in Religion und Kultur

Mihran Dabag
Katastrophe und Identität 177
Verfolgung und Erinnerung in der armenischen Gemeinschaft

Fikret Adanır
Die Armenische Frage und der Völkermord an den Armeniern 237
im Osmanischen Reich
Betroffenheit im Reflex nationalistischer Geschichtsschreibung

Frank Golczewski
Gulag – die Geschichte der Erinnerung als politischer Konflikt 265

Bernhard Moltmann
Hiroshima und das Atomzeitalter 277
Erinnerung als Flucht in die Fiktion

Autorenverzeichnis 297

Vorwort

Um es gleich vorweg zu nehmen: Authentische Erinnerung gibt es nicht. Die Rede davon beschwört vielmehr einen zählebigen Mythos. Oder um es noch präziser zu sagen: Es gibt sie nur als Verfremdung des tatsächlichen Ereignisses, als Schmerz, als einen durchlebten Bruch, als fortwirkende Störung eines Diskurses, der vermeint, der Vergangenheit habhaft zu werden.

Erinnerung als solche ist keine fraglos vorauszusetzende Basis, sich über »das Vergangene« zu verständigen, sondern eine in sich höchst widersprüchliche soziale Form, ein kulturelles Konstrukt, ausgelöst sowohl durch die Zäsuren in kollektiven Erfahrungsgeschichten als auch durch den Wunsch, ihrer Herr zu werden und sie im kollektiven Gedächtnis mit Sinn zu erfüllen, auf Kontinuität zu beziehen.

Die Beiträge des vorliegenden Bandes, der auf eine gemeinsame Tagung der Evangelischen Akademie Arnoldshain und des Fritz Bauer Institutes im Frühjahr 1994 zurückgeht,[1] haben also ein Dilemma zum Gegenstand: Erinnerung als Frucht des Vergessens, als Resultat eines höchst voraussetzungsvollen Prozesses der Auswahl und Verarbeitung, der Symbolisierung und Transformierung je individueller Erfahrung in kommunizierbare, in kollektive Geltung beanspruchende Ausprägungen kulturellen Gedächtnisses.

Stehen am Anfang der historischen Erinnerung die Siege und Erfolge oder nicht die dahinter stehenden Katastrophen, gewaltsame Einbrüche in die Kontinuität persönlicher und familiärer, sozialer und gesellschaftlicher Lebenszusammenhänge?

Angesichts der Vernichtung der europäischen Juden, des Versuchs der Auslöschung des Judentums durch das nationalsozialistische Deutschland hat jedes Unterfangen, das Verhältnis von Erinnerung und Gegenwart zu bestimmen, eine nicht mehr zu hintergehende Zuspitzung erfahren.

Es scheint so, als hätte das nationalsozialistische Vorhaben, mit der Vernichtung der Juden (und der Sinti und Roma) die Geltung der Gebote und des Gewissens, jede Form von Universalismus überhaupt »mit der Wurzel auszurotten«, menschliche Zivilisation als solche in ihrem Kernbestand beschädigt.

So wird nun die Frage nach der »Erinnerungsfähigkeit« menschlicher Kultur im Gegenzug ins Zentrum gerückt. Doch was heißt es, wenn Yosef Hayim Yerushalmi den entscheidenden zivilisatorischen Schritt des Judentums darin erblickt, die mythische Vorstellungswelt zyklischer Wiederkehr des Immergleichen durchbrochen zu haben und die geschichtliche Existenz des Menschen zum Ausgangspunkt seiner Weltauffassung gemacht zu haben?

»Die in der Bibel nur in der Paradieserzählung der Genesis dargestellte uranfängliche Traumzeit-Welt der Archetypen war damit unwiederbringlich dahin. Wenn Adam und Eva den Garten Eden verlassen, beginnt die Geschichte, wird die historische Zeit real und ist der Rückweg auf ewig versperrt. ... Nach hebräischer Vorstellung lernt der gegen seinen Willen in die Geschichte geworfene Mensch seine historische Existenz trotz des Leids, das sie mit sich bringt, allmählich zu bejahen und entdeckt auf diesem mühsamen Wege auch, daß Gott sich im Lauf der Geschichte offenbart.«[2]

Geschichte und Geschichtsdeutung sind damit zugleich zum Austragungsort eines Ringens um Herstellung und Legitimierung von Gemeinschaft geworden. Gerade im Angesicht der Katastrophen, die die Kollektive heimsuchen, wird der Streit um die Deutung der Geschichte zum existentiellen Kampf einer nachholenden Selbstbehauptung, zur Konstitutionsbedingung von Fortexistenz und Dauer.

Walter Benjamin hat, entschiedener als jeder andere, noch in diesem Jahrhundert jene universalistische »Offenbarung«, von der Yerushalmi spricht, als eine immer präsente »kleine Pforte, durch die der Messias treten konnte«,[3] gegen die Vorstellung von der Geschichte als homogener und leerer Zeit zu retten versucht. Gegen einen Historismus also, der nur eine lineare Kette von Ereignissen, einen unaufhaltsamen Fortschritt zu sehen vermag, setzte er das Eingedenken der Katastrophen.

Doch jener Blick des mit aufgerissenen Augen auf die Trümmer zurückschauenden Engels der Geschichte – dem Benjamin am Vorabend der Shoah in seinen geschichtsphilosophischen Thesen noch eine Hoffnung abzugewinnen versuchte – erweist sich, erst Recht nach dem Holocaust, als schwach gegenüber einer konstruierenden Erinnerung, der es nicht um utopische Jetztzeit, sondern um Identität um jeden Preis zu tun ist.

Kein historisches Ereignis hat die Frage nach der Funktion, nach den Grenzen und nach der Zerstörung von Erinnerung zugleich so radikal gestellt wie der Holocaust. Im Kontext der Menschheitsverbrechen dieses Jahrhunderts und ihren kontroversen Deutungen ist der nationalsozialistischen Massenvernichtung die Rolle eines scheinbar universellen, negativen Maßstabs zugewiesen worden.

Die unterschiedlichen Kriegs- und Völkermordverbrechen, staatlichen Terrorakte und Bürgerkriege im 20. Jahrhundert, welche Ursachen, Anlässe und Konsequenzen sie auch immer haben, beanspruchen Anerkennung und Geltung im Rahmen einer universalen Interpretation der Menschheitsgeschichte in ihrem Vergleich mit dem Holocaust.

Verglichen werden soll hier freilich weniger die Faktizität der Verbrechen und ihre mörderische Bilanz als ihre Wirkung auf die kollektiven Formen der Erinnerung, ihre Abbildung in den kulturellen Gedächtnissen, ihre jeweilige Deutung und die Geltung, die diese im Kontext universeller Diskurse oder besser im Widerstreit konkurrierender Geschichtsinterpretationen erlangen.

Der vorliegende Band entfaltet die psychischen, kulturellen, historischen und religiösen Grundlagen für diesen Vergleich und liefert schließlich exemplarische Hinweise auf mögliche Kriterien einer Deutung kollektiver Erinnerung und ihres Verhältnisses zu den hinter ihr stehenden traumatischen Erfahrungen.

Von der paradoxen Erinnerung an eigene Verbrechen ist hier die Rede, wie der an eigene Leiden, von der kaum erträglichen Vergegenwärtigung von Verbrechen, die ihre Opfer im eigenen Kollektiv suchten, wie von der verweigerten Anerkennung eines ganzen Völkermordes, schließlich von der stellvertretenden Vernichtung, die in der politischen Wirklichkeit nur als Bedrohung der Menschheit überhaupt symbolisierbar war und Opfer und Täter in ihrer Deutung vollends miteinander verschmolz.

Aleida Assmann beschreibt, in welchem Verhältnis traditionelle Generationenorte und von historischen Zäsuren geprägte Erinnerungsorte zu einander stehen. *Micha Brumlik* deutet die psychosoziale Selektivität unseres Erinnerungsvermögens im Kontext gemeinschaftlicher Kommunikation und Sinnbildung. *Dan Diner* stellt unterschiedliche historische Erzählstrukturen des Holocaust einander gegenüber und die Narrativität von Geschichtsdeutungen zur Diskussion. *Jörn Rüsen* analysiert assoziativ die unterschiedlichen Funktionen von Auschwitz (als historischem Geschehen, Metapher und realem Ort) und fragt nach der Möglichkeit einer historischen Kategorie der Trauer. *James Young* schließlich vergleicht die Genese der amerikanischen Holocaust-Gedenkstätten mit den Versuchen negativer Denkmalsetzungen in Deutschland.

Kontroverse Deutungen der Frage nach dem Verhältnis von Erinnerung und Vergessen in Judentum und Christentum stellen in der Folge *Jürgen Ebach, Daniel Krochmalnik, Christoph Münz* und *Dietrich Neuhaus* zur Diskussion.

Angesichts des Völkermordes an den Armeniern durch das jungtürkische Regime während des Ersten Weltkrieges, dessen Anerkennung durch die türkische Seite bis heute aussteht, thematisieren die Beiträge von *Mihran Dabag* und *Fikret Adanir* die Vorgeschichte und die spätere Erinnerung (bzw. Leugnung) des Geschehens. Dies erweist sich als ein erster Versuch, in die noch immer schmerzlich offene Diskussionslage mit ihren Aporien einzuführen.

Frank Golczewski beschreibt die Widersprüche der Annäherung der sowjetischen bzw. russischen Gesellschaft an die stalinistischen Massenverbrechen in den Gulags. *Bernhard Moltmann* schließlich wirft den Blick zurück auf das »Atomzeitalter« und seinen Umgang mit der Erinnerung an »Hiroshima«.

Am Ende der Blockkonfrontation und im Angesicht der Wiederkehr ethnisch kodierter Konflikte, deren augenscheinliche Anknüpfung an das 19. Jahrhundert auf das zu Ende gehende 20. Jahrhundert einen irritierenden Schlagschatten wirft, tritt eine Welt das Erbe des »Atomzeitalters« an, in der die Waffen der Bipolarität in die Hände jener zu geraten drohen, für die der Krieg nicht länger eine Fiktion im Dienste der Abschreckung, für die kein »Kräftegleichgewicht« der Systeme, sondern das Alltagsgeschäft von Nationenbildung, Bürgerkrieg und Herrschaft auf der Tagesordnung steht.

Nach dem »Ende der Utopien« und der »Wiederkehr der Geschichte« ist Auschwitz, sind aber auch die anderen Verbrechen des 20. Jahrhunderts vollends aus dem moralischen Universalismus, und sei es dem der Ideologien, herausgefallen und zum Spielball einer Gegenwart geworden, die »Erinnerung« beliebig zu erzeugen und zu mobilisieren vermag. Die Rede von der »Erinnerungskultur« erscheint vor diesem Hintergrund als ein abgründiges, ein doppelbödiges Wunschbild.

Authentische Erinnerung gibt es nicht, es sei denn im Moment der Kritik ihrer Konstruktion, als Geltendmachen des Bruches, als »Aufblitzen«, von dem Benjamin sprach. Doch anders als ihm, der darin noch immer einen »schwachen Messianismus« zu erblicken hoffte, eine utopische Erinnerung eben, »wie sie im Augenblick der Gefahr aufblitzt«,[4] ist die »Erinnerung«, so oder so, selbst zur Gefahr geworden. Eine Störung, die domestiziert werden soll, die nur zum Instrument der Gegenwart verwandelt noch erträglich zu sein scheint und unterdessen neue Katastrophen produziert.

Anmerkungen

1 Organisiert wurde diese Tagung seinerzeit von Doron Kiesel, Cilly Kugelmann, Bernhard Moltmann, Dietrich Neuhaus und Hanno Loewy.
2 Yosef Hayim Yerushalmi, *Zachor: Erinnere Dich! Jüdische Geschichte und jüdisches Gedächtnis*, Berlin 1988, S. 21.
3 Walter Benjamin, »Über den Begriff der Geschichte«, in: Ders., *Gesammelte Schriften*, Werkausgabe Bd. 2, Frankfurt/M. 1980, S. 704.
4 Ebenda, S. 695.

Erinnerungsorte und Gedächtnislandschaften

Aleida Assmann

»Groß ist die Kraft der Erinnerung, die Orten innewohnt« – dieser Satz Ciceros kann einen Anstoß geben, die neuerlich akut gewordene Problematik von Erinnerungsorten und Gedächtnislandschaften zu überdenken.[1] Der große Theoretiker der römischen Mnemotechnik hatte eine deutliche Vorstellung von der Bedeutung von Orten für den Aufbau eines Gedächtnisses. Als Bausteine der Gedächtniskunst bestimmte er Bilder und Orte (imagines et loci), wobei die Bilder für die affektive Einprägung bestimmter Wissensgehalte und die Orte für deren Ordnung und Wiederauffindbarkeit genutzt wurden. Cicero hat selbst den Schritt von den *Orten des Gedächtnisses* zu den *Erinnerungsorten* vollzogen, als er in eigener Erfahrung entdeckte, daß Eindrücke, die an einem historischen Schauplatz empfangen werden, »um einiges lebhafter und aufmerksamer« sind als die, die vom Hörensagen und Lesen herrühren.

Die spezifische Gedächtnis- und Bindungskraft von Orten ist der Gegenstand der folgenden Untersuchung. Ausgehend von einer Bestimmung unterschiedlicher Typen (dem Generationenort, dem Erinnerungsort, dem traumatischen Ort) soll die spezifische Qualität einiger für die Deutschen wichtigen Erinnerungsorte (Auschwitz, Gestapo-Gelände Berlin) herausgearbeitet werden, die Teil einer übergreifenden deutschen Gedächtnislandschaft sind.

Generationenorte

In einer autobiographischen Skizze, die er seinem Roman »Der scharlachrote Buchstabe« (1850) vorangestellt hat, beschreibt der amerikanische Schriftsteller Nathaniel Hawthorne die Bedeutung des Ortes als Garant von Identität und Kontinuität. Dort heißt es:

»Durch diese lange Verbindung einer Familie mit einer bestimmten Stelle, dem Ort von Geburt und Begräbnis, wird eine Verwandtschaft zwischen Örtlichkeit und Menschen geschaffen, die gänzlich unabhängig ist von landschaftlichem Reiz oder seiner moralischen Imprägnierung. Diese Beziehung ist nicht auf Liebe, sondern auf Instinkt gegründet. Der neue Bewohner, der aus einem fremden Land kommt, oder dessen Vater oder Großvater von dort gekommen sind..., hat wenig Ahnung von dieser austernhaften Zähigkeit, mit der ein alter Siedler, über den das dritte Jahrhundert hinwegzieht, sich an die Stelle klammert, wo seine Ahnen über Generationen begraben liegen... Die Magie des Ortes bleibt bestehen.«[2]

Dieser Generationenort, wie wir ihn nennen können, ist bestimmt von Geburt und Tod am selben Platz in einer ununterbrochenen Kette der Generationen. Während Hawthorne die Bindungskraft des Ortes in klaren Farben ausmalt, mischt er zugleich Töne hinein, die anzeigen, daß er dieses Phänomen als archaisch und unzeitgemäß beurteilt. Moderne Lebensformen lassen solche austernartige Zähigkeit nicht mehr zu, die Menschen an einen bestimmten Flecken Land bindet; das Beharrungsvermögen des Alteingesessenen kann nicht mehr geduldet werden, weil es den Forderungen moderner Mobilität einen Widerstand entgegensetzt. Solche Familienorte hemmen den Fortschritt. Hawthorne streicht den obsoleten Charakter der bodenständigen Lebensform heraus, indem er ihn als instinktgebunden kennzeichnet. Der Instinkt gehört zur menschlichen Natur; er signalisiert eine Lebensform, die noch nicht auf die Stufe kultureller Reflexion gehoben ist. Dauer und Kontinuität, so legt Hawthornes Ausdrucksweise nahe, sind an sich keine zivilisatorischen Werte. Sie stellen sich naturwüchsig ein und sind nicht Ergebnis kultureller Formung und Bearbeitung. Ebenso haftet der Magie des Ortes etwas Anrüchiges an; der archaische Mensch, der alte Siedler, ist kein selbstbestimmtes Wesen, sondern läßt sein Schicksal von fremden Mächten beeinflussen.

Mit dieser negativen Einschätzung des archaisch ortsgebundenen Menschen ergibt sich spiegelbildlich das Programm des mobilen modernen. Dieser sagt sich von archaisch-instinktiven Mächten los und mißachtet eine Wertstruktur, die sich auf Alter, Dauer und Kontinuität stützt. Die Verwandtschaft zwischen Mensch und Ort muß aufgekündigt, das affektive Band gekappt und die Magie des Bodens überwunden werden, wenn der Mensch die in ihm angelegten zivilisatorischen Potentiale verwirklichen soll. Bereits die Wahl seiner Worte und Bilder hilft Hawthorne, sich von archaischen Denkstrukturen zu befreien. Mit leichter Hand schaltet er von der Instinkt-und-Boden-Sprache um auf eine Sprache landwirtschaftlicher Nutzung:

»Die menschliche Natur wird – ebensowenig wie eine Kartoffel – gedeihen, wenn sie über eine allzu lange Folge von Generationen immer wieder in den selben, ausgelaugten Boden gepflanzt wird. Meine Kinder hatten andere Geburtsorte, und sie werden, soweit ich ihre Geschicke bestimmen kann, ihre Wurzeln in fremde Erde treiben.«[3]

Wer sich diese funktionalistische Perspektive zu eigen macht, hat wenig Verständnis für das Prinzip der Bodenständigkeit, das hier als archaisch und instinkthaft denunziert wird. Das moderne Amerika sagt sich damit nicht nur von seiner eigenen Vergangenheit los, sondern von einem Traditionsbewußtsein überhaupt, wie es einerseits für Alt-Europa und andererseits für die Indianer (auch wenn sie nomadisieren) kennzeichnend ist, deren Kulturen ortsverbunden sind und den Kontakt mit ihren Toten pflegen. Ahnengeister sind nicht mobil. Modernisierung erfordert dagegen ein bewegliches Bewußtsein, das sich freigemacht hat von ortsfesten Mächten und Kräften. Die Bindungskraft numinoser Orte wird dabei ersetzt durch den neutralen Raum als eine der menschlichen Verfügung freigegebene Dimension.

Heute entsteht in den Vereinigten Staaten eine Literatur, die diese Haltung gründlich revidiert und wieder zurückkehrt zur spirituellen Kraft des Ortes. Diese nimmt die Stimmen derer auf, denen das Land vor der Besiedlung durch Weiße gehört hatte. Sie bringt auf diese Weise Lebensformen und Werte wieder zur Geltung, die mit dieser Besiedlung vernichtet wurden. Man kann hier von einer Wiederkehr des im Zuge der Modernisierung verdrängten Sinns für Orte sprechen. Ein neues Bewußtsein entsteht von der Bedeutung jener Orte, die der weißen Herrschaft über den Raum zum Opfer gefallen sind.

»Herrschaft und Unterdrückung beruhen auf subtilen oder brutalen Methoden, mit denen in Lebensformen eingegriffen wird, die der Unterdrücker nicht versteht. Sie zerstören die Orte, die der buchstäbliche Grund des Verstehens sind. Die Navajo Frau entgegnet den Modernisierern, die gekommen sind, um ihr das Land wegzunehmen: 'Wenn ihr mich von diesem Ort vertreibt, was kann ich dann noch meinen Kindern beibringen?' Diese Frau weiß, daß Weisheit und Überleben die Früchte des Dauerns sind.«[4]

Erinnerungsorte

Die Bedeutung der Generationenorte entsteht mit einer langfristigen Bindung von Familien oder Gruppen an einen bestimmten Ort. Dabei entsteht ein enges Verhältnis zwischen Menschen und geographischem Ort: Dieser bestimmt die Lebens- und Erfahrungsformen der Menschen ebenso wie diese den Ort mit ihrer Tradition und Geschichte imprägnieren. Ganz anders verhält es sich beim Erinnerungsort, der durch Diskontinuität, das heißt: durch eine eklatante Differenz zwischen Vergangenheit und Gegenwart gekennzeichnet ist. Am Erinnerungsort ist eine bestimmte Geschichte gerade nicht weitergegangen, sondern mehr oder weniger abrupt abgebrochen. Die abgebrochene Geschichte materialisiert sich in Ruinen und Relikten, die sich als fremde Überreste von der Umgebung abheben. Das Abgebrochene ist in Überresten erstarrt und steht beziehungslos zum örtlichen Leben der Gegenwart, das nicht nur weiter-, sondern über diese Reste auch mehr oder weniger achtlos hinweggegangen ist.

Pierre Nora hat diese Verlagerung von einem Ort, an dem sich traditionale Lebensformen stabilisieren, zu einem Ort, der nur noch die Spuren eines abgebrochenen oder zerstörten Lebenszusammenhanges festhält, mit einem französischen Wortspiel gekennzeichnet. Er spricht von einem Übergang vom »milieu de mémoire« zum »lieu de mémoire«.[5] Ein Erinnerungsort ist das, was übrigbleibt von dem, was nicht mehr besteht und gilt. Um dennoch fortbestehen und weitergelten zu können, muß eine Geschichte erzählt werden, die das verlorene Milieu supplementär ergänzt. Erinnerungsorte sind zersprengte Fragmente eines verlorenen oder zerstörten kollektiven Gedächtnisses; sie halten materielle Relikte, jedoch keine Erzählungen und Bedeutungen fest. Diese Orte sind erklärungsbedürftig; die Bedeutung der Relikte muß durch unabhängige Erinnerungen und Erzählungen gesichert werden.

Die Kontinuität, die im Lebenszusammenhang durch Traditionsbrüche, Verlust und Vergessen abgerissen ist, kann nachträglich im Medium der Erinnerung wieder aufgenommen werden. Die Erinnerungsorte, an denen sich etwas von dem erhalten hat, was nicht mehr ist, aber von der Erinnerung reaktiviert werden kann, markieren Diskontinuität. Hier ist noch etwas anwesend, aber dies verweist vor allem auf Abwesenheit; hier ist noch etwas gegenwärtig, aber es signalisiert in erster Linie dessen Vergangensein. Das Vergangenheitsbewußtsein, das sich an einen Erinnerungsort knüpft, ist von ganz anderem Charakter als das Vergangenheitsbewußtsein, das zur bodenständigen Ortsfestigkeit gehört. Jenes fußt auf der Erfahrung von Diskontinuität, dieses auf der Erfahrung von Kontinuität.

Die Geschichte, die abgebrochen und nur noch in Spuren zu fassen ist, kann für eine nachkommende Gegenwart von großer Bedeutung sein, wenn diese in jener Vergangenheit eine normative Grundlegung ihrer eigenen Zeit erkennt bzw. anerkennt. Ruinen und Relikte, die über längere Zeit als unbeachtete Trümmerhaufen existierten und dabei unscheinbar und unsichtbar geworden sind, können plötzlich wieder sichtbar werden, wenn der Aufmerksamkeitsstrahl eines neuen Interesses auf sie fällt. Ein Beispiel dafür sind die Bildungsreisen, die humanistische Gelehrte der Renaissance an die Erinnerungsorte der griechischen und römischen Antike führten. Dieser Bildungstourismus hat eine Tradition bereits im antiken Rom. Cicero hat näher erläutert, welche mnemotechnische Bedeutung diesen antiken Stätten zukommt. Er, der selbst solche Bildungsreisen unternahm, bestätigt,

»daß wir beim Anblick solcher Stätten, an denen sich denkwürdige Persönlichkeiten dem Vernehmen nach oft aufgehalten haben, mehr beeindruckt werden, als wenn wir einmal von ihren eigenen Leistungen hören oder eine Schrift von ihnen lesen ... so groß ist die Kraft der Erinnerung, die Orten innewohnt; man hat deshalb nicht ohne Grund die Mnemotechnik von ihnen abgeleitet.«[6]

Petrarca, der ein großer Verehrer Ciceros war, ist wohl der erste gewesen, der diesem Beispiel folgend den Appellcharakter, die mnemonische Kraft der Erinnerungsorte des klassischen und frühchristlichen Roms wiederentdeckte. Wie sehr unter Humanisten der Impuls der antiken Bildungsreise und das dazugehörige Ethos verankert war, zeigen die folgenden Anweisungen, die Justus Lipsius im Jahre 1578 einem Freund schrieb, der im Begriff war, nach Italien zu reisen:

»Ja, und dann auch noch der Nutzen von den Augen her, die sind dir hier schon allein Führer zum Wissen. Sieh, du kommst jetzt nach Italien, geschmückt mit Früchten, Männern, Städten, berühmt in Rede und Schriften. Dort wirst du nirgendwo deinen Fuß hinsetzen, dein Auge wenden, ohne irgendein Denkmal anzutreffen oder eine Erinnerung zu gewinnen an einen alten Brauch, eine alte Geschichte ... Wie groß und geheimnisvoll ist die Freude solchen Anblicks! Wenn nicht allein in den Geist, sondern beinahe in die Augen jene großen Manen eintreten, und wir den Boden betreten, den sie selbst so oft betreten haben.«[7]

Der lange Weg der schriftlichen Überlieferung wird belebt und bekräftigt durch den kurzen Weg der Autopsie; das geistige Vermächtnis der Vergangenheit wird sinnlich erfahrbar durch die Augen, die auf sichtbare Relikte stoßen. Dabei springt ein geheimnisvoller Funke von der Vergangenheit in die Gegenwart hinüber – allen Brüchen und allem Vergessen zum Trotz. Renaissance heißt »Wiedergeburt«; diese erneuernde Wiedergeburt findet im Medium einer Erinnerung statt, bei der neben den Originaltexten antiker Autoren auch die historischen Stätten und ihre Relikte »Geburtshilfe« leisten.

Traumatische Orte

Diese affirmative Besetzung von Erinnerungsorten ist unabhängig davon, ob es sich um angenehme, erhabene oder schreckenerregende vergangene Ereignisse handelt. Die Erinnerung an Märtyrer oder Schlachtfelder ist nicht weniger emphatisch als die Bildungs-Erinnerung an Geistesgrößen. Normative Kraft geht von allen Erinnerungsorten aus, an denen Vorbildliches geleistet oder exemplarisch gelitten wurde. Denn die historische Verfolgung, Hinrichtung oder Niederlage wird von der Erinnerung in eine positive, verpflichtende Botschaft umgemünzt. Traumatische Orte unterscheiden sich von Erinnerungsorten nicht durch das angenehme oder unangenehme Ereignis, das mit ihnen verbunden ist, sondern dadurch, daß sie sich einer affirmativen Sinnbildung sperren. Das religiöse und nationale Gedächtnis ist reich an Blut und Opfern, doch diese Erinnerungen sind nicht traumatisch, weil sie normativ besetzt sind und für eine persönliche oder kollektive Identität positiven Sinn stiften.

An diesem Punkt möchte ich auf den eingangs zitierten Autor Hawthorne zurückkommen und seinem Roman ein weiteres Beispiel, diesmal für den traumatischen Ort, entnehmen. Es handelt sich dabei um eine Variante der sprichwörtlichen Bindung des Verbrechers an den Ort seines Verbrechens. Die Heldin, der die puritanische Gesellschaft mit dem Buchstaben A wie »adultery« das Stigma ihres Verbrechens aufgeprägt hat, macht keinen Gebrauch von der Möglichkeit eines Ortswechsels, der sie von belastender Bekanntheit hätte befreien und ihr zu neuer Identität verhelfen können.

»Es mag erstaunlich erscheinen, daß diese Frau weiterhin ausgerechnet jenen Ort ihr Zuhause nannte, wo sie zum Wahrzeichen der Schande geworden war. Es gibt jedoch ein Verhängnis, ein Gefühl – so unwiderstehlich und unausweichlich, daß es die Macht des Schicksals annimmt – das Menschen fast unweigerlich dazu zwingt, gleich Geistern an dem Ort zu verweilen, wo ein großes und einschneidendes Ereignis ihrem Leben seine Prägung eingebrannt hat, und zwar desto unwiderstehlicher, je dunkler der Schatten ist, der auf ihnen lastet. Ihre Sünde, ihre Schande waren die Wurzeln, die sie in den Boden geschlagen hatte.«[8]

Während der Erinnerungsort stabilisiert wird durch die Geschichte, die von ihm erzählt wird, wobei der Ort seinerseits diese Erzählung stützt und verifiziert, kennzeichnet den traumatischen Ort, daß seine Geschichte nicht erzählbar ist. Die Erzählung dieser Geschichte ist durch psychischen Druck des Individuums oder soziale Tabus der Gemeinschaft blockiert. Ausdrücke wie Sünde, Schande, Zwang, Schicksalsmacht und Schatten sind solche

Tabu-Worte, Deck-Begriffe, die nicht mitteilen, sondern Unaussprechliches abwehren und in seiner Unzugänglichkeit einschließen. Die Bindungskraft der Orte ist in den drei vorgestellten Formen sehr unterschiedlich fundiert: Im Falle des Generationenortes beruht sie auf der Verwandtschaftskette der Lebenden und Verstorbenen, im Falle der Erinnerungsorte auf der wiederhergestellten und weitertradierten Erzählung, im Falle der traumatischen Orte auf einer Wunde, die nicht vernarben will.

Hawthorne thematisiert Schuld und Trauma als Symptome sozialer Krankheit, die auf Heuchelei und Selbstverkennung beruhen. Das Ereignis, das hier zugrundeliegt, ein uneheliches Kind, wird zum »Verbrechen« erst durch die Stigmatisierung der Heldin sowie die Verdrängungen und den moralischen Kode der puritanischen Gesellschaft. Hester bleibt zwanghaft an den Ort ihrer Schande gebunden, wo der Ehebruch nicht zur Vergangenheit wird, sondern anhaltende, virulente Gegenwart bleibt. Der traumatische Ort hält die Virulenz eines Ereignisses als Vergangenheit fest, die nicht vergeht und nicht in die Distanz zurückzutreten vermag.

Auschwitz – »Ort in der Zeit, die nicht mehr ist«[9]

Mit dem Namen Auschwitz ist ein Verbrechen von neuen und unüberbietbaren Dimensionen verbunden, was dazu führt, daß der Ort dieses Geschehens sämtliche Verstehens-Kategorien durchkreuzt. Der Ort Auschwitz, so schreibt Jonathan Webber,

»ist kein Museum, obwohl er auf den ersten Blick so erscheinen mag, er ist kein Friedhof, obwohl er wesentliche Voraussetzungen dafür hat, er ist kein Touristen-Ort, obwohl er oftmals überquillt von Besucherströmen. Er ist all dieses in einem ... Wir haben keine Kategorie in unserer Sprache, mit der wir ausdrücken könnten, was Auschwitz für ein Ort ist.«[10]

Der Name Auschwitz ist inzwischen zu einem unmißverständlichen Kürzel für den fabrikmäßigen Massenmord der Nationalsozialisten an Juden, Sinti und Roma, Verfolgten und wehrlosen Opfern geworden. So eindeutig die sprachliche Bedeutung dieses *Namens* ist, so unklar ist die Bedeutung dieses *Ortes*. Um die klare, aber formelhaft (um nicht zu sagen: liturgisch) verfestigte Bedeutung des Namens wieder in ihre Vielfalt aufzulösen und der Erinnerungsarbeit zurückzugeben, ist es immer wieder notwendig, zum Ort und der mit ihm verbundenen Problematik zurückzukehren. Die Vielschichtigkeit und Komplexität dieses traumatischen Ortes ergibt sich nicht zuletzt durch die Heterogenität der Erinnerungen und Perspektiven derer, die ihn aufsuchen. Für die Polen, die das KZ im eigenen Lande verwalten und zu einem zentralen Erinnerungsort ihrer nationalen Opfergeschichte gemacht haben, bedeutet er etwas anderes als für die überlebenden jüdischen Häftlinge; und für die Deutschen bedeutet er wiederum etwas anderes als für die Angehörigen der Opfer. Mit dem allgemeinen Wort »Betroffenheit« wird eine ganze Palette unterschiedlich akzentuierter Affekte ab- und zuweilen auch zugedeckt. Ruth Klüger betonte zurecht: »Alle, die nach Auschwitz in westlichen Ländern leben, haben Auschwitz in ihrer Geschichte.«[11] Doch wir wissen auch, daß diese Affekte so unterschiedlich eingefärbt sind wie die individuellen und kollektiven Geschichten, die Menschen mit diesem Ort verknüpfen.

Diese unterschiedlichen Affekte, die am selben Ort verankert sind, machen seine Komplexität aus. Für einige Gruppen ehemaliger Häftlinge, für die der Ort gesättigt ist mit der Erfahrung erlittenen Leids, ist er das konkrete Unterpfand einer gemeinsamen Erfahrung. Für die Überlebenden und ihre Kinder, die hier ihre ermordeten Angehörigen betrauern, ist er vorrangig ein Friedhof. Für diejenigen, die keine persönliche Verbindung zu den millionenfachen Opfern haben, steht das Museum im Vordergrund, das den konservierten Tatort in Ausstellungen und Führungen präsentiert. Für kirchliche oder politische Gruppen steht der Wallfahrtsort zur Leidensstätte prominenter Märtyrer im Vordergrund. Für Staatsoberhäupter wird der historische Schauplatz zur Kulisse für öffentliche Bekenntnisse, Mahnungen, Erklärungen und Ansprüche. Für Historiker bleibt der Ort ein archäologischer Schauplatz der Spurensuche und Spurensicherung. Der Ort ist all das, was man an ihm sucht, was man von ihm weiß, was man mit ihm verbindet. So gegenständlich konkret er ist, so vielfältig präsentiert er sich in den unterschiedlichen Perspektivierungen. Die Phase, in der die zuständigen Regierungen versuchten, traumatische Orte wie Auschwitz oder Buchenwald in Gedenkstätten mit einer eindeutigen politischen Botschaft zu verwandeln, scheint vorbei zu sein. Unter dem Firniß offizieller Sinnstiftungen kommt heute immer mehr die Vielstimmigkeit und oft auch die Unvereinbarkeit von Erinnerungen zum Vorschein.

Die Konservierung und Musealisierung traumatischer Orte ist geleitet von der Überzeugung, daß die nationalsozialistischen Massenverbrechen, für die es weder moralische Verjährung noch historische Distanzierung gibt, dauerhaft im historischen Gedächtnis verankert werden müssen. Von den Erinnerungsorten erhofft man sich über den Informationswert hinaus, den ortsunabhängige Gedenk- und Dokumentationsstätten vermitteln, eine Intensitätsverstärkung durch sinnliche Anschauung. Was schriftliche oder bildliche Medien nicht vermitteln können, soll den Besucher am *authentischen Schauplatz* unvermittelt anwehen: die besondere Aura des Ortes. Diese Einstellung entspricht nicht nur einer uralten inneren Bereitschaft von Wallfahrern und Bildungstouristen, sondern auch einer neuen museumspädagogischen Ausrichtung, die Geschichte als Erlebnis vermittelt. Sinnliche Konkretion und affektive Kolorierung sollen die rein kognitive Erfassung historischen Wissens im Sinne einer persönlichen Auseinandersetzung und Aneignung vertiefen.

Ruth Klüger, die sich in ihrem autobiographischen Roman »weiter leben« über den Nutzen und Nachteil von KZ-Gedenkstätten Gedanken gemacht hat, sieht in diesen Erinnerungsorten in erster Linie eine therapeutische Stütze für die Überlebenden. Die Pietät, so stellt sie fest, mit der die Überlebenden beharrlich am Ort, an den Steinen und an der Asche festhalten, kommt nicht den Toten zugute, sondern allenfalls ihnen selbst: »Der ungelöste Knoten, den so ein verletztes Tabu wie Massenmord, Kindermord hinterläßt, verwandelt sich zum unerlösten Gespenst, dem wir eine Art Heimat gewähren, wo es spuken darf.«[12] Sie glaubt nicht daran, daß »man Gespenster in Museen bannen kann«.[13] Als Gegenstück zu Auschwitz führt sie Theresienstadt an, wo sie ihre Erinnerungsspuren ungestört von Besucherrummel und Konservierungseifer aufnehmen konnte. Die zu Wohnlichkeit und Gewöhnlichkeit zurückgekehrte kleine tschechische Stadt Terezin nahm ihre Erinnerungen bereitwillig in sich auf:

»Dann schlenderte ich durch die Straßen, wo Kinder spielten, ich sah meine Gespenster unter ihnen, sehr deutlich und klar umrissen, aber durchsichtig, wie Geister sind und sein sollen, und die lebenden Kinder waren fest, laut und stämmig. Da ging ich beruhigt fort. Theresienstadt war kein KZ-Museum geworden.«[14]

Über diejenigen, die nach Auschwitz reisen, schreibt Ruth Klüger: »Wer dort etwas zu finden meint, hat es wohl schon im Gepäck mitgebracht.«[15] Die Überlebenden, die an die Stätte des Grauens zurückkehren, haben ganz anderes im Gepäck als die, die ihre Kenntnisse über Auschwitz nur aus Büchern und Bildern bezogen haben. Das Gepäck der von diesem Geschehen nicht unmittelbar Betroffenen ist unweigerlich leichter als das derer, die hieran persönliche Erinnerungen und Bindungen haben. Es ist vorstellbar, daß in dem Maße, wie das Gepäck der Besucher leichter wird, die Erwartung an die Eindruckskraft des Ortes zunimmt. Was man selbst, da man dem Geschehen bereits zu fern steht, nicht mehr mitbringt, soll durch eine ortsimmanente Gedächtniskraft, soll durch den überwältigenden Appellcharakter des Ortes aufgewogen werden.

Diese Eindrucksbereitschaft hat viel mit dem Wunsch nach Identifikation, ja nach Illusion zu tun, die eine weitere Komplexität dieses Ortes verkennt. Die zu Gedenkstätten und Museen umgestalteten Erinnerungsorte unterliegen einem tiefgreifenden Paradox: Die Konservierung dieser Orte im Interesse der Authentizität bedeutet unweigerlich einen Verlust an Authentizität. Indem der Ort bewahrt wird, wird er bereits verdeckt und ersetzt. Das geht gar nicht anders. Nur ein kleiner Teil des Bestandes kann als repräsentativ erhalten werden, und auch hier muß Baufälliges in der Substanz erneuert und ausgetauscht werden. Die Authentizität wird sich mit der Zeit immer mehr von den Relikten auf das schiere »Hier« der Örtlichkeit zurückziehen. Wer zuviel Gewicht legt auf die Gedächtniskraft des Ortes, läuft Gefahr, den umgestalteten Gedenkort, den Ort der Besucher, mit dem historischen Ort, dem Ort der Häftlinge, zu verwechseln. »Dachau habe ich einmal besucht«, schreibt Ruth Klüger, »weil amerikanische Freunde es wünschten«.

»Da war alles sauber und ordentlich, und man brauchte schon mehr Phantasie, als die meisten Menschen haben, um sich vorzustellen, was dort vor vierzig Jahren gespielt wurde. Steine, Holz, Baracken, Appellplatz. Das Holz riecht frisch und harzig, über den geräumigen Appellplatz weht ein belebender Wind, und diese Baracken wirken fast einladend. Was kann einem da einfallen, man assoziiert eventuell eher Ferienlager als gefoltertes Leben.«[16]

Aus der Perspektive der Zeugin, die eine lebendige Anschauung von dem gefolterten Leben hat, besitzen diese Orte nicht nur keine Erinnerungskraft, sie verstellen obendrein die Erinnerung. Man braucht Phantasie, um an ihnen vorbeizusehen, um sich ihrer Suggestion zu entziehen. Die musealisierten Erinnerungsorte sind für sie zu Deckerinnerungen geworden. Um nicht zu verfälschenden Erlebnisorten zu werden, muß die Illusion einer unmittelbaren Anschauung zerstört werden. Der Hiat zwischen dem Ort der Opfer und dem der Besucher muß sinnfällig gemacht werden, wenn das affektive Potential, das der Erinnerungsort mobilisiert, nicht zu einer »Horizontverschmelzung« und illusionären Identifikation führen soll. »Wir haben keine Kategorie in unserer Sprache, mit der wir ausdrücken könnten, was

Auschwitz für ein Ort ist« schrieb Jonathan Webber. Klüger hat sich auf die Suche gemacht nach einem neuen Wort. Für den traumatischen Ort Auschwitz schlägt sie folgendes vor:

»Das KZ als Ort? Ortschaft, Landschaft, landscape, seascape – das Wort Zeitschaft sollte es geben, um zu vermitteln, was ein Ort in der Zeit ist, zu einer gewissen Zeit, weder vorher noch nachher.«[17]

Erinnerungsorte wider Willen – die Topographie des Terrors

Im Lande der Täter ist die Markierung traumatischer Erinnerungsorte noch bis in die 80er Jahre hinein keine Selbstverständlichkeit gewesen. Dafür ist das ehemalige Gestapo-Gelände in der Mitte Berlins ein Beispiel.[18] Nach dem Kriege sind hier die Gebäude, in denen zwischen 1933 und 1945 die Zentralen der Geheimen Staatspolizei, der SS und des Reichssicherheitshauptamts untergebracht waren, abgerissen worden. Danach wurde auf dem eingeebneten Gelände jahrzehntelang Bauschutt verarbeitet. Diese Konstellation von Abriß, Verödung und Schuttabdeckung ist, wie nachträglich deutlich wird, von hoher symbolischer Signifikanz. 1983 war ein Wettbewerb ausgeschrieben worden, der die Stadtwüste in einen »Gedenkpark für die Opfer des Nationalsozialismus« verwandeln sollte. Der mit dem 1. Preis ausgezeichnete Entwurf, der nicht realisiert wurde, hätte den Zugang zum geschichtsträchtigen Boden mit einer imposanten Stahlkonstruktion versiegelt. Der Schritt vom Vergessen zum symbolischen Gedenken ist wesentlich kürzer als der zur aktiven Erinnerungsarbeit. Der Status dieses Geländes als historischer Erinnerungsort wurde hartnäckig verkannt; ein Antrag der SPD Fraktion, die Baureste an diesem Ort freizulegen, wurde noch am 31. Januar 1985 von der Mehrheit des Berliner Abgeordnetenhauses abgelehnt. Als wenige Monate danach zur Feier des 8. Mai Kohl und Reagan zum politischen Gedenken auf dem Soldatenfriedhof von Bitburg antraten, fand gleichzeitig in Berlin eine symbolische Gegenaktion statt. Eine schaufelnde Menschenmenge grub dort auf dem fraglichen Gelände gegen die landläufige Meinung an, »am Ort der SS- und Gestapo-Zentrale sei nichts mehr zu suchen und zu finden«.[19]

Im Sommer 1985 förderte eine systematische Spurensicherung dann die Reste eines unterirdischen Zellentrakts zutage, der zum Hausgefängnis der

Gestapo gehörte. Damit war ein symbolischer Durchbruch geleistet, der im Herzen Berlins den materiellen Kontakt zur nahen Vergangenheit herstellte. Dort ist seither, von einer Ausstellungshalle überwölbt, die »Topographie des Terrors« zu besichtigen.

»Der umschwiegene Ort«, wie das Gestapo-Gelände in einer Berliner Ausstellung genannt wurde, ist zu einem Testfall für den Umgang mit deutscher Geschichte geworden. Diese archäologische Spurensicherung zeigt, was ein traumatischer Ort im Land der Täter ist: hautnah und zugleich bewußtseinsweltenfern. Es sind »Steine des Anstoßes«, die gegen beträchtlichen Widerstand freigelegt und zur Besichtigung freigegeben werden.[20] Anders als bei den von den Opfern markierten Erinnerungsorten handelt es sich beim Gestapo-Gelände um eine »mémoire involuntaire«, eine »rumorende Erinnerung«, die ein später und unvermittelter Durchbruch ans Licht holt. Erinnerung ist offensichtlich nicht nur eine Sache der nötigen Konservierung oder künstlichen Restitution dessen, was längst vergangen und verloren ist, sondern auch eine Kraft, die sich gegen den Wunsch des Vergessens und Verdrängens eigenmächtig zur Geltung bringt. Nach Heiner Müller sind Traumata mnemischer Explosivstoff, der in Langzeitwirkung zum Ausbruch kommt. »Erinnerungsarbeit oder Trauerarbeit geht von Schocks aus«, erklärte er in einem Interview. Ähnlich wie Nietzsche, Warburg und Freud vertritt Müller eine Gedächtnistheorie, die dauerhafte Erinnerungsspuren an Urszenen der Gewalt bindet. Für ihn wie für Benjamin ist die Erinnerung obendrein eine revolutionäre Kraft, die die »Blutspur der vergessenen Ahnen« und unabgegoltene Problemüberhänge zur Erscheinung bringt. Diese revolutionäre Rückerinnerung ist der wichtigste Einspruch gegen die Geschichte.

Wenn sich Hitler hätte durchsetzen können, sähe die deutsche Memoriallandschaft heute anders aus – die Gestapo-Zentrale stünde weiterhin an ihrem Ort, und es gäbe keine Spuren mehr von den Vernichtungslagern. Die Konturen der Gedächtnislandschaft werden nämlich nicht in erster Linie vom Zahn der Zeit modelliert, sondern von historischen Umbrüchen. Nach dem Zusammenbruch eines Regimes und dem mit diesem verbundenen Wertsystem ordnen sich die Zeichen neu – was einst im Zentrum war, wird randständig und umgekehrt, die offizielle Botschaft verstummt, die zum Schweigen verurteilten Stimmen werden hörbar, Verfolger und Verfolgte tauschen ihre Reputation. Die eherne Logik dieser Umschwünge birgt die Gefahr in sich, daß Erinnern und Vergessen ebenfalls ihre Plätze tauschen und damit die Präokkupationen der vorangegangenen Ära von der jeweiligen

Gegenwart mit umgekehrtem Vorzeichen fortgeschrieben werden: Die Sockel bleiben stehen, nur die Statuen werden ausgetauscht.
Anders als Denkmäler, Gedenkstätten und -rituale gehen Erinnerungsorte allerdings nicht auf in den »Identitätsstiftungen der Überlebenden«[21]. Als historische Schauplätze mit ihren kärglichen materiellen Überresten sind sie bei aller symbolischen Ausdeutung und Ausbeutung immer noch etwas anderes als ein Symbol, nämlich sie selbst. Während kulturelle Zeichensetzungen aufgebaut und wieder abgetragen werden, verpflichtet die Persistenz von Orten, die auch in einer geopolitischen Neuordnung nicht ganz zum Verschwinden gebracht werden können, auf ein Langzeitgedächtnis, das neben den normativen Bezugspunkten für die Gegenwart zusätzlich im Auge behält, wie sich diese im historischen Gedächtnis verschoben haben.

Die Aura der Erinnerungsorte

Das Gedächtnis kennt nicht den behäbigen und unbestechlichen Maßstab chronologischer Zeitrechnung: Es kann das Allernächste in unbestimmte Ferne und das Ferne in bedrängende Nähe rücken. Während über das Geschichtsbewußtsein einer Nation die chronologisch geordneten Geschichtsbücher Aufschluß geben, findet das Gedächtnis einer Nation seinen Niederschlag in der Gedächtnislandschaft seiner Erinnerungsorte. Die eigentümliche Verbindung von Nähe und Ferne macht diese zu auratischen Orten, an denen man einen unmittelbaren Kontakt mit der Vergangenheit sucht. Die Magie, die den Erinnerungsorten zugeschrieben wird, erklärt sich aus ihrem Status als Kontaktzone. Heilige Orte sind solche Kontaktzonen, die eine Verbindung zu den Göttern herstellen, sie gibt es in allen Kulturen. Gedenkorte kann man als ihre Nachfolgeinstitution betrachten; von ihnen erwartet man sich, daß sie einen Kontakt mit den großen Geistern der Vergangenheit befestigen. Die Bindungskraft der Orte ist dabei ganz unterschiedlich fundiert: Im Falle des Generationenortes beruht sie auf der Verwandtschaftskette der Lebenden und Verstorbenen, bei den Gedenkorten auf der wiederhergestellten und weitertradierten Erzählung, bei den Erinnerungsorten auf rein antiquarisch-historischem Interesse und bei den traumatischen Orten auf einer Wunde, die nicht vernarben will.
Walter Benjamin, der den Begriff der Aura aufgenommen und in seinen Reflexionen über den Zusammenhang von Kunst, Technik und Massenkul-

tur entwickelt hat, verwendete ihn allerdings mit umgekehrter Stoßrichtung. Seine berühmte Umschreibung von Aura lautet: »Ein sonderbares Gespinst aus Raum und Zeit: einmalige Erscheinung einer Ferne, so nah sie sein mag.«[22] Nach Benjamin besteht die Erfahrung einer Aura gerade nicht in nahebringender Unmittelbarkeit, sondern im Gegenteil in Ferne und Unnahbarkeit. Was man nahe wähnte, zeigt sich plötzlich in einem anderen Licht, das es einem entrückt und entzieht. Das in der Aura enthaltene Heilige gründete für Benjamin nicht in einem Nähe-, sondern in einem Ferne- und Fremdheitsgefühl. Ein auratischer Ort in diesem Sinne macht kein Unmittelbarkeits-Versprechen; er ist ein Ort, an dem die unnahbare Ferne und Entzogenheit der Vergangenheit sinnlich wahrgenommen werden kann. Der Erinnerungsort ist in der Tat ein »sonderbares Gespinst aus Raum und Zeit«, der Präsenz mit Absenz, sinnliche Gegenwart mit historischer Vergangenheit verschränkt. Wenn das Merkmal der Echtheit die Verbindung von Hier und Jetzt ist, dann ist der Erinnerungsort als Hier ohne Jetzt halbierte Echtheit. Weit entfernt davon, die beiden getrennten Hälften zusammenzufügen, hält sie der Erinnerungsort als Hier und Einst hartnäckig auseinander. Die auratische Dimension des Erinnerungsortes läge gerade in diesem kategorischen Bruch, der sich vor Ort wesentlich schwerer überspringen läßt als in der imaginativen Rezeption eines Buches oder Films.

Der Schritt vom Traditionsort zum Erinnerungsort, vom »milieu de mémoire« zum »lieu de mémoire« erfolgt mit dem Abbrechen, Zerbrechen von kulturellen Bedeutungs-Rahmen und gesellschaftlichen Kontexten. Wie die Gebrauchsgegenstände, die ihren ursprünglichen Funktions- und Lebenszusammenhang verloren haben, als Relikte vom Museum aufgenommen werden, unterliegen auch Lebensformen, Haltungen, Handlungen und Erfahrungen einer ähnlichen Metamorphose, wenn sie aus dem Zusammenhang von lebendiger Aktualität zu Erinnerungen werden. Gegenstände, die ihren Kontext verloren haben, nähern sich Kunstgegenständen an, die von vornherein auf funktionsfreie Kontextlosigkeit angelegt sind. Dieser schleichenden Ästhetisierung von Gegenständen im Museum entspricht eine schleichende Auratisierung der Relikte an Erinnerungsorten. Nora schreibt die Transformation vom »milieu« zum »lieu de mémoire« in erster Linie dem Phänomen des Historismus zu. In einem Prozeß beschleunigten Erneuerns und Veraltens forciert die Moderne einen permanenten Wandel der Lebenswelt, der dazu führt, daß die Museen und die Erinnerungsorte immer zahlreicher werden:

»Wir erleben einen Augenblick des Übergangs, da das Bewußtsein eines Bruchs mit der Vergangenheit einhergeht mit dem Gefühl eines Abreißens des Gedächtnisses, zugleich aber einen Augenblick, da dies Abreißen noch soviel Gedächtnis freisetzt, daß sich die Frage nach dessen Verkörperung stellen läßt. Es gibt *lieux de mémoire*, weil es keine *milieux de mémoire* mehr gibt.«[23]

Noras Paradigma ist das von Moderne, Traditionsbruch und Historismus. Die deutschen Erinnerungsorte sind mit diesem Paradigma nur unzureichend zu erfassen. Daß ganz Europa nach dem zwölfjährigen Gewaltregime der Nationalsozialisten mit Erinnerungsorten überzogen ist, hat nichts mit Modernisierung zu tun, sondern mit dem Verbrechen planmäßiger Massenvernichtung. Die Vernichtungslager sind traumatische Orte, weil der Exzeß der dort verübten Greueltaten menschliches Fassungs- und Darstellungsvermögen sprengt. Die Vernichtungslager haben bewirkt, daß überall dort Erinnerungsorte entstanden, wo über Jahrhunderte jüdische Generationenorte mit einer lebendigen Tradition gewesen waren. Traumatische Orte, Erinnerungsorte und Generationenorte überlagern sich in dieser Gedächtnislandschaft wie die Schriftzüge in einem Palimpsest. Für diese Gedächtnislandschaft und ihre Erinnerungskultur ist daher entscheidend, daß der Schritt vom »milieu« zum »lieu de mémoire« nicht auf einen historischen Strukturwandel zurückzuführen ist, sondern auf einen gezielten Gewaltakt der Vernichtung, womit verbunden ist, daß sich diese Orte gegen eine eindeutige Klassifizierung und symbolische Sinngebung sperren.

Anmerkungen

1 Cicero, *De finibus bonorum et malorum*. Über das höchste Gut und das größte Übel, übers. und hg. v. Harald Merklin, Stuttgart 1989, V. 1-2, S. 394-396. Ein Seitenstück zu diesem Aufsatz habe ich veröffentlicht unter dem Titel »Das Gedächtnis der Orte«, in: *Stimme, Figur*, hg. v. A. Assmann und A. Haverkamp, Sonderheft der Deutschen Vierteljahresschrift für Literaturwissenschaft, 68, 1994, S. 17-35.
2 Nathaniel Hawthorne, *The Scarlet Letter*, New York 1962, S. 22: »This long connection of a family with one spot, as its place of birth and burial, creates a kindred between the human being and the locality, quite independent of any charm in the scenery or moral circumstances that surround him. It is not love, but instinct. The new inhabitant – who came himself from a foreign land, or whose father and grandfather came – has ... no conception of the oysterlike tenacity with which an old settler, over whom his third century is creeping, clings to the spot where his successive generations have been imbedded ... The spell survives.« (Übersetzung der Verfasserin.)

3 Ebenda, S. 23: »Human nature will not flourish, any more than a potato, if it be planted and replanted for too long a series of generations in the same worn-out soil. My children have had other birthplaces, and, so far as their fortunes may be within my control, shall strike their roots into unaccustomed earth.«
4 Reyes Garcia, »Senses of Place in ›Ceremony‹«, in: *Melus – The Journal of the Society for the study of the multi-ethnic Literature of the United States*, 10, 1983, S. 37-48; hier: S. 37 (Übersetzung der Verfasserin). Der Aufsatz, der sich mit Leslie Marmon Silkos *Ceremony* befaßt, erläutert das Thema dieses Romans wie folgt (S. 40): »In Ceremony the feeling of being at home and of belonging to the land realized by Tayo derives from a special sense of place that is also participation in culture and community.«
5 Pierre Nora, *Zwischen Geschichte und Gedächtnis*, Berlin 1990, S. 11.
6 Cicero, *De finibus* (wie Anm. 1).
7 Brief Justus Lipsius vom 3. 4. 1578 an den jungen Philippe de Cannoy, *Justi Lipsi Epistolae*, Pars I: 1564-1583, hg. v. A. Gerlo, M. A. Nauwelaerts, H. D. L. Velvliet, Brüssel 1978, S. 199 f. und S. 64 ff. Ich verdanke den Hinweis und die Übersetzung E. A. Schmidt.
8 Hawthorne, *Letter* (wie Anm. 2), S. 83: »It may seem marvellous that this woman should still call that place her home, where, and where only, she must needs be the type of shame. There is a fatality, a feeling so irresistible and inevitable that it has the force of doom, which almost invariably compels human beings to linger around and haunt, ghostlike, the spot where some great and marked event has given the color to their lifetime; and still the more irresistibly, the darker the tinge that saddens it. Her sin, her ignomy, were the roots which she had struck into the soil.«
9 Ruth Klüger, *weiter leben*, Göttingen 1992, S. 79.
10 Jonathan Webber, *The Future of Auschwitz. Some Personal Reflections*, The First Frank Green Lecture, Oxford Centre for Postgraduate Hebrew Studies, 1992, S. 8.
11 Ruth Klüger, »Kitsch, Kunst und Grauen. Die Hintertüren des Erinnerns: Darf man den Holocaust deuten?«, in: *Frankfurter Allgemeine Zeitung* vom 2. 12. 1995.
12 Ruth Klüger, *weiter leben* (wie Anm. 9), S. 70.
13 Ebenda, S. 75.
14 Ebenda, S. 104.
15 Ebenda, S. 75.
16 Ebenda, S. 77.
17 Ebenda, S. 78.
18 *Bauwelt*, Heft 18, 1993, S. 916-917.
19 Sibylle Wirsing, »Die Freilegung des Gestapo-Geländes. ›Der umschwiegene Ort‹ – eine Berliner Ausstellung«, in: *Frankfurter Allgemeine Zeitung* vom 24. 12. 1986.
20 Jochen Spielmann, »Steine des Anstoßes – Denkmale in Erinnerung an den Nationalsozialismus in der Bundesrepublik Deutschland«, in: *Kritische Berichte* 16/3, 1988, S. 5-16.
21 Zitat aus einem Titel von Reinhart Koselleck, »Kriegerdenkmale als Identitätsstiftungen der Überlebenden«, in: O. Marquard, K. H. Stierle (Hg.), *Identität. Poetik und Hermeneutik*, 8, München 1979, S. 255-276.

22 Walter Benjamin, »Das Kunstwerk im Zeitalter seiner technischen Reproduzierbarkeit« (1936), in: *Gesammelte Schriften*, hg. v. R. Tiedemann und H. Schweppenhäuser, Band 1.2, Frankfurt/M. 1974, S. 440.
23 Nora (wie Anm. 5), S. 11.

Individuelle Erinnerung – kollektive Erinnerung

Psychosoziale Konstitutionsbedingungen des erinnernden Subjekts

Micha Brumlik

I

In seinen Thesen über den Begriff der Geschichte aus dem Jahr 1940 setzt sich Walter Benjamin mit dem von Schriftstellern und Philosophen immer wieder bemerkten Gefühl der Traurigkeit auseinander, das sich bei der Betrachtung und beim Verstehen historischer Ereignisse einstelle:

»Die Natur dieser Traurigkeit«, so Benjamin, »wird deutlicher, wenn man die Frage aufwirft, in wen sich denn der Geschichtsschreiber des Historismus eigentlich einfühlt. Die Antwort lautet unweigerlich: in den Sieger. Die jeweils Herrschenden sind die Erben, die je gesiegt haben. Die Einfühlung in den Sieger kommt demnach den jeweils Herrschenden allemal zu gute.«[1]

Diese Sätze sind den geschichtstheoretisch Interessierten inzwischen so geläufig, daß ihre Problematik kaum noch deutlich wird: Benjamin deutet die Traurigkeit, so sie denn aufkommt, als moralisches Gefühl, in dem sich die Trauer über die Ungerechtigkeit des Weltlaufs dem einfühlsamen und wertfreien Selbstverständnis des rein verstehenden Historikers entgegen ihren Weg bahnt. Empiristische Rückfragen melden sich an: Empfinden tatsächlich die meisten Historiographen diese Traurigkeit? Und wenn sie es denn täten: Resultiert ihre Melancholie aus dem empfundenen Unrecht? Wäre nicht ebenso denkbar, daß sich diese Melancholie einem existentiellen Motiv verdankt – dem Gewahrwerden der Vergeblichkeit aller menschlicher Anstrengung, das schließlich auch den Historiographen und seine Tätigkeit ergreift?

Man sieht: Sobald das normative Pathos geschichtsphilosophischer Bemühungen seiner selbstverständlichen Gültigkeit entkleidet wird, entstehen Fragen, die auf die psychosozialen Konstitutionsbedingungen historiographischer Tätigkeit verweisen. Wer schreibt Geschichte? Auf der Basis welcher Interessen? In welchem politischen und kulturellen Kontext? Welche sozialen Gruppen, welche Institutionen, welche Medien sind bei der Herstellung von Geschichtsbildern interessiert, beteiligt und erfolgreich oder effektiv? Welche selektiven Mechanismen wirken in Gemeinschaften und Gesellschaften, um eine bestimmte Geschichtssicht durchzusetzen oder andere zu verhindern? In diesem Zusammenhang kehren normative, wissenschaftstheoretische Fragen zurück: Wie ist das Verhältnis von Mythos und Tatsachen, wie das Verhältnis von praktischem Interesse und sachlicher Wahrheit? Und vor allem: Was tut eine Gesellschaft, die sich wertend erinnert, die – wie wir uns zu sagen gewöhnt haben – gedenkt? Welcher Art ist das Verhältnis von Erinnerung und Gedenken, von individueller und kollektiver Erinnerung? Es ist offenbar: Wer des Untergangs von Karthago gedenkt, hat diesen Untergang selbst nicht miterlebt, kann sich somit an ihn auch nicht erinnern; wer sich daran erinnert, daß ihm im vergangenen Jahr ein ärgerlicher Unfall zugestoßen ist, gedenkt dieses Umstandes in aller Regel nicht. Setzt das Gedenken die Erinnerung voraus? Und wenn, welche und – vor allem – wessen?

Ist nicht andererseits auch die individuelle Erinnerung jedes einzelnen Menschen in einen soziokulturellen Interpretationshorizont eingebettet, der seine spezifischen Erinnerungsleistungen prägt und ermöglicht? Seit den bahnbrechenden Arbeiten von Maurice Halbwachs[2] ist eine sozialwissenschaftliche Theorie der Erinnerung möglich geworden, die den Bezug menschlicher Gesellschaften zu ihrer Geschichte aller Naivität entkleidet hat. Daß auch individuelles Gedächtnis sich ausschließlich in sozialen Zusammenhängen entfaltet, ist seither ein Gemeinplatz.

Der Bezug menschlicher Gesellschaften und der Gemeinschaften in ihnen zu ihrer Vergangenheit ist ein außerordentlich voraussetzungsvoller, komplexer kultureller Prozeß, an dem nichts selbstverständlich ist. Geschichte ist daher ein kulturelles Konstrukt, von dem man erst dann annehmen sollte, daß es wahr sei, wenn es durch ein intersubjektiv nachprüfbares Verfahren erzeugt wird. Daß dieses kulturelle Konstrukt einen Vergangenheitsbezug aufweist, spielt in diesem Zusammenhang keine Rolle. Die Art und Weise, wie sich eine gegenwärtige Gesellschaft Vorstellungen von ihrer Vergangenheit macht, unterscheidet sich nicht davon, wie sie dies von anderen, gleichzeitig existierenden tut, die in einer gewissen Distanz von ihr existieren.

Um es an einem Beispiel zu demonstrieren: Die Art und Weise, in der wir uns in Alltag und Wissenschaft ein Bild vom heutigen Japan machen, unterscheidet sich in keiner wesentlichen Hinsicht davon, wie wir uns ein Bild vom napoleonischen Frankreich machen. Krasser noch: Die Art und Weise, in der wir uns ein Bild vom Wilhelminischen Reich machen, unterscheidet sich in keiner Hinsicht von der Methode, mit der wir ein umfassendes Bild der letzten Jahre der DDR zu gewinnen suchen. In allen Fällen geht es um das Sichern und Bewerten von Quellen sowie um Theorien, die die durch diese Quellen bestätigten Ereignisse in einen sinnvollen Zusammenhang stellen.

Es ließe sich also konstatieren: Bei der Konstruktion von wertenden Gesellschafts- und Geschichtsbildern, beim Gedenken, geht es um das wechselseitige Beobachten von Gegenwarten derart, daß die eine Gegenwart abgespeicherte Symbole der Kultur einer anderen gesellschaftlichen Gegenwart in ihr eigenes Wissens- und Deutungssystem einspeist. Historische Vergegenwärtigung stellt sich somit als ein Sonderfall der wechselseitigen Beobachtung von Gesellschaften dar: Die zeitlich vorausliegende Gegenwart kann jene Gegenwart, von der sie beobachtet wird, nicht ihrerseits beobachten. Unter dieser Voraussetzung entfällt jene Dramatik, die ansonsten mit der Rede von der Geschichte, ihren Abgründen, ihrer Unvordenklichkeit und prägenden Kraft verbunden ist. In dieser Perspektive gibt es überhaupt keine Kommunikation zwischen Gegenwart und Vergangenheit, sondern allenfalls eine Kommunikation der Gegenwart mit sich selbst über die Vergangenheit. Letztlich existieren und kommunizieren Gesellschaften immer und nur in und mit der Gegenwart.

Zwar kann man – wenn man das allgemeine Modell eines abrufbaren Speichers zugrundelegt – so sprechen, als besäßen auch Gesellschaften die Fähigkeit, sich zu erinnern, d. h. Ereignisse und Prozesse, die ihr zeitlich vorausgingen, gegenwärtig zu repräsentieren. Doch sollte man dabei das Metaphorische dieser Redeweise nicht übersehen. Unmittelbares Zeit- und damit Vergangenheitsbewußtsein eignet nur lebendigen, individuellen Menschen. Denn wenn wir unter Erinnerung ein subjektives Repräsentieren verfließender und verflossener Zeit im Modus der Evidenz verstehen wollen, können sich nur Menschen erinnern.

Welche Rolle spielt dieses unmittelbar evidente Zeitbewußtsein bei der Konstruktion gesellschaftlicher Vergangenheitsbezüge? Wie zuverlässig ist die individuelle Erinnerung überhaupt? Ob und woran wir uns erinnern können, hängt in erster Linie davon ab, woran wir uns erinnern wollen. Die Zuverlässigkeit der individuellen Zeiterfahrung beruht nur darauf, daß wir Abläufe innerlich protokollieren, und dies wird möglicherweise auch durch unser Selbstverständnis mit geprägt.

So sah es jedenfalls Friedrich Nietzsche, der sich nicht nur in den »Unzeitgemäßen Betrachtungen« über den Nutzen und Nachteil der Historie für das Leben ausließ, sondern auch noch in seinen späteren Aphorismen diesem Thema verhaftet blieb:

»Wer einen hohen Rang hat, thut gut, sich ein verbindliches Gedächtnis anzuschaffen, das heisst, sich von den Personen alles mögliche Gute zu merken und dahinter einen Strich zu machen: damit hält man sie in einer angenehmen Abhängigkeit. So kann der Mensch auch mit sich selbst verfahren: ob er ein verbindliches Gedächtnis hat oder nicht, das entscheidet zuletzt über seine eigene Haltung zu sich selber, über die Vornehmheit, Güte oder das Misstrauen bei der Beobachtung seiner Neigungen und Absichten und zuletzt wieder über die Art der Neigungen und Absichten selber.«[3]

Im Anschluß an Nietzsche will ich im folgenden sozialwissenschaftliche Untersuchungen zur Zuverlässigkeit des individuellen Gedächtnisses vorstellen, um mich schließlich wieder dem Problem der Bedeutung der individuellen Erinnerung für gesellschaftliche Vergangenheitskonstruktion zuzuwenden. Dabei wird sich zeigen, daß der z. B. im Konflikt um die »oral history« gewiesene Ausweg, dieser unzuverlässigen Erinnerung jede systematische Bedeutung abzusprechen, nicht gangbar ist und daß menschlicher, individueller oder kollektiver Vergangenheitsbezug, der nichts anderes als ein kultureller Konstruktionsprozeß ist, in stetigem Konflikt zwischen Selbsttäuschung und Selbstbehauptung auf der einen Seite sowie dem Bestreben nach Wahrhaftigkeit auf der anderen Seite steht. Daß die Beziehung von Wahrheit und Wahrhaftigkeit in systematischer Hinsicht komplex ist, leuchtet ein; beim Vergangenheitsbezug, beim Erinnern – so will ich zeigen – ist der Wille zur Wahrhaftigkeit eine notwendige Voraussetzung wahrer Erkenntnis. Freilich garantiert auch der gute Wille noch keine wahren Einsichten. Aus diesem Grunde ist zunächst eine Klärung der Möglichkeiten des menschlichen Gedächtnisses, d. h. des individuellen Erinnerns unerläßlich. Erst von einer Klärung individueller Erinnerungsfähigkeit her wird es möglich sein, die Leistung kollektiver Erinnerungsleistungen zu ermessen.

II

Dem menschlichen Gedächtnis eignen sechs wesentliche Charakteristika. Es ist erstens narrativ gegliedert, verfährt zweitens selektiv, drittens affektiv und funktioniert viertens konstruktiv. Endlich strukturiert es die menschliche Erfahrung, aller Selektivität zum Trotz, ist fünftens holistisch und schließlich sechstens normativ. Dazu einige Erläuterungen. Der kalifornische Soziologe Melvin Pollner hat in einer Arbeit über die soziale Konstruktion menschlicher Wirklichkeit eine Reihe scheinbar widersprüchlicher Aussagen bei Verkehrsgerichten protokolliert und sie als »Rätsel« alltäglichen Weltwissens dargestellt.[4] Sein Rätsel Nr. 1 lautet: Wie kann einerseits ein Beschuldigter behaupten, daß er nicht schneller als 69 Meilen in der Stunde gefahren ist, und andererseits ein Beamter aussagen, daß er schneller gefahren ist? Die Auflösung lautet: Ein defekter Tachometer. Die Quelle, auf die sich Pollner bezieht, hat folgenden Wortlaut:

»Richter: Mr. Allen, bekennen sie sich schuldig oder nicht schuldig?
Beschuldigter: Ich kann mir das Ganze nicht erklären, Herr Richter.
Richter: Was ist passiert?
Beschuldigter: Ich bin auf die Autobahn gefahren, von da an habe ich immer meinen Tachometer im Auge behalten, bis er mich an die Seite gewunken hat. Und nach meinem Tachometer bin ich nie schneller als 69 Meilen gefahren . . .
Richter: Haben sie schon einmal ihren Tachometer überprüfen lassen?
Beschuldigter: Ich habe vor zwei Monaten schon einmal eine Vorladung bekommen. Angeblich bin ich zehn Meilen schneller gefahren, als ich meiner Meinung nach gefahren bin. Und ich habe meinen Tachometer – dann bin ich nach San Diego gefahren und habe ihn dort überprüfen lassen. Und . . .
Richter: Lassen sie ihren Tachometer überprüfen und bringen sie mir das Ergebnis. Wenn an dem Tachometer etwas nicht stimmt, werde ich diese ganze Sache niederschlagen.«

Im folgenden nun eine Analyse dieser Erinnerung anhand der sechs vorgebrachten Kriterien.

Narrativität

An dieser Erzählung lassen sich die Charakteristika dessen, was hier als Narrativ bezeichnet wird, präzise herauspräparieren. »Ich habe vor zwei Monaten schon mal eine Vorladung bekommen. Angeblich bin ich zehn Meilen schneller gefahren, als ich meiner Meinung nach gefahren bin. Und ich habe meinen Tachometer . . . überprüfen lassen.« Narrative enthalten als notwendige Bestandteile zunächst einmal Begriffe für Dinge und Ereignisse, Dinge sind etwa »Ich«, »Vorladung«, »Tachometer«, während Ereignisse von zeitlich begrenzten Beziehungen zwischen einzelnen Dingen berichten. In unserem Beispiel: »Ich bin auf die Autobahn gefahren.«

Ereignisse sind demnach das, worauf sich zutreffende Aussagesätze beziehen. Das heißt: So viele zutreffende Aussagesätze über Beziehungen zwischen Dingen machbar sind, so viele Ereignisse gibt es. Narrativ sind derlei Aussagesätze dann, wenn die berichteten Beziehungen zwischen Dingen und Ereignissen durch zusätzliche temporale Indizes, z. B. Adverbien wie »dann« oder »vorher« oder zeitliche Flexionsformen von Verben wie »ich bin gefahren« verbunden werden. Historische Narrative liegen dann vor, wenn mindestens einige der berichteten Dinge und Ereignisse Handlungen oder Handlungsergebnisse sind. Dabei spielt es keine Rolle, daß die berichtende Person über ihre eigenen Handlungen oder Widerfahrnisse berichtet. So hat die berichtende Person in dem Satz »Ich habe eine Vorladung empfangen« nicht gehandelt, sondern war Adressat der Handlungen anderer, während sie in dem Satz »Ich bin auf die Autobahn gefahren« von einer eigenen Handlung berichtet.

Unter Handlungen seien hier intentionale, d. h. gewollte und im Prinzip begründbare Verhaltensweisen von beliebigen Individuen, denen wir meinen, Wille und Bewußtsein zuschreiben zu können, verstanden. D. h., daß mindestens ein Ding in einem historischen Narrativ auch ein intentionales Wesen ist. Endlich zeichnen sich Narrative dadurch aus, daß die Ereignisse, auf die in ihnen Bezug genommen wird, irreversibel vergangen sind.[5] In unserem Beispiel: »Ich habe schon einmal eine Vorladung bekommen.« Demnach beruhen offensichtlich alle nicht fiktiven Narrative in irgendeiner Weise auf Erinnerungsleistungen.

Läßt sich gleichermaßen behaupten, daß alle menschliche Existenz narrativ gegliedert ist? Diese Meinung wurde etwa von dem Philosophen Wilhelm Schapp vertreten, der in seinem Buch »In Geschichten verstrickt«, einer phänomenologischen Untersuchung aus den dreißiger Jahren, das Problem so pointierte.

»Wir Menschen sind immer in Geschichten verstrickt. Zu jeder Geschichte gehört ein Verstrickter. Geschichte und In-Geschichte-verstrickt-Sein gehören so eng zusammen, daß man beides vielleicht nicht einmal in Gedanken trennen kann ... In solche Geschichten sind auch wir, unsere Nachbarn, Freunde und Bekannte, ist jeder einzelne verstrickt. Mit Geschichten, die uns beschäftigen, schlafen wir abends ein, sie begleiten uns und verfolgen uns bis in unsere

Träume hinein und stehen beim Erwachen wieder neben uns. In all diesen überlieferten oder von uns selbst erlebten Geschichten gibt es den Verstrickten oder die Verstrickten, die gleichsam als Mittelpunkt die Geschichte zusammenhalten. In diesem Punkt stimmen alle Geschichten, auch wenn sie sonst keine Berührungspunkte miteinander haben, überein.«[6]

Das heißt einerseits, daß die menschliche Erfahrung im Ganzen narrativ strukturiert ist, schließt aber andererseits keineswegs aus, daß wir uns nicht einzelner Dinge oder Ereignisse erinnern können, die wir nicht in eine Geschichte, ein narratives Deutungsmuster einbetten können. Man mag sich durch einen Duft, einen Geschmack oder auch einen optischen Eindruck an etwas, an einen Zusammenhang erinnert fühlen, ohne sich sofort den dazu gehörigen Kontext vor Augen rufen zu können. Aber weil in der Regel wahrgenommene oder widerfahrene Ereignisse in einen Kontext gebettet werden, können wir davon sprechen, daß das menschliche Gedächtnis narrativ konstruiert ist, und zwar im Sinne einer historischen Narration. Das liegt nur daran, daß das menschliche Erinnerungsvermögen es immer auch mit mindestens einem Aktor, nämlich dem erinnernden Subjekt selbst, zu tun hat, mit einem Subjekt, das sich die eigenen Verhaltensweisen als zeitlich gegliederte intentionale Bestrebungen zuschreibt. Dafür, daß diese Fähigkeit weder naturwüchsig noch unverletzbar ist, sprechen Befunde aus Sozialisationsforschung und Entwicklungspsychologie ebenso wie die Ergebnisse von Psychopathologie und Neurologie.[7]

Selektivität und Affektivität

Wenn die oben getroffene Behauptung, daß Ereignisse das sind, worauf sich wahre Sätze über die zeitlich begrenzte Beziehung von Dingen untereinander beziehen, stimmt, so kann es theoretisch unbegrenzt viele Ereignisse geben. Da aber die menschliche Wahrnehmungsfähigkeit aufgrund der Endlichkeit des menschlichen Lebens, des eingeschränkten Erfassungsspektrums, der Perspektivität der menschlichen Wahrnehmungsorgane, des begrenzten Darstellungsvermögens der menschlichen Sprache sowie der durch Sozialisation in eine endliche menschliche Gesellschaft unaufhebbaren individuellen, kulturellen und sozialen Standortverhaftung menschlichen Erkennens limitiert ist, können weder einzelne noch kollektive Anstrengungen der Menschheit jemals zu einem vollständigen Protokoll aller geschehenen Ereignisse führen. Am Ende nämlich müßten sogar ideale Beobachter auch noch ihr eigenes Beobachten und auch noch das Beobachten dieses Beobachtens beobachten.[8]

Während man über diese Selektivität vielleicht noch Einverständnis erzielen kann, dürfte dies bei der Selektivität der ureigensten Gedächtnisleistung, nämlich der Gedächtnisleistung in bezug auf das je eigene Leben, strittiger sein. Denn wenn wir uns nicht einmal an das erinnern können, was uns selbst widerfährt, wie sollen wir uns dann anderer Dinge erinnern, die von uns weder erfahren noch erlitten wurden? Aus diesem Grund kommt dem autobiographischen Gedächtnis, durch dessen Nadelöhr auch alle anderen Erinnerungen hindurchmüssen, eine exemplarische Rolle bei der Untersuchung des historischen Bewußtseins zu.[9]

Die neuere Forschung zu autobiographischem Bewußtsein und autobiographischem Wissen[10] konnte deutlich machen, daß das Gedächtnis einerseits als informationsverarbeitender, mit Filtern versehener Speicher dargestellt werden kann, der aber über etwas verfügt, was – jedenfalls bisher – nur als Eigenschaft menschlicher Gehirne bekannt ist: die Fähigkeit zu Selbstbezug und Selbstbewertung und damit die Fähigkeit, die aufgenommenen Informationen willentlich und wertend miteinander zu verknüpfen bzw. sie gegebenenfalls von der eigenen Aufmerksamkeit zu dissoziieren. Als Ergebnis der umfangreichen, modelltheoretisch konstruierten und experimentell überprüften Forschung zum autobiographischen Gedächtnis läßt sich zitieren:

»Es kann festgehalten werden, daß Ereignisse, die sich durch ausgeprägte Emotionalität und persönliche Bedeutsamkeit, häufig auch solche, die sich durch Überraschungsgehalt und Folgenschwere auszeichnen, auch über längere Zeiträume mit hohem Genauigkeitsgrad und in detaillierter Form erinnert werden können. Für Erinnerungen dieser Art sind hohe imaginale Anteile (meist in visueller Form) kennzeichnend. Erinnert werden häufig nicht nur Merkmale des Ereignisses selbst, sondern auch Merkmale der Situation, in der es stattfindet. Abseits solcher ›dramatischer‹ Ereignisse ist der immer wieder genannte zentrale Einflußfaktor hinsichtlich der Erinnerbarkeit von Ereignissen deren Seltenheit, Einmaligkeit oder Unterscheidbarkeit. Routineereignisse des täglichen Lebens können schnell nicht mehr erinnert werden, während seltene Ereignisse länger im Gedächtnis bleiben.«[11]

Auf das obige Beispiel aus dem Bereich der Verkehrsgerichtsbarkeit bezogen, ist die Hauptquelle der beunruhigenden Unzuverlässigkeit des Gedächtnisses (die durch selektive Wahrnehmung hervorgerufen wird) in eben diesem Sinne offenbar die Routine der nachträglich bedeutsam gewordenen Ereignisse gewesen – ein Problem, das nicht nur den Liebhaber von Kriminalfilmen aus der forensischen Psychologie bekannt sein dürfte. Sich an etwas zu erinnern, was im Lauf eines ganz alltäglichen Geschehens passiert ist, provoziert erhebliche Schwierigkeiten. Umgekehrt ist es jedoch keineswegs so, daß die Ungewöhnlichkeit eines Ereignisses immer zu besonders verlässlichen Erinnerungen führt, im Gegenteil: Wenn es denn richtig ist, daß die Erinnerungen an Ungewöhnliches in besonderem Ausmaß durch Stimmung und Emotionalität mitgeprägt werden, in der eine bestimmte Person eine Erfahrung gemacht hat und in deren Kontext sie später diese Erinnerung wieder abruft,[12] dann folgt daraus zwingend, daß aus unterschiedlichen Stimmungen unterschiedliche Bedeutsamkeiten resultieren, auf deren Basis Aufmerksamkeitsfokusse und somit endlich unterschiedliche Ereignisse erinnert werden. In Akira Kurosawas berühmtem Film »Rashomon« (Japan 1950) ist diesem Umstand eine nicht überbietbare Darstellung gegeben worden. Die Fähigkeit zum genauen Erinnern ist also sowohl durch die Trivialität und Alltäglichkeit der erinnerten Ereignisse als auch durch deren Gegenteil, die Außergewöhnlichkeit gefährdet. Beeinträchtigt die Alltäglichkeit des Erinnerten die Luzidität der Erinnerung, so gefährdet die Besonderheit des Erinnerten oft seine intersubjektive Bestätigbarkeit, d. h. seine Objektivität.[13]

Konstruktion

Das, was wir als »Tätigkeit« des Erinnerns bezeichnen, besteht zum nicht geringen Teil aus zwar indirekt beeinflußbaren, letztlich aber nicht willentlich steuerbaren Vorgängen auf der neuronalen Ebene. Wir erinnern uns – so scheint es –, ob wir es wollen oder nicht. Gleichwohl folgt die Speicherung der Gedächtnisinhalte weder bloßem Zufall noch einem reinen Automatismus, sondern der Logik eines komplexen Erfassungssystems, das zudem mit unterschiedlichen Kapazitäten für Kurz- oder Langzeiterinnerungen ausgestattet ist. Einzelne Erfahrungen werden von Beginn des menschlichen Lebens an mit unterschiedlichen Symbolen kodiert und nach unterschiedlichen, vertikal oder hierarchisch gegliederten Themenbereichen – die kognitive Psychologie spricht hier von »Skripten« – abgelegt. Je nachdem, ob Sinneserfahrungen, die wir uns ohnehin niemals als isolierte, atomistische Eindrücke vorzustellen haben, sprachlich oder vorsprachlich kodiert sind, je nachdem unter welcher emotionalen Dynamik sie aufgenommen, je nachdem welchem Lebensbereich eines Individuums sie zugeordnet werden, werden die Erinnerungen mehr oder minder deutlich, mehr oder minder intensiv, mehr oder minder bedeutsam sein. Auch hier gilt, daß die Erfahrung der Gegenwart die Erfahrung des Vergangenen vorstrukturiert, daß wir uns unsere Vergangenheit durch die Erfahrungen der

Gegenwart, durch das Leben, das wir aktuell führen, erstellen. In dem Maße, in dem wir schon unsere eigene Gegenwart jeweils gliedern und gestalten, gliedern und gestalten wir auch das, was später für uns als individuelle Vergangenheit gelten kann.

Diese eher passive Form der Gliederung und Speicherung von Erfahrungen wird aber nach Maßgabe neuerer Gedächtnismodelle durch eine eigene, im Prinzip steuerbare Kompetenz zur Bewertung und Verknüpfung von Gedächtnisinhalten ergänzt. Die Rede ist vom sogenannten »Metagedächtnis«[14]. Wenn diese Fähigkeit, nämlich die Fähigkeit zum Erinnern und ein ihr entsprechendes Wissen über diese Fähigkeit, im Lebenslauf bewußt werden, wird es in gewissem Ausmaß möglich, das, was man erinnern und behalten will, selbst zu bestimmen und zu verstärken. Über diese Fähigkeit verfügen übrigens schon Klein- und Schulkinder in erstaunlichem Ausmaß.[15] Auch bei derartigen, bewußt gesteuerten, Gedächtnisleistungen erweist sich, daß sich die Erinnerungsleistung bessert, wenn das, was erinnert und eingeübt werden soll, subjektiv als bedeutsam empfunden wird und in sich schlüssig gegliedert ist. Derlei Wissen über die eigene Fähigkeit, dies oder jenes besser erinnern zu können, prägt die Gedächtnisleistung in formalen und informellen Situationen. Insofern läßt sich sagen, daß das Einspeichern von Erfahrungen ein aktiver Prozeß ist, an dem das erinnernde Subjekt wesentlich beteiligt ist.

Die psychoanalytische Theorie des Gedächtnisses mitsamt ihrer Theorie der Abwehrstrategien folgt keinem anderen Gedanken. Neue Erfahrungen werden gleichsam bewertet und je nach Interessenlage in die bereits vorhandenen Schemata bzw. Skripte eingepaßt. In diesem Zusammenhang spielt es – im Hinblick auf die psychoanalytische Theorie des Gedächtnisses mit ihrer Vermutung einer Wiederkehr des Verdrängten – eine erhebliche Rolle, ob es – wie eine Theorie besagt – einen basalen Speicher gibt, in dem alle Eindrücke und Erfahrungen, unabhängig davon, ob sie nun subjektiv realisiert worden sind oder nicht, aufgenommen und gegebenenfalls wider Wunsch und Willen des Individuums aktualisiert werden können. Diese Vorstellung geht aber weniger von einem aktiven Konstruktionsmodell der Erinnerung als von einem passiven Ablagern durch prinzipiell offene Kanäle aus. Eine Theorie der Erinnerung als Konstruktion schließt jedoch diese Möglichkeit aus. Verdrängt werden kann demnach nur das, was vorher – sei es nun im Modus der gerichteten Aufmerksamkeit oder nicht – vom Individuum wahr- und in sein Gedächtnis aufgenommen wurde.

Holismus

Wenn es zutrifft, daß Erinnerungen nach Relevanzgesichtspunkten abrufbar und nach Maßgabe von Stimmung und Interessen gespeichert werden können, so daß sich beides als thematischer Zusammenhang, als Skript beschreiben läßt, dann folgt aus den Annahmen über Narrativität, Selektivität und Konstruktion, daß bei jedem Erinnern und bei jeder Erinnerung ein umfassender Welt- und Selbstbezug hergestellt oder revidiert wird. Alle Geschichten bzw. narrativen Partikel haben nämlich eine Vor- und eine Nachgeschichte und zehren von Bezügen und Verweisen, die in ihnen selbst nicht ausdrücklich erwähnt sind, von einem Hintergrundwissen, einem schweigenden, nicht explizierten und auch niemals völlig explizierbaren Wissen über die Welt.[16] Als Beispiel kann wieder eine Aussage aus dem Verkehrsprozeß dienen: »Ich habe vor zwei Monaten schon einmal eine Vorladung bekommen.«

Was aber für Gegenwartswissen zutrifft, trifft allemal für Wissen des Vergangenen zu. Insofern gilt für jede Erinnerung, sei sie nun sprachlich artikuliert oder nicht, daß sie immer Bezug auf ein ganzes, umfassendes Weltbild nimmt. Als klassische Illustration dieses Umstandes können immer noch die ersten Passagen aus Marcel Prousts »A la recherche du temps perdu« dienen, in denen der Erzähler berichtet, wie ihn die bewußte Wahrnehmung seiner leiblichen Aktivitäten beim Schlummern in immer umfassendere Weltbezüge stellt, um ihn schließlich am Zeitfaden einer Geschmacksassoziation ein umfassendes Gesellschaftspanorama neu erleben zu lassen.

»Der Schlafende spannt in einem Kreise um sich den Ablauf der Stunden, die Ordnung der Jahre und der Welten aus. Beim Erwachen orientiert er sich dann nach dem Gefühl an ihnen, er liest in einer Sekunde daraus ab, an welchem Punkt der Erde er sich befindet, wieviel Zeit bis zu seinem Wachsein verflossen ist; doch diese Systeme können sich verwirren und überschneiden.«[17]

Nach der Erläuterung dieser vier Merkmale individuellen Erinnerns, nämlich seiner Narrativität, Selektivität, Konstruktivität und schließlich seines Holismus, können wir abschließend die Frage der Intersubjektivität des Erinnerns in zwei Hinsichten untersuchen: bezüglich seiner moralischen und bezüglich seiner theoretischen Intersubjektivität.

Normativität

Die bisherigen Ausführungen könnten den Eindruck hinterlassen haben, als seien durch eine solche Erörterung der Struktureigenschaften individuellen Erinnerns die wertvollsten Erträge von Maurice Halbwachs Theorie des Gedächtnisses preisgegeben und der wesentlich soziale Charakter des Gedächtnisses unterschlagen worden. Daß dem nicht so ist, sei kurz angemerkt. Die bisher aufgewiesenen Merkmale individuellen Erinnerns zwingen in keiner Weise dazu, den intersubjektiven, d. h. sozialisatorisch und medial vermittelten Erwerb des Erinnerungsvermögens und seiner Inhalte zu bestreiten. Das Individuum allein kann nicht lernen, sich zu erinnern, aber wenn es im Rahmen einer menschlichen Gruppe gelernt hat, sich zu erinnern, dann besitzt es eine Kompetenz, die auf andere nicht mehr angewiesen ist. Nach dem Erwerb des Erinnerungsvermögens werden die anderen nicht mehr in bezug auf das Vermögen selbst, sondern in bezug auf dessen Inhalte bedeutsam. Ich und andere sind im Erinnern deshalb von Bedeutung, weil nur die anderen die moralische Akzeptierbarkeit meiner Handlungen oder Widerfahrnisse beurteilen und weil nur die anderen im Zweifelsfall die theoretische Wahrheit meiner Erinnerungen beglaubigen können. Die anderen werden im Erinnerungsbezug als Richter und Zeugen deshalb bedeutsam, weil dessen holistische Struktur erstens immer auch moralische Bewertungen des Erfahrenen und Erlebten beinhaltet und weil zweitens die Erinnerung ihres holistischen Charakters zum Trotz in jedem ihrer einzelnen Bestandteile brüchig werden kann, d. h. den Kontingenzen des Vergessens und Täuschens ausgesetzt ist, auf die anfangs hingewiesen wurde.

Die anderen als Zeugen und Richter, als die Beglaubiger der Richtigkeit individueller Handlungen und der Wahrheit narrativer Interpretationen werden damit zum Garanten des angemessenen Selbstverständnisses einer Person, eines Selbstverhältnisses, das heute gern als »Identität« bezeichnet wird: Nur im Verein mit anderen kann ein Individuum festhalten, wer es gewesen ist und wer es damit sein wird. Der Soziologe Erving Goffman hat in diesem Zusammenhang von »phantom identity« gesprochen. Die Rede von Zeugen und Richtern suggeriert im übrigen eine Dramatik, die zwar besteht, aber nicht unbedingt dort, wo man sie vermuten würde. Die unser Selbstverständnis betreffende Zuschreibung der Rolle von Richtern und Zeugen an die anderen ist nämlich eine durchaus alltägliche Angelegenheit.

»Angeblich«, so sagte der Beschuldigte im Verkehrsprozeß, »bin ich zehn Meilen schneller gefahren, als ich meiner Meinung nach gefahren bin.« Das Adverb »angeblich« in dieser auf den ersten Blick so selbstbezogenen Aussage verweist auf andere, die über das Verhalten des Aktors etwas anderes ausgesagt haben. In diesem Adverb »angeblich« sind die anderen als beobachtende Zeugen repräsentiert.

Soviel zur Rolle der anderen als mögliche Zeugen. Die Moralität der Situation und der entsprechenden Sprechhandlungen sind in dem hier aufgebotenen Fall zu offensichtlich, als daß sie irgendetwas beweisen könnten. Daher zur Problematik der anderen als möglicher Richter ein anderes Beispiel. Sogar die schlichte Behauptung »Ich bin zu spät gekommen« enthält mit der Rede von »zu spät« bereits einen Bezug auf eine Norm. Ist die Annahme sinnvoll, daß sich hier jemand auf eine selbstgesetzte Norm bezieht? Entfällt nicht damit die gesuchte Intersubjektivität? Wir sollten diese Möglichkeit nicht ausschließen, aber wenigstens festhalten, daß die den Satz »ich bin zu spät gekommen« wertende Person sich zu sich sowohl als Bewahrerin als auch als Brecherin der Norm versteht, also in gewisser Weise zugleich Richterin, Zeugin und Täterin ist.

Die Wahrheit der Erinnerung steckt somit in der Intersubjektivität, insofern hat Halbwachs durchaus recht.

IV

Damit kann ich zu einer abschließenden Bemerkung kommen. Wenn es erstens richtig ist, daß individuelle Erinnerungen wesentlich von einem ganzheitlichen Interesse an einem akzeptablen Selbstverständnis getragen sind, und es zweitens auch nur halbwegs plausibel ist, daß dieses Interesse nicht nur einzelnen, sondern allen Menschen innewohnt, dann wird deutlich, warum die je individuelle historische Erinnerung erst dann ihre Funktion als halbwegs verläßliche Quelle dafür, wie es gewesen ist, im Unterschied davon, wie es erfahren wurde, einnehmen kann, wenn die sich Erinnernden in einem dezentrierten und universalistischen Selbstverständnis stehen, d. h. in einem Selbstverständnis, das einer Stütze durch eine so oder so beglaubigte Vergangenheit nicht mehr bedarf. Insofern basiert der Quellenwert individueller Erinnerung nicht nur auf dem Willen, sondern auch auf der tatsächlichen Fähigkeit zur persönlichen Wahrhaftigkeit.

Damit bleibt noch die Beantwortung zweier Fragen offen: Wie sind Gesellschaften beschaffen, die ihre Mitglieder zu einem Höchstmaß an Wahrhaftigkeit sozialisieren und disponieren? Und: Sollten wir uns, da wir uns derlei Umstände kaum vorstellen können, nicht von der individuellen Erinnerung als Basis des historischen Bewußtseins abwenden und uns statt dessen den kollektiven, symbolisch kodifizierten Repräsentationen von Gesellschaften und Kulturen zuwenden?

Wird damit die Frage nach der Wahrhaftigkeit aber wirklich eliminiert? Kann das formale Prozedieren wissenschaftlicher Vergangenheitsforschung uns wirklich vom Zwang zur Wahrhaftigkeit erlösen? Denn so sehr das individuelle Erinnern auch unzuverlässig und fehlerhaft sein mag, so sehr Serien von Akten oder steinerne Zeugnisse von derlei Makel gereinigt zu sein scheinen, so rettet uns doch nichts und niemand vor der Einsicht, daß auch die Maler von Hieroglyphen, die Protokollanten von Aktenbergen sowie die, die derlei später lesen, lebendig sich erinnernde Subjekte waren oder sind, die in der Auseinandersetzung mit der Vergangenheit immer auch am eigenen Selbstverständnis interessiert sind.

Da sich dieses an seinem Selbstverständnis interessierte Subjekt jedoch nicht eliminieren läßt, bleibt uns nur der an uns selbst gerichtete Appell, der eigenen Vergangenheit wie der Vergangenheit der anderen sine ira et studio entgegenzutreten und gegebenenfalls bereit zu sein, das eigene Selbstverständnis aufzugeben, um der Wahrheit zu entsprechen. Mehr ist weder möglich noch nötig.

Anmerkungen

1 Walter Benjamin, »Über den Begriff der Geschichte«, *Ges. Schriften*, Bd. I. 2, Frankfurt/M. 1980, S. 696.
2 Maurice Halbwachs, *Das Gedächtnis und seine sozialen Bedingungen*, Frankfurt/M. 1985; ders., *Das kollektive Gedächtnis*, Frankfurt/M. 1985.
3 Friedrich Nietzsche, »Morgenröthe«, in: *Kritische Studienausgabe*, 3, München 1988, S. 215 f.
4 Melvin Pollner, »Mundanes Denken«, in: E. Weingarten u. a. (Hg.), *Ethnomethodologie – Beiträge zu einer Soziologie des Alltagshandelns*, Frankfurt/M. 1976, S. 317.
5 Vgl. Arturo Danto, *Analytische Philosophie der Geschichte*, Frankfurt/M. 1974.
6 Wilhelm Schapp, *In Geschichten verstrickt*, Wiesbaden 1976, S. 1 f.
7 Wilhelm Schneider, *Zur Entwicklung des Meta-Gedächtnisses bei Kindern*, Bern 1989; Oliver Sacks, *Der Mann, der seine Frau mit seinem Hut verwechselte*, München 1979.

8 Schneider (wie Anm. 7); Danto (wie Anm. 5), S. 241.
9 Stefan Granzow, *Das autobiographische Gedächtnis*, Berlin/München 1994.
10 Vgl. ebenda.
11 Ebenda, S. 152 f.
12 Karl Schneider, »Emotionen und menschliches Handeln«, in: Hans Spada (Hg.), *Allgemeine Psychologie*, Bern 1992, S. 440-442.
13 Hans Swerczyk, »Psychologie der Aussage«, in: H. J. Schneider, *Kriminalität und abweichendes Verhalten*, 2, Weinheim/Basel 1983, S. 171 f.; Elisabeth Müller-Luckmann, »Beurteilung der Glaubhaftigkeit von Zeugenaussagen«, ebenda, S. 187 f.
14 So etwa das MEM-Modell, vgl. Granzow (wie Anm. 9), S. 58 f.
15 Schneider (wie Anm. 7).
16 Zur Problematik des Hintergrundes vgl. Michael Polanyi, *Personal Knowledge*, London 1958, S. 69. f., sowie John R. Searle, *Intentionality*, Cambridge 1983, S. 141 f.
17 Marcel Proust, *In Swanns Welt*, Frankfurt/M. 1969, S. 11.

Massenvernichtung und Gedächtnis

Zur kulturellen Strukturierung historischer Ereignisse

Dan Diner

I

Im folgenden soll es darum gehen, die historischen Ereignisse der Massenverbrechen des 20. Jahrhunderts mit ihrer Repräsentation im kollektiven Gedächtnis zu konfrontieren. Betrachtet man die geringe Resonanz, die der erst kürzlich in unserer Zeit, aber auf einem anderen Kontinent mit anderen kulturellen Traditionen, nämlich in Ruanda, begangene Genozid bei uns gefunden hat und sicherlich auch später in unserem Gedächtnis haben wird, dann wird deutlich, wie sehr unsere eigene Kultur zum Filter in diesen Dingen wird. Nicht das, was passiert, ist für die Repräsentation im Gedächtnis entscheidend, sondern vielmehr, wer etwas erinnert und um welchen spezifischen Fall es sich handelt. Nicht die Massenvernichtung von Menschen als solche, sondern von wem sie welchen Gruppen angetan wurde und welche kulturellen Gedächtnistraditionen dafür den Hintergrund abgeben, ist für ihre Wertigkeit in unserer Erinnerung entscheidend.

Diesen Befund hat bereits einer der ersten Theoretiker des kollektiven Gedächtnisses, Maurice Halbwachs, so zusammengefaßt: Kollektive Gedächtnisse vermögen nur partikulare Gedächtnisse zu sein, ein wirksames universales, die gesamte Menschheit umfassendes Gedächtnis kann es nicht geben.[1]

Um dies zu verstehen, müssen wir nicht unbedingt auf unsere Rezeption der Tutsivernichtung im sehr fernen Ruanda hinweisen, sondern in nähere kulturelle Nachbarschaften schauen. Wie hat etwa die islamische Kultur, vor allem die des Vorderen Orients, auf das monströse Ereignis der nationalsozialistischen Judenvernichtung in Europa reagiert? Alles spricht dafür, daß sich die Rezeption dieses Großereignisses auf die Vorstellung vom Massaker zurückführen läßt, und zwar in der Art, wie solche Ereignisse in der eigenen kulturellen Tradition eine Rolle spielen. Die auf unserem Hintergrund entstandene Deutung und Bedeutung der Shoa kann also in dieser islamischen Zivilisation so nicht übernommen werden.

Wenn es also weniger darauf ankommt, was geschehen ist, sondern wie Subjekt und Objekt der Massenvernichtung im kollektiven Gedächtnis aufeinander bezogen sind, dann müßte die kollektive Wahrnehmung der drei großen historischen Massenvernichtungen entsprechend unterschiedlich ausfallen: die Wahrnehmung dessen, was wir mit Auschwitz, mit dem Gulag und schließlich mit Hiroshima bezeichnen. Zunächst möchte ich aber nach Indikatoren für einen objektiven Unterschied zwischen diesen Komplexen suchen, ohne damit in irgendeiner Weise eine Hierarchisierung zu beabsichtigen. Es gibt nämlich Indikatoren, die auf der Grundlage unserer westlichen Zivilisation beruhen und im Begriff der Rationalität und dem der damit zusammenhängenden Selbsterhaltung gefaßt werden können, die es erlauben, den Charakter von Auschwitz, Gulag und Hiroshima zu unterscheiden.

Auschwitz ist, und darin stimmt die Gedächtnisstruktur der Tätergesellschaft wie die der Überlebenden überein, jenseits von Rationalität geschehen, wenn wir die Arbeit als Kriterium dabei unterstellen: Die Nationalsozialisten haben die Juden nicht umgebracht, um sich den Wert ihrer Arbeit anzueignen, sondern haben vielmehr Arbeit aufgewandt, um diese Menschen zu Tode zu bringen. Die Judenvernichtung liegt damit jenseits unserer rationalen Kategorien und außerhalb unserer kognitiven Verfügbarkeit.

Der Gulag wiederum kennzeichnet eine lange Periode von mindestens zwanzig Jahren, die offensichtlich eine weitaus größere Zahl von Opfern gekostet hat als Auschwitz und somit, wenn man es überhaupt so ausdrücken kann, ein noch schrecklicheres historisches Ereignis darstellt. Aus der Perspektive der Täter ist es aber diesmal ein Geschehen mit durchaus rationalen Zügen, nämlich die Vernutzung von Menschen bis hin zu ihrem Tode, der Tod also als Folge der Aneignung ihres Arbeitsprodukts und nicht als Ziel einer anderen Arbeit. Hierin liegt eine Möglichkeit des Vergleichs, die sich im Hinblick auf die Zahlen hingegen kaum ergibt, die ja in beiden Fällen die Grenze der Vorstellbarkeit längst gesprengt haben.

Mit dem Atombombenabwurf auf Hiroshima und Nagasaki und seinen hunderttausenden Opfern kommen wir auf die dritte Massentötung zu sprechen. Die amerikanische Aktion war jedoch ein Kriegsakt, und auch wenn man darüber streiten kann, ob er notwendig war, liegt die Entscheidung für den Einsatz der Atombombe doch in einem ganz anderen Bereich als die Hintergründe von Auschwitz und des Gulag. Dennoch wird er normalerweise mit den beiden zuerst genannten in einen Zusammenhang gebracht, auch wenn das einzige diese Ereignisse unmittelbar Verbindende ihre gemeinsame historische Zeit ist. Wichtiger für die Herstellung dieses Zusammenhangs ist nämlich ein anderes Motiv, das des Vergleiches und der Vergleichbarkeit selbst. Meine These ist, daß es sich bei der Herstellung eines gleichsam selbstverständlichen Zusammenhangs zwischen diesen Ereignissen – im wesentlichen, wenn auch nicht ausschließlich – um das Bemühen eines partikularen Gedächtnisses, insbesondere des deutschen, handelt, das mit Auschwitz behaftet ist. Mir scheint, daß Hiroshima – abgesehen von seiner selbstverständlich universalen Bedeutung als Menetekel eines menschheitsvernichtenden Atomkrieges – im Gedächtnis der Deutschen dazu dient, ein Tabu zu umgehen, nämlich die alliierten Kriegshandlungen mit schrecklichen Folgen in Deutschland, wie etwa die Bombardierung Dresdens, kritisch beklagend in den Blick zu nehmen.

In gleicher Weise kann man fragen, ob nicht auch der Vergleich zwischen Auschwitz und dem Gulag, der außerhalb Deutschlands ein geringeres Gewicht hat, trotz seiner universalen Bedeutung, seine besondere Brisanz im partikularen deutschen Narrativ hat, das ganz wesentlich an Auschwitz hängt. Die Beschäftigung mit dem Gulag hätte also hierzulande auch die Funktion, die spezifisch deutsche Verantwortung für Auschwitz in ein weiteres Feld zu rücken, auf dem sie sich dann nicht mehr gar so groß und bedrohlich ausnimmt.

Der Diskurs um die Massenvernichtung – vor allem, aber nicht nur, der Juden –, für die Auschwitz als Symbol steht, befaßt sich nur vordergründig mit konkreten historischen Ereignissen und ist im wesentlichen durch einen alten Gegensatz, dem der antijudaistischen Merkmale in der säkularisierten Kultur der westlichen Christenheit, geprägt. Die hinter dem Vergleich von Auschwitz, Gulag, Hiroshima stehende Frage ist die nach der Auserwähltheit und ihrer Negierung, die im Fall der Massentötung selbst zur negativen Auserwähltheit wird. In diesem Diskurs steht die Hierarchie der Opfer zur Debatte, einmal die zwischen den drei großen Ereignissen, zum anderen die innerhalb der nationalsozialistischen Epoche: Juden, Zigeuner, politische Gegner usw. Meine Frage ist also, wie tief diese Bemühungen um Vergleich und Hierarchisierung mit dem besonders Deutschland prägenden kulturellen

Subtext eines antijudaistischen christlich-westlichen Erbes im Zusammenhang stehen.

Dabei ist auf eine Frage zu verweisen, die in Deutschland eine besondere Rolle spielt: Ist Auschwitz ein Ereignis, dessen historische Wirklichkeit das kollektive Gedächtnis prägen sollte, oder geht es darüber hinaus um seine Universalisierung, um die Betonung, daß Massenvernichtungen dieser Art letztlich durch die Moderne selbst zu verantworten seien – daß also bei aller partikularen Wirklichkeit die universelle Möglichkeit dieser Wirklichkeit das Entscheidendere sei. Auch diese Gegenüberstellung von Ereignis und Moderne halte ich für das Ergebnis dieses alten christlich-westlichen Subtextes, nämlich der Auseinandersetzung um Auserwähltheit einerseits und Universalitätsanspruch des Christentums andererseits.

Ereignisse lassen sich, so meine These, kaum jemals verobjektivieren. Es sind die nationalen bzw. kulturellen Hintergründe, die den Resonanzboden der Wahrnehmung bilden und damit die Art historischer Rekonstruktion in der Tiefe so beeinflussen, daß letztlich die Geschichte (als Ergebnis von Geschichtsschreibung) als ein Epiphänomen von Gedächtnis und Gedächtniskonstruktion angesehen werden kann.

II

In einem zweiten Abschnitt möchte ich nun auf das jüdische Gedächtnis zu sprechen kommen, für das zumindestens seit 1945 die Massenvernichtung der Nazizeit zentral geworden ist. Auch dieses Gedächtnis ist partikular, aber darüber hinaus noch einmal in sich selbst in viele Gedächtnisse unterteilt, von denen eines, nämlich das jüdisch-polnische Gedächtnis, eine gesellschaftlich dominierende Rolle erhalten hat. Dies hat wesentliche Folgen für die jüdische Geschichtskultur und Geschichtsschreibung.

Die Probleme, die die Darstellung und Darstellungsfähigkeit des Holocaust als historisches Ereignis aufwerfen, sind hinlänglich bekannt: Ich möchte sie mit folgender These zusammenfassen: Der Holocaust, bzw. die Massenvernichtung generell, hat zwar eine Statistik, aber kein Narrativ, keine Struktur, die eine Erzählung ermöglichen würde. Wenn man davon spricht, daß in Auschwitz eine bürokratisch-industrielle Vernichtung innerhalb sehr kurzer Zeit stattgefunden hat, bedeutet diese allgemein akzeptierte Kennzeichnung nun aber – auf die Ausbildung von Gedächtnis bezogen –, daß es sich dabei um einen Vorgang von abstrakt-gleichförmiger Wiederholung handelt, um die stets wiederholte, gleiche Ausstanzung persönlicher Schicksale, die damit jede Individualität verlieren. In jedem dieser einzelnen Tötungsakte wird so die biographische Geschichtlichkeit der Betroffenen annulliert, ihr aller Ende ist vollständig gleich, gänzlich unabhängig von ihrem früheren Leben. Die Nachgeborenen können nun darin aber keine Erzählstruktur finden, sie finden nur eine Statistik, aber kein Narrativ. Für das Bewußtsein ergibt sich aus diesem Mangel das Phänomen einer gleichsam gestauten Zeit, die nicht erzählt oder beschrieben werden kann, weswegen man auf Ersatzgeschichten zurückgreifen muß, auf vorgelagerte Geschichten, die eine Erzählung des eigentlich nicht beschreibbaren Ereignisses ermöglicht.

Mir geht es hierbei nur um die Form dieser Erzählungen, nicht um ihre Inhalte, und unter Form verstehe ich zum einen den geschichtstheoretischen Verarbeitungsansatz: Das Ereignis wird in der Folge vorausgegangener Ereignisse als notwendig interpretiert, Kausalzusammenhänge hergestellt und eine negative Teleologie entwickelt, in der historische Zufälligkeiten keine Rolle mehr spielen. Diese Struktur prägt die Form historiographischer Konstruktionen, z. B. etwa, wenn im jüdischen Gedächtnis die Bedeutung des Antisemitismus als wesentliche, ja notwendige Voraussetzung des Holocaust und dieser damit selbst als dessen notwendige Folge stark gemacht wird. Nicht daß der Antisemitismus keine Bedeutung habe, will ich ausdrücken, sondern daß er im Rahmen dieses Gedächtnisses auf eine teleologische Funktion reduziert wird, darauf, unmittelbar zu Auschwitz geführt haben zu müssen.

Dennoch handelt es sich dabei keineswegs um Manipulation. Auch wenn zur Erklärung und Deutung von Auschwitz Zusammenhänge angeführt werden, die an der Sache vorbeigehen, müssen dahinter keineswegs politische Absichten enthaltende Manipulationen stecken. Aus meiner Sicht kann ein solches »falsches Bewußtsein« durchaus ein notwendiges Bewußtsein sein, denn das Phänomen der gestauten Zeit läßt gar keine andere Möglichkeit zu, als das »Statistische« durch Rückgriff auf andere historische Bilder zu umgehen und zu überwinden. Dies kann sich auf Jahrhunderte zurückbeziehen und so die spanische Inquisition des 16. Jahrhunderts zur Vorgeschichte und damit Teil des Holocaust machen, es kann aber noch viel häufiger erzählbare Einzel- oder Randereignisse im Zusammenhang des Holocaust stellvertretend für das Ganze beanspruchen, obwohl sie strukturell mit der Bedeutung des Holocaust nicht zur Deckung gebracht werden können. Beispiel hierfür ist der Aufstand im Warschauer Ghetto, der gemessen an der Massenvernichtung in den Lagern eine Marginalie war, dem aber die Überlebenden und Nachgeborenen die Gesamtgeschichte des Holocaust aufbürden. Sie tun dies nicht, um eine Nationalgeschichte im Sinne des heroischen Topos zu begründen – was den Verdacht von Manipulation berechtigen würde –, sondern vielmehr, weil dieses eigentlich marginale Ereignis eine wesentliche, ethische Erzählstruktur ermöglicht. Es ist eine Geschichte, die erzählbar wird, sie ist nun analogisierbar, kulturell verschiebbar und damit auch universalisierbar.

Ich habe oben davon gesprochen, daß das jüdische Gedächtnis durch eine jüdisch-polnische Ausprägung dominiert wird. Daß Auschwitz in Polen liegt, ist nicht unwesentlich für die Wahrnehmung und Interpretation des mit ihm verbundenen Geschehens. Die Deutschen haben dort die Vernichtungslager installiert, wohl weniger, weil die Polen damals antisemitischer als andere Völker gewesen wären, sondern weil dort die meisten Juden lebten und Polen vor dem Angriff auf die Sowjetunion das am stärksten von den Deutschen unterworfene Land gewesen ist. Je stärker damals ein Land mit den siegreichen Deutschen kollaborierte, desto sicherer waren, so das Paradox, die dort lebenden Juden. Das ungarische Judentum wäre in diesem Sinne das einzige gewesen, das hätte gerettet werden können. Das polnische Judentum war unter diesen Bedingungen dagegen von Anfang an verloren.

Im jüdischen Bewußtsein wird die Geschichte des Holocaust auf dem Hintergrund des polnisch-jüdischen Verhältnisses erzählt, und zwar als eine Geschichte der Kollaboration von Polen mit den Deutschen, obwohl doch Polen das von den Deutschen am meisten geknechtete Land war. Das Phänomen der gestauten, nicht erzählbaren Zeit zwingt zum Gebrauch der vorausgegangenen, durchaus erzählbaren Geschichte, die nun als Ersatz dienen muß. Diese in Polen vorausgegangene Geschichte der Juden hat aber den alltäglichen Antisemitismus, der erleb- und erzählbar ist, zum Hauptgegenstand. Dieser Unterschied zur abstrakt erscheinenden Maschinerie der deutschen Vernichtung, die kaum noch artikulierbare Gefühle mehr zuließ, ist wichtig, bedeutender aber wohl noch die Selbsterfahrung der Juden dort im östlichen Mitteleuropa als eigenständige Nationalität innerhalb einer Vielzahl anderer. Alltagsantisemitismus und Nationalitätenfrage bildeten also das Arsenal der jüdisch-polnischen Erinnerung und damit das Rückgrat für die Bebilderung des abstrakt erscheinenden Ereignisses des Holocaust.

Ohne die Polen damit in die Nähe der Deutschen rücken zu wollen, möchte ich auf einige Aspekte hinweisen, die das jüdisch-polnische Bewußtsein prägten und damit auch die Erinnerung an den Holocaust im oben ausgeführten Sinne mitbestimmen. Polen konnte sich 1934 nach Abschluß des deutsch-polnischen Nichtangriffspaktes von den Kautelen seiner Minderheitenverträge lossagen und begann, nicht nur die jüdische, sondern auch andere Minderheiten verschärft zu diskriminieren. Damals wurden in Polen auch Überlegungen laut, daß es im Lande mindestens eine Million überzählige Juden gebe und daß man sie irgendwie des Landes verweisen solle. Damit hängt etwa der sogenannte Madagaskarplan, die Austreibung der Juden auf diese entfernte Insel, zusammen, der den Nationalsozialisten zugerechnet wird, obwohl er im wesentlichen ein polnischer Plan war. 1935 kam es zu einem Besuch von Propagandaminister Goebbels in der Warschauer Universität, wo er in Anwesenheit des polnischen Ministerpräsidenten über die »Erfolge der deutschen Judenpolitik« berichtete. Weiterhin wurde der palästinensische Aufstand von 1935 dadurch ausgelöst, daß arabische Schauerleute im Hafen von Haifa zufällig eine illegale Ladung Armeepistolen entdeckten, die vom polnischen Staat radikalen zionistischen Organisationen zur Verfügung gestellt worden waren, um die von ihm gewünschte Auswanderung polnischer Juden nach Palästina zu unterstützen. Schließlich ist noch darauf hinzuweisen, daß die als liberal geltende polnische Exilregierung unter Mikolajczyk in London noch nach 1942 Pläne vorbereitete und den Alliierten vorlegte, nach denen in der Südukraine, in der Gegend um Odessa, ein jüdisches Reservat zu errichten sei. Soviel zu Einzelheiten, die das Verhältnis von Polen und Juden in den dreißiger und vierziger Jahren kennzeichneten und entsprechend in die Erinnerung der polnischen Juden eingegangen sind.

Der Mangel an anderen erzählbaren Strukturen führt nun dazu, daß im jüdischen Gedächtnis nach 1945 die polnisch-jüdische Wahrnehmungsstruktur in der Wahrnehmung des Holocaust insgesamt dominant wird. Zwei Beispiele sollen dies belegen: Etwa 1935 forderte Jabotinski, der Führer der zionistischen Revisionisten, wegen der Zunahme des polnischen und rumänischen Antisemitismus zur Evakuierung der Juden auf. Diese Aussage wird nun nach 1945 in den politischen Diskussionen und historischen Diskursen auf Deutschland bezogen, obwohl Jabotinski damals Deutschland gar nicht meinte oder meinen konnte. Zum anderen, wenn man deutsche oder israelische Jugendliche befragt, ab wann die deutschen Juden einen gelben Stern haben tragen müssen, kommt als Antwort meist 1933, obwohl 1941 richtig gewesen wäre. Diese, die Chronologie der Geschichte verkehrende Interpretation, geht sicherlich auf den großen Einfluß zurück, den Robert Welschs

Artikel »Tragt ihn mit Stolz, den gelben Fleck« in der zionistischen Jüdischen Rundschau auf die spätere Wahrnehmung hatte. In der Rezeption wurde aus dem Verweis auf den spätmittelalterlichen Gelben Fleck, also aus der Deutung der beginnenden Diskriminierung die im historischen Verlauf fast am Ende stehende Kennzeichnungspflicht der Nationalsozialisten selbst, der Gelbe Stern. Für das jüdische Gedächtnis wird dies nun in den Kontext der polnisch-jüdischen Geschichte einbezogen, dergestalt, daß die Juden dort den Stern als unmittelbare Folge der deutschen Besetzung haben tragen müssen, d. h. als Ergebnis der unmittelbaren Konfrontation mit den Deutschen als einer Besatzungsmacht, womit der gelbe Stern mit einer Bedeutung als nationale Kennzeichnung konnotiert wurde, was so für das jüdisch-deutsche Gedächtnis nicht gilt. Überhaupt unterscheiden sich die Gedächtnisse hier offensichtlich. Das jüdisch-deutsche betont in der Verarbeitung des Holocaust vor allem die Geschichte der Entrechtung und Vertreibung, weniger jedenfalls als den Antisemitismus, das Nationalitätenproblem und die Vernichtung, die im jüdisch-polnischen Horizont die zentralen Elemente bilden. Dies läßt sich bis in die geschichtsphilosophischen und historiographischen Grundzüge im Werk von Hannah Arendt oder dem von Raoul Hilberg nachweisen, die das jüdisch-deutsche Gedächtnis reflektieren und sich damit in einen deutlich spürbaren Gegensatz zum jüdisch-polnischen Erzählmodus und der ihm zugrundeliegenden kollektiven Erfahrung setzen.

Wie sehr aber die Erfahrungshorizonte des jüdisch-polnischen Gedächtnisses auch mit dem des deutsch-jüdischen verschmelzen können, soll an der Geschichte von Herschel Grynspan erläutert werden, der am 7. November 1938 in Paris den deutschen Botschaftssekretär von Rath erschoß, was von den Nationalsozialisten zur Auslösung ihrer »Reichskristallnacht« genutzt wurde. Herschel Grynspan war kein deutscher Jude, aber er und seine Familie, die Jahre zuvor aus Polen nach Deutschland eingewandert waren, wurden am 29. Oktober 1938 im Zuge der sogenannten »Zbaczin-Affäre« mit Tausenden anderer Juden polnischer Staatsangehörigkeit nach Polen ausgewiesen und abgeschoben. Diese Affäre wurde durch die Verschärfung der polnischen, antisemitisch geprägten Nationalitätenpolitik ausgelöst, nämlich durch die Ausbürgerung von Juden, die mehr als fünf Jahre außerhalb Polens gelebt haben, durch den polnischen Staat. Die Juden waren so zum Spielball, zum Einsatz im Kräftemessen der sich verschärfenden deutsch-polnischen Konflikte geworden.

In der Geschichte des Herschel Grynspan verschmelzen sich so jüdisch-deutsche und jüdisch-polnische Kontexte, und solche Geschichten werden stellvertretend für das Gesamtnarrativ des Holocaust, der damit entzeitlicht wird. Auch andere Partikulargeschichten innerhalb des Judentums, etwa die neuere Geschichtsschreibung der orientalischen Juden, vor allem der aus Afrika, sind bemüht, sich in ähnlicher Weise dem Kerngehalt des national-israelischen Narrativs anzuschließen, sich selbst als Opfer oder potentielles Opfer der nationalsozialistischen Ausrottungspolitik, etwa mit Hinweis auf die Präsenz der deutschen Wehrmacht in Tunis, zu erweisen.

Zusammenfassend kann man also festhalten: Eine universale Objektivierbarkeit der Bedeutung von Verbrechen der Massenvernichtung ist kaum möglich, abgesehen vielleicht von einigen spezifischen Kriterien, etwa das der Rationalität, einer kognitiven Vergleichbarkeit. Aber auch diese Möglichkeit der Universalisierung ist begrenzt auf unsere westliche Kultur. Zweitens ist ein Vergleich zwischen Auschwitz, Gulag und Hiroshima nicht selbstverständlich, sondern entsteht aufgrund eines partikularen Gedächtnisses, das aus bestimmten Gründen dieses Vergleichens bedarf und es daher auch sucht. Drittens, daß die Struktur dieses Vergleichens im wesentlichen von dem Verhältnis der Christenheit zu den Juden abhängt, in dem das alte Motiv der Auserwähltheit, in diesem Fall in seiner negativen Ausprägung, sich weit in die säkularen und rationalen Diskurse verlängert, wobei es seine Form verändert. Viertens die Wirkung der gestauten Zeit, die sich aus der nur statistischen, aber nicht narrativen Repräsentierbarkeit des Holocaust ergibt und dazu führt, daß die Vorgeschichten des Ereignisses dessen Erzählstruktur bestimmen und sich so das Ereigniszentrum notwendig von seiner abstrakten Wirklichkeit zu einer konkreteren Ausweichstelle verschiebt. Und schließlich die Dominanz des jüdisch-polnischen Narrativs innerhalb des jüdischen Kollektivs selbst, die sich vor allem in der besonderen Form des Erzählens wiederfindet.

Anmerkung

1 Maurice Halbwachs, *Das kollektive Gedächtnis*, Frankfurt/M. 1985.

Trauer als historische Kategorie

Überlegungen zur Erinnerung an den Holocaust in der Geschichtskultur der Gegenwart[1]

Jörn Rüsen

Ich möchte zunächst von einigen Erfahrungen ausgehen, die ich im Umgang mit dem Holocaust gemacht, und Konsequenzen schildern, die ich aus ihnen gezogen habe. Ich möchte dann in einem zweiten Teil ein Konzept schildern, das einen Rahmen dafür abgeben könnte, angemessen mit dem Holocaust als fundamentaler historischer Erfahrung des 20. Jahrhunderts umzugehen, einen Bezugsrahmen des Redens und Denkens über historische Erinnerungen im allgemeinen und insbesondere über Gedenkstätten und Museen. Im weiteren Gang meiner Argumentation werde ich auf den Holocaust selbst zu sprechen kommen und die Art und Weise thematisieren, wie sich die Erinnerung an ihn im praktischen Leben ausnimmt, insbesondere im politischen Kampf um die Symbole der historischen Identität. Es geht mir um die Frage, welche Funktion die vergegenständlichte Erinnerung in der Lebenspraxis hat. Abschließend möchte ich »Vorüberlegungen zur Trauer als historischer Kategorie« vortragen.

Ich betone nachdrücklich, daß es sich im folgenden um Vorüberlegungen handelt. Ich trage Zwischenergebnisse und Denkschritte vor und scheue mich auch nicht zu sagen, daß der Argumentationszusammenhang noch nicht fertig ist. Ob er je fertig werden kann? Schließlich geht es um nicht mehr und nicht weniger als um die adäquaten begrifflichen Instrumentarien, mit denen man plausibel mit dem Holocaust umgehen kann.

Geschichtswissenschaft und historische Erinnerung der Öffentlichkeit: einige Probleme

Als Professor in einer Fakultät für Geschichtswissenschaft ist mein Beruf die Wissenschaft. Es ist auffällig, daß mein Fach sich in einer unbefriedigenden

Weise mit der öffentlichen Erinnerungsarbeit beschäftigt. Das stärkste Indiz dafür ist die geradezu bornierte Geringschätzung, ja Verachtung, die die Geschichtswissenschaft der Geschichtsdidaktik als eigener Subdisziplin im Schnittfeld zwischen Historie und Pädagogik angedeihen läßt. Ich habe lange darüber nachgedacht, warum sich nicht nur die Geschichtswissenschaft, sondern alle universitär organisierten Wissenschaften durch eine beeindruckende Mischung von Ignoranz und Arroganz im Umgang mit den Fachdidaktiken auszeichnen. (Kürzlich hat die Rektorenkonferenz vorgeschlagen, die Fachdidaktik durch Lehraufträge von Schulpraktikern zu erledigen. Damit wird die wichtigste Kulturpraxis der historischen Erinnerung für nicht wissenschaftsfähig gehalten.) Das klägliche Bild, das viele Vertreter und Vertreterinnen der Didaktik im Konformitätsdruck der zuständigen Fachdisziplinen abgeben, reicht als Erklärung nicht aus; denn es gibt ja unbestreitbar Arbeiten auf hohem Niveau und Forschungsleistungen, die sich sehen lassen können. Letztlich muß für den Mangel an Anerkennung – bei unbestreitbarer funktioneller Notwendigkeit in der Lehrerausbildung – ein wissenschaftsexterner Grund namhaft gemacht werden können. Ich vermute, daß ein allgemeines, unbewußt tief sitzendes und nicht aufgearbeitetes Schultrauma den Ausschlag dafür gibt, didaktische Reflexion in der eigenen Wissenschaft und im Kontext der eigenen Wissenschaft für überflüssig zu halten. Wie sehr die Didaktik einer unbewußt gesteuerten Selektion der Wahrnehmung zum Opfer gefallen ist, veranschaulicht in wünschenswerter Deutlichkeit die Tatsache, daß in der jüngsten akademischen Debatte über Erinnerung und Gedächtnis die Arbeit der Geschichtsdidaktik der letzten zwanzig Jahre zum Thema Geschichtsbewußtsein (einschließlich ausgedehnter empirischer Studien) vollständig ignoriert worden ist.[2]

Ein anderes Beispiel für ein problematisches Verhältnis der Geschichtswissenschaft ist der Historikerstreit, an dem sich hoch angesehene Vertreter der deutschen Geschichtswissenschaft beteiligt haben. Was ich hier befremdlich und irritierend finde, ist die Art und Weise, wie die Teilnehmer mit dem komplexen Zusammenhang, in dem Wissenschaft und Politik miteinander stehen, umgehen. Die Kontrahenten haben eigentlich gar keinen Diskurs miteinander geführt, sondern systematisch aneinander vorbei geredet. Jürgen Habermas z.B. hat in seinen Beiträgen[3] hauptsächlich politisch argumentiert. Die angegriffenen Historiker haben das offensichtlich nicht verstanden, denn sie haben weder politisch geantwortet noch in ihrer entrüsteten Erwiderung mit Standards wissenschaftlicher Rationalität deren Verflochtenheit in politische Zusammenhänge wahrgenommen. Das halte ich für symptomatisch: In meiner Disziplin wird das sehr komplizierte Verhältnis zwischen kognitiver Rationalität und politischen Intentionen, das die historische Arbeit auch in der Fachwissenschaft bestimmt (jeder Blick in die Historiographiegeschichte lehrt das), nicht so wahrgenommen, daß es adäquat in Diskussionen und insbesondere in Kontroversen behandelt werden könnte.

Ein letzter, kurzer Hinweis auf die Grenzen des Fachs in der Wahrnehmung öffentlicher Erinnerungsarbeit betrifft die Medien der Anschauung und Imagination. Von wenigen Ausnahmen abgesehen, hat sich die Fachhistorie im Umgang mit den spezifischen Präsentationsaufgaben der historischen Museen als relativ hilflos erwiesen. Der Bereich der visuellen Kommunikation ist im günstigsten Falle ein Randphänomen im Fokus der Geschichtswissenschaft – und das in einem Zeitalter, wo das kulturell dominante Medium nicht mehr die Schrift, sondern die bewegten Bilder sind.

Ich ziehe aus den genannten Symptomen eines unbefriedigenden Verhältnisses der Geschichtswissenschaft zur öffentlichen Erinnerungsarbeit den Schluß, daß die Geschichtswissenschaft eine neue Art des Denkens über sich selbst braucht, und das heißt auch: eine neue Kategorie der Selbstreflexion, mit der der Zusammenhang der wissenschaftlichen Erkenntnisarbeit mit den anderen Formen und Funktionen der historischen Erinnerung im öffentlichen Leben in den Blick gerät. Selbstreflexion hat als »Historik« Tradition in der Geschichtswissenschaft, aber bislang wurden hier vor allem der Prozeß der historischen Erkenntnis und seine methodischen Regelungen herausgearbeitet. Das gilt auch für die didaktische Diskussion über Geschichtsbewußtsein. Es reicht nicht, wenn man über Geschichte und Erinnerung redet, nur die kognitive Seite des Geschichtsbewußtseins in den Blick zu nehmen. Bewußtsein ist mehr und in wesentlichen Bereichen auch ganz anderes als nur Denken, Erkennen und Wissen, nämlich Wahrnehmen, Fühlen und Wollen. Es ist also notwendig, den Umgang mit der Vergangenheit vielfältiger und komplexer in Augenschein zu nehmen. Mindestens zwei weitere Dimensionen des Umgangs mit der Vergangenheit und der Arbeit des Geschichtsbewußtseins müssen in den Blick genommen werden: neben der kognitiven die *politische* und die *ästhetische*. Und wenn man das tut, dann stellen sich eine ganze Reihe von interessanten Beobachtungen ein.

Schwierigkeiten im Umgang mit dem Holocaust

Es gibt eine andere Erfahrung, die mir deutlich gemacht hat, wie sehr wir neu über historische Erinnerung nachdenken müssen. Ich meine eine Instrumentalisierung und Partikularisierung des Holocaust, wie sie sich in der Debatte um Gedenkstätten und Mahnmale nachweisen läßt. Wenn man z.B. die historischen Museen und die Gedenkstätten in Israel besucht, dann ist die politische Indienstnahme des Holocaust für die Legitimation des Staates Israel unübersehbar. Es fällt auf, wie bruchlos und sinnträchtig der Holocaust in einen direkten Zusammenhang mit der Gründung des Staates Israel gebracht wird. Er fungiert als ein wesentliches, wenn nicht als entscheidendes Element der historischen Legitimation des Staates Israel. Ich sage damit nun nicht, gar in normativer Rede, daß der Staat Israel sich nicht durch den Holocaust historisch legitimieren können soll. Nur geht der Holocaust als historische Erfahrung in dieser Legitimationsfunktion nicht auf. Er hat eine andere Erfahrungsqualität, und diese Dimension historischer Erfahrung, die dort nicht aufgeht, soll, so scheint es, unsichtbar gemacht werden. Diese Ausblendung von dem, was ich die historische Erfahrung von Sinnlosigkeit nennen möchte, weckt in mir Unbehagen.

Vor einigen Jahren war ich dabei, als junge Israelis, die als Schülergruppe nach Auschwitz gefahren waren, über ihre Erfahrungen und Reaktionen berichteten. Bei einem nicht kleinen Teil von ihnen wurde ihre unmittelbare visuelle Erfahrung mit diesem symbolischen Ort des Holocaust in einen recht aggressiven Nationalismus umgesetzt. Es nimmt nicht wunder, daß sich Juden als Israelis durch die beeindruckende Erfahrung am Ort des Schreckens darin bestätigt fühlen, daß sie Bürger und Bürgerinnen eines Staates sind, der die Kraft hat, sich gegen Feinde zu verteidigen, und postuliert, Juden in aller Welt eine Heimstatt zu geben. Mein Problem ist die historische Einordnung des Holocaust in dieses politische Selbstverständnis, sozusagen seine »Nationalisierung«. Was ein solches Einrücken des Holocaust in nationale Belange bedeutet, kann man sogar als Kampf der Symbole in Birkenau leibhaftig sehen: Dort stehen Kreuze und Davidsterne als antagonistische Kontrahenten einer Einrechnung der Erinnerung an Auschwitz in die jeweilige nationale Identität. Kreuz und Davidstern kämpfen visuell auf dem Felde des Schreckens miteinander um dessen historischen Sinn.

Solche irritierenden Erfahrungen fordern grundsätzliche Überlegungen darüber heraus, welche Funktionen Gedenkstätten und Museen haben und wie wir im Rahmen dieser Funktionen mit der Erfahrung des Holocaust umgehen können.

Wie schwierig es ist, die für den Holocaust adäquate Symbolisierung zu finden, bestätigte eine Konferenz, die 1993 in Auschwitz stattfand und der Frage gewidmet war, wie man mit den Relikten dort umgehen sollte, die offenkundig vom Verfall bedroht sind. Es bedarf ganz grundsätzlicher Überlegungen, welchen Status man ihnen für die historische Erinnerung zubilligen will und was daraus für ihre Konservierung folgt. In Birkenau wächst buchstäblich Gras über die Ruinen. Soll man es wachsen lassen oder den Schreckensort möglichst »naturgetreu« restaurieren? Nehmen wir als markantes Beispiel die Haare der Opfer (die wir ja alle zumindest aus Bildern kennen), wie sie als Massengut zur industriellen Nutzung aussehen. Sie zersetzen sich jetzt. Sollen sie konserviert werden? Soll man sie weiterhin so ausstellen wie bisher? Oder soll man sie rituell beerdigen? Ähnliche Fragen stellen sich in bezug auf die verbliebenen Häftlingsbaracken in Birkenau: Wenn nichts geschieht, werden sie zusammenfallen und sich auflösen. Soll man sie restaurieren, so daß sie wie neu aussehen und dann kaum noch als Schreckensorte erscheinen? Man kann sich solchen Fragen gar nicht stellen, ohne grundsätzliche Überlegungen zu einem Gesamtkonzept der Gedenkstätte anstellen zu müssen.[4]

Schließlich möchte ich noch eine fachwissenschaftliche Erfahrung mit dem Holocaust nennen, die ebenfalls zu ganz grundsätzlichen Überlegungen zum Umgang mit der Geschichte veranlaßt. Prominente Holocaustforscher haben mehrfach zur Sprache gebracht, daß sie nach langjähriger Forschung ratloser im interpretierenden Umgang mit dem Holocaust waren als vorher. Diese Ratlosigkeit ist inzwischen ein Topos geworden, ein Stück Rhetorik. Aber es steckt hinter jedem Topos ein Element Wirklichkeitserfahrung, und die ist fundamental für die Frage nach der historischen Erinnerung des Holocaust.

Ansätze zu einer Theorie der Geschichtskultur

Im folgenden möchte ich Grundlinien einer Theorie der Geschichtskultur skizzieren, innerhalb deren die Erfahrung des Holocaust reflektiert werden müßte – eine Theorie, die den Umgang mit Geschichte insgesamt betrifft, d. h. die Arbeit des Geschichtsbewußtseins in ihren unterschiedlichen Dimensionen.[5]

Ich sagte schon, daß unser Umgang mit der Vergangenheit zumindest in modernen Gesellschaften in drei verschiedenen Dimensionen erfolgt, die in einem sehr komplexen Wechselverhältnis zueinander stehen. Zunächst handelt es sich um eine *ästhetische Dimension*, in der es um sinnliche Wahrnehmung geht. Hier haben wir den Phänomenbestand der Denkmäler und Museen, der Bilder und Filme, kurz: das Imaginative des Geschichtsbewußtseins, seine Bildlichkeit. In der Geschichtsdidaktik ist lange vom Geschichts»bild« die Rede gewesen (ohne daß dies genuin ästhetisch reflektiert worden wäre). Mit einem Geschichtsbild formt sich etwas, das gar nicht hinreichend kognitiv bestimmt werden kann, sondern auch eine ästhetische Seite hat. Im übrigen hat selbst die abstrakteste akademische Wissensproduktion eine ästhetische Seite; denn schließlich werden Texte produziert, die eine ästhetische Gestalt haben. Dafür steht paradigmatisch der Nobelpreis für Literatur, den Theodor Mommsen im Jahre 1902 für seine »Römische Geschichte« bekommen hat. Unter der akademischen Historiographie des 19. Jahrhunderts findet man bedeutende erzählende Prosa.

Zur ästhetischen kommt die *politische Dimension* hinzu. Daß alle Erinnerungsarbeit eine politische Seite hat, müßte klar sein. Hätte sie es nicht, kämpften die historischen Symbole nicht miteinander. Die Legitimationsfunktion, die der Holocaust für den Staat Israel hat, ist eine genuin und essentiell politische. Dieser Befund läßt sich leicht verallgemeinern: Es gibt keine politische Herrschaft, die nicht einen historischen Legitimationsbedarf hätte. (Daher lassen sich moderne Staaten den Geschichtsunterricht angelegen sein.)

Daß der Umgang mit der Vergangenheit auch ein *kognitives* Element hat, das würden auch diejenigen nicht bestreiten, die Geschichte nicht gerade berufsmäßig in der Schule oder in der Universität betreiben.

Die Unterscheidung der drei Dimensionen des Ästhetischen, Politischen und Kognitiven ist nicht vollständig. So läßt sich z.B. die religiöse Dimension der Geschichtskultur nicht unter eine der drei Genannten subsumieren. Sie liegt gleichsam quer zu ihnen. Es lassen sich noch andere Dimensionen analytisch herausarbeiten; aber die genannten drei sind elementar und universell. Sie lassen sich anthropologisch begründen in den Fundamentalfunktionen des menschlichen Bewußtseins: im Fühlen, Wollen und Denken.

Die genannten drei Dimensionen folgen verschiedenen Prinzipien und Regulativen. Sie tragen sich nach diesen Regulativen in unterschiedlichen Kommunikations- oder Diskursformen aus. Es ist schwierig, dies zugleich kurz und präzise zu beschreiben. Die Diskursform der kognitiven Dimension ist der Kampf um Argumente. Die Diskursform der politischen Dimension ist auch ein Kampf, aber natürlich ein ganz anderer: der Kampf um Macht. Die Diskursform der ästhetischen Dimension kann ich nicht auf eine solche Kurzformel bringen, aber wenn es um Gefühle geht und die besondere Funktion der historischen Erinnerung veranschlagt wird, dann ließe sich vielleicht von einem Kampf um Identität sprechen. Ich verstehe dabei unter Identität ein Zugehörigkeitsgefühl durch die Erinnerungsgemeinschaft.

In den genannten Kommunikationsformen herrschen unterschiedliche Prinzipien der historischen Sinnbildung vor. Um sie zu charakterisieren, benutze ich jetzt erlauchte Worte, aber mit ihnen läßt sich leicht deutlich machen, worum es geht. So ist das Prinzip des Kampfes um Argumente in der kognitiven Dimension der Geschichtskultur die *Wahrheit*. Das ist ein großes Wort, aber es läßt sich konkretisieren, und dann redet man von Geltungssicherung durch methodische Prozeduren der Erfahrungskontrolle und anderem. Was ist in der politischen Dimension der Geschichtskultur das Prinzip des Kampfes um Macht, das dem der Wahrheit in der kognitiven entspricht? Es ist die *Legitimität* von Herrschaft. Die Menschen brauchen Geschichte und historische Erinnerung zu politischen Zwecken, um gegebene politisch organisierte Herrschafts- und Machtsysteme bei den Betroffenen auf Zustimmung stoßen zu lassen. (Die Zustimmungsfähigkeit politischer Herrschaft ist deren Legitimität.) Der politische Diskurs in der Geschichtskultur wird von Gesichtspunkten der Legitimität und ihrer Kritik reguliert. In der ästhetischen Dimension handelt es sich um das Fundamentalprinzip der Schönheit. Dieses Wort klingt heute recht nichtssagend; aber eine Ersatzformulierung wie die der »formalen Kohärenz der Gestaltung« besagt auch nicht viel mehr. Was »formal kohärent« ist, ändert sich – bis zur Inkohärenz als Kohärenzbedingung moderner Kunst. Ebenso ändern sich auch die Geltungs- und Legitimitätskriterien.

Halten wir fest: Die Dreidimensionalität der Geschichtskultur gründet sich auf unterschiedliche Prinzipien, die alle fundamental die historische Erinnerungsarbeit des Geschichtsbewußtseins regeln. Diese Unterschiedlichkeit wurde im Historikerstreit von den Kontrahenten überspielt – zum Schaden der Debatte. Wahrheitsfragen und Legitimitätsfragen sind einfach ineinsgesetzt worden. Erst wenn man sich diese Differenz klargemacht hat, dann ist es aussichtsreich, den Zusammenhang zu thematisieren. Darum soll es mir im folgenden Argumentationsschritt gehen.

Die drei Dimensionen sind gleich ursprünglich und können nicht aufeinander reduziert werden (obwohl die jeweiligen Experten in diesen Dimensionen: Wissenschaftler, Politiker und Künstler, oft entgegengesetzter Meinung sind). Die Politiker können sich meist nur mit der Wahrheit anfreunden, die ihrem Legitimationsbedürfnis entspricht, und sie meinen, die Künstler hätten das gefälligst, wie der Ausdruck heißt (den die meisten Didaktiker auch internalisiert haben), »umzusetzen«. Sie sollen das in gefällige Formen bringen, was die Politiker für politisch erwünscht halten. Wenn die Künstler es machen, bekommen sie Preise oder Staatsaufträge.

Weil in den drei Dimensionen sich jeweils unterschiedliche Expertenkompetenz zur Geltung bringt, gibt es eine Tendenz, daß immer die eine Dimension in der Form kompetenter Realisation die andern instrumentalisieren will. So sind z. B. fast alle Fachhistoriker zutiefst davon überzeugt, daß die ästhetische Dimension der Geschichtskultur nichts anderes ist als der Ort, wo wissenschaftlich durch Forschung gewonnene Erkenntnisse in adäquate Darstellungsformen umgesetzt werden. Das Entscheidende ist für sie die Erkenntnisarbeit; die Darstellung wird als eine bloße Funktion des Wissens angesehen. So instrumentalisiert die kognitive die ästhetische Kompetenz.

Es gibt auch andere Instrumentalisierungen, die wir gar nicht deutlich im Bewußtsein haben. Wenn die Ästhetik bei den Experten dafür, bei den Künstlern also, sich instrumentalisiert empfindet, dann schlägt sie zurück und instrumentalisiert nun ihrerseits – durch Ästhetisierung der Geschichte. Ein markantes und bekanntes Beispiel einer solchen ästhetisierenden Instrumentalisierung der kognitiven und der politischen Dimension durch die ästhetische stellen die Filme von Hans Jürgen Syberberg dar. Wenn in seinem Film »Hitler – ein Film aus Deutschland«[6] mit einer einschmeichelnden Stimme aus dem Off mehrfach erklärt wird, in Adolf Hitler kulminiere die Demokratie, dann ist das politischer und kognitiver Schwachsinn; nur ästhetisch mag diese Aussage noch Sinn haben. Solche Instrumentalisierungstendenzen führen immer zu Verkürzungen, Verzerrungen und zu Vereinseitigungen der historischen Erinnerungsarbeit.

Ich will natürlich nicht die Moral oder Politik zur Herrscherin über die Ästhetik machen. Ich habe Syberberg nicht moralisch kritisiert, sondern politisch. Er soll als Beispiel dafür dienen, daß die Ästhetik die Politik instrumentalisiert. Eine solche Instrumentalisierung ist politisch – nicht ästhetisch – eine Katastrophe. Sie führt zur Irrationalisierung der kognitiven Ebene und zur Entpolitisierung der politischen Dimension. Mit Entpolitisierungsstrategien durch Ästhetisierung haben wir verheerende politische Erfahrungen gemacht (die übrigens die Anhänger der Postmoderne schlicht vergessen zu haben scheinen).

Aus solchen Instrumentalisierungen ist zu folgern, daß eine geschichtskulturelle Arbeit der historischen Erinnerung angestrebt werden müßte, in der die drei Dimensionen in ihrer relativen Autonomie anerkannt und dann reflektiert systematisch ineinander verschränkt werden. Denn sie sind aufeinander angewiesen; es gibt keine historische Erinnerung, kein Produkt der historischen Deutung durch das Geschichtsbewußtsein, das nicht die drei Elemente des Ästhetischen, Politischen und Kognitiven in sich vereinigte.

Was steht für die Kohärenz im Verhältnis dieser drei Dimensionen? Gibt es ein umgreifendes synthetisierendes Prinzip der historischen Erinnerung? Es ist eine der entscheidenden Eigenschaften der modernen Geschichtskultur, daß es solch ein synthetisierendes Prinzip nicht gibt. Fundamental und gemeinsam ist allen drei Dimensionen, daß historisch erinnert wird. Insofern ist historische Erinnerung eine Grundkategorie, und Erinnerung hat fundamentale, umgreifende Sinnkategorien. Die bekannte Frage nach dem Sinn der Geschichte ist hier angesiedelt. Sinn ist die Einheit von drei Prinzipien: von Inhalt, Form und Funktion. Unser Problem ist: Gibt es heutzutage in unserer Kultur wirksame und geltungsstarke integrative Sinnkriterien?

Bevor ich die Frage mit einem klaren Ja oder Nein beantworte, möchte ich eine kurze Rückfrage nach Beispielen für solche integrativen Sinnkriterien stellen. In vormodernen Gesellschaften haben wir das beste Beispiel in der Religion: Sie war für diese sinnhafte Integrationsleistung zuständig. Im übergreifenden, universalhistorischen Entwicklungsprozeß der Modernisierung hat sich diese Integrationsleistung der Religion aufgelöst. Die drei Dimensionen wurden sozusagen in ihre (relative) Autonomie entlassen. Nur um einen enorm hohen kulturellen Preis läßt sich diese Autonomie in irgendwelche Einheiten zurückzwingen. Eine solche sekundäre Vereinheitlichung kann nur noch zwangsweise geschehen, so wie wir es aus den Beispielen der totalitären Systeme und des Fundamentalismus kennen.

Dennoch gibt es etwas der Modernität unserer Kultur entsprechendes Umgreifendes: Alle drei regulativen Prinzipien haben eins gemeinsam: Sie sind formal und universell. Es steckt also in den drei unterschiedlichen Regulativen der Dimensionen der Geschichtskultur ein gemeinsames Element: ein formaler Universalismus. Aber der ist schwach – sinnschwach. Er stellt allerdings eine notwendige Bedingung dar, die erfüllt sein muß, damit historische Erinnerung letztlich plausibel ist. Ein formeller Universalismus reicht aber nicht aus, um der konkreten und immer partikularen Erinnerung die Plastizität einer sinnhaften und bedeutungsvollen Geschichte zu geben.

Wo kommt dieses Konkretisierende, Partikularisierende her? Dazu kann ich nur einige generelle Überlegungen anbieten,[7] wie man vom abstrakten Universalismus zum konkreten Universalismus kommt, in dem kulturelle Differenz und Partikularität und die Vielheit der Geschichten regulativ in Kraft gesetzt werden. Man muß auf dem Niveau des modernen formalen Universalismus ein bestimmtes Prinzip einführen, das universell ist und als universelles Prinzip Partikularität und Differenz fordert. Das ist das Prinzip der wechselseitigen Anerkennung von Differenz. Wechselseitige Anerkennung ist ein Prinzip, das man anwenden muß, um die Frage zu entscheiden, wie man in heutigen Gesellschaften mit kulturspezifischen Lebensformen umgehen soll. Ich erinnere an den Streit um das französische Gerichtsurteil, das muslimischen Mädchen den Schleier in Staatsschulen verbieten wollte. In der Wechselseitigkeit steckt das Prinzip der Egalität bürgerlicher Rechtlichkeit. In der Anerkennung steckt das Prinzip der Differenz, also der muslimische Schleier und die westliche Barhäuptigkeit. Es ist eine Frage der juristischen Praxis, wie dieses allgemeine und abstrakte Prinzip wechselseitiger Anerkennung lebenspraktisch durchgesetzt und sanktioniert werden kann.

Im universalhistorischen Blick auf die Entwicklung der politischen Kultur sind wir auf dem Niveau einer rechtlichen Geltung der Gleichheitsvorstellung angekommen. Gleichheit reicht aber nicht. Gleichheit ist abstrakt. Gleichheit bringt Differenz zum Verschwinden. Bosnien steht dafür ein und die Geschichte des Nationalismus von den Anfängen bis heute. Diese Geschichte zeigt den fatalen Schlagschatten des Prinzips abstrakter Gleichheit: Es bringt Differenz zum Verschwinden. Differenz kann sich aber nicht einfach in Gleichheit auflösen, weil Menschen ihre Identität nur in partikularen Zugehörigkeiten leben können. Wir haben hinsichtlich der kulturellen Differenz noch keine Mechanismen von gleicher Tiefe und Überzeugungskraft entwickelt wie die Kategorie der Gleichheit, die ich als Bedingung von Anerkennung voraussetze. Der Kulturalismus, der heutzutage intellektuell schick ist und sich mit der Postmoderne verbindet, ist relativistisch, d. h. er verstößt gegen den Universalismus, ohne den die Gleichheit nicht zu haben ist. Meiner Meinung nach gibt es nur zwei Möglichkeiten. Wir regredieren, indem wir die freiheitlich-demokratische Grundordnung des Westens, nicht nur der Bundesrepublik, vereint in Europa gegen den Ansturm der anderen verteidigen, indem wir Anderssein in ihr nicht zulassen, oder wir machen uns an die harte und schmerzhafte Aufgabe, Prinzipien der wechselseitigen Anerkennung zu etablieren, die wir erst lernen müssen. Dieses Lernen tut weh. In diesem Lernprozeß müssen die Kulturwissenschaften eine wichtige Rolle spielen. Diese Aufgabe wird im jüngsten Gerede über die Geisteswissenschaften, in dem ihnen nur die Funktion einer Kompensation von Modernisierungsprozessen zugebilligt wird, übersehen. Die Kulturwissenschaften sind nämlich der Ort, wo die Anerkennungsleistung von Differenz (man nannte es Verstehen, Hermeneutik) geübt wird.

Im Blick auf die ästhetische Dimension der Geschichtskultur sollten auch im Kontext heutiger Kunst Wahrheitsansprüche praktischer und theoretischer Art zur Geltung gebracht werden. Ich denke an Kants Argumentation in der Kritik der Urteilskraft, wo die ästhetische Erfahrung einen konstitutiven Bezug auf Erkenntnis hat. Ich gebe zu, daß meine theoretische Konzeptionalisierung der ästhetischen Dimension unterentwickelt ist. Das aber besagt nichts gegen die Unterscheidung dieser Dimension und gegen das Zugeständnis eigener regulativer Prinzipien. Im Gegenteil: Ich sehe die philosophische Ästhetik dazu aufgefordert, ästhetische Geltungsansprüche im Verhältnis zu Politik und Wissenschaft grundsätzlich zu thematisieren. Es wäre dann an der Geschichtstheorie, diese Ansprüche auf die spezifisch historische Seite ästhetischer Sinnbildung zu applizieren. Leider hat die Ästhetik, soweit ich sehe, die konstitutive Rolle sinnlicher Anschauung in der historischen Sinnbildung noch keiner intensiven Untersuchung gewürdigt.[8]

Der Holocaust im Kampf um die Symbole

Auch dort, wo es um den Holocaust geht, wird um die Erinnerungssymbole gekämpft. Wie kann man aber angesichts des Holocaust überhaupt noch miteinander politisch Streit haben? Ich meine, daß sich ein solcher Streit geradezu naturwüchsig ergibt. Es gibt gar keinen Weg, der daran vorbeiführt. Das liegt in der Logik der Geschichtskultur. Denn es geht in ihr ja nicht einfach nur um Vergangenheit, sondern immer auch um Gegenwart. Die historische Erinnerung und die Erinnerungsarbeit des Geschichtsbewußtseins sind ein Teil der Selbstdeutung einer Gegenwart im Spiegel der Vergangenheit. Ich habe schon darauf hingewiesen, daß die historische Erinnerung immer sozial ist. Indem sie Identität formiert, ist sie immer partikular (weil Identität immer etwas Partikulares, eine Unterscheidung von eigenem und anderem ist). Erinnerung ist immer Erinnerung einer Gruppe neben anderen Gruppen und oft auch gegen andere Gruppen. Die historische Erinnerung konstituiert kollektive Identität. Zugehörigkeit und Identität sind immer auch konstituiert durch Herrschaft. Herrschaft ist stets auf Legitimation angewiesen, und kollektive Erinnerung ist eine wesentliche Instanz zur Legitimation. Aber auch in sich selbst ist Identität durch Herrschaft bestimmt, – die seelische Dimension unserer selbst (und dazu gehört unsere Identität) ist ein ausgesprochenes Herrschaftssystem. Es sind – in Freuds Terminologie – Herrschaftsverhältnisse zwischen Überich, Ich und Es. Identität ist eine herrschaftsbestimmte Balance verschiedener Selbstzuschreibungen. Historische Erinnerung spielt in dieser Balancierung, in der Bildung von Identität, eine entscheidende Rolle. Insofern hat jede historische Erinnerung (wie vermittelt auch immer, füge ich vorsichtshalber hinzu) eine politische Botschaft. Dan Diner hat das in der ihm eigenen Radikalität des Denkens so formuliert, daß die Gedenkstätten und die Denkmäler die Erinnerungsorte besetzen, wie ein Staat ein beherrschtes Gebiet besetzt. Denn aufstellen in Form eines Denkmals kann man immer nur *eine* Botschaft, und dies heißt zugleich, mögliche andere nicht aufzustellen. Eine Vielheit oder Offenheit von Denkmälern ist dann, wenn es um politische Botschaften geht, eher die Ausnahme und nicht die Regel. (Hierin liegt ein wesentlicher Grund dafür, der Ästhetik in der Denkmalskultur einen höheren Stellenwert zu geben als der Politik.)

Was bedeutet es, daß die Symbole mit ihrer politischen Botschaft die Erinnerungsorte besetzen? Sie »besetzen« sie, indem sie andere Botschaften verdrängen oder nicht zulassen. Es wird in der Regel nur ein Denkmal mit einer Botschaft gebaut; mögliche Alternativen bleiben unsichtbar. Die historischen Symbole saugen in ihrer politischen Imprägniertheit die Vergangenheit in die Gegenwart hinein und instrumentalisieren sie so für aktuelle politische Zwecke. In dieser Logik des Gegenwartsbezuges wird auch der Holocaust mit Sinn aufgeladen, und jede Sinnladung hat ihre politische Seite. Die Vergangenheit droht im Lichte solcher politischer Botschaften freilich das zu verlieren, was wir uns angewöhnt haben, ihren *Eigensinn* zu nennen. Man kommt aus dieser politischen Instrumentalisierung nicht heraus, indem man völlig von der Gegenwart absieht. Denn wenn wir das täten, dann brauchten wir uns auch nicht mehr zu erinnern. Wir erinnern uns doch um unserer selbst willen, weil diese Vergangenheit uns auf den Nägeln brennt und im Nacken sitzt. Wir können den erinnernden Gegenwartsbezug nicht einfach neutralisieren. Wohl aber sollte im Gedenken als Erinnern auch die Abständigkeit der Vergangenheit von der Gegenwart miterinnert werden, ihr Anderssein, ihre Alterität, ihre Differenz. Dies muß gegen jeden einebnenden und instrumentalisierenden Gegenwartsbezug betont werden. *Die Ästhetik des Eigensinns muß die Eindeutigkeit der politischen Botschaften unterlaufen,* und dabei kann sich die Ästhetik mit der Wissenschaft verbünden.

Die Konsequenz einer solchen Überlegung besteht zunächst einmal darin, die unterschiedlichen Funktionen, die die historische Erinnerung in ihren öffentlichen Prozeduren und Gestaltungen erfüllt, deutlich auseinanderzuhalten. So gibt es z. B. eine elementare Dokumentations- und Informationsfunktion, die jede historische Erinnerung erfüllen muß. Obwohl sie selbstverständlich ist, sollte man sie sich genauer ansehen. Diese Funktion wendet nämlich den Blick entschieden in die Vergangenheit. Was war wann der Fall? In der öffentlichen Geschichtskultur ist dazu eine klare Auskunft fällig. Hier übrigens sehe ich die besondere ästhetische Qualität des sogenannten Authentischen, der Überreste, der Relikte. Hier wirkt die Aura des Authentischen, die Ästhetik der Unmittelbarkeit der historischen Erfahrung. Hier hat die sogenannte nackte Tatsächlichkeit des vergangenen Geschehens ihre unersetzbare Funktion in der Geschichtskultur. Diese Unmittelbarkeit der historischen Erfahrung ist wichtig und zentral, aber diese Erfahrung ist auch abstrakt. Sie ist wirklich nackt, d.h. leer an Bedeutung. Was das authentische Relikt für uns bedeutet, das können wir an ihm nicht wahrnehmen. Das haben die Objekte in ihrer Authentizität nicht an sich. Bedeutung kann nicht authentisch wahrgenommen werden. Wenn Broszat im Briefwechsel mit Friedländer[9] von authentischen Geschichten redet, kann er nicht die Authentizität der Relikte meinen. Denn in jede Geschichte ist immer schon Bedeutung eingegangen. Geschichten sind nicht authentisch in dem Sinne, wie die Überreste authentisch sind. Authentizität heißt, daß sich die Vergangenheit selber durch ihre Überreste in ihrer Tatsächlichkeit für die historische Erinnerung andrängt. So haben die Überreste des Schreckens in ihrer Authentizität geradezu einen Herausforderungscharakter.

Wichtig für die Realisation dieser Dokumentationsfunktion ist es nun, daß die Bedeutung des Dokumentierten offengelassen werden muß. Das ist – glaube ich – gar nicht selbstverständlich, wenn man sich anschaut, wie die meisten Gedenkstätten organisiert sind und auch wie die Wissenschaftler mit der Faktizität des Überlieferten umgehen. Die Authentizität des Faktischen darf nicht mit unserer Deutung verdeckt oder, schlimmer noch, beseitigt werden. Ein schlichtes Beispiel dafür, wie man Faktizität durch Bedeutung beseitigt, ist das Auslassen der Juden in der Benennung der Opfer des Nationalsozialismus in den Museen und Gedenkstätten unter der kommunistischen Herrschaft in Polen (auch in der DDR). Mit der Art der Benennung (die zugleich ein Verschweigen war) wurde bereits eine Bedeutungsqualifikation vorgenommen, die Tatsächlichkeit und Authentizität verdeckt. Man kann in fast allen ehemaligen NS-Lagern (außer Auschwitz und Birkenau, die in dieser Hinsicht einzigartig sind) einen Vorgang beobachten, den ich die Beseitigung der Relikte durch das Errichten der Denkmäler nennen möchte. Wenn die Denkmäler errichtet werden, verschwinden zugleich die Relikte. In Buchenwald ging das soweit, daß die Toten in der Erde den Denkmälern Platz machen mußten, die an sie erinnern sollten. Sie wurden umgebettet, um Platz für die Symbole zu machen.

Die Relikte haben keine eindeutigen Botschaften, sondern sind nur Träger von Botschaften. Pomian hat sie daher «Semiophoren" genannt. Allerdings können die Relikte selber zu Symbolen werden, und das verkompliziert die Sache. Das klassische Beispiel dafür sind die von den Baracken stehengebliebenen Kamine in Birkenau. Sie stehen dort, als wären sie zum Gedenken an die Opfer errichtete Stelen. Doch niemand hat sie errichtet, sie sind einfach übriggeblieben, weil die Baracken zusammengefallen oder abgetragen sind. In dieser *Selbstsymbolisierung der Überreste* handelt es sich immer um eine offene, um eine uneindeutige und vielfältige Bedeutung, die sich nicht ohne weiteres politisch okkupieren läßt. Das Problem, daß die Symbole mit ihrem politischen Gehalt miteinander kämpfen, ließe sich also auf der Ebene der Dokumentation durch Offenlassen der Bedeutung und Nichtbesetzen der Relikte um der Wahrung ihrer Authentizität willen lösen.

Ich möchte jetzt die einzelnen Funktionen der Präsentation von Vergangenheit nicht detailliert behandeln, sondern sie nur nennen. Es gibt neben der Dokumentations- und Informationsfunktion eine *Explikations- oder Interpretationsfunktion*. Sie wird erfüllt, indem die Vergangenheit in einer bedeutungsträchtigen Perspektive präsentiert wird. Das ist allgemein bekannt, aber nichtsdestoweniger ist es vergessen, wenn es um die Präsentation von Gedenkstätten geht. Dort wird zumeist die Perspektive als solche nicht sichtbar gemacht, d.h. reflexiv präsentiert. Ein Beispiel: Es ist mit Recht gesagt worden, daß die Art, wie die Haare der Opfer in Auschwitz präsentiert werden, unbeabsichtigt die Täterperspektive wiedergibt; denn sie erscheinen als Rohstoff zur industriellen Verwertung. Das ist überaus problematisch.

Wir stehen also vor dem Problem der *Perspektivierung*. Es ist schon falsch, wenn man nur zwischen Opfer- und Täterperspektive unterscheidet. Es gibt in der Interpretation des Holocaust mindestens noch eine dritte Perspektive. Wenn man sie ignoriert, verfehlt man ein wesentliches Element der historischen Tatsächlichkeit, wie es die wissenschaftliche Forschung inzwischen eindeutig ermittelt hat: nämlich die »kalte« Systemperspektive. Es gibt eine anonyme Kraft des Systems, ohne die wir den Holocaust, so wie er historisch stattgefunden hat, schlechterdings nicht erklären können.

Wie geht man mit der Vielfalt von Perspektiven um? Es gibt eine Lösung des Kampfes der Perspektiven, die inzwischen allgemein bekannt und angesehen ist, aber immer noch wenig realisiert wurde: *Multiperspektivität*. Damit ist keine Beliebigkeit von Perspektiven gemeint, derart, daß jeder Gruppe von Interessenten ihre eigene Perspektive zugestanden wird. Zur Zeit werden in Deutschland nach diesem Gesichtspunkt die Denkmäler des Holocaust gebaut. Das halte ich für keine überzeugende Lösung. Es käme vielmehr darauf an, durch Freigabe ästhetischer Gestaltungsmöglichkeiten eine Multiperspektivität der politischen Zurechenbarkeit zu schaffen.

Eine weitere Funktion ist die *Erziehungsfunktion*. Auch hier gibt es im Umgang mit dem Holocaust eine Fülle von Problemen. Ich nenne ein besonders wichtiges, das ich die *Gefahr der unfreiwilligen Ästhetikfalle* nennen möchte. Gemeint ist ein sich selbst produzierender Schein von Sinnhaftigkeit über den Relikten der Vergangenheit. Hier liegt ein allgemeines Phänomen vor. Wenn Dinge veralten, gewinnen sie eine merkwürdige ästhetische Qualität; es ist so, als bereite die Vergangenheit durch pures Vergangensein der Dinge den Schein der Versöhnung über das Leid und die Kämpfe der Menschen. Das ist selbst bei den Relikten des Holocaust der Fall. Das Grün der Natur und die lichten Bäume in Birkenau stellen eine unfreiwillige Ästhetikfalle falscher Versöhnung dar. Ähnliches gilt übrigens aber auch für die neuen Rekonstruktionen. Wenn man z. B. die Baracke besichtigt, die in Birkenau präzise rekonstruiert wurde, dann hat man nicht den unmittelbaren Eindruck des Schreckens, sondern eher die Vorstellung, so schlimm könne das gar nicht gewesen sein.

Bei der Erziehungsfunktion gibt es noch andere Gefahren, etwa diejenige der falschen Heroisierung und Humanisierung. Hier erscheint der Holocaust im Sinnkonstrukt des Exempels für Humanität und Tapferkeit. Ist das ein adäquater Umgang mit dieser Erfahrung? Kann man mit dem pädagogischen Argument, die Kinder dürften den Glauben an die Humanität nicht verlieren, die Wahrnehmung des Ausmaßes von Schrecken und Barbarei beschränken? Die pädagogische Botschaft der historischen Erinnerung an den Holocaust sollte nicht die Heroisierung von Humanität und politischem Widerstand sein, sondern eine negative Botschaft: die Verhinderung zukünftigen Unheils. Damit würde auch vermieden, daß der Holocaust pädagogisch nur auf ein Ziel hin thematisiert wird. Im Verhinderungsaspekt muß deutlich gemacht werden, daß es strukturelle Bedingungen des Holocaust gibt, die tendenziell auch heute noch andauern. Z. B. eine Sinnleere technischer und bürokratischer Zweckrationalität und die Ideologisierbarkeit von Menschen unter bestimmten sozialen Bedingungen. In diesen Zusammenhang gehören auch tiefsitzende mentale Exklusionsmechanismen der Identitätsbildung, in der abstrakt-dichotomisch zwischen »uns« und »den anderen« unterschieden wird.

Im Bereich der *politischen Funktion* steigert sich das Konfliktpotential. Hier ist die Erinnerung legitimierend auf Identität und auf Herrschaft bezogen. Wie läßt es sich verhindern, daß im historischen Gedenken die Konflikte wieder aufbrechen, die zum erinnerten Schrecken selber gehören? Wie läßt sich der naturwüchsig sich herstellende Kampf- oder Konfliktmodus historischer Identitätsbildung verhindern? Man muß im Bezug auf Herrschaft etwas finden, das alle berührt, unangesehen der jeweiligen politischen oder nationalen Zugehörigkeit. Im Kern der politischen Funktion muß ein Element der Organisation und Legitimität von Herrschaft ausgemacht werden, auf das sich alle im Bezug auf den Holocaust so beziehen können, daß die Differenz zwischen ihnen relativiert wird, ihre schmerzhafte Schärfe verliert.

In der Tat gibt es eine solche Möglichkeit in der Erfüllung der politischen Erinnerungsfunktion: die Realisierung der elementaren Tatsache, daß und wie Herrschaft als Herrschaft Menschen vernichtet oder vernichten kann. Hier wird ein bekanntes Diktum von Jacob Burckhardt wichtig. Es sollte ein konsensbildendes Element in der Erfüllung der politischen Legitimationsfunktion der historischen Erinnerung sein, daß *die Macht an sich böse ist*.[10] In der erinnernden Verarbeitung der Holocausterfahrung sollte Jacob Burckhardt recht bekommen. Sein Diktum gilt auch für die Macht im zivilisatorischen Status ihrer Legitimität. Es steckt in ihr ein Stück von religiöser Anthropologie, daß – wie es in der Bibel heißt – »der Menschen Bosheit groß war auf Erden, und alles Dichten und Trachten ihres Herzens nur böse immerdar« (1. Mose 6,5). Das gilt, so meine ich, auch säkular, insbesondere für die Errichtung und das Kommunikationsmedium von Macht und Herrschaft.

Ein Wort noch zur *ästhetischen Funktion* des Erinnerns. Hier geht es darum, in der Erinnerung die Vergangenheit in der Form eines Bildes, einer Imago gegenwärtig werden zu lassen. Sie ist einzubilden in die Dimensionen unseres Bewußtseins, in der die Einbildungskraft den Ausschlag für unser Selbstverständnis und unsere Weltinterpretation gibt. Die Psychoanalyse hat uns hinreichend darüber aufgeklärt, wie mächtig die Bilder sind, die die Vergangenheit als Spur in uns eingegraben hat. Bilder spielen in der Erinnerung an den Holocaust eine ganz wesentliche Rolle.[11] So gibt es z. B. ein Bild, das den Holocaust geradezu repräsentiert, nämlich das Tor von Auschwitz mit der Inschrift »Arbeit macht frei«. Solche Aufladung von Bildern mit Symbolkraft ist eine spezifische Erinnerungsleistung des Geschichtsbewußtseins. Wir wissen darüber eigentlich ganz wenig. Wie entstehen solche Bilder? Wie gewinnen sie ihren Ort in unserem Geschichtsbewußtsein und wie wirken sie da? Gut fundierte Antworten auf diese Fragen stehen noch aus. Eines scheint mir bei der Erfahrung von Auschwitz und Birkenau bemerkenswert zu sein, daß wir im Umgang mit der Symbolisierung der Vergangenheit durch Bildhaftigkeit die Selbstsymbolisierung der Relikte systematisch einbeziehen und in gewisser Weise anerkennen sollen. Es wäre vermutlich kein Gewinn an Geschichtsbewußtsein, wenn diese Selbstsymbolisierung, die vor allem in dem noch wenig musealisierten Birkenau stattgefunden hat, durch eine gezielte Museumsdidaktik zum Verschwinden gebracht würde.

Ein zweiter Punkt, den ich noch erwähnen möchte, betrifft die Form bildlicher Erinnerung an den Holocaust. Es wäre eine mißlungene Symbolisierungsleistung des Geschichtsbewußtseins, wenn die Erinnerung an den Holocaust die Form eines konsistenten, in sich geschlossenen Bildes bekäme. Ein solches Symbol lügt. Es täuscht mit seiner Geschlossenheit einen Sinn vor, den der Holocaust nicht haben kann. Das gilt auch für andere Inhalte der historischen Erinnerung. Zu viele Gedenkstätten präsentieren eine solche Geschlossenheit der ästhetischen Präsentation und stehen daher für mißlungene Ästhetisierungsstrategien.

Vorüberlegungen zur Trauer als historischer Kategorie

Alle Funktionen sind zusammengenommen und integriert in der Erinnerungsfunktion. Erinnerung ist eine Angelegenheit der menschlichen Subjektivität. Es geht also um Subjektivität, um Selbstsein des Menschen in seiner Orientierung in der Zeit, in einem sehr komplexen Zeitnetz zwischen Vergangenheit, Gegenwart und Zukunft. Meine Frage lautet: Gibt es einen Modus des Erinnerns, der die Differenzen im Kampf um die Symbole umgreift und ihnen noch vorausliegt und der fundamentaler ist als die jeweils spezifischen Erinnerungsfunktionen der Dokumentation und Information, der Erklärung und Interpretation, der Erziehung und Bildung, der politischen Überzeugung und ästhetischen Wahrnehmung? Gibt es einen Modus der Erinnerung, der diese fundamentalen Eigenschaften hat und der zugleich das in der Erinnerung immer grundsätzlich eingebaute Konfliktpotential zähmen könnte? Letztlich setzen sich die Konfliktpotentiale, in denen und durch die wir leben, in die Erinnerungsarbeit hinein fort und werden hier in der Spezifik historischer Sinnbildung nur modifiziert, aber nicht aufgehoben. Gibt es einen Modus des Erinnerns, der dieses »böse Dichten und Trachten des menschlichen Herzens« (1. Mose 6,5) von Grund auf eindämmen könnte? Und der zugleich der besonderen Eigenart der historischen Erfahrungen des 20. Jahrhunderts, wie sie im Holocaust kulminiert, gerecht wird? Diese besondere Eigenart der historischen Erfahrungen des 20. Jahrhunderts läßt sich gut mit Dan Diners Konzept des »Zivilisationsbruchs« beschreiben.[12] Man könnte von der Negation des modernitätsträchtigen Sinnes reden, von der Wasserscheide der Modernität, von der Dialektik der Moderne.

Die Antwort auf diese zugespitzte Frage nach einem Modus des Erinnerns lautet: *Trauer*. Ich muß diese Antwort zu theoretisieren versuchen. Denn Trauer, wie ich sie als Modus des Erinnerns einführen möchte, hat eine *kategoriale Bedeutung*. Trauern ist umfassend, d.h. es schließt sämtliche Erinnerungsfunktionen ein. Das Trauern, und das ist das Entscheidende, ist gleichzeitig grundlegend, fundamental, konstitutiv. Es liegt sozusagen in der Tiefe der Subjektivität und trägt die Vielfalt des Erinnerns. Trauern kann den Modus bestimmen, die Ausrichtung und die Art und Weise, wie die einzelnen Erinnerungsfunktionen erfüllt werden. Das ließe sich im einzelnen darlegen. Aber zuvor muß die kategoriale Bedeutung von Trauer geklärt werden. Kaum jemand würde bestreiten, daß die Trauerkategorie adäquat ist für die Erinnerung an den Holocaust: Auschwitz ist der größte Friedhof der Welt.

Trauer ist also in der Tiefe der Subjektivität angesiedelt, die man »existentiell« nennt. Zugleich ist sie universell. Es gibt keine menschliche Gesellschaft, in der Menschen nicht trauern und trauern müssen. Die Trauer ist, wie ich vermute, psychologisch tiefer angesetzt als andere Operationen des Geschichtsbewußtseins. Sie umgreift die moralischen und die religiösen Bezüge und Dimensionen. Gläubige und Nichtgläubige trauern gemeinsam.

Worüber aber soll angesichts des Holocaust getrauert werden? Es geht um den Verlust und die Negation von etwas ganz Grundsätzlichem, Allgemeinem und Fundamentalem, für das ich kein richtiges Wort habe. Ich schlage versuchsweise das Wort »Menschheitlichkeit« vor. Das Wort Menschheit ist zu neutral, »Humanität« greift zu kurz und ist traditionell besetzt. »Menschheitlichkeit« meint eine eigentümliche Selbstzuschreibung von Menschen, insofern sie als Menschen zusammengehören. Es meint, daß es etwas Besonderes und Wertvolles ist, ein Mensch zu sein. Diese elementare Selbstaffirmation des Menschen in seinem Menschsein ist durch den Holocaust radikal negiert worden. Die Trauer über den Holocaust bezieht sich auf den Zivilisationsbruch der Menschheitlichkeit.

Ich bin der Überzeugung, daß die modernen bürgerlichen Gesellschaften hinsichtlich der kulturellen Mechanismen, mit denen sie politische Herrschaft, aber auch soziale Beziehungen regeln, das Ergebnis eines lang und tief ansetzenden Evolutionsprozesses sind. An dessen vorläufigem Ende steht die gesellschaftlich noch nicht ganz, aber immerhin politisch schon verankerte Gleichheitskategorie, die menschen- und bürgerrechtliche Regelung von Herrschaft, universalistische Formen der Moral und entsprechende Formen ästhetischer Gestaltung. In allem haben wir dieses Element von Menschheitlichkeit. Angesichts des Holocaust trauern wir über den Verlust dieser Errungenschaften einer mehrtausendjährigen Kultur der Humanisierung des Menschen.

Trauer als Kategorie historischer Sinnbildung ist uns ungewohnt. Wir haben bisher eigentlich nur gelernt, über Verluste zu trauern, die uns persönlich etwas angehen, vor allem beim Tod geliebter Menschen. Was aber heißt, historisch zu trauern? Also über den Verlust von etwas zu trauern, was uns – anders als der Tod von Angehörigen oder Freunden – gar nicht direkt angeht. Ich rede jetzt als jemand, der der späteren Generation angehört, und damit wird das Verhältnis zum Holocaust, ob es uns gefällt oder nicht, historisch. Was heißt es, historisch zu trauern? Das ist eine völlig offene Frage. Auf der Ebene einer Überlegung zu den Kategorien des historischen

Sinnes gibt es darauf noch keine ausgearbeitete Antwort. Ansätze dazu kann man bei Micha Brumlik finden.[13] Die Mitscherlichs haben ihre Thesen zur »Unfähigkeit zu Trauern« in den Grenzen psychoanalytischer Betrachtung gelassen. Das reicht nicht. Die psychoanalytische Diskussion, selbst wenn sie jetzt auch die Kinder und Enkel der Täter und Opfer einbezieht, erfüllt eigentlich noch nicht hinreichend die Bedingung des Historischen. Wir müssen weiter und grundsätzlicher nach Trauer fragen, nämlich nach Trauer in der Tiefe der kollektiven Erinnerung, die die individuelle Erinnerung fundiert, umgreift und bedingt. Diese Dimension gibt es. Aber wir wissen nicht viel darüber. Die Kriegerdenkmäler, die jüngst intensiv erforscht worden sind, stellen Artefakte kollektiven Trauerns dar, aber zugleich gehören zu viele von ihnen zu einer Kultur des Triumphes, und Triumph ist das Gegenteil von Trauer.

Der Holocaust ist die größte Herausforderung der historischen Sinnbildung. Kann er überhaupt erinnert werden, wenn Erinnerung immer Sinngebung ist? Es gibt keine Erinnerungsleistung, die nicht gleichzeitig eine Sinnbildungsleistung ist. Etwas, das keinen Sinn hat, kann als solches nicht erinnert werden. Elie Wiesel hat einen Satz formuliert (in der Debatte um die Fernsehserie »Holocaust«), der genau das reflektiert: »Die Toten nehmen ihr Geheimnis mit ins Grab.« Zerplatzt also angesichts dieser Erfahrung des Holocaust, die sich den uns zur Verfügung stehenden Sinnbildungsmechanismen verweigert, der historische Sinn wie eine Seifenblase, und traumatisiert der Holocaust die Erinnerung, so daß sie entweder verstummt oder ausweicht? Ist dann nur Schweigen adäquat? Aber worin bestünde ein Unterschied zwischen einem solchen Schweigen und einem Vergessen? Und würde im Schweigen nicht das Bedrohungspotential unsichtbar gemacht, das uns mit einer gewissen historischen Kontinuität mit dem Holocaust verbindet?

Die Erfüllung der Trauerfunktion im Erinnern des Holocaust kann nur ein *beredtes Schweigen* sein. Trauern als ein Modus des Sicherinnerns ist das Aushalten des Sinnlosen. Was geschieht in der Trauerarbeit über den Holocaust? Ich meine: sehr viel. Durch Trauern verwandeln sich die Subjekte. Und was geschieht, wenn wir über den Holocaust trauern? Dann verarbeiten wir den Menschheitlichkeitsverlust. Und was ist das Ergebnis? Ich glaube, daß wir durch eine historische Trauerarbeit ein neues und anderes Bewußtsein unserer eigenen Menschheitlichkeit gewinnen. Vor der Trauer ist uns nichts selbstverständlicher und natürlicher als die Menschheitlichkeit unserer

Selbst und der Menschen ringsum. Das ist uns kulturell eingeboren. Diese Selbstverständlichkeit, diese Quasi-Natürlichkeit unserer Menschheitlichkeit wird durch die Trauerarbeit in der Erinnerung an den Holocaust neu und tiefer angeeignet. Wir gewinnen ein neues Verhältnis zu unserem eigenen Menschsein. Es verliert die Sicherheit einer eigenen humanen Substanz und wird als Kontingenz neu angeeignet. Sie wird auf Spitz und Knopf kontingenter Lebensumstände gestellt und damit zur permanenten Angelegenheit des Hier und Jetzt. Dadurch wird unsere eigene Menschheitlichkeit handlungsrelevanter, als sie vorher war. Sie wird zur praktischen Aufgabe und nicht mehr zu einem nur noch zu verwaltenden zivilisatorischen Besitz.

Anmerkungen

1 Der folgende Text stellt die überarbeitete Mitschrift eines frei gehaltenen Vortrags dar. Ich habe Teile aus der lebhaften und kontroversen Diskussion eingearbeitet. Bei den bibliographischen Nachweisen habe ich mich auf ein Mindestmaß beschränkt. Den Rededuktus habe ich beibehalten.
2 Ich verweise beispielhaft auf die bahnbrechenden Arbeiten von Karl-Ernst Jeismann und auf die jüngeren Untersuchungen von Bodo von Borries: Karl-Ernst Jeismann, *Geschichte als Horizont der Gegenwart. Über den Zusammenhang von Vergangenheitsdeutung, Gegenwartsverständnis und Zukunftsperspektive*, Paderborn 1985; Bodo von Borries, *Das Geschichtsbewußtsein Jugendlicher. Eine repräsentative Untersuchung über Vergangenheitsdeutungen, Gegenwartswahrnehmungen und Zukunftserwartungen von Schülerinnen und Schülern in Ost- und Westdeutschland*, Weinheim 1995.
3 Jürgen Habermas, »Eine Art Schadensabwicklung«, in: *Kleine politische Schriften*, VI., Frankfurt/M.1987, S. 115-158.
4 Vgl. dazu Jörn Rüsen, Auschwitz: »How to Perceive the Meaning of the Meaninglessness? A Remark on the Issue of Preserving the Remnants«, in: *Jahrbuch des Kulturwissenschaftlichen Instituts Essen*, 1994, S. 183-189.
5 Vgl. dazu inzwischen Jörn Rüsen, »Was ist Geschichtskultur? Theoretische Überlegungen und heuristische Hinweise«, in: ders., *Historische Orientierung. Über die Arbeit des Geschichtsbewußtseins, sich in der Zeit zurechtzufinden*, Köln 1994. Eine knappe Zusammenfassung in ders., »Geschichtskultur«, in: *Geschichte in Wissenschaft und Unterricht*, 46, 1995, S.513-521.
6 Hans-Jürgen Syberberg, *Hitler, ein Film aus Deutschland*, Reinbek 1978.
7 Etwas ausführlicher bei Jörn Rüsen, »Vom Umgang mit den Anderen. Zum Stand der Menschenrechte heute«, in: *Internationale Schulbuchforschung*, 15, 1993, S. 167-178.
8 Einige Überlegungen dazu habe ich vorgestellt in »Geschichte sehen. Zur ästhetischen Konstitution historischer Sinnbildung«, in: Monika Flacke (Hg.), *Auf der Suche nach dem verlorenen Staat. Die Kunst der Parteien und Massenorganisationen der DDR*, Berlin 1994, S. 28-39.

9 Martin Broszat/Saul Friedländer, »Um die ›Historisierung des Nationalsozialismus‹. Ein Briefwechsel«, in: *Vierteljahreshefte für Zeitgeschichte*, 36, 1988, S. 339-372.
10 Jacob Burckhardt, *Weltgeschichtliche Betrachtungen*, Historisch-kritische Gesamtausgabe, hg. v. Rudolf Stadelmann, Pfullingen 1949, S. 61; Jacob Burckhardt, *Über das Studium der Geschichte*, Der Text der »Weltgeschichtlichen Betrachtungen« auf Grund der Vorarbeiten von Ernst Ziegler nach den Handschriften hg. v. Peter Ganz, München 1982, S. 40, Anm. 60.
11 Dazu jetzt Yasmin Doosry (Hg.), *Representations of Auschwitz*, Oswiecim 1995.
12 Dan Diner, »Zwischen Aporie und Apologie. Über Grenzen der Historisierbarkeit des Nationalsozialismus«, in: ders. (Hg.), *Ist der Nationalsozialismus Geschichte? Zu Historisierung und Historikerstreit*, Frankfurt/M. 1987, S. 62-73, bes. S.72-73.
13 Micha Brumlik, »Trauerrituale und politische Kultur nach der Shoah in der Bundesrepublik«, in: Hanno Loewy (Hg.), *Holocaust: Die Grenzen des Verstehens. Eine Debatte über die Besetzung der Geschichte*, Reinbek 1992, S. 191-212.

Das Dilemma der ästhetischen Auseinandersetzung mit dem Holocaust

Deutschland und USA im Vergleich[1]

James E. Young

Ein berüchtigter Naziführer hat einst gesagt, daß er zu seiner Pistole greife, wenn er nur das Wort »Kultur« höre. Wenn heute gute Deutsche das Wort »Nazi« hören, greifen sie ausnahmslos zu ihrer Kultur. Es ist fast so, als ob die einzige Garantie gegen die Rückkehr dieser fürchterlichen Vergangenheit in ihrer beständigen ästhetischen Sublimierung liege, in bildender Kunst, Literatur, Musik und schließlich in den Denkmälern, durch welche die Nazizeit gegenwärtig in Deutschland gleichzeitig ins Gedächtnis zurückgerufen und unter Kontrolle gebracht wird.

Einerseits nimmt niemand seine Erinnerungsstätten ernster als die Deutschen. Fast monatlich werden quer durch das »Vaterland« Wettbewerbe veranstaltet für neue Gedenkstätten gegen Krieg und Faschismus oder für Frieden oder um die Orte von Zerstörung und Deportation zu kennzeichnen oder um an eine verschwundene Synagoge oder an eine untergegangene jüdische Gemeinde zu erinnern. Studenten opfern ihre Sommerferien für eine KZ-Archäologie in Neuengamme und graben Gegenstände einer anderen, grausameren Zeit aus. Oder sie nehmen Hammer und Nägel zur Hand, um eine Synagoge in Essen wiederaufzubauen oder um in Landsberg ein Denkmal an der Stelle des früheren Dachauer Nebenlagers zu errichten. Gruppen junger Deutscher melden sich noch einmal dienstbeflissen in Auschwitz, wo sie verfallende Ausstellungsräume wiederherstellen, die Sträucher um die Baracken pflegen und das Unkraut im Niemandsland zwischen den einst elektrisch geladenen Zäunen hacken. Nicht weniger eifrig als die Generationen vor ihnen arbeiten deutsche Teenager nun genauso hart an der Errichtung von Gedenkstätten wie es ihre Eltern beim Wiederaufbau nach dem Kriege und wie es ihre Großeltern im Aufbau des »Dritten Reichs« selbst taten.

Andererseits bleibt nichtsdestoweniger die Arbeit der Erinnerung des Holocaust heute in Deutschland ein qualvolles, selbstreflexives, ja lähmendes Anliegen. Jedes Denkmal wird immer wieder endlos geprüft, erklärt und diskutiert. Künstlerische, ethische und historische Fragen beschäftigen die Gestaltungskommissionen in einem Ausmaß, das in anderen Ländern unbekannt ist. Deutschlands fortwährende »Denkmal-Arbeit« verdrängt und konstituiert gleichzeitig den Gegenstand der Erinnerung. Obwohl man in einer solch umfassenden Inanspruchnahme durch den Prozeß des Denkmalbaus eine Flucht aus der Erinnerung sehen könnte, mag es ebenso wahr sein, daß der sicherste Umgang mit Erinnerung in ihrer beständigen Unentschlossenheit liegt. In der Tat wäre das beste deutsche Gedenken der Zeit des Nationalsozialismus und seiner Opfer vielleicht nicht eine einzelne Gedenkstätte, sondern einfach die niemals zu beendende Debatte darüber, welche Art Erinnerung bewahrt werden müsse, wie dies zu leisten wäre und in wessen Namen und mit welchem Ziel. Anstelle einer festgelegten Gestalt der Erinnerung könnte sich in der Debatte selbst – auf Dauer ungelöst unter ständig wechselnden Bedingungen – die Erinnerung vergegenständlichen.

Bedenkt man die traditionelle Funktion staatlich geförderter Denkmäler als sich selbstverherrlichender Orte nationalen Gedenkens, so überrascht die essentielle, fast lähmende Doppeldeutigkeit des deutschen Erinnerns überhaupt nicht. Üblicherweise zielt das staatlich geförderte Erinnern an die nationale Vergangenheit darauf hin, die Rechtmäßigkeit der Entstehung der Nation, ja ihrer göttlichen Erwähltheit zu unterstreichen. Ihrer Grundbedeutung nach erzählen die Denkmäler einer Nation Geschichten von erhabenen Ereignissen oder von Triumphen über Barbarei, und sie rufen das Märtyrertum derer ins Gedächtnis zurück, die ihr Leben im Kampf für die nationale Existenz gaben, derer, die – gemäß des martyrologischen Refrains – starben, damit ihr Land leben konnte.

Davon ausgehend, daß die idealisierten Formen und Bedeutungen einer Ära durch den Staat zugeschrieben wurden, zielen Denkmäler darauf, besondere historische Interpretationen festzuschreiben. Sie stellen sich selbst als immer schon einheimische, ja geologische Zutagetretungen in einer nationalen Landschaft dar, und im Verlauf der Zeit wird ein solches idealisiertes Denkmal für das Auge genauso natürlich wie die Landschaft, in der es steht.

Täten Denkmale etwas anderes, würden sie freilich die Hauptbegründung nationaler Legitimität, das offensichtlich natürliche Recht des Staates auf seine Existenz, untergraben.

Aber während die Sieger in der Geschichte hochaufgerichtete Denkmale haben, um sich ihrer Triumphe zu erinnern, und während die Opfer Denkmale bauten, um ihr Märtyrertum ins Gedächtnis zurückzurufen, fordert nur selten eine Nation sich selbst zur Erinnerung an die Opfer der eigenen Verbrechen auf. Wo sind die nationalen Denkmale für den Genozid an den amerikanischen Indianern, für die Millionen versklavter und ermorderter Afrikaner, für die Kulaken und Bauern, die zu Millionen verhungert sind? Sie gibt es kaum.[2]

Was ist aber dann mit Deutschland, einer Nation, die geradezu gezwungen ist, sich an die Leiden und Verwüstungen zu erinnern, die einst im Namen ihres Volkes begangen wurden? Wie kann ein Staat seine Verbrechen gegen andere in die Landschaft seiner nationalen Erinnerung einfügen? Wie kann ein Staat die Litanei seiner eigenen Untaten rezitieren oder gar feierlich an sie erinnern und sie zum Teil seiner eigenen Daseinsbegründung machen? Unter welcher Ägide, unter wessen Regeln kann eine Nation sich ihrer eigenen Barbarei erinnern? Wo ist die Tradition für ein erinnerndes mea culpa, wenn vereinigtes Gedenken und Selbstanklage so hoffnungslos gegeneinander stehen? Anders als staatlich geförderte Gedenkstätten in Polen, Holland oder Israel, die von den zu Opfern gemachten Nationen und Völkern für sich selbst errichtet wurden, sind solche in Deutschland notwendigerweise von den Tätern gebaut, die sich ihrer Opfer erinnern. Angesichts dieses notwendigen Bruchs mit dem üblichen Code des Gedenkens verwundert es wenig, daß das deutsche nationale Erinnern so zerrissen und gewunden bleibt. Die Auswirkungen des Holocaust auf die Grundidee des Denkmals (die Schaffung nationaler Legitimität) hat sich so in Deutschlands essentiellem Erinnerungsdilemma kristallisiert: Wie kann ein Land wie Deutschland einen neuen und gerechten Staat auf der Grunderinnerung seiner schrecklichen Verbrechen aufbauen? Wie kann eine Nation sich der Ereignisse erinnern, die sie viel lieber vergessen würde?

Eine der faszinierendsten Antworten auf Deutschlands Erinnerungsproblem ist das Entstehen seiner »Gegen-Denkmale«: provozierende, schmerzhaft-selbstbewußte Erinnerungsorte, dazu gedacht, die Grundbedingungen ihres Daseins in Frage zu stellen. Auf der ethischen Ebene ihrer Pflicht zur Erinnerung sicher, aber auf der ästhetischen Ebene skeptisch gegenüber den

Voraussetzungen, die den tradionellen Formen der Erinnerung unterliegen, testet in Deutschland eine neue Generation von Gegenwartskünstlern und Denkmalgestaltern die Grenzen sowohl ihrer künstlerischen Mittel als auch des Grundgedankens einer Gedenkstätte. Sie sind Erben eines zweischneidigen Nachkriegsvermächtnisses: tiefes Mißtrauen gegenüber monumentalen Formen angesichts des systematischen Gebrauchs dieser Formen durch die Nationalsozialisten und gleichzeitig das tiefe Bedürfnis, die eigene Generation von der der Mörder durch die Erinnerung zu unterscheiden.[3] Aus ihrer Sicht weist die didaktische Logik von Denkmalen, ihre demagogische Härte, zu sehr Züge auf, die sie mit dem Faschismus selbst verbinden. Ein Denkmal gegen den Faschismus müßte demnach ein Denkmal gegen sich selbst sein: gegen die traditionelle didaktische Funktion von Monumenten, gegen ihre Tendenz, die Vergangenheit zu verdrängen, die sie uns doch vor Augen führen sollte – und schließlich gegen das autoritäre Moment in allen Kunstwerken, das die Betrachter zu passiven Beobachtern macht.

Für deutsche Künstler und Bildhauer wie Jochen Gerz, Norbert Radermacher, Horst Hoheisel und Hans Haake und ebenso für amerikanische Künstler, die in Deutschland arbeiten, wie Sol LeWitt, Daniel Libeskind und Shimon Attie bleibt die Möglichkeit unerträglich, daß das Gedenken an solch schwerwiegende Ereignisse auf die Zurschaustellung von Kunstgewerbe oder billigem Pathos reduziert werden könnte. Mit Verachtung weisen sie die traditionellen Formen und Gründe einer öffentlichen Erinnerungskunst zurück, solche Orte, die entweder die Betrachter trösten oder derartig tragische Ereignisse tilgen, die einer billigen Form von »Wiedergutmachung« frönen oder vorgeben, die Erinnerung an ein ermordetes Volk wiederherzustellen. Anstatt Erinnerung in das öffentliche Bewußtsein einzubrennen, so fürchten sie, riegeln konventionelle Gedenkstätten die Erinnerung vom Bewußtsein ganz und gar ab. Diese Künstler befürchten zu Recht, daß wir in dem Ausmaß vergeßlicher werden, in dem wir Monumente fördern, damit diese unsere Erinnerungsarbeit für uns tun. Sie glauben, daß der ursprüngliche Impuls, Ereignissen wie denen des Holocaust zu gedenken, eigentlich vom entgegengesetzten und gleichgroßen Wunsch, sie zu vergessen, ausgehen könne.

Anstatt auf die Geschichte der Gegendenkmale in Hamburg, Kassel und Berlin einzugehen, die ich bereits in anderen Publikationen dargelegt habe,[4] möchte ich kurz einige der neuen Wege schildern, die Gerz, Hoheisel und Libeskind in Saarbrücken, Kassel und Berlin gegangen sind, um diesen notwendigen Bruch im konventionellen Erinnerungscode zustande zu bringen.

Das unsichtbare Denkmal von Jochen Gerz in Saarbrücken

In Übereinstimmung mit der buchbezogenen, ikonoklastischen Seite der jüdischen Tradition kamen die ersten »Denkmale« des Holocaust nicht in Stein, Glas oder Stahl, sondern als Erzählung. Die Yizkor Bucher, die Gedenkbücher, rufen sowohl das Leben wie die Vernichtung der europäischen jüdischen Gemeinden gemäß dem ältesten der jüdischen Erinnerungsmedien ins Gedächtnis zurück: dem Buch. Tatsächlich verhält es sich so, wie es das Vorwort zu einem von diesen Büchern nahelegt: »Wann immer wir das Buch aufgreifen, werden wir fühlen, daß wir ganz nahe am Grab [des Opfers] stehen, weil sogar ein solches die Mörder ihnen vorenthielten.«[5] Der Schreiber aus dem Stetl hoffte, daß das Yizkor Bucher beim Gelesenwerden den Ort des Lesens in einen Erinnerungsraum verwandeln würde. In Antwort auf das, was das »Fehlende-Grabstein-Syndrom« genannt wurde, waren die ersten Erinnerungsstätten, die von den Überlebenden geschaffen wurden, daher innere Räume, vorgestellte Grabstätten.

Ohne dies vielleicht zu realisieren hat der Konzeptualkünstler Jochen Gerz kürzlich nicht allein dieses Fehlende-Grabstein-Syndrom wiederholt, sondern auch die Bedeutung des Denkmals als inneren Raum. Ich beziehe mich hier nicht auf sein und Esther Shalev-Gerz' verschwindendes Denkmal in Harburg, sondern auf sein erst kürzlich eingeweihtes unsichtbares Denkmal in Saarbrücken, das das Gegendenkmal in eine neue Tiefgründigkeit setzt. Berühmt geworden nicht zuletzt durch Harburgs Gegendenkmal wurde Gerz vor zwei Jahren als Gastprofessor an die Hochschule für Bildende Künste in Saarbrücken eingeladen. In einer Werkklasse zum Thema konzeptuale Denkmale forderte Gerz seine Studenten dazu auf, an einem heimlichen Erinnerungsprojekt teilzunehmen, einer Erinnerungsaktion gleichsam nach Guerillaart. Die Klasse stimmte begeistert zu, gelobte sich untereinander Verschwiegenheit und hörte zu, wie Gerz seinen Plan beschrieb: Im Schutz der Nacht sollen sich acht Studenten auf den großen gepflasterten Platz stehlen, der zum Saarbrücker Schloß führt, dem früheren Sitz der Gestapo während des Hitlerreichs. Mit ihren Büchertaschen, die mit Pflastersteinen aus anderen Teilen der Stadt gefüllt sind, sollen sich nun die Studenten über den Platz verstreuen, sich paarweise hinsetzen, Bier trinken, sich gegenseitig mit grober Stimme Dinge zurufen und so vorgeben, eine Fete zu veranstalten. Inzwischen sollen sie in Wirklichkeit heimlich etwa 70 Pflastersteine aus dem Platz herauslösen und durch die mitgebrachten Steine ersetzen. Dabei sollte jedem ein Nagel unterlegt werden, so daß dieser später mit Hilfe eines Metalldetektors wiedergefunden werden könnte. Innerhalb weniger Tage konnte dieser Teil der Erinnerungsaufgabe ganz so wie geplant ausgeführt werden. Inzwischen waren andere Mitglieder der Klasse dazu bestimmt worden, die Namen und Orte von allen früheren jüdischen Friedhöfen in Deutschland herauszufinden, über 2 000, die nun aufgegeben oder verschwunden sind. Als ihre Klassenkameraden von ihrer Bierfete mit den Taschen voller Pflastersteine zurückkamen, begannen alle mit der Arbeit, die Namen der verlorengegangenen jüdischen Friedhöfe auf die Steine zu gravieren, einen nach dem anderen. In der Nacht, nachdem sie dies beendet hatten, brachten die Erinnerungs-Guerillas die Steine zu ihren Ursprungsstellen zurück, jeder von ihnen beschrieben und datiert. Aber in einer Wendung – Gerzens früherem Gegendenkmal entsprechend – wurden die Steine verdreht, mit der bearbeiteten Seite nach unten, wieder eingesetzt, so daß von der ganzen Operation keine Spur zurückblieb. Das Denkmal war nun unsichtbar, selbst nur eine Erinnerung, außerhalb der Sicht und daher, wie Gerz hoffte, um so mehr im Bewußtsein.

Gerz wußte natürlich auch, daß – weil das Denkmal nicht mehr sichtbar war – das öffentliche Erinnern davon abhing, ob das Wissen um die Erinnerungsaktion öffentlich wurde. Zu diesem Zweck schrieb Gerz an Oskar Lafontaine, den Ministerpräsidenten des Saarlandes und stellvertretenden Vorsitzenden der SPD, setzte ihn von der Tat in Kenntnis und bat um parlamentarische Unterstützung, um die Operation fortsetzen zu können. Lafontaine antwortete mit 10 000 DM aus einem speziellen Kunstfonds und einer Warnung, daß das ganze Projekt offenkundig illegal war.

Wie dem auch sei, die Öffentlichkeit wurde nun Teil des Denkmals. In dem Moment, als die Zeitungen Wind von dem Projekt bekamen, brach eine fürchterliche Raserei über die berichtete Schändung des Platzes aus; Leitartikel fragten, ob noch ein anderes Denkmal dieser Art nötig sei; einige überlegten sogar, ob nicht das ganze Ding ein konzeptualer Schabernack gewesen sei, hauptsächlich dazu bestimmt, einen Erinnerungssturm auszulösen.

Als die Besucher in Scharen auf den Platz kamen, um die 70 Steine unter den mehr als 8 000 zu sehen, begannen sie zu überlegen, wo sie selbst im Hinblick auf das Denkmal situiert wären: Stünden sie auf ihm, in ihm? War es überhaupt wirklich da? Indem sie nach der Erinnerung suchten, würden sie, so hoffte Gerz, realisieren, daß eine solche Erinnerung bereits in ihnen war. Dies wäre ein inneres Denkmal: Als die einzig aufrechten Figuren auf dem Platz würden die Besucher selbst zu den Denkmalen, nach denen sie suchten.

Wo die Politiker standen, war weniger ungewiß. Als sich Jochen Gerz erhob, um im Saarbrücker Stadtverband sein Projekt zu erläutern, stand die gesamte CDU-Fraktion auf und verließ den Raum. Die anderen Parlamentarier blieben und verhalfen dem Denkmal durch ihre Stimme zu einer öffentlichen Existenz. Tatsächlich stimmten sie sogar dafür, den Platz in »Platz des unsichtbaren Denkmals« umzubenennen; dieser Name wurde zum einzigen sichtbaren Zeichen des Denkmals selbst. Ob diese Operation der Steine»verdrehung« jemals wirklich ausgeführt wurde oder nicht – die Kraft der Suggestion hatte bereits das Denkmal dort plaziert, wo es am besten wirkte: nicht mitten in der Stadt, sondern mitten im öffentlichen Bewußsein. In der Tat bringen Jochen Gerz' »2 160 Steine. Ein Denkmal gegen Rassismus« die Last der Erinnerung zu denen zurück, die kommen, um nach ihr zu schauen.

Horst Hoheisels Denk-Stein-Sammlung

In Kassel hat ein anderer deutscher Künstler traditionellere Medien jüdischer Erinnerung aufgegriffen, um der jüdischen Opfer Deutschlands zu gedenken. Horst Hoheisel hatte in Kassel bereits ein Denkmal in Negativform entworfen, das an einen Pyramidenbrunnen erinnert, den die Nationalsozialisten 1938 als den »Judenbrunnen« zerstört hatten. Nun wandte er sich mit einem neuen Projekt an die nächste Generation. Mit Genehmigung der Kasseler Schulen besuchte er dort die Schulklassen mit einem Buch, einem Stein und einem Stück Papier. Das Buch war ein Exemplar von »Namen und Schicksale der Juden Kassels«. Bei seinen Klassenbesuchen erzählte Hoheisel den Schülern die Geschichte von Kassels verschwundener jüdischer Gemeinde, wie sie dort einst blühte, wie ihre Mitglieder in eben den Häusern wohnten, in denen diese Schulkinder nun lebten, wie sie an denselben Schultischen gesessen hatten. Er bat dann all diejenigen Schüler, die Hand zu heben, die irgendeinen Juden kennen. Wenn keine Hand erschien, las Hoheisel die Geschichte eines Kasseler Juden, der deportiert worden war, aus seinem Erinnerungsbuch vor. An diesem Punkt forderte er jeden der Schüler auf, das Leben eines dieser Juden zu erforschen: Wo und wie sie lebten, wo ihre Familien waren, wie alt sie waren, wie sie ausgesehen haben. Er forderte sie auf, frühere jüdische Nachbarschaften aufzusuchen und die früheren Nachbarn der Juden kennenzulernen.

Danach sollten die Schüler kurze Erzählungen verfassen, in denen sie Leben und Tod der von ihnen erforschten Personen beschreiben, diese Erzählungen um Steine wickeln und sie in einem der Archivkästen niederlegen, die der Künstler jeder Schule zur Verfügung gestellt hatte. Nach mehreren Dutzend solcher Klassenbesuche begannen die Kästen überzuquellen und neue wurden geliefert. Später wurden all diese Behälter nach Kassels Hauptbahnhof transportiert, wo sie auf demjenigen Bahnsteig abgestellt wurden, von dem die Kasseler Juden deportiert worden waren. Es ist nun eine Dauerinstallation, die der Künstler seine »Denk-Stein-Sammlung« nennt. Sie wächst in dem Ausmaß, wie neue Behälter in der ganzen Stadt gefüllt und zum Bahnhof gebracht werden.

Dieser Denkmal-Steinhaufen – ein Zeugnishaufen von Steinen – bezeichnet sowohl den Platz der Deportation als auch die Unterrichtung der Gemeinde über ihre ermordeten Juden, deren Abwesenheit durch das sich weiterentwickelnde Denkmal erst offenkundig wird. Indem sie Erzählform und Steine in dieser Weise kombinierten, haben die Schüler anscheinend die jüdischste aller Gedenkformen als ihre eigene übernommen und auf diese Weise ihr eigenes Gedenk-Lexikon erweitert um das jener Menschen, die sie ins Gedächtnis zurückrufen. Im Grunde sind nur diese Schüler übrig, um die Epitaphe der verschwundenen Juden zu schreiben, welche in erster Linie durch ihre Abwesenheit, durch die Lücke, die sie hinterlassen haben, versinnbildlicht werden.

Daniel Libeskinds jüdische Erweiterung des Berliner Museums

Als die Stadtplaner ein Berliner historisches Museum konzipierten, hofften sie, dort sowohl die Bedeutung der Juden als Mitgestalter von Berlins Geschichte und Kultur aufzuzeigen als auch den schweren Verlust, den die Stadt durch das Fehlen der Juden erlitten hat. Auch wenn das jüdische Leben in Berlin innerhalb des Hauptmuseums dargestellt werden sollte, entschieden sie, ein Jüdisches Museum als Erweiterungsbau an das Berliner Museum anzugliedern. Der jüdische Flügel sollte sowohl selbständig als auch integrativ sein; die Idee war, ein Museum der bürgerlichen Geschichte mit der gänzlich unbürgerlichen Behandlung der Juden dieser Stadt zu verbinden. Wie konnte man aber dies tun, ohne daß die Form Versöhnung und Kontinuität suggerierte? Wie konnten Berlin und sein jüdischer Teil wiedervereinigt werden, ohne damit eine nahtlose Annäherung zu suggerieren?

Hier trat der Architekt Daniel Libeskind auf den Plan, der 1946 in Lodz geboren wurde, nachdem fast seine ganze Familie im Holocaust ausgelöscht worden war, und der nun als amerikanischer Staatsbürger in Berlin lebt. Von 165 Entwürfen, die aus der ganzen Welt für den Gestaltungswettberb des Museums eingereicht wurden, der im Juni 1989 auslief, beeindruckte der von Daniel Libeskind die Jury als der gewagteste, problematischste, am wenigsten baubare von allen – und so bekam er sofort den ersten Preis und wurde in Auftrag gegeben. Libeskinds erste Aufgabe war es, den ursprünglichen Namen des Projekts »Erweiterung des Berliner Museums durch die Abteilung Jüdisches Museum« mit seiner eigenen, mehr poetischen, Verkündung zu ersetzen: »Zwischen den Linien«. Nach seinen Worten sollte das Gebäude bestehen aus »einer geraden Linie, die aber in viele Teile zerbrochen ist; einer krummen Linie, die sich aber unbegrenzt fortsetzt«[6]. Nach den Vorstellungen des Architekten sollten diese Linien miteinander kommunizieren, aber auch gleichzeitig auseinanderfallen.

Um dies zu erreichen begann Libeskind, über den Stadtplan von Berlin einen verzerrten Davidstern zu legen, durch den er einen gezackten Blitz jagte. Durch diese gezackte Gestalt, die als die zerbrochenen Stücke des Davidsterns erscheinen, hat Libeskind dann eine gerade geschnittene Spalte gelegt, die den Rest des Gebäudes durchschneidet: ein leerer, ungenutzter Raum, der das ganze Museum teilt. »Die neue Erweiterung ist konzipiert als ein Emblem, durch das sich das Unsichtbare selbst sichtbar macht als eine Leere, als Unsichtbares... Die Idee ist ganz einfach: Das Museum um eine Leere herumzubauen, die durch es hindurch läuft, eine Leere, die vom Publikum erfahren werden muß.«

Wie die meisten von Libeskinds einfachen Ideen ist auch diese nicht ganz so einfach. Aber sie ermöglichte seinem Entwurf, die wesentlichen Paradoxien im Kern seines Projektes zu bearbeiten: Wie kann man eine leere Form entwickeln, ohne sie aufzufüllen? Wie kann man dem Formlosen eine architektonische Form geben und den gewagten Versuch unternehmen, eine solche Erinnerung zu beherbergen?

Libeskind wollte nicht suggerieren, daß diese Leere Berlin von außerhalb auferlegt worden wäre, sondern eine sei, die in Berlin von innen geschaffen wurde. Es waren nicht die Bombardierungen, wie er sagte, sondern das Vakuum und der innere Zusammenbruch eines moralischen Wollens, das Berlin ermöglichte, sich selbst von Juden zu entleeren. Nach Libeskind stellt diese Leere auch einen Ort frei von Juden dar, einem inneren Raum korrespondierend, der leer ist an Liebe und solchen Werten, die die Berliner Juden hätten retten können. Gleichzeitig, so hofft er, wird seine Zickzacklinie auf das gebrochene Rückgrat der Berliner Gesellschaft hindeuten.

Seine Zeichnungen für den Museumsbau sehen daher eher aus wie Entwürfe von Museumsruinen, ein Haus, dessen Flügel durch den harten Schlag des Genozids verbogen und neu geformt worden sind. Es ist eine verwüstete Stätte, die nun ihre gebrochenen Formen zur Schau stellt. Durch seine Arbeit fragt Libeskind, ob Architektur, wenn sie historische Bedeutung repräsentiert, auch Bedeutungslosigkeit und die Suche nach Bedeutung darstellen kann.

Das Ergebnis ist ein weitläufiges Gebäude, das in verschiedene Orte zerbrochen ist. Die gerade Linie der leeren Spalte, die durch den Grundriß läuft, bricht jeden Raum, durch den sie verläuft, und verwandelt sonst einheitliche Räume und Hallen in verunglückte Anomalien, einige zu klein, um irgendetwas zu beinhalten, andere so schräg, daß es alles verfremdet, was in ihnen beherbergt wird. Der ursprüngliche Entwurf schloß außerdem geneigte Wände ein, deren Winkel zu schräg waren, um Ausstellungsstücke aufzuhängen. Museologische und ökonomische Zwänge führten immerhin dazu, die Wände zu begradigen und auf einige der leeren Spalten zu verzichten, die für Bereiche außerhalb des Museums vorgesehen waren.

Die große Aufmerksamkeit, die dieser Entwurf als Lob oder Skepsis erfahren hat, hat nun eine andere historische Ironie hervorgebracht. Wo die Stadtplaner gehofft hatten, die jüdische Erinnerung in das Haus der Berliner Geschichte zurückzubringen, scheint es nun so zu werden, daß die Berliner Geschichte ihren Platz in dem weit mehr erdrückenderen Haus der jüdischen Erinnerung finden muß. Der jüdische Flügel des Berliner Museums kann nun das Prisma sein, durch das der Rest der Welt kommen wird, um Berlins eigene Vergangenheit kennenzulernen.

Amerikas Holocaust

In Amerika sind die Motive für das Holocaustgedenken genauso gemischt wie die Bevölkerung insgesamt, unterschiedlich hochfliegend und zynisch, pragmatisch und ästhetisch. Darüber hinaus ist es in einer Einwanderungsgesellschaft wie der in Amerika mit ihren zahlreichen konkurrierenden Bevölkerungsgruppen nahezu unmöglich, sich für eine einzige Gestalt der Erinnerung an den Holocaust zu entscheiden. Einige Gemeinden erbauen Denkmale, um verlorener Brüder zu gedenken, andere, um an sich selbst zu erinnern. Einige bauen Gedenkstätten als Gemeindezentren, andere als Touristenattraktionen. Einige Überlebende erinnern streng gemäß der religiösen Tradition, während andere die politischen Wurzeln ihres Widerstands ins Gedächtnis zurückrufen. Veteranenorganisationen fördern Denkmale, um ihre Rolle als Befreier zu erinnern. Kongressabgeordnete schlagen Denkmale vor, um sich die Stimmen ihrer jüdischen Klientel zu sichern. Selbst das U.S. Holocaust Memorial Museum in Washington wurde vom damaligen Präsidenten Jimmy Carter geplant, um seine jüdischen Anhänger zu beruhigen, die über seinen Verkauf von F-15-Kampfflugzeugen nach Saudiarabien verärgert waren. All diese Entscheidungen über Gedenkstätten werden im politischen Raum gefällt und hängen von politischen Gegebenheiten ab.[7]

In diesem Zusammenhang müssen wir also nicht nur die pluralistischen Definitionen des Holocaust in Amerika (welcher Holocaust, wessen Holocaust?) erkunden, sondern auch die Art, wie andere amerikanische Ideale – etwa Freiheit und Einwanderung – hier die zentralen Gedenkmotive bestimmen. Zugleich müssen wir fragen, welche Rolle der Holocaust im amerikanischen Denken, im kulturellen, religiösen und politischen Leben Amerikas, in den Beziehungen zwischen den jüdischen Amerikanern und anderen ethnischen Gruppen spielt. Bis zu welchem Ausmaß wird er notwendigerweise in einer Gesellschaft universalisiert, die durch pluralistische und egalitäre Ideale bestimmt wird? Bis zu welchem Ausmaß ist er ein bestimmendes Anliegen für jüdische Amerikaner geworden, ein Ort der Erinnerung und der Identität? Die Antworten auf diese Fragen sind kompliziert und stets wechselnd.

Das erste amerikanische Gedenken ist ein Protest

Tatsächlich fand das erste öffentliche Gedenken des Holocaust in Amerika nicht nach dem Kriege statt, sondern auf dem Höhepunkt des Mordens, am zweiten Dezember 1942, als ein Massenprotest. Nach Angaben der Jewish Telegraphic Agency unterbrachen an diesem Tage etwa 500 000 jüdische Arbeiter in der Stadt New York ihre Arbeit für zehn Minuten, um sowohl die bereits Umgebrachten zu betrauern als auch gegen die weitergehenden Massaker zu protestieren. In einer Geste der Solidarität bewahrten verschiedene Radiosender ein zweiminütiges Schweigen, bevor sie um 16:30 Gedenkgottesdienste ausstrahlten.[8] Ähnliche Gedenkveranstaltungen folgten im nächsten Frühjahr, die in verschiedenen öffentlichen Großveranstaltungen des Gedenkens gipfelten, einschließlich einer Festveranstaltung im Madison Square Garden im März 1943, die unter dem Motto stand »Wir werden niemals sterben« und den zwei Millionen Juden gewidmet war, die in diesem Jahr durch deutsche Hände umgekommen waren.[9] Andere öffentliche Gedenkveranstaltungen schlossen Massenversammlungen ein, die vom Jewish Labor Committee einberufen wurden, um die Zerstörung des Warschauer Ghettos zu betrauern. Das größte einzelne Holocaustgedenken während des Krieges fand am 19. April 1944, dem ersten Jahrestag des Aufstands im Warschauer Ghetto, statt. Auf den Stufen des New Yorker Rathauses versammelten sich über 30 000 Juden, um Bürgermeister Fiorello LaGuardia und prominenten jüdischen Sprechern zuzuhören, die das Gedenken der während des Aufstands ums Leben gekommenen Kämpfer und Märtyrer ehrten.

Als 1964 eine Gruppe von jüdisch-amerikanischen Überlebenden des Aufstands im Warschauer Ghetto der Kunstkommission der Stadt New York den Entwurf für eine Holocaustgedenkstätte unterbreitete, wurde sie aus drei Gründen abgewiesen. Zum ersten war nach Eleanor Platt, der Kunstbeauftragten der Stadt, der vorgestellte Entwurf von Nathan Rapoport schlicht zu groß und im ästhetischen Sinne nicht geschmackvoll. Es würde, nach ihren Worten, einen bedauernswerten Präzedenzfall schaffen. Zweitens könnte ein solches Denkmal andere »spezielle Gruppen« auf den Gedanken bringen, darauf zu bestehen, in gleicher Weise auf öffentlichem Grund repräsentiert zu werden – ein weiterer bedauernswerter Präzedenzfall. Und schließlich hatte die Stadt, nach den Worten des Beauftragen für die öffentlichen Parks, Newbold Morris, sicherzustellen, daß »Denkmale in den Parkanlagen ... auf Ereignisse der amerikanischen Geschichte beschränkt sind«. Damit unterstellte er, daß der Holocaust keine amerikanische Erfahrung sei.

Für die jüdischen Überlebenden des Holocaust, die nach dem Zweiten Weltkrieg in Amerika eingewandert waren und die sich selbst als typische »neue Amerikaner« betrachteten, stellte eine solche Antwort gerade ihre Vorstellung davon in Frage, was es in erster Linie bedeutete, ein Amerikaner zu sein. Zum erstenmal wurde in ihrer Wahrnehmung eine Unterscheidung getroffen zwischen »Ereignissen der amerikanischen Geschichte« und solchen »der Geschichte von Amerikanern«. Begann und endete die amerikanische Geschichte an den geographischen Grenzen der Nation? Oder begann sie, wie die meisten der Überlebenden glaubten, in den Erfahrungen außerhalb, die diese Einwanderer an die amerikanischen Küsten trieb? Man kann sagen, daß Amerika mit der kürzlichen Einweihung des U. S. Holocaust Memorial Museum in Washington die Erfahrungen der Überlebenden als Teil der nationalen Erfahrung anerkannt und auf diese Weise den Holocaust zum Teil der amerikanischen Geschichte gemacht hat.

Das U. S. Holocaust Memorial Museum

Keine der Holocaustgedenkstätten in Amerika kann sich in Umfang oder Anspruch mit dem nationalen Gedenk- und Museumskomplex messen, der 1993 im Zentrum der amerikanischen Hauptstadt eingeweiht wurde. In Sichtweite des Washington-Denkmals rechts und des Jefferson-Denkmals auf der linken Seite, jenseits des Tidal Bassins, liegt das USHMM direkt an der Washingtoner Mall und ist somit Nachbar des National Museum of American History und des Smithsonian Institute. Vermöge seiner Lage dokumentiert es nicht allein die Geschichte des Holocaust, sondern auch dessen Kontrapunkt, die amerikanischen demokratischen und egalitären Ideale. Indem es an die Verbrechen eines anderen Volkes in einem anderen Land erinnert, ermutigt es die Amerikaner, sich der ihrer Nation eigenen idealisierten Daseinsgründe zu vergewissern.

»Was ist die Rolle dieses Museums in einem Land wie den Vereinigten Staaten, weit weg von den Stätten des Holocaust?« fragte Charles Maier. »Ist es die, die Menschen zusammenzurufen, die leiden, oder die Nichtjuden zu belehren? Ist es gedacht als eine Warnung, daß ›es auch hier passieren kann‹? Oder ist eine Erklärung, daß besondere Rücksicht erforderlich ist? Unter welchen Umständen kann eine private Trauer zugleich als ein öffentlicher Kummer dienen?«[10]

Bevor solch ein Museum auf der Washingtoner Mall erbaut werden konnte, mußten erst explizit amerikanische Gründe dafür gefunden werden.

Die offizielle amerikanische Rechtfertigung für eine nationale Gedenkstätte in der Hauptstadt wurde ebenfalls von Präsident Jimmy Carter vorgebracht in seiner Ansprache anläßlich der ersten »Days of Remembrance« in der Rotunda des Kapitols am 24. April 1979:

»Obwohl der Holocaust in Europa stattfand, ist dieses Ereignis für die Amerikaner aus drei Gründen von grundsätzlicher Bedeutung: Erstens waren es amerikanische Truppen, die viele der Todeslager befreiten und dazu beitrugen, die schreckliche Wahrheit dessen, was dort getan wurde, ans Licht zu bringen. Auch wurden die Vereinigten Staaten zur Heimat von vielen, die überleben konnten. Zweitens müssen wir, wie auch immer, die Verantwortung dafür übernehmen, daß wir vor vierzig Jahren nicht gewillt waren dieses schreckliche Ereignis wahrzunehmen. Schließlich, da wir ein Volk humanistischer Prägung sind und uns um die Menschenrechte bei allen Völkern kümmern, fühlen wir uns gezwungen, die systematische Vernichtung der Juden zu untersuchen, auf daß wir uns bemühen zu lernen, wie man solche Ungeheuerlichkeiten in Zukunft verhindert.«[11]

Dieses Museum sollte nicht allein das Leben der »neuen Amerikaner« darstellen, sondern auch Amerikas Selbstidealisierung als rettender Hafen für die Unterdrückten dieser Welt verstärken. Es sollte als eine weltweite Warnung gegen Fanatismus und antidemokratische Kräfte dienen, die einer solchen Katastrophe zugrundeliegen, und es sollte die Aufmerksamkeit auf das Potential zu einer solchen Schlächterei in allen anderen totalitären Systemen lenken.

Denn als ein nationales Wahrzeichen würde das nationale Holocaust Museum notwendigerweise den Holocaust nach Maßgabe der dieser Nation eigenen Ideale, ihrer pluralistischen Grundsätze vor Augen führen. Nach den Worten des Denkmalrats begann der Holocaust deshalb

»bevor ein Schuß losgefeuert wurde mit der Verfolgung von Juden, Andersdenkenden, Schwarzen, Sinti und Roma und Behinderten. Der Holocaust gewann Kraft, als die Nationalsozialisten Personengruppen aus der Menschengemeinschaft ausschlossen, ihnen die Freiheit der Arbeit, des Studiums, des Reisens, der Religionsausübung, der wissenschaftlichen Theoriebildung oder Lehre von Werten absprachen. Dieses Museum wird illustrieren, daß der Verlust des Lebens selbst nur die letzte Phase im Verlust aller Rechte war.«[12]

Derartig bestimmt als die äußerste Verletzung der amerikanischen Grundrechte und als die Verfolgung unterschiedlicher Gruppen umfaßt der Holocaust alle Gründe, die Einwanderer in der Vergangenheit, der Gegenwart und der Zukunft jemals hatten, haben oder haben werden, um in Amerika Zuflucht zu suchen.

Als Kulturkritiker den Einwand erhoben, daß ein solches Museum, so notwendig es auch sein möge, eine Verschandelung der Mall bedeuten würde, entgegnete der Holocaust-Denkmalsrat:

»Dieses Museum gehört in die Mitte des amerikanischen Lebens, weil Amerika als eine demokratische Zivilisation der Feind von Rassismus und seines äußersten Ausdrucks, des Genozids, ist. Als Ereignis von universaler Bedeutung hat der Holocaust eine spezielle Bedeutung für die Amerikaner: In Tat und Wort negierten die Nationalsozialisten die wichtigsten

Grundsätze des amerikanischen Volkes.« Auf diese Weise bestimmt das U. S. Holocaust Memorial, was es heißt, ein Amerikaner zu sein, dadurch, daß es plastisch illustriert, was es heißt, nicht ein Amerikaner zu sein. Als Warnung vor den »Furien in Übersee«, wie es ein Leitartikler ausdrückt, solle das Museum Amerikas Position in der großen Distanz zwischen »hier« und »dort« definieren.[13]

Dies wäre der Beginn von dem, was der Direktor des Museumsprojekts, Michael Berenbaum, als »Amerikanisierung des Holocaust« bezeichnet hat. In seinen Worten muß die im Museum dargestellte Geschichte des Holocaust

»in einer solchen Weise erzählt werden, daß sie nicht allein den Überlebenden ... in New York und seine Kinder in Houston oder San Francisco anspricht, sondern auch einen Schwarzenführer aus Atlanta, einen Farmer des Mittleren Westens oder einen Industriellen des Nordostens. Millionen von Amerikanern pilgern nach Washington; das Holocaust Museum muß sie in die Vergangenheit zurückbringen, auf einen anderen Kontinent transportieren und muß ihre gegenwärtige Realität bereichern. Die Amerikanisierung des Holocaust ist eine ehrenhafte Aufgabe, vorausgesetzt, daß die erzählte Geschichte den historischen Ereignissen getreu bleibt.«[14]

Natürlich hängt die Geschichte selbst, wie Berenbaum ebenfalls klar macht, zur Gänze davon ab, wer sie erzählt und wem sie erzählt wird.

Wie klar geworden ist, hängt die Erzählung auch noch von verschiedenen anderen Bedeutungsebenen ab, die erzeugt werden durch die Lage der Gedenkstätte in Washington, dem Herz von Amerikas monumentaler Bürgerkultur, durch die architektonische Gestalt des Gebäudes selbst, seinen Platz in Beziehung zu benachbarten Gebäuden und zu Architekturtrends und -moden; schließlich durch die Ausstellungskonzeption des Museums. Jedes von ihnen bewirkt unterschiedliche Bedeutung, jedes steht in irgendeiner Beziehung zu den anderen Dimensionen des Gesamttextes der Gedenkstätte. »Es ist meine Ansicht«, sagte der Architekt des Museums, James Ingo Freed, »daß der Holocaust einen ... radikalen Bruch mit der optimistischen Konzeption einer fortschreitenden sozialen und politischen Verbesserung bedeutet, die der materiellen Kultur des Westens unterliegt.«[15]

Gleichzeitig wollte Freed diesen Raum dazu nutzen, Washingtons monumentale Fassade in Frage zu stellen oder wenigstens zu kritisieren. Wie kann man die Monumentalität der Mall in Frage stellen durch eine monumentale Struktur auf ebendieser Mall. Wie kann man das leisten und zugleich im Gespräch mit der Fine Arts Commission der Hauptstadt im Gespräch bleiben, deren erstes Prinzip ist, auszugleichen und eine relativ gleichförmige Erscheinung der Mall zu bewahren? Wie kann man ein Gebäude erstellen, das das

Gewissen beunruhigt und zugleich andererseits mit einem hochregulierten und uniformen Ensemble architektonischer Richtlinien übereinstimmt?

Diese Ansicht führte in der Folge zu einem grundsätzlichen architektonischen Dilemma: Wie kann man den Holocaust als einen irreparablen Bruch im westlichen Bewußtsein darstellen, ohne damit die besonders angestrengte architektonische Harmonie der Hauptstadt der Nation zu verletzen? Freeds Antwort bestand aus einem Äußeren, das den strengen Spielregeln der Fine Arts Commission entsprach, und einem Inneren, das die Besucher metaphorisch aus der Hauptstadt entfernte.

Nach Freeds Worten ist es wichtig, daß »die Erinnerung genügend zweideutig ist und eine offene Form hat, so daß andere den Raum bewohnen können, daß sie die Formen mit ihrer eigenen Erinnerung auffüllen können«.[16] Gleich anderen Gestaltern von Gedenkstätten vor und nach ihm bestand Freed darauf, offene Formen zu bewahren, die abstrakt genug sind, um für alle Gedenkenden Platz zu haben, besonders für die, die nach uns kommen werden, Formen, die schließlich die große Masse der Besucher einschließen können. Indem er dem Zuschauer nicht das aufzwingt, was er »die eine Lesart« genannt hat, hofft Freed, die Symbole mit offener Struktur zu belassen, einschließend und einladend für alle. »Wir wollten die Erinnerung an das Unvollständige«, schrieb er.

»Unlösbarkeiten, Ungleichgewichte sind eingebaut. Zum Beispiel ist der Bildschirm in der Eingangshalle nicht dort, um eine Lesart zu erzwingen, sondern um die Notwendigkeit zur Interpretation zu verdeutlichen.«[17] Das Ziel, so fährt Freed später fort, war »es zusammenhängend zu gestalten, ohne explizit zu sein, ohne ein einziges Ding zu sein«.[18] Als ein Echo auf die Gebrochenheit, die bereits in traditionellen jüdischen Trauermotiven ins Gedächtnis gerufen wird, schließt Freeds Gestaltung schräge Winkel, freigelegte Stahlträger und zerbrochene Wände ein – all das, um eine architektonische Diskontinuität, einen wunden Punkt und die Abwesenheit von beruhigenden Formen deutlich zu machen.

Die Pluralität des Erinnerns

Andere Gedenkstätten und Museen in Amerika, sowohl gebaute als auch niemals errichtete, sind nicht weniger einem breiten Querschnitt der amerikanischen Bürgergruppen verständlich zu machen. Indem es seiner Erinnerungsaufgabe treu bleibt, aber nun im Gespräch mit den großen schwarzen, spanischen und asiatischen Gemeinschaften in der Nachbarschaft steht, erweitert das Simon Wiesenthal Zentrum »Beit Hashoah – Museum of Tolerance« in Los Angeles daher seine Aufgabe der Holocaust-Erziehung und des Gedenkens. Es ist nun dazu bestimmt, die unterschiedliche Bevölkerung von Los Angeles über die Gefahren von Rassenhaß und Fanatismus aufzuklären, indem es sie über seine extremste Form, den Holocaust, unterrichtet. In seinen High-tech-Diaramas, seinem modernsten Design und seinen hochentwickelten Multimediapräsentationen spiegelt Beit Hashoa (hebräisch: Haus des Holocaust) auch das Ethos seiner Gemeinde und seinen Platz im Zentrum von Amerikas Unterhaltungshauptstadt. Wie in seinen beiden Namensteilen ausgedrückt, hofft das »Haus des Holocaust« und »Museum der Toleranz« ein amerikanisches Modell für eine Toleranzerziehung zu liefern, die gegründet ist auf der Erinnerung an das Leiden eines besonderen Volks.

Freiheit und Pluralismus umfassen daher die zentralen Motive des Gedenkens in den bestehenden wie auch den geplanten Holocaust-Museen in Amerika. Obgleich das Medium von George Segals Holocaust-Denkmal in San Francisco nicht typisch für die anderen Holocaust-Gedenkstätten in Amerika ist, so ist es doch sein Motiv der Befreiung. Dies ist eine Erfahrung, die sowohl von Überlebenden als auch von amerikanischen Weltkrieg-II-Soldaten geteilt wurde: eine Erfahrung, die mit Amerikas mächtigster Selbstidealisierung sehr gut übereinstimmt. Für die jungen GIs, die Dachau und Buchenwald befreiten, schließt die Erinnerung an den Holocaust notwendigerweise die Verhältnisse in Europa vor dem Kriege aus, das erschütternde Zerbrechen von Familien, die Deportation in Ghettos und Lager, sogar der Tötungsprozeß selbst. Amerikanische Soldaten waren nicht Zeugen des Zerstörungsprozesses, sondern nur seiner Ergebnisse. Bedenkt man dies, verwundert es nicht mehr, daß eines der am häufigsten besuchten Denkmale für diese Ära in Amerika, benannt »Liberation«, im Liberty State Park, New Jersey, gelegen ist, in Sichtweite der beiden größten ideologischen Symbole Amerikas: der Freiheitsstatue und Ellis Island, unser der Immigration gewidmeter Austellungsort. In dieser Arbeit Nathan Rapaports schreitet ein junger, ernst aussehender GI vorwärts, seine Augen auf den Boden gerichtet, und trägt vorsichtig das Opfer eines Konzentrationslagers – fast wie die Pietà des Michelangelo. Eine solche Figur versinnbildlicht nicht nur Amerikas Selbstidealisierung als Retter und als Zufluchtsort für die – wie die Inschrift besagt – »huddled masses« (angstvoll zusammengekauerten Massen) der ganzen

Welt, sondern wird auch durch seine Lage Teil eines geographischen Dreiecks, das Freiheit, Einwanderung und Toleranz feierlich gedenkt.

Boston: ein amerikanischer Prozeß

Nachdem ein Überlebender des Holocaust das »Liberation«-Denkmal besucht hatte, beschloß er ein vergleichbares Denkmal in seiner Stadt, Boston, zu initiieren, um den amerikanischen Soldaten zu danken, die ihn in Buchenwald befreit hatten. Als er sich aber an andere Überlebende mit der Bitte um Unterstützung wandte, traf er auf unerwarteten Widerstand.

»Vielleicht wurden einige von Amerikanern befreit«, klagte einer seiner Leidensgenossen, »aber meine Familie und ich wurden niemals befreit. Sie wurden in Auschwitz umgebracht, während amerikanische Bomber über das Lager hinwegflogen, und ich überlebte kaum die Todesmärsche nach Deutschland.«[19]

Andere Überlebende sympathisierten zwar mit den Motiven ihres Freundes, befürchteten aber, daß in der »Liberation« ein Jahrtausend jüdischer Kultur in Europa und all die verlorenen Leben auf den einen entwürdigenden Moment reduziert würden, den sie mit den amerikanischen Befreiern teilten. Bittere Streitgespräche folgten, die Unterstützung in der Gemeinde schwand, und das Projekt wurde auf Eis gelegt.

Für eine kurze Zeit, nachdem die »Befreiung« als Motiv zurückgewiesen worden war, schien das Bostoner Gedenkstättenprojekt gestorben zu sein. Aber in Wirklichkeit wurde der Vorschlag wiederbelebt, als er erst einmal seines konkreten Themas entledigt war, und er bekam bald ein zweites Leben. Den Streit um die Erinnerung der Gemeinde im Hinterkopf entschied das New England Holocaust Memorial Committee sich dafür, einen offenen Wettbewerb für eine Gedenkstätte abzuhalten, die nun in bester Lage auf von der Stadt zur Verfügung gestelltem Grund errichtet werden sollte. Gelegen zwischen Faneuil Hall und City Hall war dieser lange Streifen Land gerade neben dem Freedom Trail zugleich problematisch wie vielversprechend. Über die Jahre hatte es gleichsam als ein Niemandsland gedient, eine Verkehrsinsel, die zufällig durch das Stadterneuerungsprogramm in den sechziger Jahren geschaffen wurde. Bei den Autos, die an beiden Seiten vorbeirauschen, fürchteten einige, daß eine Gedenkstätte dort in Verkehrslärm und -getriebe untergehen würde, wohl kaum ein Ort für stille Meditation sein könne. Andererseits war es sehr zentral gelegen und gerade längs des Freedom Trail, der von etwa 16 Millionen Touristen jährlich besucht wird. In der Tat würde es ein weiterer Haltepunkt auf dem Freedom Trail werden: zwei Stops nach der Stätte des Boston Massakers, einen nach Faneuil Hall und einen vor Paul Revere House, auf einem Weg, der sich in seinem Verlauf vom Boston Common zum Bunker Hill Monument wendet. Egal welche Gestalt die Gedenkstätte am Ende nehmen würde, sie wäre sowohl räumlich als auch metaphysisch in dem Kontinuum der amerikanischen Revolutionsgeschichte verortet. Fast dreißig Jahre nachdem die Stadt New York den Überlebenden ihren Platz in der amerikanischen Geschichte verweigerte, sollte nun Boston den Holocaust in den zentralen Mythos vom Ursprung Amerikas integrieren.

In der Tat dient in Amerikas Kultur der Assimilation, in der explizit religiöse Differenzen toleriert und heruntergespielt werden, die Erinnerung an extreme Erfahrungen fast immer dazu, die Identität von Minderheiten von derjenigen der Mehrheit zu unterscheiden. Mit der Entwicklung des neu entdeckten ethnischen Stolzes unter den afrikanischen Amerikanern, den jüdischen Amerikanern und den amerikanischen Ureinwohnern im Verlauf der sechziger Jahre wurde auf der einen Seite die Kraft einer nachempfindenden Vergangenheitserinnerung, die ansonsten entfremdete Gruppen zusammenbindet, ständig attraktiver. So wie afrikanische Amerikaner ihr Sklaventum und die amerikanischen Ureinwohner ihren Genozid ins Gedächtnis zurückriefen, begannen die jüdischen Amerikaner den Holocaust als den Kern ihres gemeinsamen Erbes zu erinnern. Aber selbst wenn die Erinnerung an Massenleiden die Mitglieder dieser unterschiedlichen Gemeinschaften zusammenband, so lieferte sie doch auf der anderen Seite zugleich die Bühne für einen impliziten Wettstreit zwischen den unterschiedlichen Kulten des Opferschicksals. Zweidimensionale Identitäten, die ausschließlich um die Erinnerung an ein vergangenes Leiden aufgebaut waren, begannen in dem Moment zusammenzuprallen, in dem Gruppen den Vorrang ihrer tragischen Vergangenheit vor derjenigen der anderen beanspruchten.

Eines der Ergebnisse ist, daß sich die Erfahrung jeder Gruppe verengt hat, eine Abgrenzung dieser Gruppengeschichte von der anderer stattfindet. Anstatt etwas über den Holocaust durch ein breiter angelegtes Studium jüdischer Geschichte zu lernen, erfahren viele Juden und Nichtjuden in Amerika heutzutage die ganze jüdische Geschichte durch die Brille des Holocaust. Ganz ähnlich ist das, was manche Amerikaner über die afrikanischen Amerikaner wissen, nur deren entwürdigende Lebensbedingungen als Sklaven, oder von der Geschichte der amerikanischen Ureinwohner deren gräßliches Ende. In all diesen Fällen werden ganze Jahrhunderte an reichem Leben und Kultur auf die Schutthalde einer zerstörten Zivilisation reduziert.

Auch heute hört der Holocaust nicht damit auf, einen zentralen Platz sowohl in jüdischem als auch nichtjüdischem Bewußtsein einzunehmen. In einer pluralen und differenzierten Gesellschaft hat er zugleich eine universale Sphäre erreicht und ist ein Standard, gleichsam eine gängige Münze geworden, in der viele unterschiedlichste Gruppen ihre Vergangenheit bewerten, auch wenn sie kommen, um einen Teil der jüdischen Geschichte kennenzulernen. Wie dem auch sei, im Verlauf der Zeit werden die amerikanischen Holocaustgedenkstätten und -museen aufgefordert sein, viele unterschiedliche, gelegentlich rivalisierende Gruppen von Amerikanern in ihre Räume einzuladen. Gleichzeitig werden solche Museen andere verfolgte Minderheiten dazu inspirieren, nationale Museen zu fordern, die genauso ihrer Katastrophen feierlich gedenken. In der idealsten Vision von der amerikanischen Zukunft wird die Erinnerung von wettstreitenden »Holocausts« aufhören, weiterhin Amerikaner voneinander zu trennen, sondern dazu führen, daß jede Gemeinschaft ihre eigene Vergangenheit im Licht des historischen Erinnerns anderer Gruppen in ihr Gedächtnis zurückholt. Auf diesem Wege könnte jede Gruppe auch dazu kommen, im Lichte ihrer eigenen Vergangenheitserinnerung mehr von den Erfahrungen ihrer Landsleute zu begreifen.

Anmerkungen

1 Übersetzung aus dem Amerikanischen von Ernst Karpf.
2 In den seltenen Fällen, in denen ein Staat seiner eigenen Verbrechen feierlich gedenkt, erfolgt dies fast immer auf Verlangen der einst zu Opfern gemachten Bürger. Das Denkmal, das am 30. Oktober 1990 in Moskau für die »Millionen Opfer einer totalitären Herrschaft« enthüllt wurde, ist zum Beispiel von einer Gruppe errichtet worden, die sich selbst »Memorial« (Denkmal) nennt und sich aus Wissenschaftlern, Personen des kulturellen Lebens, Dissidenten und ehemaligen Opfern des stalinistischen Terrors zusammensetzt. Vergleichbar wurde das neue Denkmal von Maya Lin für das Civil Rights Movement in Montgomery, Alabama – beschrieben mit den Namen derer, die für diese Sache starben – von dem dortigen Southern Poverty Law Center in Auftrag gegeben und erbaut, das beständig Bürgerrechtsverletzungen registriert und rechtlich verfolgt hatte. Weder im sowjetischen noch im amerikanischen Beispiel hat der Staat das Denkmal initiiert, aber in beiden Fällen unterstützten Vertreter des Staates später diese Gedenkstätten, wodurch beide Regierungen eine formelle Distanz zwischen sich selbst und vergangenen, schuldig gewordenen Regierungen zu schaffen suchten.

3 Vgl. hierzu ausführlicher: Matthias Winzen, »The Need for Public Representation and the Burden of the German Past«, in: *Art Journal*, 48, Winter 1989, S. 309-314.
4 Vgl. James E. Young, *The Texture of Memory: Holocaust Memorials and Meaning*, New Haven und London 1993, worauf dieser Beitrag beruht, und ders., »The Counter-monuments: Memory against Itself in Germany Today«, in: *Critical Inquiry*, 18, Winter 1992, S. 267-296.
5 Aus dem »Forwort« des *Sefer Yizkor le-kedoshei ir (Przedecz) Psehaytask Khurbanot ha'shoa*, S. 130, zitiert bei Jack Kugelmass und Jonathan Boyarin (Hg.), *From a Ruined Garden: The Memorial Books of Polish Jewry*, New York 1983, S. 11.
6 Daniel Libeskind, »Between the Lines«, in: Kristin Feireiss (Hg.), *Daniel Libeskind: Erweiterung des Berliner Museums mit Abteilung Jüdisches Museum*, Berlin 1992, S. 67.
7 Mehr zu den politischen Dimensionen von Gedenkstätten bei Michael Berenbaum, »On the Politics of Public Commemoration of the Holocaust«, in: *Shoa*, Herbst/Winter 1981/82, S. 9; ebenso Michael Berenbaums Artikelsammlung: *After Tragedy and Triumph. Modern Jewish Thought and American Experience*, Cambridge und New York, 1991, S. 3-16; zu weiteren Details der Kontroverse im Zusammenhang mit der Einsetzung der U.S. Holocaust Memorial Commission siehe Judith Miller, *One by One by One: Facing the Holocaust*, New York und London 1990, S. 255-266.
8 Pressemitteilung der Jewish Telegraphic Agency, 2. Dez. 1942. Ich bin Lucia Ruedenberg sehr dankbar, daß sie mich auf diese Ankündigungen aufmerksam gemacht hat in ihrem unpublizierten Essay *Analysis of Civil Commemoration of the Holocaust in New York City* aus ihrer Dissertation an der New York University.
9 Indem sie eine andere Dissertation von Atay Citron zitiert, berichtet Lucia Ruedenberg, daß unter den Hunderten, die bei dieser Veranstaltung auftraten, zwanzig orthodoxe Rabbiner – die aus dem von Nazis besetzten Europa fliehen konnten – waren, die zerrissene Torarollen in die Luft hielten und den Kaddish vortrugen, vgl. Atay Citron, *Pageantry and Theatre in the Service of Jewis Nationalism in the United States: 1933-1946*, Diss. New York City University 1989.
10 Charles Maier, *The Unmasterable Past: History, Holocaust, and German National Identity*, Cambridge (Massachusetts) und London 1988, S. 165.
11 Nach einer undatierten Presseerklärung des U.S. Holocaust Memorial Council.
12 *The Campaign for the United States Holocaust Memorial Museum*, hg. von dem U.S. Holocaust Memorial Council, o. J., S. 4.
13 George Will, »Holocaust Museum. Antidote for Innocence«, in: *The Washington Post*, 10. 3. 1983.
14 Michael Berenbaum, *After Tragedy and Triumph* (wie Anm. 7), S. 20.
15 James I. Freed, *The U.S. Holocaust Memorial Museum: what can it be?*, hg. vom U.S. Holocaust Memorial Museum, o. J., o. S.
16 Ebenda, S. 64.
17 Ebenda.
18 Ebenda, S. 65.
19 Persönliche Mitteilung an den Autor.

»Schrift« und Gedächtnis

Jürgen Ebach

Auf Dauer – zum Zeugnis

Der Titel meines Beitrags zitiert – fast wörtlich – den Buchtitel »Schrift und Gedächtnis«.[1] Das »fast wörtlich« des Zitierens bezieht sich auf die Anführungszeichen, in die ich das Wort »Schrift« gesetzt habe. Geht es in dem genannten Buch (vor allem) um die Gedächtnisleistung von Schrift (im Sinne der Schriftlichkeit), so in meinem Beitrag um die der Schrift, der »Heiligen Schrift«, der Bibel. Ein Name der hebräischen Bibel ist »miqra« – das zugrundeliegende Verb »qara« lesen, bedeutet zunächst »rufen« (ein Hinweis auf die der biblisch-rabbinischen Überlieferung eigentümliche Verschränkung von Schriftlichkeit und Mündlichkeit). Die Aspektverschiebung von »Schrift« zu »der Schrift« soll nicht allein den folgenden Beitrag als den eines Bibelwissenschaftlers und den Themenschwerpunkt (Erinnerung in der und mit der hebräischen Bibel) bezeichnen, sondern ein erstes Bündel von Beobachtungen einleiten.

In Platons Dialog »Phaidros« (274b ff.) beklagt sich der Gott Theuth (der ägyptische Schreibergott Thot) an allerhöchster Stelle, er habe für seine Erfindung der Schrift nicht das gebührende Lob erfahren. Platon läßt daraufhin den Götterkönig Argumente gegen die Schrift aufführen. Theuth habe nämlich nicht, wie er meine, ein »mnemes te gar kai sophias pharmakon« erfunden (ein Heilmittel des Gedächtnisses und der Weisheit), sondern lediglich ein »hypomneseos pharmakon« (eines der Verfügung über Erinnerungen). Die Differenz zwischen mneme, der Fähigkeit, sich zu erinnern, und hypomnesis, der Möglichkeit, über Erinnerungen zu verfügen, ist an dieser Stelle entscheidend. Platons (im Medium eines Kunstmythos vorgebrachte) Kritik der »Schrift« enthält weitere Argumente: Seit die Menschen schreiben könnten, verließen sie sich nicht mehr auf das eigene Gedächtnis, sondern vertrauten den von außen kommenden Informationen der Schrift (»dia pistin graphes exothen« – durch den Glauben an die von außen kommende Schrift). Im Gegensatz zum mündlichen Gesprächspartner, so Platon weiter, bleibe die Schrift stumm bzw. sage stets das Gleiche. Weiterhin existiere die Schrift unabhängig vom Adressaten, könne also auch von Untauglichen gebraucht werden. Und schließlich sei das Schreiben ein unernstes Spiel, eine Art »Anlegen von Buchstabengärtchen«.

Platons Text (der mit einer Interpretation von H. G. Gadamer den genannten Band »Schrift und Gedächtnis« einleitet) soll uns an dieser Stelle nur in einer Hinsicht interessieren. Was nämlich geschieht, wenn wir (anachronistisch und »kontratextuell« bzw. in einen anderen Kontext transponierend) »Schrift« durch »die Schrift« ersetzen? Und dabei soll es wiederum nur um einen Aspekt gehen, nämlich das »Exoterische« der »Schrift«.

Das »Von-außen-Kommende« der Schrift, das Platon kritisiert, weil es dem eigenen Urteil, der eigenen Erinnerung der Menschen Gewicht und Verantwortung nehme, wird, wenn man statt »Schrift« »die Schrift« liest, zum »verbum Dei externum«, zum Wort Gottes, das uns »sola scriptura«, allein in der Schrift und durch die Schrift, von außen trifft und in Verantwortung nimmt. Platons Kritik an dem, was »dia pistin graphes exothen« (durch den Glauben an / das Vertrauen in die von außen kommende Schrift) geschieht, wird, bezogen auf »die Schrift«, für Juden, Christen (und in ähnlicher Weise für Muslime) zur Grundlage von Glauben überhaupt.

Zu den von Platon genannten Aspekten der Erinnerung, nämlich der Fähigkeit, sich zu erinnern, einerseits, und der Verfügung über Erinnerungen andererseits, kommt damit ein dritter: die Frage nach dem, was zu erinnern sei und woher die Verpflichtung komme, sich und andere daran zu erinnern. Das »Exoterische«, das von außen Kommende »der Schrift« schärft den je Lebenden ein, daß sie, erstens, gemeint, soll heißen: je angeredet sind, daß sie aber, zweitens, nicht die Herren der Zeit und der Welt sind. Denn vor uns gab es andere, zuerst gemeinte Adressaten, und nach uns soll es weitere geben. Schließlich: Keineswegs sagt »die Schrift« stets das Gleiche, und ob sie stumm bleibt, hängt am Tun und Hören der Adressaten. »Die Schrift« sagt mir etwas, insofern sie mir sagt, was ich mir nicht selbst sagen kann. Sie erinnert mich, damit ich mich erinnere. Die Gemeinschaft der so Erinnerten und so sich und andere Erinnernden tut solches auf Dauer und zum Zeugnis. Diese beiden biblischen Aspekte des Gedächtnisses können im Hebräischen durch dasselbe Wort bezeichnet werden, genauer: durch denselben Konsonantentext mit unterschiedlicher Vokalisierung. An zwei Stellen der Bibel ist das impliziert, das eine Mal durch (ein weiterer Aspekt von Schrift:) die Schriftform, das andere Mal durch zwei unterschiedliche Übersetzungen. Ich möchte beide Stellen nennen, weil sie mit unserem Thema viel zu tun haben.

In Dtn 6,5 steht das »Sch^{e}ma Jisrael«, Israels Bekenntnis, das als Anrede formuliert ist: »Höre Israel, Jhwh, unser Gott, (ist) ein Jhwh (š^{e}ma' jisra'el jhwh '^{ä}lohenu jhwh 'ächad).« Die Redeform selbst ist bemerkenswert, denn es ist ein Bekenntnis, in dem die Bekennenden nicht als Subjekte, sondern als Adressaten vorkommen. In den Drucken der hebräischen Bibel sind die jeweils letzten Buchstaben des ersten und des letzten Wortes dieses Satzes durch größere Lettern hervorgehoben. Liest man sie, das 'Ajin von »š^{e}ma'« und das Dalet von »'ächad«, als ein Wort, »'d«, so kann es, je nachdem, welche Vokale man einsetzt, entweder »'ad«, etwa: ewig, auf Dauer, oder »'ed«, Zeuge, Zeugnis, bedeuten. Art und Zeit der Erinnerung, des Gedächtnisses, des Eingedenkens sind auf diese Weise zugleich benannt. Auf Dauer zum Zeugnis werden, wie es im Fortgang des Kapitels Dtn 6 heißt, die Worte an der Tür des Hauses angebracht und werden – beim Gebet – am Körper getragen, so daß man sie sich gleichsam einverleibt und in ihnen zuhause ist. Im Imperativ »Höre!« liegen der Grund und die Verpflichtung zur Erinnerung; in dem, was zu hören ist, ihr Kern; in der Fortsetzung – »du wirst Jhwh, deinen Gott, lieben mit ganzem Herzen [d. h. auch und vor allem: mit allem Denken], mit ganzer Lebenskraft und mit aller Intensität/mit ganzer Kraft [wörtlich: mit ganzem ›sehr‹]« – liegt der Modus der Erinnerung.

Noch an einer anderen Stelle begegnet uns ein zugleich von »auf Dauer« und »zum Zeugnis«. In Hi 19,23 f. wünscht Hiob, daß seine Worte, d. h. seine Klage und Anklage vor Gott aufbewahrt sein möchten »in (der) Schrift (bassefär)«, und zwar »la'ad« – auf Dauer. Die Septuaginta, die griechische Übersetzung der hebräischen Bibel, übersetzt: »eis ton aiona«, etwa: in Ewigkeit. Theodotion und die syrohexaplarische Übersetzung fügen eine Variante hinzu, nämlich »eis martyrion«, zum Zeugnis, übersetzen dasselbe hebräische Wort bzw. seine Konsonanten also doppelt: »auf Dauer (la'ad)« und »zum Zeugnis (l^e'ed)«. Wiederum sind die beiden zentralen Aspekte der Erinnerung verknüpft. Ob Hiobs Wunsch, seine Worte möchten, auf Dauer zum Zeugnis, aufgehoben sein »in der Schrift (bassefär)«, nämlich im »sefär Ijjob«, im Hiobbuch – das hängt ab vom Gedächtnis der Leserinnen und Leser der Schrift, des Hiobbuches, die sie hörend und lesend wieder-holen. »Schrift« und Gedächtnis begründen auf diese Weise die Rezeptions-, anders gesagt: die Erinnerungsgemeinschaft derer, die »die Schrift« lesen.

Gottes Erinnerung

Gottes Erinnerung – der Genetiv ist doppeldeutig und könnte in beiden Lesarten verblüffen. Muß sich Gott selbst erinnern? Und muß er etwa an etwas erinnert werden? Oder – auf beide Lesarten bezogen –: Kann Gott etwas vergessen, woran er erinnert werden müßte, sich erinnern müßte? Ich möchte die Frage nicht als dogmatisches Problem behandeln, sondern mit zwei biblischen Erinnerungen (für jeden Genetiv eine) verbinden. Beide Stellen der »Schrift« akzentuieren überdies auf je ihre Weise eine Konnotation biblisch-theologischer Erinnerung, die der Rettung und die des Protests.

Am Ende der Flutgeschichte schließt Gott einen Bund nicht nur mit Noah und seinen Söhnen, d.h. mit der gesamten Menschheit, sondern darüber hinaus mit allen Lebewesen und mit der Erde selbst. Zeichen des Bundes und Unterpfand dafür, daß Gott nie wieder eine universale Flut zur Vernichtung des Lebens schicken werde, ist der in die Wolken gehängte Bogen, der zum Regenbogen »umgerüstete« Kriegsbogen.

»Und Gott sprach:
Dies ist das Zeichen des Bundes,
den ich hiermit gebe zwischen mir und euch und allen Lebewesen mit euch:
Meinen Bogen habe ich in die Wolken gegeben,
er soll euch ein Zeichen des Bundes sein zwischen mir und der Erde.
Und es soll so sein: Wenn ich Wolken aufwölke über der Erde, dann wird der Bogen in den Wolken erscheinen,
und ich werde mich an meinen Bund erinnern (meines Bundes eingedenk sein) zwischen mir und euch und allen Lebewesen, allem Fleisch:
Nie mehr sollen die Wasser zur Flut werden, alles Fleisch zu verderben!« (Gen 9,12-15)

Der Bogen in den Wolken also dient zuerst der Erinnerung Gottes. Er selbst setzt sich ein Erinnerungszeichen, wie wenn er des Einspruchs der Erinnerung bedürfte, um nicht in neuem Grimm alles Fleisch und so alle Verderbnis auf der Erde zu vernichten. Vielleicht darf man in der Metaphorik noch einen Schritt weiter gehen und formulieren: Gott bedarf dieser Erinnerung, um sich nicht zu vergessen. Denn Anlaß zu einer neuen Flut wird es genug geben – die Menschheit, die Gott am Beginn der Flut vernichten will, denn »ihr Sinnen und Trachten ist böse von Jugend auf« (Gen 6,5), ist nach der Flut nicht anders geworden (8,21). Die Bewahrung der Erde und all ihrer Lebewesen bedarf der Erinnerung an den Bund, gerade weil der Mensch ist, wie er ist. Vergessen bedeutete hier vernichten, erinnern bedeutet hier retten.

In Gen 9 setzt sich Gott ein Zeichen zu seinem eigenen Gedenken. Gottes Erinnerung ist hier also als Genetivus subjectivus zu verstehen. Für die andere Lesart, den Genetivus objectivus, d. h. dafür, daß Gott an etwas erinnert wird, steht als dramatisches Zeugnis der 44. Psalm. Der Psalm besteht aus zwei Teilen mit unterschiedlichem Ton und wohl auch aus unterschiedlicher Zeit.[2] Der erste Teil (V. 1-9) ist ein Vertrauenspsalm. In ihm wird die Erinnerung an die alten Macht- und Kriegstaten Gottes aufgeboten. Mit V. 10 aber beginnt etwas Neues. Zum Grund, den Psalm mit anderem Ton weiter zu dichten, wurde die Erfahrung des Ausbleibens der Hilfe Gottes gegen die Feinde, die Erfahrung von Zusammenbruch und Exil. Im folgenden (in Anlehnung an Zengers Übersetzung) das Ende des ersten und der Beginn des zweiten Psalmteils:

»Ja, nicht auf meinen Bogen vertraute ich,
und mein Schwert bringt mir nicht Rettung.
Ja, du hast uns gerettet aus unseren Bedrängern,
und die, die uns hassen, hast du schamrot werden lassen.
Gottes haben wir uns immerzu gerühmt,
und seinen Namen wollen wir lobpreisen bis ans Ende der Zeit.
Doch du hast uns verstoßen und uns Schmach angetan
und du ziehst nicht mit unseren Heerscharen,
du läßt uns rückwärts wenden vor unserm Bedränger,
und die, die uns hassen, plündern für sich,
du gibst uns dahin wie Schafe zum Verzehr,
und unter die Völker zerstreust du uns.« (Ps 44,7-12)

Die Klage geht weiter. Die Beter bekennen (V. 18), daß sie Gott nicht vergessen hätten, daß sie den Bund gehalten hätten:

»Wenn wir vergessen hätten den Namen unseres Gottes
und unsere Hände ausgebreitet hätten zu einem fremden Gott –,
würde nicht Gott dies ergründen,
da er doch kennt die Geheimnisse des Herzens?
Ja, deinetwegen werden wir umgebracht immerzu,
und wir werden erachtet wie Schafe zum Abschlachten.
Wach doch auf! Warum schläfst du, Herr?
Erwache doch! Verstoß uns nicht für immer!
Warum verbirgst du dein Angesicht,
vergißt unsere Unterdrückung und unsere Drangsal?
Ja, unsere Seele ist in den Staub gesunken,
unser Leib klebt am Erdboden.
Erhebe dich doch, uns zur Hilfe,
und löse uns aus um deiner Güte willen!« (V. 21 ff.)

Das Gebet ist eine Antiverlassenheitsklage. Gottes Präsenz, Gottes Hilfe wird eingeklagt von denen, die ihre Verpflichtung gehalten haben und den mächtigen Bundespartner an die seine erinnern. »Erinnern« bedeutet hier geradezu »Einspruch einlegen« (eine im süddeutschen Sprachraum gebräuchliche juristisch-forensische Verwendung des Wortes »erinnern«). Und – eine ungeheure Vorstellung – Gott muß erinnert werden, er kann vergessen und verlassen, wenn und weil er seines Bundes nicht gedenkt. In der Komposition der Korachitenpsalmen (42-49) ist dieser Schrei gegen Gottes Vergessen nicht das letzte Wort. Die folgenden Psalmen versuchen Antworten auf die in Ps 44 selbst offen bleibenden Fragen. Und doch verliert die Antiverlassenheits- und Antivergessenheitsklage dadurch nicht ihr Gewicht. Gott muß, Gott kann, Gott darf erinnert werden! Gott kann sich erinnern, weil er vergessen kann. Es gibt keine Erinnerung ohne das Vergessen-Können.

»Die Kirche erinnert ...«

Für einen Moment verlasse ich den Bereich der »Schrift«, um einen Blick auf einen Text zu werfen, der für evangelische Christen nicht im Range der »Schrift« steht, wohl aber zum Bekenntnis geworden ist. Ich zitiere einen Abschnitt der V. These der Barmer Theologischen Erklärung aus dem Jahre 1934:

»Die Kirche erkennt in Dank und Ehrfurcht gegen Gott die Wohltat dieser seiner Anordnung an.[3] Sie erinnert an Gottes Reich, an Gottes Gebot und Gerechtigkeit und damit an die Verantwortung der Regierenden und Regierten.«

Wiederum soll uns nur ein Aspekt beschäftigen, nämlich die Frage, wie an dieser Stelle von »Erinnerung« die Rede ist. Daß die Kirche an Gottes Gebot und Gerechtigkeit erinnert, läßt sich mit dem üblichen Verständnis des Erinnerns mühelos verbinden. Sie erinnert, indem sie auf früher Gegebenes, von früher her Bezeugtes, Vorgegebenes verweist. Die »Erinnerung an Gottes Reich« jedoch ist nur verständlich, wenn der Gedanke einer »Erinnerung an die Zukunft«, das Gedächtnis von etwas (nicht nur, aber auch) noch Ausstehendem möglich ist. Erinnerung bedeutet hier, daß etwas schon Verheißenes hervorgehoben wird, um die künftige Erfüllung der Verheißung ins Bewußtsein zu rücken. Eine solche »Erinnerung an die Zukunft« ist gar nicht so ungewöhnlich. Wenn ich jemanden daran erinnere, daß ich ihm etwas geliehen habe, so fungiert die Erinnerung als Anmahnung der noch ausstehenden, von mir erwarteten Rückerstattung. Mit dem Zukunftsaspekt der Erinnerung verbindet sich wiederum der des Einspruchs. Wenn die Kirche an Gottes Gebot, Gerechtigkeit, Reich erinnert, so tut sie es gegen das Vergessen. Die Erinnerung ist (auch) Protest gegen die, die so leben, als ginge ihre Rechnung ohne diese Erinnerung auf. Das Beispiel der Erinnerung an ausstehende Schuldenbegleichung ist deshalb nicht so vordergründig, wie es auf den ersten Blick scheinen könnte.

Ewige Wiederkehr des Gleichen oder »heute«

Es gibt eine Form der Erinnerung, des Gedenkens, die dazu anhält, immer und immer wieder die alten Schlachten neu zu schlagen. Mit dem Datum des 9. November verhält es sich so in der deutschen Geschichte. Jeder neue »9. November« wurde als Wiederholung und zugleich Umkehrung des je früheren verstanden: Der 9. Nov. 1923 sollte den 9. Nov. 1918 aufheben, der 9. Nov. 1938 sollte die Niederlage von 1923 in einen Sieg verwandeln, der 9. Nov. 1989 sollte den Trauertag der Erinnerung an das, was 1938 zerbrach, in einen Freudentag der neuen Einheit verwandeln. Ähnliches – und noch Dramatischeres – verbindet sich mit dem St. Veits-Tag in der Geschichte Jugoslawiens bzw. seiner Vorgänger- und Nachfolgestaaten.[4] Die mit solchen Erinnerungen verbundenen Erfahrungen sind den Menschen in die Haut gegraben. Sie fungieren als permanente Quelle neuer Gewalt.

Wenn es erlaubt ist, von den großen politisch-historischen Formen solchen Erinnerns auf die kleinen, persönlichen und darum nicht unbedingt weniger dramatischen zu kommen: Der Satz »Das werde ich dir nie vergessen« kann Ausdruck anhaltender Dankbarkeit sein, aber eben auch eine anhaltende Drohung. Eine Niederlage, eine Schmach, eine Schande nie vergessen zu wollen, kann buchstäblich Leben vernichten und nicht zuletzt das Leben derer vergiften, die sich an die unbedingte, verpflichtende Erinnerung binden und jedes Vergessen als Verrat empfinden müßten. Nicht los zu kommen von Erinnerungen, von Prägungen, von Erlebnissen, die ewige Wiederkehr des Gleichen erleben, in jedem Mann die Wiederholung des einen zu sehen, der einer einst Böses antat, in jedem Pfarrer den, der einen einst belog, in jedem, der helfen will, den, der einen einst hinterging, in jedem Glück anderer das, das einem selbst einst zunichte gemacht wurde – Erinnerung kann Leben zerstören, die Unfähigkeit zu vergessen, kann krank machen.

Daß Lebewesen ohne Erinnerung leben können, aber kein Lebewesen ohne Vergessen leben könnte, hat Nietzsche formuliert und begründet:

»Bei dem kleinsten aber und bei dem größten Glücke ist es immer eins, wodurch Glück zum Glücke wird: das Vergessenkönnen oder, gelehrter ausgedrückt, das Vermögen, während seiner Dauer *unhistorisch* zu empfinden. Wer sich nicht auf der Schwelle des Augenblicks, alle Vergangenheiten vergessend, niederlassen kann, wer nicht auf einem Punkte wie eine Siegesgöttin ohne Schwindel und Furcht zu stehen vermag, der wird nie wissen, was Glück ist, und noch schlimmer: er wird nie etwas tun, was andre glücklich macht. Denkt euch das äußerste Beispiel, einen Menschen, der die Kraft zu vergessen gar nicht hat, der verurteilt wäre, überall ein Werden zu sehen: ein solcher glaubt nicht mehr an das eigene Sein, glaubt nicht mehr an sich, sieht alles in bewegte Punkte auseinanderfließen und verliert sich in diesem Strome des Werdens: er wird wie der rechte Schüler Heraklits zuletzt kaum mehr wagen, den Finger zu heben. Zu allem Handeln gehört Vergessen . . .«[5]

Die Fähigkeit eines ich, ein Heute zu erleben, bedarf der Erinnerung und des Vergessens. Ohne die Erinnerung gibt es kein Heute, weil es nur heute gibt, anders gesagt: weil ohne Erinnerung Vergangenheit und Zukunft verschwinden und damit auch eine im Verhältnis zu Vergangenheit und Zukunft bestimmte Gegenwart. Ohne Vergessen gibt es kein Heute, weil die Gegenwart erdrückt wird von der ungeheuren Last dessen, was war und immer wiederkehrt. Gibt es da einen präziseren Rat als den, man müsse sich eben erinnern, aber man müsse eben auch manchmal vergessen können? Nicht, daß dieser Rat falsch wäre, aber er führt kaum weiter, wenn nicht wenigstens ansatzweise anzugeben wäre, was wann an der Zeit ist und was in welchen Fällen. Ich möchte den Versuch machen, in der Frage der Bestimmung des Verhältnisses von Erinnerung und heute und von Erinnerung und Vergessen weiter zu kommen, und zwar mit Hilfe zweier biblischer Überlieferungen und ihrer Rezeption.

Ex 17,8ff. erzählt von einer Schlacht zwischen den Israeliten und den Amalekitern. Jene hatten die durch die Wüste ziehenden Israeliten überfallen, und Josua wird von Mose beauftragt, den Kampf aufzunehmen. Mose selbst begleitet die Schlacht von einem Hügel aus; solange er seine Arme erhoben hält, obsiegt Israel. »Und Josua warf die Amalekiter und ihr Kriegsvolk nieder mit der Schärfe des Schwertes« (Ex 18,13). Bis zu diesem Punkt unterscheidet sich die Kriegsschilderung nicht wesentlich von anderen Gotteskriegen, in denen die im eigentlichen Sinne militärischen Taten als die nicht entscheidenden erscheinen. Die Fortsetzung aber hebt den Krieg mit Amalek aus den vergleichbaren Auseinandersetzungen der Frühzeit Israels hinaus. Sie ist zudem in mehrfacher Hinsicht für unser Thema einschlägig:

»Und es sprach Jhwh zu Mose:
Schreib dies zur Erinnerung (zikkaron) in das Buch / in die Schrift (bassefär [– dieselbe Wendung wie in Hi 19,23f.]):
und schärfe es Josua ein [lege es in die Ohren Josuas]:
Ja, unbedingt austilgen will ich das Gedächtnis (zekär) Amaleks unter dem Himmel.
Und Mose baute einen Altar und rief seinen Namen: Jhwh ist mein Panier.
Und er sprach:
Die Hand an den Thron Jahs.«[6]

Krieg ist Jhwhs mit Amalek von Generation zu Generation (Ex 17,14-16). Der Text stellt viele Fragen. Warum z. B. gibt es die Erbfeindschaft zwischen Israel bzw. Israels Gott und Amalek? Diese Frage ist schwer zu beantworten, denn ein Volk der Amalekiter spielt in den Texten eine kaum historisch verifizierbare Rolle. Viel spricht dafür, daß Amalek weniger der Name eines realen Feindes ist denn eine Chiffre für den Feind schlechthin. Wie Edom zum Namen für spätere Feinde, ja für die böse Macht schlechthin (z. B. zum Decknamen für Rom) werden konnte, so wurde Amalek zum Namen Nazi-Deutschlands. »Zakor« – eingedenk sein – bedeutet für Israel bis heute: Dieser Feind darf niemals siegen! Dieser Aspekt der Amalek-Überlieferung und ihrer Lesegeschichte kann für Deutsche nicht marginal sein. Und doch möchte ich für diesmal das Gewicht auf einen anderen Aspekt legen: Wie ist an dieser Stelle von Erinnerung und Vergessen die Rede?

Auf den ersten Blick enthält die Anweisung von Ex 17,14-16 einen logischen Widerspruch. Ziel ist die Auslöschung des Gedächtnisses Amaleks, und ebendies wird für die dauernde Erinnerung eingeschärft. Wie kann man dauernd an etwas denken, das zu vergessen sei, muß doch eben durch die Erinnerung das zu Vergessende immer wieder präsent werden?

In »1001 Nacht« gibt es die verteufelte Geschichte von einem Manne, dem ein Djinn ansagt, von Zeit zu Zeit werde vor ihm ein Schatz erscheinen, der ihm gehöre unter der Bedingung, daß er in diesem Moment nicht an den grauen Bären denke. Natürlich muß er in diesem Moment an den grauen Bären denken, ja er wird – denkt man sich den Zauber zu Ende – bald nur noch an den grauen Bären denken können. Im Falle Amaleks dürfte etwas anderes gemeint sein. Gerade die Lesart Amaleks als Nazi-Deutschland läßt ahnen, an welches Erinnern und welches Vergessen gedacht sein könnte. Um die böseste aller Mächte vergessen zu können, soll heißen: ihren Sieg auf Dauer unmöglich sein zu lassen, muß man stets daran denken, daß das das Ziel sein muß. Diese Erinnerung ist insofern ein Vergessen, als ihre Maxime ein »Nie wieder!« ist. Die Erinnerung zielt nicht auf die ewige Wiederkehr des Gleichen, sondern auf deren Abbruch. Um dieses Vergessens willen bedarf es der Erinnerung. Es geht um das Denkmal (»zikkaron«), das Amalek die Denkmäler verweigert. Erinnern und Vergessen bleiben hier Gegensätze, aber sie sind es im Sinne von Gegenpolen, nicht von einander logisch ausschließenden Handlungen.

Es ist immerhin tröstlich – und darin hat die Geschichte vom Djinn, dem Schatz und dem grauen Bären eine aktuelle Pointe, auf die Frank Benseler aufmerksam macht[7] –, daß bisher alle Bemühungen, die Erinnerung an die NS-Zeit zu »entsorgen« (vor allem im »Historikerstreit«) die gegenteiligen Folgen hatten. Der Versuch der Verdrängung führt zur Wiederkehr des Verdrängten. Umberto Eco hat (bei Benseler nachzulesen) darauf aufmerksam gemacht, daß eine »ars oblivionalis« (eine Kunst des Vergessens) eine unmögliche Konstruktion sei, weil sie allein mit Erinnerung zu handhaben sei. Eben diesen Zusammenhang zeigt Ex 17 in der Rede von der Austilgung des Gedächtnisses Amaleks als Aufgabe der Erinnerung. Darum soll die Anweisung nicht nur in Josuas Ohren eingeschärft sein, sondern »bassefär«, in der »Schrift« stehen – auf Dauer / zum Zeugnis.

Die Amaleküberlieferung zeigt, wie Erinnerung und Vergessen zusammengehören können. Die andere Frage im Anschluß an Nietzsches Gedanken, nämlich: wie ein Erinnern beschaffen sein könnte, das das Heute nicht auslöscht, sondern ermöglicht, möchte ich mit dem Hinweis auf eine rabbinische Tradition aufnehmen, in der es um die Erinnerung an ein Wort der »Schrift« und darin um ein dezidiertes, ein emphatisches Heute geht. Ich erzähle die Geschichte aus dem Traktat Sanhedrin (98a) des Babylonischen Talmud abgekürzt nach:

Ein Mann fragte Elia: Wann kommt der Messias? Elia antwortete: Frag ihn doch selbst. – Und wo soll ich ihn finden? – Du findest ihn vor den Toren Roms unter den Aussätzigen. Du erkennst ihn daran, daß er seine Verbände einzeln löst und einzeln bindet, denn er denkt sich: Vielleicht werde ich sofort gebraucht.

Einige Zeit später traf der Mann den Elia wieder, und jener fragte ihn: Was hat er dir gesagt? – Belogen und betrogen hat er mich, denn er hat gesagt: Ich komme heute, und er ist nicht gekommen.

Die Antwort, die Elia darauf gibt, besteht in einer Erinnerung an die Schrift, einem Zitat aus der »Schrift«. Elia zitiert einen Satz aus Ps 95,7. Die Antwort wird herbeigeholt, wieder-geholt aus den Erfahrungen und Worten der früheren Generationen. Und sie verweist in ihrem entscheidenden Stichwort auf die Zeitform der Einlösung der Erinnerung, die die Zeitform des Kommens des Messias ist:

»Da antwortete Elia: Das wollte er dir damit sagen: Heute, wenn ihr seine Stimme hört.«

Dieses *heute* aus Ps 95,7 ist das Gegenteil der ewigen Wiederkehr des Gleichen. Die Erinnerung sprengt es als ein je Heute heraus aus dem Fluß des Geschehens. Es kann nur jedes Heute sein und ist darum kein Immer.

In der Tradition dieses Zusammenhangs von Erinnerung und messianischer Erwartung steht Walter Benjamins Theorie des Eingedenkens.

»Sicher wurde die Zeit von den Wahrsagern, die ihr abfragten, was sie in ihrem Schoße birgt, weder als homogen noch als leer erfahren. Wer sich das vor Augen hält, kommt vielleicht zu einem Begriff davon, wie im Eingedenken die vergangene Zeit ist erfahren worden: nämlich ebenso. Bekanntlich war es den Juden untersagt, der Zukunft nachzuforschen. Die Thora und das Gebet unterweisen sie dagegen im Eingedenken. Dieses entzauberte ihnen die Zukunft, der die verfallen sind, die sich bei den Wahrsagern Auskunft holen. Den Juden wurde die Zukunft aber darum doch nicht zur homogenen und leeren Zeit. Denn in ihr war jede Sekunde die kleine Pforte, durch die der Messias treten konnte.«[8]

Als mögliche Fortsetzung notiert Benjamin einen Satz über jene »kleine Pforte«, bei dem ein Wortspiel anklingt, in dem der Engel der Geschichte, der »Angelus«, mit in den Blick kommt. Über die kleine Pforte, durch die in jeder Sekunde der Messias kommen kann, heißt es dort: »Die Angel, in welcher sie sich bewegt, ist das Eingedenken.«[9]

Die messianische Kategorie des Heute, in der Vergangenheit und Zukunft blitzhaft aufleuchten, begegnet im »schon jetzt« und »noch nicht« des Reiches Gottes in den jesuanischen Gleichnissen ebenso wie in der Zeitform des »kairos«. Dieses Heute ist herausgesprengt aus der Kontinuität der Zeit. Als Kategorie der Vergangenheit entspricht ihm ein Ur-Sprung: mit Bindestrich, mithin nicht ursprungsmythisch im Sinne des ersten Males und seiner zyklisch-kultischen Vergegenwärtigung als ewige Wiederkehr, vielmehr: Sprung, Entspringen, Herausspringen aus dem Fluß des Werdens und Vergehens. Als Kategorie der Zukunft entspricht ihm eher Abbruch als Erfüllung. Seine Verheißung ist: Es wird nicht immer so weiter gehen. Solche Zukunft in der Erinnerung kann heißen: Nächstes Jahr in Jerusalem! Solche Vergangenheit in der Erinnerung kann heißen: »Ich bin Jhwh, dein Gott, der ich dich aus dem Land Ägypten, aus dem Arbeitshaus herausgerissen habe ...«

So beginnen die »Zehn Gebote«. Sie beginnen mit der Erinnerung an einen Abbruch. Die Erinnerung an den Exodus ist keine Wiederholung eines mythischen ersten Males, sondern Gedenken daran, daß Verhältnisse sich ändern können. Der Gott des Exodus ist nicht der bürgerliche Gott der Garantie der Stabilität, sondern als Gott der Bibel der, der das Hohe stürzt und das Niedrige erhebt, wie es im Alten Testament im Lied der Hanna in 1Sam 2 und im Neuen Testament – es erinnernd – im »Magnifikat« der Maria in Lk 1 heißt.

Zitat und Fortschreibung

Erinnerung, Wieder-Holung, Zitierungen sind nicht nur Bestandteile biblischer Texte, sondern generieren »die Schrift« als Ganze. Kaum ein Buch des Alten Testaments und nicht viele des Neuen Testaments wurden von einem Autor in einem Zuge verfaßt; fast alle verdanken ihre Entstehung in der jetzt vorliegenden Endgestalt einem meist mehrstufigen Prozeß der Fortschreibung. Das Weiterschreiben ist dabei insofern eine Weise permanenter Erinnerung, als in der Komposition der Schriften ihre je früheren Texte und Themen aufgehoben bleiben. Dabei bleiben erstaunlicherweise auch die Themen und Texte erhalten, die in der Zeit der jeweiligen Fortschreibung an unmittelbarer Aktualität verloren haben. Solche Partien werden ergänzt, gegebenenfalls durch eine andere Sicht relativiert, zuweilen auch konterkariert, sie werden aber nicht getilgt. Aus der großen Zahl möglicher Beispiele für diese erinnernde Fortschreibung nenne ich lediglich zwei:

Das jetzt vorliegende Amosbuch enthält eine Reihe von Texten, deren »Ton«, deren Intention und Ziel mit der Position des historischen Propheten Amos im 8. vorchristlichen Jahrhundert kaum vereinbar scheinen. Da gibt es ein Hoffnungspotential, das über die Untergangsansagen des Amos weit hinausreicht. Gleichwohl blieben die Untergangsansagen des Amos aufbewahrt. Die nachexilischen Kompositoren der Endgestalt des Amosbuches dürften an der hoffnungsgeladenen Erwartung der Wiederkehr des Davidreiches stärker interessiert gewesen sein als an der spezifischen Kritik an den sozialen Umschichtungen des 8. Jahrhunderts. Gleichwohl behalten die ursprünglichen Amossätze ihre volle Wucht.

Im Amosbuch läßt sich darüber hinaus ein anderes Merkmal der textgenerierenden Erinnerungsgemeinschaft Israels zeigen. Die unmittelbaren Untergangsansagen des Amos konnten nach der Zerstörung des Nordreichs als erfüllt angesehen werden. Eine Reihe von Ergänzungen der entsprechenden Amosworte in Juda dokumentieren aber keineswegs einen triumphalen Gestus des »Recht-gehabt-Habens«, sondern beziehen das kritische Potential selbstkritisch auf die nun eigene Situation. So ist es z. B., wenn in den Zyklus der Völkersprüche in Am 1 f. eine kritische Passage über Juda ergänzend eingefügt wird; so ist es, wenn dem vernichtenden Urteil des Amos über die Kultorte Betel und Gilgal eines über das weit im Süden liegende Beerscheba hinzugefügt wird. Die »Fortschreiber« schreiben (ich leihe mir die Worte von Elias Canetti) mit der »geretteten Zunge« des Amos – die Fortschreibung ist eine Form der Arbeit des Gedächtnisses.

Ein zweites Beispiel in aller Kürze: Wie immer man die literarische Relation von Gen 1 und Gen 2 f. im einzelnen bestimmen mag, deutlich ist in beiden Schöpfungsberichten ein unterschiedlicher Ton, eine unterschiedliche Beurteilung der Lebenswelt und Rolle des Menschen in ihr. Dem »gut« und »sehr gut« in Gen 1 korrespondiert die, was die Fähigkeit des Menschen und seine Lebensqualität angeht, eher kritisch-skeptische Sicht der Paradieserzählung. In der Komposition der Urgeschichte ist die ältere Schicht (die vorpriesterliche Urgeschichte) in die jüngere (priesterliche) eingefügt. Das Erinnerte, Wiederholte wird auf diese Weise zum Bestandteil des Neukonzipierten, wie wenn ältere Teile eines Bauwerks in ein größeres, neues einbezogen werden – und zwar als integrativer Teil des Neuen. Kurz gesagt: weder museale Konservierung noch Abriß, sondern (durchaus im dialektischen Sinne): Aufhebung. Als Teil des Neuen ist das Alte etwas Neues geworden – mit der Integration des Alten ist zugleich das Neue nicht nur neu, geschweige denn als das Neue eo ipso besser als das Alte.

Von weiteren Formen der Gedächtnisarbeit der »die Schrift« generierenden Erinnerungsgemeinschaft ist zu sprechen. Da ist das häufige Verfahren, je gegenwärtige Fragen und Konflikte im Gewand einer alten Geschichte darzustellen. Auch das ist mehr als ein Stilmittel.

Wiederum nur wenige Beispiele: Da werden Rechtsfälle, die in der erzählenden Gegenwart als Präzedenzfälle fungieren, in eine erzählte Vergangenheit reprojiziert. Viele juridische Grundentscheidungen z. B. werden als solche der Wüstenzeit erzählt. Da wird die Frage, wie sich der Gott Israels zu den Völkern, ja den Feinden verhalte, im Jonabuch als Geschichte eines

Propheten verhandelt, der als »Schriftprophet« älter wäre als alle anderen. Da wird im Buch Ruth im Gewand einer alten Geschichte eine Frage der Esra- und Nehemiazeit traktiert, nämlich das Verhalten gegenüber den Fremden, besonders den fremden Frauen. In der Erzählung alter Geschichten steht die Gegenwart und die gegenwärtig gebotene Praxis zur Debatte – zuweilen in der Form konkurrierender alter Geschichten. So wird – um noch einmal dieses Beispiel anzusprechen – in Neh 13 wie im Buch Ruth der Text von und die Erzählungen hinter Dtn 23,4.6 wieder(ge)holt. Sie werden freilich durchaus kontrovers wieder(ge)holt, nämlich im Nehemiabuch mit der Konsequenz der Scheidung von den fremden Frauen, im Buch Ruth mit der (implizierten) gegenteiligen Konsequenz. An solchen Beispielen wird erkennbar, daß es nicht allein auf die Erinnerung ankommt, sondern auch darauf, wie sie vergegenwärtigt wird, wie die alten Geschichten erzählt werden und wer die Erzählhoheit hat.

Vieles von dem, was in den Relationen alttestamentlicher Überlieferungen und ihrer Wiederholungen, Erinnerungen, Fortschreibung zur Debatte steht, wiederholt sich im Blick auf die Relation zwischen dem Alten und dem Neuen Testament. So wiederholt Jesus auf die Frage nach dem Hauptgebot die zentralen Gebote der hebräischen Bibel und konkretisiert sie (in der Fassung des Lukasevangeliums) durch eine neue Geschichte. So ist die Passionsgeschichte der Evangelien von alttestamentlichen Zitaten nicht nur durchzogen, sondern durch die alttestamentlichen Erinnerungen in ihrem Ablauf und ihren Bedeutungen gestaltet, bestimmt, generiert. So kann in der Offenbarung des Johannes von Gesichten, Visionen des Sehers die Rede sein, und das, was er sieht, kann das sein, was er in den alten Texten sieht. Die Visionen manifestieren sich als Zitatcollagen (z. B. in Apk 21,1 ff.). Keineswegs bedeutet, dies aufzudecken, der Authentizität der Visionen entgegenzutreten. Im Gegenteil: Das Authentische *ist* vielmehr (in Anlehnung an eine Formulierung Siegfried Kracauers in der Beschreibung der Lektüre Benjamins) das in den alten Texten Deponierte, das der Empfänger und der Entschlüsselung harrt.

Gespaltene Erinnerung

Daß erinnern und vergessen in einer bestimmten Hinsicht keine Gegensätze sind und ebenso, daß eine Erinnerung, die auf Abbruch des immer Gleichen zielt, von der ursprungsmythischen ewigen Wiederkehr des Gleichen zu unterscheiden ist, kann mit Hilfe biblischer Überlieferungen und ihrer Wiederholungsgeschichte(n) im Anschluß an Nietzsches Gedanken weiterführend festgehalten werden. Und doch bleibt an Nietzsches Einwänden gegen den Primat der historischen Empfindung etwas Bedenkenswertes. Gerade im Blick auf die mit Vergangenheit und Gegenwart aufgeladene Jetztzeit jüdischen und speziell noch einmal Benjaminschen Eingedenkens enthält Nietzsches Hinweis auf das notwendig Unhistorische des Glücks etwas Richtiges. Benjamin bestimmt in den »Thesen über den Begriff der Geschichte« Glück nicht in der Relation zu künftiger Erfüllung, sondern zum vergangenen (und eben nicht vergangenen) Leid. Aber auch und gerade in solcher Bestimmung steht das Heute unter der Last des Gewesenen. Anders als ein »immer wieder«, aber nicht weniger als dieses lastet auch ein »nie wieder« der Erinnerung (in Anlehnung an Marx' Formulierung aus dem »Achzehnten Brumaire«) »wie ein Alp auf dem Gehirne der Lebenden«. Das Verhängnis dieser Last befällt ja nicht nur die, die vergangene Geschichte, wie man sagt, nicht aufgearbeitet haben, sondern auch die, die die Lehren aus der Geschichte gezogen haben und diese Geschichte deshalb um keinen Preis wiederholen möchten, ja denen eben die Erinnerung zur Lehre des »nie wieder« geworden ist. Denn was ist, wenn unterschiedliche, ja gegensätzliche Lehren des »nie wieder« einander kaum weniger antagonistisch gegenüber stehen als einst der Gegensatz, der sich um keinen Preis wiederholen soll?

Ich möchte das Gemeinte verdeutlichen: Jüdinnen und Juden (besonders, aber gewiß nicht nur in Israel) haben aus der Shoa eine Lehre gezogen: Sie lautet: Nie wieder Opfer! Auch Deutsche (besonders meiner Generation) haben aus der NS-Zeit eine Lehre gezogen. Sie lautet: Nie wieder Täter! Die jeweiligen Erinnerungen und die aus ihr bezogenen Maximen für die Praxis stehen einander so antagonistisch gegenüber, daß abermals gegenseitiges Verstehen ungeheuer schwierig ist. Jüdische GesprächspartnerInnen reagieren fast fassungslos auf unsere (ich meine mit diesem unscharfen *wir* meine Generations- und Mentalitätsgenossinnen und -genossen, die sogenannten »68er« vor allem) Abneigung gegen ein militärisches Eingreifen in Bosnien wie schon auf unsere emotionale Blockade im Zusammenhang des Golfkriegs. »Pazifismus« scheint ihnen wie eine aparte Variante des Wiedereinmal-Zuschauens, wobei die KritikerInnen nicht selten den Eindruck haben, als würde sich die Maxime, keinesfalls wieder Täter werden zu wollen, noch mit der Aura höherer Sittlichkeit umgeben.

Umgekehrt macht vielen Deutschen die Politik der Stärke, auf die Israel aus mehr als verständlichen Gründen gesetzt hat und setzt, emotional zu schaffen. Auf eine vertrackte Weise neige ich gegen alle Einrede politischer Vernunft dazu, Juden als Opfer moralistisch zu überhöhen und damit abermals zu definieren, was ein Jude sei und wie er zu sein habe. Der bittere Vorwurf eines jüdischen Kollegen, vielen deutschen Linken falle das Gedenken an die toten Juden entschieden leichter als die Solidarität mit den lebenden, hat mich getroffen, weil ich mehr daran wiedererkannt habe, als mir lieb ist.

Ich kann in dieser Frage keine objektive, nicht einmal eine urteilende Position einnehmen. So werden meine Fragen leise. Leise frage ich, ob es nicht sein kann, daß beide Maximen (nie wieder Täter/ nie wieder Opfer) lähmen. Stärke zeigen zu müssen, kann ebenso unfrei machen wie, auf keinen Fall Gewalt ausüben zu wollen. Aber selbst dann, wenn man dieser Konsequenz in abstracto zustimmen mag, bleibt die je konkrete Differenz und das je neue Mißverstehen. Und es gibt keinen archimedischen Punkt außerhalb der Geschichte, wo man stehen, sich ver-stehen könnte.

Weinstock und Feigenbaum

Ich vermute, daß im Vergessen-Können nicht das Remedium gegen die Last der Geschichte steckt. Denn (wie oben in Anlehnung an Frank Benseler und Umberto Eco ausgeführt) – ich könnte auch Augustin als Zeugen anrufen: eine »ars oblivionis« bliebe ein Teil einer »ars memoriae«. Ich vermute weiter, daß Nietzsche in seinen richtigen Einwänden gegen die Totalität des Erinnerns eine begriffliche Unschärfe unterläuft:

»Betrachtet die Herde, die an dir vorüberweidet: sie weiß nicht, was heute ist, springt umher, frißt, ruht, verdaut, springt wieder, und so vom Morgen bis zur Nacht ... Der Mensch fragt wohl einmal das Tier: warum redest du mir nicht von deinem Glücke und siehst mich nur an? Das Tier will auch antworten und sagen: das kommt daher, daß ich immer gleich vergesse, was ich sagen wollte – da vergaß es aber auch schon die Antwort und schwieg: so daß der Mensch sich darob verwunderte.«[10]

Denn wenn er von einem Leben ohne Erinnerung spricht und dabei auf die Tiere verweist, dann spielt er ironisch mit dem Vergessen, suggeriert aber doch, daß »Vergessen« eine Kategorie sei, die zum erinnerungslosen Leben gehören könnte. Eben das aber ist nicht der Fall: Ein Tier kann nicht vergessen, wenn es sich nicht erinnern kann. (Ob ein Tier sich erinnern kann, will ich hier nicht diskutieren, denn das hinge davon ab, wie man Erinnerung definiert; aber auch wenn man die Fähigkeit der Tiere zu lernen als Erinnerungsvermögen bestimmen wollte, bliebe das Vergessenkönnen eine Funktion des Erinnerungsvermögens.)

In der Weise des erinnerungslosen, des geschichtslosen, kreatürlichen Lebens, von der Nietzsche spricht, geht es aber gar nicht um die mit der Erinnerungsfähigkeit notwendig verknüpfte Fähigkeit des Vergessens, sondern um ein zeitloses Leben ohne Zweck, ohne Vergangenheit und Zukunft – um Leben, sonst nichts. »Rien faire comme une bête, auf dem Wasser liegen und friedlich in den Himmel schauen, ›sein‹, sonst nichts, ohne alle weitere Bestimmung und Erfüllung‹« – so lautet die Beschreibung in Adornos »Minima Moralia«.[11]

Die einzige »Zeit«, die es im Paradiese gab, ist vorhandene, nicht gerichtete Zeit. Die einzige Zeitangabe der biblischen Paradiesgeschichte ist die der »Zeit des Abendwindes«. Neben der im Urdatum des Exodus gründenden Geschichtstheologie gibt es in der »Schrift« die Schöpfungstheologie. Leben ohne »um zu«, kein anderer Sinn des Lebens als das Leben selbst – das ist die Gegenmelodie der Bibel zu der der Geschichte, der Erinnerung des von Vergangenheit und Zukunft aufgeladenen Heute.

Die große Utopie vom Umschmieden der Schwerter zu Winzermessern, die Hoffnung auf den Weltfrieden, in dem die Völker das Kriegshandwerk nicht mehr lernen, endet in der Fassung des Michabuches darin, daß jeder unter seinem Weinstock und seinem Feigenbaum sitzt und keiner sie aufschreckt. Da gibt es kein Gedächtnis und keine Tilgung des Gedächtnisses, keine Geschichtstheologie und keine Utopie zukünftigen Glücks, sondern nur Leben – ohne um zu, für den Moment, ohne Vergangenheit und Zukunft. Noch die Utopie der »mᵉnucha«, der Ruhe, die Freiheit und Heimat bedeutet, trägt in Israel den Index der Zeit. Es gibt ein zu früh und ein zu spät der »mᵉnucha«. Im Moment des Heute aber ist sie frei von allen Zwecken und allen Lehren.

»Seht die Vögel des Himmels an. Sie säen nicht und ernten nicht und sammeln nicht in Scheunen, und euer himmlischer Vater ernährt sie [doch]. Seid ihr nicht viel mehr wert als sie? Wer aber von euch kann zu seiner Lebenslänge eine einzige Spanne hinzusetzen? Und warum sorgt ihr euch um die Kleidung? Betrachtet die Lilien auf dem Felde, wie sie wachsen! Sie arbeiten nicht, sie spinnen nicht; ich aber sage euch, daß auch Salomo in all seiner Pracht nicht gekleidet war wie eine von diesen. Wenn aber Gott das Gras des Feldes, das heute steht und morgen in den Ofen geworfen wird, so kleidet, wird er das nicht viel mehr euch tun, ihr Kleingläubigen? Darum sollt ihr nicht sorgen und sagen: Was werden wir trinken oder womit werden wir uns kleiden? Denn nach all diesen Dingen trachten die Heiden. Euer himmlischer Vater weiß ja, daß ihr all dieser Dinge bedürft. Suchet vielmehr zuerst sein Reich und seine Gerechtigkeit! Dann werden euch alle diese Dinge hinzugefügt werden. Darum sorget euch nicht um den morgenden Tag; denn der morgende Tag wird seine eigene Sorge haben. Jeder Tag hat genug an seiner eigenen Plage.« (Mt 6,26 ff.)

Diese Worte der Bergpredigt stimmen eine Gegenmelodie an zur Wucht der Geschichte. Es ist kaum ein Zufall, daß die hebräische Bibel nicht mit dem geschichtlichen Urdatum, dem Exodus beginnt, sondern mit einer anderen Art von Geschichte, der Schöpfungsgeschichte, den, wie es in Gen 2,4 heißt, »tol^{e}dot«, d. h. der Familiengeschichte von Himmel und Erde. Die weiteren »tol^{e}dot«, die Genealogien, die die Urgeschichte und die weitere Genesis durchziehen, erinnern nicht an die Geschichte von Haupt- und Staatsaktionen; ihre Zahlen sind nicht die im »klassischen« Gymnasium abgefragten »Geschichtszahlen«, sie halten vielmehr Lebensrhythmen fest. Wie lange hat jemand gelebt, wer war sein Vater, wie alt war er, als ihm Kinder geboren wurden? Diese Genealogien wirken heute geradezu aufreizend patriarchalisch und androzentrisch, doch bei aller ideologiekritischen Aufdeckung dieser Verengung sollte ihr kritischer Impuls nicht vergessen werden. Sie erinnern an das, was im Fluß der Generationen wirklich wichtig ist. Unter den deutschsprachigen protestantischen »Theologien« des Alten Testaments der letzten Jahrzehnte gibt es zwei, die mich in ihrer je besonderen Zuspitzung beeindrucken. Da ist die »Theologie« Gerhard von Rads, deren Leitthema »Geschichte« ist. Und da ist die »Theologie« Claus Westermanns, deren Leitthema »Segen« ist. Die dramatischen Geschichtserfahrungen, Erfahrungen von Untergang und Rettung stehen auf der einen, die Zeiten und Erfahrungen des Alltagslebens und seiner Kontinuitäten und Brüche auf der anderen Seite. Es geht dabei auch um das Nebeneinander zweier Erinnerungsweisen. Sie lassen sich kaum auf einer Metaebene vermitteln; sie stehen nebeneinander im Leben von Menschen und fallen einander ins Wort.

Der 10. November, der Tag, an dessen Morgen in Deutschland die Synagogen brannten, ist der Tag, an dem meine Eltern sich kennenlernten. Wie erinnere ich mich an dieses Datum? Wie gehen Freude und Gewalt in diesem Erinnern zuammen? Wäre mein Vater nicht Soldat in Hitlers Armee gewesen, hätten meine Eltern sich nicht getroffen, mich gäbe es nicht – als Sohn meiner Eltern und als Deutschen mit der Erinnerung der deutschen Geschichte. So bin ich Subjekt und Objekt der Erinnerung zugleich. Und was bedeutet es, daß es noch in der bösesten Gewalt Kontinuitäten von Leben gibt? Ich kann diese doppelte Erinnerung nicht versöhnen, nicht die eine gegen die andere aufrechnen und ebenso wenig die eine um der anderen willen preisgeben.

Die »Schrift« bewahrt beide Weisen der Erinnerung. Es gibt die Geschichte(n) und die Genealogien, Historie und Alltagsleben. Wenn die »Schrift« mich erinnert, mich zu erinnern, erinnert sie mich auch daran, beim Erinnern nicht zu vergessen zu leben. Jeder Tag hat seine eigene Plage – jeder Tag hat auch sein eigenes Leben. Hiob wird gesund, indem er lernt zu leben, zu leben ohne »um zu«. Es gibt keinen höheren Zweck, für den Leben instrumentalisiert werden darf. Die hebräische Bibel kennt keinen »Heldentod« – auch das gehört zu den von ihr vorgegebenen Erinnerungen, auch darin legt sie (im Sinne des Protests) Erinnerung ein.

Zakar – šamar: Erinnerung als Praxis

Den Schabbattag erinnern (»zakor«)! So lautet das Schabbatgebot in der Fassung des Exodusbuches. Den Schabbattag bewahren/einhalten (»šamor«)! So lautet dasselbe Gebot in der Fassung des Deuteronomiums. Offenbar meinen beide Formulierungen dasselbe. Erinnern bedeutet einhalten, die Erinnerung führt hier nicht nur zur Praxis, sie ist Praxis. Am Beispiel des Schabbatgebots lassen sich einige Aspekte biblischen Erinnerns noch einmal zusammenfassen:

Erinnerung als Praxis – das ist der erste Aspekt. Es geht zudem um eine Erinnerungspraxis ohne »um zu«. Die Schabbatruhe dient keinem außer ihr liegenden Zweck. Überraschenderweise fehlt ja jede Anweisung für ein gleichsam positiv gefülltes Begehen des Schabbat. Man soll nicht arbeiten – das ist der Inhalt. Die Unterbrechung der Arbeit hat keinen Zweck, sie ist Zweck. Die zur Praxis gewordene Erinnerung bezieht sich (wie alle Gebote des Dekalogs) zurück auf den Prolog, auf das Urdatum des Exodus, die Beendigung des Lebens im Sklaven-, im Arbeitshaus. Immer arbeiten zu müssen kennzeichnet den Sklaven. Nicht immer arbeiten zu müssen ist realisierte, zu bewahrende Befreiung.

Diese Erinnerung ist – ein weiterer wichtiger Aspekt – Praxis der Unterbrechung.

Schließlich fließen in den beiden einander ergänzenden Rückbezügen des Gebots – auf den Exodus im Deuteronomium, auf die Schöpfung im Exodusbuch – wie in einer Ellipse die beiden Zentren biblischer Theologie zusammen: Schöpfungstheologie und Befreiungstheologie. Auch deshalb kann man den Schabbat als Mitte biblisch-jüdischer Theologie bezeichnen.

Würde ganz Israel nur zweimal hintereinander den Schabbat wirklich halten (erinnern und bewahren), so würde es sofort erlöst. Dieses rabbinische Diktum (bSchab 118b) läßt noch einmal zwei Aspekte von »Schrift« und Erinnerung aufleuchten. Es gibt eine Erinnerung an die Zukunft, und alle Erinnerung ist immer auch Einspruch gegen das, was ist.

»Schrift« und Gedächtnis? Ich fasse meine Überlegungen zusammen, indem ich zwei Begriffe nenne, die auf je ihre Weise *die* Erinnerung kennzeichnen, die von der »Schrift« sich erinnern läßt. Es sind gegensätzliche Begriffe, mit einem sperrigen »und« verbunden. Erinnerung bedeutet Unterbrechung und Teilhabe, Teilhabe und Unterbrechung.

Anmerkungen

1 *Schrift und Gedächtnis*, hg. v. Aleida Assmann/Jan Assmann/Christof Hardmeier, München 1983.
2 Für Einzelheiten verweise ich auf die Auslegung von Erich Zenger, *Ich will die Morgenröte wecken. Psalmenauslegungen*, Freiburg/Br. 1991, S. 161-171.
3 Die V. These handelt vom Staat und seinen Aufgaben *nach* göttlicher Anordnung – nicht etwa *als* göttliche Ordnung, Anm. d. V.
4 Der Tag der Schlacht auf dem Amselfeld, eine in einen Sieg umgebogene Niederlage, wird zum serbischen Nationalfeiertag, als solcher zum jugoslawischen Nationalfeiertag, dann zum Tag der Konstitution neuer Staaten gegen die großserbische Idee – es bleibt aber immer derselbe Tag.
5 Friedrich Nietzsche, »Vom Nutzen und Nachteil der Historie«, in: *Werke in sechs Bänden*, Band 1, München 1980, S. 212 f.
6 Vielleicht ist hier anders zu lesen (die Hand an das Panier Jahs), doch hat, wie so oft, die weniger glatte Lesart ihre Vorzüge.
7 Frank Benseler, »Auf der Schneide der Geschichte«, in: *Die neue deutsche Ideologie*, Darmstadt 1988, S. 39 ff.
8 Walter Benjamin, »Anhang zu den ›Thesen über den Begriff der Geschichte‹«, in: *Gesammelte Schriften*, I/2, Frankfurt/M. 1989, S. 704.
9 Ders., »Thesen«, in: *Gesammelte Schriften*, I/3, Frankfurt/M. 1989, S. 1252.
10 Ebenda, S. 211.
11 Theodor Adorno, *Minima Moralia*, Nr. 100, Frankfurt/M. 1970, S. 206 ff.

Amalek

Gedenken und Vernichtung in der jüdischen Tradition

Daniel Krochmalnik

Hubert Cancik hat in seinem Artikel, »Erinnerung/Gedächtnis« im »Handbuch religionswissenschaftlicher Grundbegriffe« den Abschnitt »Juden« mit folgender Bemerkung geschlossen:

> »Es ist auffällig, daß diese kultische Tradition [die jüdischen Gedenkfeste, vor allem das Pessachfest, Anm. d. Vf.] weder im antiken noch unseres Wissens im mittelalterlichen Judentum zur spekulativen Ausarbeitung des Themas ›Gedächtnis/Erinnerung/Gedenkfest‹ geführt hat.«[1]

Es ist aber sehr unwahrscheinlich, daß das rabbinische Judentum über das Thema »Gedächtnis/Erinnerung/Gedenkfest« nicht prinzipiell nachgedacht haben sollte. Die Frage ist nur, wo die Reflexionen der Rabbinen zu diesem Thema zu suchen sind. Systematische spekulative Entwürfe wird man kaum finden, weil das nicht das bevorzugte Medium rabbinischen Denkens ist. Dagegen findet man eine Fülle von interessanten Überlegungen in den rabbinischen Exegesen zu den einschlägigen biblischen Stellen, im Midrasch Halacha, im Midrasch Aggada, bei den mittelalterlichen Posskim, Darschanim und Parschanim. Aus diesen ergiebigen Quellen wollen wir hier einige Erkenntnisse zu dem Thema: Gedenken/Erinnerung und Vernichtung schöpfen. Anknüpfungspunkte dafür finden sich in der rabbinischen Literatur in der Rubrik: »sachor et-ascher assa lecha Amalek (Gedenke was dir Amalek antat!)«. Die rabbinischen Quellen sollen hier aber nicht unter theologischen, sondern unter typologischen und phänomenologischen Rücksichten untersucht werden. Ziel unserer Überlegungen ist es, mit einem unverhohlenen Gegenwartsbezug, anzudeuten, wie die jüdische Tradition die Erfahrung der Vernichtung verarbeitet hat.[2]

Das Volk Israel ist 33 Jahrhunderte alt, und die Vernichtung bedroht es nicht erst seit gestern. Die erste historische Nachricht über Israel, die sogenannte »Israelstele« des Pharao Merneptah (letztes Drittel des 13. Jh. v. Chr.), des Nachfolgers von Ramses II., meldet sogleich die Vernichtung Israels. Die Zeile 27 des Denksteins lautet: »Israel ist verdorben, es hat keinen Samen (mehr)«- ein bildlicher Ausdruck dafür, daß es vernichtet wurde.[3] Auch nach der jüdischen Tradition drohte dem Volk von Anfang an, gleichsam schon bei der Geburt die Vernichtung. Amalek gilt als das erste unter den Völkern (4 M 24,20), welches nach Psalm 83 auf sein Banner schrieb: »Laßt uns ausrotten, daß sie kein Volk seien, daß des Namens Israel nicht mehr gedacht werde (welo-jisacher schem-Israel)« (Vers 5, Luther). Nach der Genealogie der Genesis ist Amalek der Enkel von Esau (1 M 36, 12.16), des Bruders von Jakob/Israel. Mit diesem Stammvater der Judenvernichter ist also die Möglichkeit der Vernichtung im Stammbaum Israels eingezeichnet, sie ist keine akzidentelle, sondern eine konstitutionelle Bedrohung. Die jüdische Tradition hat oft eine Filiation zwischen den späteren Judenvernichtern und ihrem Stammvater hergestellt, so zwischen Haman und Amalek. Der hohe Rabbi Löw von Prag behauptet, daß zwischen allen späteren Judenvernichtern im Exil und Amalek ein genealogischer Zusammenhang besteht.[4] Auch wo man auf einen regelrechten genealogischen Nachweis verzichtete, wurden die Judenvernichter aller Zeiten, z. B. Hitler und die Nazis mit Amalek identifiziert.[5] So berichtet R. Josef Dov Soloweitschik, der aus einem Geschlecht führender Possekim stammt, von einer Familientradition, wonach jedes Volk, das sich die Losung von Psalm 83 auf sein Banner schreibe, als Amalek zu betrachten sei.[6] In den dreißiger und vierziger Jahren dieses Jahrhunderts hätten die Nationalsozialisten und ihr Führer Hitler diese Rolle gespielt; sie seien in dieser Generation die Vertreter des irrsinnigen Judenhasses gewesen. Danach hätten der Mufti von Jerusalem und Ägyptens Präsident Nasser, die ihre Vernichtungsabsichten gegen Israel offen bekundet hatten, diese Rolle übernommen. Purim 1991 feierte man den Sieg über die jüngste Ausgabe Hamans im Irak: Sadam Hussein. Manche Judenhasser haben sich mit der ihnen in der Tradition zugedachten Rolle sogar selber identifiziert. So sagte etwa Julius Streicher, bevor er gehängt wurde: »Dies ist mein Purim-Fest 1946«. Der entscheidende Gewinn einer solchen Identifikation besteht natürlich darin, daß das radikale Übel sozusagen zur Familie gehört und durchaus bekannt ist. Der Judenvernichter ist jener kollaterale Ahne, so könnte man sagen, mit dem wir immer die gleichen Schwierigkeiten hatten. Das Motiv des Judenvernichters kann erklärt werden, und vielleicht lassen sich sogar mildernde Umstände für ihn finden. So weiß z. B. der Talmud folgende rührende Geschichte über Timna, die Mutter Amaleks, zu erzählen:

»Worauf deutet: ›Und die Schwester Lotans war Timna?‹ (1 M 36,22) – Timna war eine Prinzessin, denn es heißt: ›Fürst Lotan‹, und mit Fürst wird ein ungekrönter König bezeichnet. Sie wollte nämlich Proselytin werden und wandte sich deshalb an Abraham, Jizchak und Jakob, diese nahmen sie aber nicht auf; hierauf wurde sie Kebsweib des Eliphaz, des Sohnes Esaus, indem sie sagte: Lieber will ich die Magd bei dieser Nation, als die Herrin bei einer anderen Nation sein. Ihr entstammte Amalek, der Israel bedrängt hatte. – Weshalb dies? - weil sie sie nicht verstoßen sollten.«[7]

Die Methode genealogischer oder typologischer Verarbeitung oder vielmehr Verneinung der Geschichte, die Josef Chaim Yerushalmi in seinem Buch »Zakhor« so meisterhaft analysiert hat,[8] ist übrigens nur auf den ersten Blick eine holzschnittartige Vereinfachung. Denn was man auf der einen Seite an Ereignissen verliert, die alle auf ein archetypisches Ereignis reduziert werden, gewinnt man auf der anderen Seite an Erkenntnissen über das Ereignis an sich. Der Reichtum der Motivforschung wiegt den in der Methode liegenden Realitätsverlust auf. Und noch etwas kommt hinzu: Auf den Archetypus wurden im Midrasch immer wieder die Ecktypen zurückprojeziert, so daß die Geschichte die Tradition oft unbewußt, aber um so nachhaltiger transfiguriert hat. Was unsere Fragestellung angeht, so kann man in Anlehnung an Stéphane Mosès den Ertrag der Arbeit des Midrasch so charakterisieren: Damit Vergangenheit lebendig bleibt, damit sie nicht zum Gedenken erstarrt, muß sie das Kollektiv dauernd neu erfinden.[9]

Wenn wir von Judenvernichtung hören, dann fällt uns Auschwitz und die physische Ausrottung der Juden ein. Diese Erfahrung überblendet heute die Gestalt Amaleks und blendet alle früheren Projektionen aus. Mit dieser Erfahrung werden wir aber auch, wie oft konstatiert worden ist, auf den Nullpunkt der Interpretation zurückgeworfen. Der Glaube an den Sinn der Geschichte, nicht nur das Volk, ist von der Vernichtung bedroht. Mit welcher Art von Judenvernichtung hat denn die Tradition gerechnet? Was hat Amalek getan?

Die biblische Wiedererinnerung der Amalekepisode im Deuteronomium hebt vor allem die Feigheit Amaleks hervor, der die schwache und wehrlose Nachhut des Volkes Israel in der Wüste überfallen hat. Wie ging Amalek vor? Der Midrasch weiß seine Perfidie in einer Weise zu schildern, die an die Methoden moderner Judenvernichter erinnert. Wie so oft stützt sich der Midrasch auf ein Wortspiel. Rabbi Nechemia liest den biblischen Ausdruck: »korcha baderech« in 5 M 25,18: »Amalek trat euch auf dem Weg entgegen«, »karacha«, d. h. er hat dich gerufen.

»Was hat Amalek getan? Er ging in's Archiv Ägyptens und nahm die Listen (tomos) der Stämme, in welchen ihre Namen verzeichnet waren, sodann rief er sie (kore) mit Namen: Ruben, Simon, Levi, Jehuda, ich bin euer Bruder, kommt heraus, ich will ein Geschäft mit euch machen! So wie einer heraus kam, brachte er ihn um's Leben.«[10]

Amalek hat also nicht nur, wie die Bibel erzählt, die erschöpften Nachzügler der Israeliten, die er zufällig antraf, niedergemacht, er ist systematisch vorgegangen: Er benutzte die ägyptischen Einwohnermelderegister, er täuschte den Verwandten vor, der er ja nach dem biblischen Stammbaum tatsächlich war, er lockte sie mit guten Geschäften aus der Hauptstreitmacht Israel heraus und brachte sie dann hinterhältig um.

Was bezweckte Amalek mit dieser Aktion, was war sein Motiv? Die Rabbinen knüpfen an den gleichen Ausdruck »korcha« in 5 M 25,18 an, und leiten ihn von »kar« bzw. »hakiran«, d. h. kaltmachen ab. Dazu erzählt ein Darschan:

»Gleich einer mit siedendem Wasser gefüllten Wanne, in welche kein Geschöpf hineinsteigen konnte; es kam aber ein Nichtswürdiger und sprang hinein, obgleich er sich verbrannte, so that er es nur darum, um es vor anderen kalt erscheinen zu lassen. So fiel auch über die Völker der Welt, als die Israeliten aus Ägypten zogen, Furcht und Schrecken ... als nun Amalek kam und sich mit ihnen zu schaffen machte, obgleich er schon das seinige aus ihren Händen genommen, so hat er sie doch vor den Völkern der Welt kalt gemacht.«[11]

Nach dieser Parabel (»maschal«), die in der Tradition immer wieder zitiert wird, führt Amalek die Antastbarkeit Israels vor: Nach der Niederlage der Weltmacht Ägyptens hatte kein Volk mehr gewagt, sich an Israel zu vergreifen, die Sache war ihnen salopp gesagt, zu heiß gewesen, der Antisemitismus diskreditiert, die Juden unanstastbar. Da kommt ein Draufgänger (»ben belijaal«), bricht mutwillig das Tabu und führt vor, daß die Welt schon nicht untergeht, wenn man einen Juden schlägt. Das ist in der Tat die Logik des Pogroms: Einer muß das Tabu überschreiten und den trägen Mob ermutigen, dann schlagen alle zu. Damit demonstriert Amalek vor aller Welt gleichzeitig die Ohnmacht Gottes, auf dessen Schutz sich Israel verläßt. Ein Parschan kommentiert den Ausdruck »wajawo Amalek (und Amalek kam)«, in 2 M 17,14: Amalek sei von weit her gekommen, um Israel herauszufordern und seinen Unglauben zu beweisen.[12] Vielleicht ist das der tiefste religiöse Beweggrund des Antisemitismus: an Israel die Existenz oder Inexistenz Gottes sichtbar zu machen. Die Versuchung Gottes zeigt sich auch noch in der merkwürdigen Neigung zur Schändung und Pervertierung religiöser Symbole bei den nationalsozialistischen Judenvernichtern. Der Midrasch schildert die Herausforderung Gottes sehr drastisch. Im biblischen Text, 5 M 25,18 heißt es, Amalek habe Israel seiner Nachhut beraubt (»jesanew«), der Midrasch nimmt das wörtlich, Amalek habe Israel des Schwanzes (»sanaw«) beraubt.

»Was hat Amalek getan? Sie zerstückelten die Gliedervorhäute (miloteihen) und warfen sie gegen Gott mit den Worten: Daran hast du Wohlgefallen! Hier hast du, woran du Wohlgefallen hast!«[13]

Amalek wirft die Bundeszeichen gen Himmel und schmäht Gott.

Die Bibel legt größten Wert darauf, daß der Amalekepisode gedacht wird. Mit allen Mitteln wird sie dem »kulturellen Gedächtnis« Israels eingeprägt: durch Ritus, Schrift und Gebote. Der Anlaß zum Gedenken der Untat Amaleks im jüdischen Kalender ist der Schabbat Sachor eine Woche vor dem Purimfest. Zu diesem Anlaß wird zusätzlich zum Wochenabschnitt die Perikope 5 M 25,17-19 und abschließend 1 Samuel 15,1-34 vorgelesen.[14] Der Schabbat Sachor hat seinen Namen nach dem Imperativ erhalten, mit dem die Schriftlesung beginnt: »sachor et-ascher assa-lecha Amalek (Denke an das, was dir Amalek angetan hat)«. Was Amalek dem Volk Israel in der Wüste angetan hat, wird in 2 M 17,8 ff. erzählt und in der Schriftlesung des Purimfeiertags vorgetragen. An der Schwelle zum gelobten Land wird noch einmal eindringlich ermahnt: »Gedenke, was dir Amalek antat auf dem Weg, auf eurer Fahrt aus Ägypten«. Es besteht offensichtlich die Gefahr, daß das Volk Israel im Frieden und Wohlstand die Feindschaft gegen Amalek vergißt. Deshalb wird sie mit allen Mitteln erinnert. In den zwei Versen 2 M 17,14-15 werden nicht weniger als drei Gedächtnishilfen genannt: die schriftliche Überlieferung (»Schreib das zum Gedächtnis in's Buch«), die mündliche Überlieferung (»leg's in die Ohren Jehoschuas«) und eine Gedenkstätte (»Mosche baute eine Schlachtstatt und rief ihren Namen: Er mein Banner«).

Was passiert, wenn man die Imperative »sachor (Gedenke!)«, »timche et-secher Amalek (Wische das Gedenken Amaleks weg!)« und »lo tischkach (Vergiß nicht!)« nicht pünktlich erfüllt, führt am Schabbat Sachor die Prophetenlesung aus 1 Samuel 15,1-34 vor. Der Prophet gibt Saul, dem ersten König Israels, den göttlichen Auftrag, diese Gebote zu erfüllen und Amalek zur Rechenschaft zu ziehen (»pakadti et ascher assa Amalek«). Stattdessen führt Saul einen halbherzigen Beutefeldzug und verschont Agag, den König Amaleks. Dafür wird der schwache König vom Propheten abgesetzt. Schabbat Sachor wird mit dem Purimfest verbunden, weil der Judenfeind Haman im Buch Esther als Agagite, d. h. als Amalekite vorgestellt wird (3,1).[15] Haman erklärt die Juden des persischen Reiches, das waren damals alle Juden überhaupt, zu Staatsfeinden (3,8-10) und beschließt, sie ausrotten zu lassen (»haschmid et-kol hajehudim«, V. 7). Er wird als Judenverfolger (»zorer hajehudim«) charakterisiert. Nachdem Haman mit seinem Plan zur Endlösung der Judenfrage im persischen Reich gescheitert war, und die Juden diesmal, wie die Bibel unterstreicht, den Fehler Sauls nicht wiederholten (9,15.16), beschlossen sie,

»daß diese Tage nicht zu vergessen (niskarim), sondern zu halten seien bei Kindeskindern, bei allen Geschlechtern, in allen Ländern und Städten. Es sind die Tage Purim, welche nicht sollen übergangen werden unter den Juden, und ihr Gedächtnis (sichram) soll nicht umkommen bei ihren Nachkommen« (9,27.28 dt. v. Luther).

Für die Tradition war dieses zweite Gedenkgebot in den heiligen Schriften nur ein Echo des ersten im Pentateuch. Umgekehrt wird aus dem zweiten Gedenkgebot für das erste ein Termin, eben der Schabbat Sachor, gefunden.[16] So wie die Ereignisse der biblischen Spätzeit auf die traumatische Erfahrung der mythischen Frühzeit zurückprojeziert werden, so wurden alle späteren derartigen Ereignisse in der Form des Purimfestes gedacht und begangen. Die Jewish Encyclopaedia zählt mehr als einhundert Beispiele von Purim-Katanfesten auf, die in verschiedenen Gemeinden oder Familien wunderbare Errettungen mit der Verlesung entsprechender Megilloth kommemorieren. Ein weiteres Mittel des »kulturellen Gedächtnisses« ist die Schrift, die gerade in diesem Zusammenhang eine herausragende Rolle spielt.

Die erste Erwähnung der Schrift in der Tora findet sich in 2 M 17,14, obwohl schon vorher Gelegenheit dazu gewesen wäre. Immerhin war Josef Hofjude in Ägypten, und die Josefsgeschichten sind mit einigen realistischen Details gespickt. Das erste Mal, wo vom Schreiben, in der Form des Imperativs »Schreib! (ketow)« und von einem zu schreibenden Buch (»sefer«) die Rede ist, geht es um die Vernichtung Amaleks. Im Zusammenhang heißt es: »ER sprach zu Mosche: Schreib das zum Gedächtnis (»sikaron«) ins Buch und leg's in die Ohren Jehoschuas: ja ich wische, wische das Gedenken Amaleks (emche et secher Amalek) unter dem Himmel hinweg« (2 M 17,14).

Zwischen Verschriftung und Vernichtung besteht ein merkwürdiger Zusammenhang: Das schriftliche Denkmal erinnert im Fall der »Israelstele« an das ausgelöschte und hier an das auszulöschende Volk. Die Paradoxie wird im biblischen Text noch durch die Variationen des Radikals »skr« unterstrichen. Es soll zum Gedächtnis (»sikaron«) in einem Buch aufgeschrieben werden, daß das Gedenken Amaleks (»secher Amalek«) ausgelöscht werden solle. Gerade damit wird aber unauslöschlich daran erinnert.[17] Das literale Medium streicht die Absicht durch, die die Schrift zum Ausdruck bringt. Das Gedenken des Siegers bewahrt auch die Erinnerung an die Besiegten auf. Für den manipulativen Gebrauch dieser Erinnerung zur Selbstrechtfertigung und -verherrlichung des Siegers ist das Auslöschen des Gedächtnisses der Besiegten eine entscheidende Voraussetzung. Die Verschriftung vollstreckt durch den »tötenden Buchstaben« gleichsam in effigie die Vernichtung.[18]

Aus den drei Versen 5 M 25,17-19 werden drei von den für Juden verbindlichen 613 Geboten und Verboten abgeleitet. Nach der Zählung des Moses Maimonides das 189. Gebot, das uns dazu auffordert, zu gedenken, was uns Amalek angetan hat; das 59. Verbot, nicht zu vergessen, was uns Amalek angetan hat, und schließlich das 188. Gebot, das Gedenken Amaleks auszulöschen. Das 189. Gebot und das 59. Verbot sind nach der Erklärung des Maimonides ein Haßgebot und das 188. Gebot ein Vernichtungsgebot. Die Antisemiten können frohlocken, den Juden ist Haß und Völkermord befohlen. Maimonides unterstreicht auch noch kurz vorher, daß diese Gebote nicht antiquiert seien, sondern immer aktuell blieben.[19] Lassen wir einmal den Befehl zum Völkermord beiseite. Wir gehen nur auf das Haßgebot ein: Wir sollen stets eingedenk sein und ja nicht vergessen, was Amalek uns angetan hat. Maimonides führt aus, man soll dauernd darüber sprechen, um den Haß der Leute zu schüren und zum heiligen Krieg anzustacheln, damit der Haß mit der Zeit nicht nachlasse, aus dem Herzen weiche etc.

Ein religiöses Gebot, das zu propagandistischen Haßtiraden verpflichtet, ist sicher nicht sehr erbaulich. Merkwürdig ist nur, daß der Haß wie die Liebe geboten werden muß. Cela ne va pas de soi. Natürlich ist dem Menschen nur die Trägheit des Herzens. Gewiß gibt es auch, wie Spinoza beschreibt, die Liebe oder den Haß als objektbezogene Affektionen des befriedigten oder frustrierten conatus perseverandi, d. h. der menschlichen Trägheit. Doch das sind zufällige Reaktionen. Die metaphysische Liebe des an sich Liebenswerten oder der metaphysische Haß des an sich Hassenswerten muß, wenn gar kein unmittelbarer Anlaß vorliegt, ausdrücklich geboten werden. Das Gebot ewiger Feindschaft gegen Amalek wird an der Grenze zum verheißenen Land eingeschärft, ausgerechnet für eine Zeit, »wann ER dein Gott dir Ruhe gewährt vor all deinen Feinden«,[20] wo also eigentlich kein Anlaß zur Feindschaft mehr bestünde. Mit den Geboten »sachor« und »lo tischkach« wird ein Gedenken verlangt, dem keine Erfahrung und keine Erinnerung entspricht. Es ist, wie Jan Assmann gezeigt hat, ein »kontrapräsentisches« Gedenken.[21] Wir wissen ja, daß aus der Not geborene Wünsche wie: »Nächstes Jahr in Jerusalem« oder Schwüre wie »Kain mul mer!« unter Bedingungen des Überflußes ihren Sinn verlieren und zu Phrasen werden. Was uns mit den Geboten »sachor« und »lo tischkach« hier zugemutet wird, ist die übermenschliche Anstrengung, auch dann noch an unseren Versprechen festzuhalten, wenn nichts mehr für sie spricht.

Daß das Hassenswerte auch gehaßt werden soll, bedarf hoffentlich keiner umständlichen Beweisführung. Dennoch sind die Quellen nicht eindeutig. Beziehen sich die Gebote »sachor« und »lo tischkach« wirklich auf ein Haßobjekt? Maimonides unter anderen[22] war dieser Ansicht. Doch die überwiegende Mehrheit der Darschanim und Parschanim sind anderer Auffassung. Nicht die Grausamkeit des Täters, sondern Anfälligkeit des Opfers ist für sie die entscheidende, sozusagen viktimologische Frage. Der Täter ist ein Triebtäter wie ein Tier. Die Bedeutung des Namens Amalek wurde mit verschiedenen Etymogeleien erläutert. »Am« heißt Volk, »malak« heißt den Hals eines Vogels abkneifen, das ergibt für Amalek den passenden Namen: das Würgevolk. Der Midrasch zieht aber andere Wortspiele vor. Amalek, das Volk, das wie eine Heuschrecke hüpft (»jelek«) – eine Heuschreckenplage; das Volk, das wie ein gieriger Hund die Wunden Israels leckt (»lakak«).[23] Die Täter sind sozusagen ein Problem aus der Tierwelt, und die Faszination, die diese menschlichen Monstren ausüben, lenkt von der eigenen Verantwortung ab. Aber gerade auf die Verantwortung Israels kommt es den Rabbinen vor allem an.

Der Überfall Amaleks geschieht nicht aus heiterem Himmel, sondern infolge von massiven Glaubenszweifeln Israels. Am Ende von 2 Mose 17,7 werden die Glaubenszweifel Israels so artikuliert: »Ist ER drinnen bei uns oder nicht? (hajesch haschem bekirbeinu im ajin)«, und gleich anschließend, am Anfang von Vers 8, heißt es »Amalek kam (wajawo Amalek)«. Der Midrasch erzählt dazu ein Gleichnis:

»Womit waren die Israeliten zu vergleichen? Mit einem (Vater), der einen Sohn hatte und ihn auf seine Schulter steigen ließ und mit ihm auf dem Markte ging. Wenn der Sohn etwas Hübsches sah, sprach er zu seinem Vater: Kaufe mir dieses, und er kaufte es ihm. So einmal, zweimal und oft gar auch dreimal, endlich sah der Sohn einen Menschen, da sprach er zu ihm: Siehst du meinen Vater? Was that der Vater? Er warf ihn von seiner Schulter herab. Da kam ein Hund und biß ihn. So auch, als die Israeliten aus Aegypten zogen, da umgab sie Gott mit sieben Wolken der Herrlichkeit . . . sie verlangten Manna und er gab es ihnen, Wachteln und er gab sie ihnen, und als er alle Bedürfnisse befriedigt hatte, fingen sie an zu murren und sprachen Ex.17,7: ›Ist denn der Ewige unter uns oder nicht?‹ Da sprach Gott zu ihnen: Ihr murret gegen mich, bei eurem Leben! ich will es euch merken lassen, siehe, der Hund kommt und beißt euch. Wer ist das? Amalek, wie es heißt Ex.17,8: ›Und es kam Amalek und kriegte mit Israel‹. Darum heißt es: ›Denke an das, was dir Amalek gethan hat‹.«[24]

Dieses Gleichnis bringt auch »Raschi«, der Kommentator schlechthin. Die Wiedererinnerung des traumatischen Erlebnisses aus der Kindheit soll gerade nicht Angst, Haß und Wut auf die Hunde schüren, der Biß ist eine Folge des Leichtsinnes und des Undankes und soll als Lehre dienen. Nicht Amalek, sondern Israel ist schuld. Ein anderes Hundegleichnis des gleichen Darschans bringt diese pädagogische Tendenz noch unverblümter zum Ausdruck.

»Gleich einem König, der einen Weinberg hatte und ihn mit einem Zaun umgab und einen bissigen Hund hineinsetzte. Der König dachte nämlich: Wer da kommt und den Zaun einreißen will, den wird der Hund beißen. Da kam der Sohn des Königs und riß den Zaun nieder und wurde vom Hunde gebissen. So oft der König das Vergehen seines Sohnes im Weinberge erwähnen wollte, sprach er zu ihm: Erinnerst du dich noch daran, was der Hund dir gethan? Ebenso oft Gott das Vergehen Israels in Erwähnung bringen wollte, was sie in Rephidim gethan, wo sie gesprochen: ›Ist denn der Ewige unter uns oder nicht‹ (Ex.17,7), sprach er zu ihnen: ›Gedenke an das, was Amalek dir gethan‹ (Deut 25,17).«[25]

Hier ist Amalek sogar der Wachhund Gottes und die Erwähnung des Bisses, das »sachor«, löst eine Art Pawlowschen Reflex aus. Ebenso wird die biblische Darstellung der Untat Amaleks: »der über den Weg über dich kam, den Schweif aller Lahmgewordenen hinter dir abschnitt, da du müde und matt warst, und Gott nicht fürchtete« (5 Mose 25,18) im Midrasch Aggada gar nicht als Perfidie Amaleks geschildert, sondern als religiöse Schwäche seiner Opfer, die wegen ihres religiösen Abfalls aus der schützenden Wolke Gottes fielen.[26] Daß sie dann von wilden Hunden überfallen wurden, ist wiederum nur ein zoologisches Faktum. Nicht die Sünden des Täters, sondern die eigenen Sünden, nicht die Anklage, sondern die Selbstanklage, nicht der Haß, sondern mit Theodor Lessing zu sprechen der Selbsthaß steht hier im Vordergrund.[27]

Man hat hier nur eine schlechte Wahl zwischen Anklage und Selbstanklage. Immerhin korrigieren sich die beiden Auffassungen des Gedenkens an die Vernichtung, die die Tradition bereit hält, gegenseitig. »Sachor« als Rückbesinnung auf die eigenen Sünden ist ein Korrektiv zur Fixierung auf ein Feindbild und »sachor« als Vergegenwärtigung fremder Sünden ist ein Korrektiv zur masochistischen Geißlermentalität. Beides zusammen ist für das seelische, moralische und spirituelle Gleichgewicht notwendig.

Am Anfang des Abschnitts über Amalek im 5. Buch Mose heißt es: »Gedenke! (sachor)« und am Ende: »Vergiß nicht! (lo tischkach)«. Ist »Gedenken« nicht dasselbe wie »Nicht-Vergessen«? Handelt es sich hier um eine für den paränetischen Stil des Deuteronomiums typische Wiederholung?[28] Die rabbinische Exegese sieht darin aber keine Redundanz, sondern eine wichtige Distinktion. Gedenken und Vergessen schließen einander nicht aus. Man kann z. B. an einer Gedenkfeier teilnehmen, ohne sich im geringsten an ihren Anlaß zu erinnern – sei es, daß man gar keine Erinnerung daran hat, sei es, daß man die Erinnerung daran verdrängt oder vergessen hat. Umgekehrt müßen sehr starke Erinnerungen keineswegs Gegenstand des Gedenkens werden. Ja, das Gedenken kann die heiße Erinnerung sogar kaltstellen! Es kommt darauf an, das kalte Gedenken mit der heißen Erinnerung aufzuladen. Man kann das Problem der Vermittlung der jüdischen Tradition generell so fassen: Wie können die im Mythos gespeicherten und im Ritus wiederholten allgemeinen Formen des kollektiven Gedächtnisses der individuellen Erinnerung aufgeprägt werden oder umgekehrt die individuelle Erinnerung in den allgemeinen Formen aufgehoben werden.[29]

So ist es zu verstehen, daß der Midrasch Halacha die Ermahnungen: »Gedenke!« auf das verbale und »Vergiß nicht!« auf das mentale Gedenken beziehen. »*›Denke‹* (Deut 25,17): Mit dem Mund. *›Vergiß nicht‹*: Mit dem Herzen«.[30] Wer bei der Erinnerung Amaleks nur den Lippendienst (»awodat hape«) tut, hat das Verbot »Vergiß nicht« übertreten; wer nur den Herzensdienst (»awodat halew«) tut, hat das Gebot »Denke!« nicht erfüllt. Herzensdienst und Lippendienst müssen sich entsprechen.[31] Hier geht es nicht nur um den spirituellen Gemeinplatz, daß der Lippendienst mit dem Herzensdienst übereinstimmen muß, daß man des verbal Gedachten auch wirklich eingedenk und inne werden soll, sondern umgekehrt auch darum, daß dem Herzensdienst ein Lippendienst entsprechen, daß man den Gefühlen einen allgemeinen, objektiven Ausdruck geben soll. Im Zusammenhang mit dem analogen Fall der Megillat Esther wird im Talmud, im Anschluß an unsere Verse 2 M 17,4 und 5 M 25,17 das Gedenken (»secher«), das Gedächtnis (»sikaron«) auf das laute Vorlesen aus einem Buch bezogen und von der auswendigen und der inwendigen Erinnerung im Herzen unterschieden.[32] Es wird bestimmt, daß man seine Pflicht nur dann erledigt hat, wenn man die Megillat Esther laut vorträgt und damit die subjektive Erinnerung in der kultischen Schriftlesung verobjektiviert. Wie die Wechselwirkung von subjektiver Erinnerung und objektivem Gedenken im Idealfall aussieht, deutet Maimonides in seiner Erklärung des 189. Gebotes an. Der Lippendienst des einen ist der Herzensdienst des anderen, er erregt Gefühle (Maimonides gebraucht den Ausdruck »orer«), in diesem Fall Haßgefühle. Die Gedenkzeremonie induziert die gewünschte Gefühlsspannung und stimuliert Gefühlsregungen, mit denen sie sich dann auflädt.[33] Diese Konditionierung der Erinnerung durch das Gedenken ist natürlich erkauft durch die Eliminierung überschüssiger oder unterschwelliger Emotionen oder durch die Normierung unvorhergesehener Erfahrungen. Umgekehrt ist auch eine unmerkliche Anpassung des Archetyps an seine Ektypen unvermeidlich.

Wie oft soll man der Vernichtung gedenken? Nicht jeder Tag ist ein Gedenktag der Judenverfolgungen, obwohl es, wie das gleichnamige Buch von Simon Wiesenthal zeigt, Stoff genug gäbe. Unser Kalender ist kein Martyrologium. Mindestens seit dem Mittelalter gibt es zwar im Aschkenas den Brauch, über Märtyrer und Marterstätten Buch zu führen. Das Martyrologium in dem nach christlichem Vorbild so genannten »Memorbuch« – andere Bezeichnungen sind »sefer sikaron (Gedenkbuch)« nach Mal 3,16, »sefer hasichronot« (Es 6,1), »sefer haskarat neschamot (Buch des Seelengedächtnisses)«, »Jiskorbuch (Seelbuch, Totenbuch)«[34] – wurde aber nur zu besonderen Anlässen, wie das entsprechende Verb heißt, »gememmert«.[35] Besonders lehrreich ist in diesem Zusammenhang die Gegenüberstellung der Gebote, der Tat Amaleks und des Auszugs aus Ägypten – der Vernichtung und der Befreiung – zu gedenken.[36] Für das Gedenken der Tat Amaleks ist in der Tora keine bestimmte Zeit angegegeben, während aus der Erinnerungsmahnung in 5 M 16,3 (»tiskor et jom zetecha meerez mizrajim kol jemei chajjecha«) hervorgeht, daß das Gedenken des Auszugs tagtäglich – die Tradition fügt hinzu: Tag und Nacht – stattfinden soll.[37]

Der Quantitätsunterschied hängt mit dem Qualitätsunterschied des Gedenkens zusammen. Im anonymen Buch der Erziehung (»sefer hachinuch«), das an der Wende zum 14. Jahrhundert die 613 Ge- und Verbote in der Reihenfolge, in der sie in der Tora vorkommen, aufzählt und erklärt, bezeichnet der Verfasser das Gedenken an den Auszug aus Ägypten als Fundament der Religion (»ikkar hadat«). Während das Gedenken Amaleks, so der Verfasser des Sefer Hachinuch, lediglich (»rak«) den Zweck habe, den Haß auf

Amalek zu erhalten. Es reiche – wie der Verfasser im Gegensatz zu Maimonides behauptet, der in seinem Gesetzes-Kodex ein ständiges Gedenken der Untat Amaleks vorschreibt – die Vorlesung der Episode im ein- oder mehrjährigen Zyklus der Schriftlesung aus, um das Haßgebot zu erfüllen.

Daß es dem Verfasser nicht nur darum geht, das Gedenken der Untat Amaleks gegenüber dem Gedenken des Auszugs abzuwerten, sondern ihm überhaupt seine eigenständige rituelle Bedeutung zu nehmen, zeigen seine Überlegungen zum Schabbat Sachor, den er lediglich als einen vorgezogenen Teil von Purim gelten läßt, ein anderer Gedenktag für die Errettung von einer geplanten Judenvernichtung. Es ist auch bemerkenswert, daß der Verfasser ausdrücklich keinen Unterschied zwischen dem inneren und öffentlichen Gedenken (»sechira balew uwape«) der Vernichtung macht: Für beide gilt das gleiche, nämlich das kleinst mögliche Maß. Daß die Proportionen des Gedenkens umgekehrt sind, daß wir einmal jährlich des Auszugs aus Ägypten gedenken und dauernd der Tat Hitlers bzw. zum Gedenken daran ermahnen, ist demgegenüber eine Perversion.

Die Auffassung, daß der Auszug aus Ägypten das Fundament des jüdischen Glaubens und der wichtigste Gedenkanlaß ist, hat auch Moses ben Nachman, der vermutlich ein Lehrer des Verfassers des Sefer Hachinuch war, in seinem Kommentar zu 2 M 13,16 vertreten. Seine Argumente für die Vorrangstellung der Befreiung im jüdischen Gedenken sollen hier abschließend zusammengefaßt werden, um die Fixierung auf das Gedenken der Vernichtung auf das richtige Maß zurückzuführen. Das Wunder der Befreiung ist nämlich der empirische Beweis für das Dasein, die Allmacht, die Vorsehung und die Gerechtigkeit Gottes gegen die Gottesleugner. Dieser Wunderbeweis (»haotot wehamoftim hagedolim edim neemanim«) hebt negativ den Absolutismus der Wirklichkeit, in diesem Fall vor allem den Terror der politischen Wirklichkeit, auf und markiert eine befreiende Wirklichkeitsdifferenz. Durch das Wunder wird die Wirklichkeit zum Zeichen einer anderen Wirklichkeit, der Unwirklichkeit der Welt vor der Schöpfung, der höheren Wirklichkeit des Schöpfers, der besseren Wirklichkeit der Erlösung usw. Nun kann aber Gott nicht dauernd Wunder tun, um den Gottesleugner eines Besseren zu belehren und ihn von seiner Präsenz und Omnipotenz zu überzeugen. Nicht nur, weil dieser es nicht wert ist, sondern auch, weil der Ungläubige stets natürliche Erklärungen für angebliche Wunder bereit hält. Der Ungläubige glaubt das Unglaubliche eben nicht. Deshalb wurde uns, so Nachmanides, geboten, ein Zeichen (»ot«) und ein Denkmal (»sikaron«) des

Auszugs aus Ägypten – dieser »root experience«, wie sich Emil Fackenheim ausdrückt – dieser fundierenden Erinnerung zu setzen und zu überliefern. Während der Absenzen Gottes, die sich vielleicht gerade an der Geschichte Israels erweisen, soll Israel seine Präsenz bezeugen; und zwar sowohl nach außen, um den Gottesleugnern den Mund zu stopfen, als auch nach innen, um seine Präsenz auch dann und dort nicht in Vergessenheit geraten zu lassen, wo nichts mehr für sie spricht.

Das Gewicht, das auf die Einhaltung der Pessachzeremonien gelegt wird – der Verzehr von Gesäuertem, die Unterlassung des Pessachopfers wird mit Ausrottung (»karet«), d. h. mit dem ewigen Ausschluß aus Israel, bestraft –, ist nur verständlich, wenn man den Zusammenhang der Geschichte und der Dogmen des Judentums durchschaut. Die Dogmen des Judentums werden nämlich nach Nachmanides durch historische Tatsachen bewiesen. Wenn Gott in der Welt nicht bezeugt wird, dann wird er geleugnet, und mit dieser schwersten aller Sünden schließt man sich selber aus der religiösen Gemeinschaft aus. Das ist für Nachmanides auch der Sinn der zahlreichen Gebote, die an den Auszug aus Ägypten erinnern: die Gebetskapseln, die Türpfosten das tagtägliche Morgen- und Abendgebet, die Laubhütten.

Sie sollen die göttlichen Wunder und indirekt die göttliche Lehre vergegenwärtigen. Nachmanides bringt das Beispiel der Mesusa:

»Wer eine Mesusa für einen Sus kauft, sie an der Tür befestigt und auf ihre Bestimmung seinen Sinn lenkt, der bekennt die Schöpfung der Welt, die Allwissenheit des Schöpfers, Vorsehung und Prophetie. Der glaubt an alle Grundlehren der Tora (pinot hatora).«

Nachmanides warnt daher davor, den Wert der kleinen Ritualien wie der Mesusot zu unterschätzen. Sie sind ebenso unscheinbar wie kostbar, weil sie zu jeder Zeit an Gott erinnern. Das aber ist letztlich der Sinn aller Gebote (»kawwanat kol hamizwot«): den Menschen zum Glauben und zur Dankbarkeit anzuregen; ja, dies ist der Sinn der menschlichen Existenz überhaupt, Gott als Schöpfer zu erkennen und im öffentlichen Gottesdienst laut zu bekennen. Somit erfüllen gerade Ritualien und Zeremonien oder »Zeugnisse (edot)«, wie Nachmanides sie an anderer Stelle nennt – das ungesäuerte Brot, die Laubhütte, das Pessachopfer, der Schabbat, die Gebetsriemen und die Türpfosten, die an das Wunder erinnern und sie bezeugen (»secher lenifleotaw weedut bahem«) –, die religiöse Bestimmung der Gebote, ja, sie fördern die Erfüllung der religiösen Bestimmung der Existenz überhaupt. Indem diese »Zeugnisse« schließlich die großen Wunder dauernd einschärfen, schärfen sie zugleich den Blick für die geheimen Wunder. Damit verweisen sie, so Nachmanides, auf den tiefsten Grundsatz der ganzen Tora (»jessod hatora kula«), daß im Leben des einzelnen und der Gemeinschaft nichts natürlich ist (»ein bahem tewa uminhag schel olam«), sondern daß ständig und überall das verborgene Walten der göttlichen Tora am Werk ist.

So haben die Menschen nicht nur die Aufgabe Zeugnis für Gott in der Welt abzulegen, sondern sie sind selber lebendige Zeugen der verborgenen göttlichen Gegenwart. Es kommt nur darauf an, das verborgene Wirken Gottes im Schicksal der Menschen und Völker zu erkennen und zu deuten. Was insbesondere das Schicksal des Gottesvolkes angeht, das leicht als Zeugnis wider Gott ausgelegt werden könnte, so sind wir versichert, daß es vor aller Welt offenbar werden und zuletzt Zeugnis für die Gerechtigkeit ablegen wird. Die Formel zur Entschlüsselung des Mysteriums Israels ist simpel und läßt sich so zusammenfassen: Wenn die Gemeinde (»eda« 2 M 12,3) Gott nicht durch Zeugnisse (»edot« 5 M 4,45, 6,20) vergegenwärtigt, dann zeugt auch Gott nicht für Israel (Ps 93,5). Die auffällige Abwesenheit Gottes ist kein Zeugnis wider Gott, sondern wider Israel, das Gott nicht bezeugt, und somit ein Zeugnis seiner zunächst verborgenen, aber zuletzt sich offenbarenden Anwesenheit.

Anmerkungen

1 Huber Cancik u. a., *Handbuch religionswissenschaftlicher Grundbegriffe*, Band 2, Stuttgart 1990, S. 316.
2 Viele Erkenntnisse verdanke ich Jan Assmann, *Das kulturelle Gedächtnis. Schrift, Erinnerung und politische Identität in frühen Hochkulturen*, München 1992, sowie Yehuda T. Radday (unter Mitarbeit von Magdalena Schultz), *Auf den Spuren der Parascha: Ein Stück Tora; zum Lernen des Wochenabschnitts*, Arbeitsmappe 1 zum Abschnitt Beschallach, Frankfurt/M. 1989, o. S.
3 Text bei Hugo Gressman (Hg.), *Altorientalische Texte zum Alten Testament*, Berlin/Leipzig 1926, S. 25 u. Anm. c.
4 *Or Chadasch zur Megillat Esther*, Jerusalem 1960, 54a.
5 Zur Assoziation von Amalek und Hitler bzw. Amalek und den Nationalsozialisten vgl. einige Belege bei Gershon Greenberg, »Orthodox Jewish Theology, 1945-1948: Responses to the Holocaust«, in: Yehuda Bauer, *Remembering for the Future*. Working Papers and Addenda, Band 1, *Jews and Christians during and after the Holocaust*, Oxford, 1989, S. 1018, 1020.
6 Vgl. Kol Dodi Dofek (nach HL 5,2: Hall meines Minners! Er pocht, deutsch nach M. Buber) u.a., in: Pinchas H. Peli (Hg.), *Bessod Hajachid Vehajachad* (In Aloneness, in

Togetherness. A Selection of Hebrew Writings), Jerusalem 1976, S. 391 ff. In einer langen Fußnote führt Soloweitschik aus, daß es sich hierbei im strengen Sinn um eine halachische Bestimmung handle. Bezüglich Amaleks bestehe nach 5 M 25,19 erstens die individuelle Pflicht, jeden Nachkommen Amaleks auszulöschen, und zweitens nach 2 M 17,16 die kollektive Pflicht, sich auf den heiligen Krieg (»milchemet mizwa«) mit dem Volk Amalek vorzubereiten. Die erste Pflicht bezieht sich aber nur auf das ursprünglich sogenannte Volk, nicht auf die Völker, die wie Amalek gehandelt haben. Welche Folgen diese Bestimmung für die religiöse Legitimierung der Kriege des Staates Israel mit den Arabern haben, untersucht J. David Bleich, *Contemporary Halakhic Problems*, Band 1, New York 1977, S. 17 f.

7 BT Sanhedrin 99b, deutsch v. L. Goldschmidt, *Der Babylonische Talmud*, Band 9, Berlin 1934, S. 78.

8 Josef Chaim Yerushalmi, *Zakhor. Jewish History and Jewish Memory*, New York [1]1982, [2]1989, S. 21-26.

9 Ders., *L'ange de l'histoire. Rosenzweig, Benjamin, Scholem*, Paris 1992, S. 20.

10 Pesikta des Raw Kahana (PeRK), Piska III zum Schabbat Sachor, deutsch v. A. Wünsche, Leipzig 1885, S. 30.

11 PeRK, III, deutsch ebd., S. 30. Diesen Midrasch zitiert auch Raschi zur Stelle und Sefer Hachinuch, Mizwa Nr. 603.

12 Ibn Esra, Kommentar zur Tora.

13 PeRK, Ed. S. Buber, Lwow o. J., Blatt 28, deutsch, ebenda, S. 30. Diesen Midrasch zitiert auch Raschi zu 5 M 25,18.

14 Vgl. Ismar Elbogen, *Der Jüdische Gottesdienst in seiner geschichtlichen Entwicklung*, Frankfurt/M. [3]1931, Neudruck Hildesheim 1962, S. 156, 159, 163.

15 Vgl. Elie Munk, *Die Welt der Gebete*, Basel 1985, Band 2, S. 111.

16 BT Meg 30a, vgl. Mechilta zu 2 M 17,14, wonach das Buch Esther bereits im Ausdruck »Buch« dieses Verses angedeutet, also in der mythischen Frühzeit vorweggenommen wurde.

17 Zur quellenkritischen Zuordnung dieses Textes, vgl. Willy Schottroff, *»Gedenken« im Alten Orient und im Alten Testament. Die Wurzel Zakar im semitischen Sprachkreis*, Neukirchen-Vluyn 1964, S. 299 u. 305. Semantisch wird hier mit zwei Bedeutungen der Wurzel »zkr« gespielt. Einmal die Bedeutung: »secher« der Toten und zwar hier im Sinne der Vernichtung dieses »sechers« der Feinde oder Übeltäter durch restlose Auslöschung, so daß niemand mehr ihrer gedenkt, wie in 2 M 17,14; 5 M 25,19; 5 M 32,36 f.; Jes 26,14; Ps 9,6; Ps 34,17; Ps 109,14; Sir 10,14.16.17; Sir 47,23; zum anderen die Bedeutung: »sikaron« als Erinnerungsprotokoll. Vgl. W. Schottroff, ebenda, S. 287-292, 300-305.

18 Noch krasser ist die semantische Dissonanz in 5 M 25,17 u. 19: »Gedenke (sachor), was dir Amalek antat ... wische das Gedenken Amaleks weg (secher Amalek) ringsunter dem Himmel, vergiß nicht (lo tischkach)!«.

19 Sefer Hamzwot zu 187. Gebot und Mischne Tora, Hilchot Melachim 5,5.

20 Daraus leiten Kommentatoren von Maimonides ab, daß die Pflicht, Amalek auszulöschen, zwar keine antiquierte, aber auch keine aktuelle, sondern eine eschatologische Aufgabe ist. Vgl. R. Meir Hakohen aus Rothenburg, Hagaot Maimonijot und R. David ben Simra (RaDbaS) zu MT Hilch. Melachim 5,5.

21 Assmann (wie Anm. 3), S. 222-228.

22 Vgl. auch Sefer Hachinuch.
23 PeRK, Piska III zu Schabbat Sachor, hg. v. Buber, Lwow o. J., Blatt 27, Nr. 98 ff.
24 PeRK, hg. v. Buber, ebenda, Blatt 22, Nr. 5 ff.; deutsch v. A. Wünsche, Leipzig 1885, S. 23.
25 PeRK, ebenda, Bl.27, deutsch v. A. Wünsche, S. 30.
26 Ebenda, Bl.28, deutsch, ebenda, S. 31 u. Raschi zu 5 M 25,18.
27 Die gegenseitigen Schuldzuweisungen der Charedim und der Zionisten bezüglich des Holocaust lassen sich in diesem Gleichnis etwa folgendermaßen darstellen: Ist es denn sicher, daß die Wolke vor der Vernichtung schützt? Hat es nicht gerade die getroffen, die sich in der Wolke geschützt wähnten, wäre es nicht sinnvoller gewesen, gemeinsam aus der Wolke herauszutreten und den Schutz in die eigene Hand zu nehmen?
28 Im Text beziehen sich beide Ermahnungen freilich auf zwei verschiedene Sachverhalte. Einmal geht es darum zu gedenken, was Amalek getan hat, und zum anderen, nicht zu vergessen, das Gedenken (»secher«) Amaleks auszulöschen. Aber der halachische Midrasch bezieht beide auf den gleichen Sachverhalt, die Untat Amaleks, und es werden daraus, wie wir gesehen haben, zwei verschiedene Gebote abgeleitet.
29 Vgl. Henri Atlan, »Le mémoire du rite: métaphore et fécondation«, in: *Mémoire et Histoire*. Données et débats. Actes du XXVe Colloque des intellectuels juifs de langue francaise, Paris 1986, S. 29-48 (eine sehr anregende Reflexion zum Thema).
30 Sifre Deuteronomium, deutsch v. Hans Bietenhard, Bern 1984, § 296, S. 683.
31 Das ist eine besondere Anforderung, denn es ist nach der Halacha durchaus nicht erforderlich, daß z. B. bei dem Gebet Herzensdienst und Lippendienst immer übereinstimmen, vgl. Ber 20b. Wohl aber kann mit wenigen Ausnahmen der Lippendienst den Herzensdienst vertreten.
32 BT Meg 18a zu M Meg II, 1.
33 Chr. Wolff hat eine ähnliche Theorie der Zeremonie entwickelt und Moses Mendelssohn hat im Anschluß daran das Judentum als Zeremonialgesetz beschrieben.
34 Vgl. Siegmund Salfeld (Hg.), *Das Martyrologium des Nürnberger Memorbuches*, Berlin 1898, S. XII-XIII.
35 Nämlich am Schabbat vor dem Wochenfest und am Schabbat vor dem 9. Aw, ebenda, S. XII.
36 Vgl. Sefer Hachinuch, Nr. 602
37 M Ber I,1. Die anschließende Diskussion im BT 12a/13b erörtert die Verdrängung früherer durch spätere Leidens- und Erlösungserinnerungen. Insbesondere wird die Frage besprochen, ob die messianische Erlösung die Erinnerung an die Erlösung aus Ägypten aufhebt. Diese Stelle ist als Illustration der christlichen Substitutionslehre interessant.

Erinnerung im jüdischen Kontext:
Der Welt ein Gedächtnis geben[1]

Christoph Münz

I

»Natürlich möchte ich gern verstehen, aber ich weiß, ich werde es nie verstehen. Selbst wenn ich alle Dokumente gelesen, all die Zeugenberichte gesammelt habe, alle die Urteile, alle Ideen und alle Theorien gehört habe, selbst dann werde ich immer noch nicht verstehen.«[2]

Kein Geringerer als Elie Wiesel, der uns ja in vielem als Inbegriff gerade der jüdischen Art und Weise des Erinnerns an den Holocaust erscheint, verweist mit diesen Worten auf die kaum tragbare Bürde, mit der jede Erinnerung an dieses »Königreich der Nacht« jüdischerseits belastet ist. Wie soll man sich erinnern an etwas, das man nicht verstehen kann? Oder ist es gerade das Nicht-Verstehen, das einen zur Erinnerung regelrecht zwingt? Bewahrt die Erinnerung Wissen und Kenntnisse über das, was geschehen ist? Oder ist das Verstehen der Vergangenheit Kern der Erinnerung?[3] Soll man, muß man überhaupt verstehen? Den Holocaust verstehen? Muß man, soll man überhaupt sich erinnern? Den Holocaust erinnern?

Ebenfalls von Elie Wiesel stammen folgende, vielzitierten Worte aus seinem Buch »Nacht«:

»Nie werde ich diese Nacht vergessen, die erste Nacht im Lager, die aus meinem Leben eine siebenmal verriegelte lange Nacht gemacht hat. Nie werde ich diesen Rauch vergessen. Nie werde ich die kleinen Gesichter der Kinder vergessen, deren Körper vor meinen Augen als Spiralen zum blauen Himmel aufstiegen. Nie werde ich die Flammen vergessen, die meinen Glauben für immer verzehren. Nie werde ich das nächtliche Schweigen vergessen, das mich in alle Ewigkeit um die Lust am Leben gebracht hat. Nie werde ich die Augenblicke vergessen, die meinen Gott und meine Seele mordeten, und meine Träume, die das Antlitz der Wüste annahmen. Nie werde ich das vergessen, und wenn ich dazu verurteilt wäre, so lange wie Gott zu leben.«[4]

Sich erinnern, weil man nie wird vergessen können? Sich erinnern, weil man nie wird verstehen können? Bezieht der innerste Beweggrund der Erinnerung seine Kraft gleichsam aus einem negativen Befund, aus dem Defizit des »nie Verstehen«- und »nie Vergessen«-könnens? Erinnerung – ein mythische Dimensionen annehmender Vorgang, der in die Form des Protests mündet? Ein Protest gegen das, was geschehen ist? Erinnerung als Protest gegen das, was nie vergessen und nie zu verstehen ist, und mithin – in jüdischer Perspektive – ein Protest gegen Gott selbst?

Erinnerung. Woran? An die Kinder, deren Leben in Asche und Rauch verschwand? An die hunderttausendfach Dahinvegitierten, die Muselmänner und -frauen, von denen Primo Levi schrieb, sie seien der

»Nerv des Lagers: sie, die anonyme, die stets erneuerte und immer identische Masse schweigend marschierender und sich abschuftender Nichtmenschen, in denen der göttliche Funke erloschen ist, und die schon zu ausgehöhlt sind, um wirklich zu leiden. Man zögert, sie als Lebende zu bezeichnen; man zögert, ihren Tod, vor dem sie nicht erschrecken, als Tod zu bezeichnen, weil sie zu müde sind, ihn zu fassen«[5].

»Die ganze Geschichte des Holocaust«, so schreibt wiederum Elie Wiesel, »ist bis jetzt noch nicht erzählt worden. Alles, was wir wissen, ist fragmentarisch, vielleicht sogar unwahr. Vielleicht hat das, was wir über das Geschehen erzählen mit dem, was wirklich geschah, nichts miteinander zu tun. Wir wollen uns erinnern. Aber an was wollen wir uns erinnern? Und wozu? Weiß irgendwer eine Antwort darauf?«[6]

An was wollen wir uns erinnern? Und wozu? Und – wenn ich hier Elie Wiesel ergänzen darf – wie und auf welche Weise? Weiß irgendwer eine Antwort darauf?

Was ist Erinnerung, was jüdische Erinnerung? Denken an Geschehnisse an bestimmten Orten in vergangener Zeit? »Was ist jüdische Zeit?«, fragt der israelische Dichter Yehuda Amichai in einem seiner Gedichte: »Was ist jüdische Zeit: ein dunkles, trauriges Getränk, und manchmal kommen die Schläge und schlagen es zu leichtem Schaum – wie Freude.« Jüdische Zeit also ein trauriges Getränk, das nur Freude bereitet um den Preis von Schlägen, von Tränen und Leid?

Und weiter fragt Amichai: »Was ist ein jüdischer Ort: Experimentierplätze Gottes, an denen er neue Meinungen erprobt und neue Waffen, Übungsplätze für seine Engel und Geister. Eine rote Fahne ist dort aufgestellt: Achtung, Feuer!« Ein jüdischer Ort also ein lebensgefährliches Schlachtfeld, ein Ort, vor dem gewarnt werden muß – »Achtung, Feuer!« –, eingerichtet und inszeniert von einem experimentierfreudigen Gott, und die Akteure sind sein

Volk, das Volk der Juden? »Was ist das jüdische Volk?«, so lautet die nächste Frage von Amichai: »Was ist das jüdische Volk: Der Prozentsatz, der bei Übungen umkommen darf, das ist das jüdische Volk.«[7]

Auschwitz, Treblinka, Sobibor, Belsen – Experimentierplätze Gottes? Also doch Opferstätten? – Opferstätten für jenen »Prozentsatz, der bei Übungen umkommen darf«? Was haben hier in diesen Zusammenhängen Assoziationen mit Opfer, Glaube, Gott, Religion zu suchen? Und wie stehen sie in Zusammenhang mit jüdischer Erinnerung und jüdischem Gedächtnis? Ist es nun doch gerechtfertigt, auch und gerade jüdischerseits, im Blick auf die Vernichtung der europäischen Juden von »Opfer« zu sprechen? Von »Opfer« im Sinne seiner bewußt religiös-sakralen Bedeutung? Ist unsere Rede vom Holocaust, vom Brandopfer oder Ganzopfer, wie eine korrekte Übersetzung ins Deutsche lauten würde, zutreffend? Gerade dieser Begriff – Holocaust –, der zum sprachlichen Fixpunkt, zum terminologischen Symbol der Erinnerung wurde, gerade anhand eines kurzen Blicks auf die Genese dieses Begriffs kann man der Antwort auf die Frage nach der jüdischen Eigenart von Erinnerung und Gedächtnis einen ersten Schritt näherkommen.

Eberhard Jäckel hat in Anbetracht der fatalen religiösen Konnotationen, die der Terminus »Holocaust« als Bezeichnung der Ermordung der europäischen Juden mit sich führt, die Vermutung geäußert: Ein »Kenner der Bibel kann es eigentlich nicht gewesen sein, der diesen Begriff auf den Mord an den Juden übertrug«[8]. In der Tat ist es ja mittlerweile sehr vielen bewußt geworden, daß die Benutzung des Etiketts »Holocaust« eine religiöse Korrespondenz zwischen Juden und Nazis herzustellen scheint, die im Ergebnis Juden zu einem sakralen Brandopfer macht und den Nazis eine quasi priesterliche Rolle überträgt. Und mehr noch wird die Unterstellung befördert, es herrsche hier, wie es für das Verständnis des religiösen Opfers konstitutiv ist, ein stillschweigendes Einvernehmen zwischen Opfergeber, den Nazis, und Opferempfänger, nämlich Gott selbst, vor. Die Obszönität dieser Gedanken ist unmittelbar einzusehen.

Und dennoch, auch wenn es überraschend sein mag, war es gerade ein ausgewiesener Kenner der Bibel, der dazu noch genau aufgrund seiner Kenntnis von Bibel und jüdischer Tradition diesen Terminus wählte. Und dieser Mann ist Elie Wiesel.

»Wir könnten sagen«, so schreiben die amerikanischen Autoren Garber und Zuckerman, »daß Wiesel für ›Holocaust‹ das ist, was Columbus für die Entdeckung Amerikas bedeutet. Ob er im strengen Sinne der erste war oder nicht, ist nicht der springende Punkt – er war der erste, der ›Holocaust‹ sozusagen ›auf die Landkarte‹ gebracht hat.«[9]

Was waren die Beweggründe Elie Wiesels, ab etwa dem Jahre 1963 den Holocaust »Holocaust« zu nennen und damit in entscheidendem Maße zur Verbreitung und Akzeptanz dieses Terminus beizutragen? Wiesel war sich der Assoziationen dieses Begriffs mit dem Bereich des religiös-sakralen Opferverständnisses durchaus bewußt. Allerdings hatte er dabei eine ganz bestimmte biblische Opferszene im Sinn: Die »Akedah«, jene Geschichte der Hebräischen Bibel in Genesis, Kap. 22, in der Abraham von Gott aufgefordert ist, seinen einzigen Sohn Isaak Gott zum Opfer darzubringen. In welchem Sinne verbindet Wiesel Akedah und Holocaust?

»Die Akedah«, erläutert Elie Wiesel, »ist das wohl geheimnisvollste, herzzerbrechendste und zugleich eines der wunderbarsten Kapitel unserer Geschichte. Die ganze jüdische Geschichte kann tatsächlich mit Hilfe dieses Kapitels verstanden werden. Ich nenne Isaak den ersten Überlebenden des Holocaust, weil er die erste Tragödie überlebte. Isaak war auf dem Weg, ein korban olah[10] zu sein, was wirklich ein Holocaust ist. Das Wort ›Holocaust‹ hat eine religiöse Konnotation. Isaak war bestimmt als Opfer für Gott.«[11]

Offensichtlich hält die Figur Isaaks eine Reihe archetypischer Grundmotive bereit, um ein wie auch immer geartetes Verständnis davon zu erlangen, was in dieser Katastrophe des Holocaust mit Juden geschehen ist. Diese »Isaak-Archetypen« mögen es denn gewesen sein, die Wiesel dazu bewogen haben, von »Holocaust« zu sprechen. Die in diesem Kontext wichtigsten archetypischen Grundmotive der Akedah seien kurz aufgelistet:[12]

1) Isaak, die stumme Opfergabe:

»Er geht zum Schlachtplatz ohne Klage, ohne Protest und nahezu fraglos . . . So mag man in der Akedah eine Antwort auf eine der schärfsten Fragen finden, die ein Opfer des Nazi-Genozids versuchen mußte zu geben: Warum hast du keinen Widerstand geleistet? ... Vielleicht empfindet ein Überlebender das als die einzige sinnvolle Antwort, die er jenen geben kann, die nicht dort waren und wahrscheinlich nicht verstehen, was es bedeutete, in den Nazi-Lagern gewesen zu sein, was man die Antwort des Schweigens nennen könnte – ein Schweigen, das die Akedah hilft zu erklären.«[13]

2) Isaak ist ein ganz besonderes Opfer, ein »yahid«. Die gebräuchliche Übersetzung für yahid ist einziger Sohn, präziser jedoch wäre der Einzige. In diesem Sinne ist »Isaak gleich Israel, oder zumindest der entscheidende, einzige Vorgänger von Israel. Mehr noch, Isaaks Tod hätte die Zerstörung eines

ganzen Volkes bedeutet, noch bevor es hätte geboren werden können – ein Genozid im Mikrokosmos«[14].

3) In diesem Sinne stellt Isaak die Verkörperung der jüdischen Geschichte dar.

»Denn Juden haben sich selbst immer betrachtet als yehidim, die ›Einzigen‹, auserwählt von Gott, und diese Auserwählung hatte oftmals tödliche Konsequenzen... Wenn Gott Israel auserwählt hat, bedeutet dies bis zu einem gewissen Grad, daß Er sie zu Opfern gemacht hat, sie in die Gefahr führt ›wie Schafe zur Schlachtbank‹, gerade so sicher wie Er Isaak in der Akedah zum Opferaltar führte. Daher ist der Archetypus vom auserwählten Opfer in hohem Maße der Schlüssel zum Verständnis dafür, warum Wiesel ›Holocaust‹ mit Akedah verbindet.«[15]

4) Isaak, der erste Überlebende. Wiesel selbst erklärt:

»Fast bis zur letzten Minute hatte es den Anschein, als ob die Tragödie (der Akedah) geschehen würde. Und doch blieb Isaak ein Glaubender. Mehr noch, Yitzhak [= Isaak] bedeutet im Hebräischen ›er wird lachen‹. So fragte ich mich, ›wie wird er lachen können?‹. Und an dieser Stelle ist es, wo ich den Sprung mache: Isaak, der erste Überlebende einer Tragödie, eines Holocaust, wird uns lehren, wie wir lachen können, wie wir überleben können und wie wir weiter glauben können.«[16]

Betrachtet man die verschiedenen Motive Wiesels, den Holocaust mit Blick auf die Akedah als »Holocaust« zu bezeichnen, könnte man als übergreifenden und sicher entscheidenden Grund nennen, daß es für Wiesel »wesentlich war, daß Gott miteinbegriffen war in das Universum dieser äußersten Katastrophe des Judentums ... Er wählte diesen Teminus, weil es ihm als der einzige Weg erschien, das Spezifische dieser Tragödie als einer jüdischen Tragödie zu bewahren.«[17]

Sowohl die Genese des Begriffes Holocaust[18] und Wiesels Überlegungen und Motive zur Wahl ausgerechnet dieses Terminus als auch – so sei erinnert – Amichai's Fragen nach jüdischer Zeit, jüdischem Ort und jüdischem Volk und seine Antworten darauf geben zentrale Hinweise auf ein einzigartiges Phänomen, das sich jedem – und sicher auch dem Historiker – stellt, der nach Judentum und jüdischer Erinnerung fragt: nämlich dem Phänomen eines fundamentalen und kaum auflösbaren Verhältnisses von geschichtlichem und religiösem Selbstverständnis im Judentum. Natürlich hängt dies mit dem Doppel-, bzw. Mehrfachcharakter des Judentums zusammen, unter dessen Begriff ansonsten voneinander getrennte Aspekte wie Religion, Kultur, Land, Ethnizität und Nationalität zusammenfallen. Die symbiotische Einheit von Glaube und Nationalität, von Volk und Religion im Judentum ist es denn auch, die es zwingend notwendig macht, auf jüdischen Glauben zu rekurrieren, wenn man nach Erinnerung – und mithin nach solchen Kategorien wie Geschichtsbewußtsein und Gedächtnis – im Judentum fragt. Ein weiterer Grund hierfür ist das im Judentum gezeichnete Gottesbild. Der Gott Israels ist ein in der Geschichte handelnder Gott. Paradigmatisch heißt es in der Präambel zum Dekalog: »Ich bin Jahwe, dein Gott, der dich aus dem Lande Ägypten, aus dem Sklavenhaus, herausgeführt hat.« (Ex. 20,2). Aus jüdischer Perspektive kommt daher, wie einer der bedeutendsten jüdischen Religionsphilosophen dieses Jahrhunderts, Abraham J. Heschel, betont, »die letzte Wahrheit vor allem in Ereignissen, nicht nur in Ideen zum Ausdruck. Das Wesen des Judentums bietet sich sowohl in der Geschichte als auch in seinem Gedankengut dar.«[19]

Mit dem religiösen Konnex des geschichtlichen Ereignisses beginnend, wird schließlich die Geschichte insgesamt als eine geheiligte, als heilige Geschichte interpretiert und so auch für wert befunden, erzählt und erinnert zu werden: Geschichte wird zu einer auf Sinn und Ziel hin interpretierbaren Kategorie. Ernst Akiba Simon kommentiert in diesem Sinne:

»Das Judentum verläuft ja in der Zeit. Es ist sogar noch mehr an die Zeit gebunden als an das Land. Die Heiligkeit der Zeit, der Schabbat, ist wichtiger als die Heiligkeit des Landes... Das Bewußtsein, daß wir in der wirklichen Geschichte etwas zu tun haben auf dieser Erde, das ist der Glaube an Gott nicht nur als den Schöpfer der Welt und damit aller Menschen, sondern auch an den Richter gerade seines Volkes Israel . . . Das alles sind historische, also die Geschichte erläuternde, klärende Kategorien.«[20]

Vor diesem Hintergrund läßt sich sagen, daß die Bestimmung von Wesen und Funktion der Erinnerung für die Identität des Juden somit auf die Geschichte des Volkes Israel gleichermaßen Bezug nehmen muß wie auf den Glauben der Religionsgemeinschaft Israels und daß diese beiden Größen in ein Verhältnis zueinander zu setzen sind. Wie immer das Verhältnis der beiden Seiten – Nation und Religion, Ethnizität und Glaube, Geschichte und Theologie, Gott und Mensch, Transzendenz und Immanenz – näherhin ausdifferenziert wird, wie immer – und immer auch unterschiedlich – die beiden Seiten dieses Verhältnisses im einzelnen bestimmt und beschrieben werden: Nahezu ausnahmslos wird bei der Entfaltung des einen auf eine Bestimmung des anderen zurückgegriffen werden müssen. Jede religiöse Selbstdefinition im Judentum wird ihr Verhältnis zum Geschichtlichen beinhalten, und jede geschichtliche Selbstbestimmung ihr Verhältnis zum Religiösen abklären müssen. Nicht, *wie* das Verhältnis dieser beiden Größen konkret gestaltet und begriffen wird, ist dabei das allein entscheidende Spezifikum jüdischer Identität, sondern *daß* jede Selbstdefinition eine solche Verhältnisbestimmung zur Aufgabe hat, ist der entscheidende Aspekt.

Stellt man diese Zusammenhänge in Rechnung, ist es kaum mehr verwunderlich, daß ein historisches Ereignis, wie es mit dem Namen Auschwitz stellvertretend bezeichnet ist, auf unerdenklich brachiale Weise die Axt an die Wurzeln des gleichermaßen geschichtlichen wie religiösen Selbstverständnisses des Judentums legte, und jüdischem Gedächtnis, jüdischem Erinnern eine schier untragbare Last auferlegt hat.

Kann ein Jude nach Auschwitz noch sinnvoll vom Gott der Geschichte sprechen? Wo war Gott in Auschwitz? Was heißt Sinn der jüdischen Geschichte, Sinn jüdischer Religiosität angesichts von Treblinka, Sobibor, Majdanek, Auschwitz. Und wie kann bei alledem ein solches Ereignis, das zutreffend als Zivilisationsbruch qualifiziert wurde,[21] in einer Kultur erinnert werden, für die Erinnerung so elementar ist wie die Luft zum Atmen? Wie muß ein Gedächtnis beschaffen sein, um nicht nur den Schmerz und den Verlust, die Schrecken und die Trauer, die dieses Ereignis in maßlosem Maße verursachten, zu verkraften, sondern darüber hinaus der offenkundigen Sinnlosigkeit zu entfliehen, die sich wie eine stählerne Fessel gleichermaßen um das Vergessen wie um das Erinnern zu legen droht und alle Regungen des Gedächtnisses im Keim zu ersticken sich anschickt? Dabei galten Erinnerung und Erzählung von jeher als Kategorien der Rettung von bedrohter Identität gerade im Judentum. Wie aber vermag es Identität zu stiften, wenn man sich dessen erinnert und jenes erzählt, was die eigene, die jüdische Identität bis ins Mark erschüttert oder gar unmöglich gemacht hat?

Noch einmal die Worte Elie Wiesels: »Wir wollen uns erinnern. Aber an was wollen wir uns erinnern? Und wozu? [Und wie und auf welche Weise? A. d. V.] Weiß irgendwer eine Antwort darauf?«.

Begibt man sich auf die Suche nach jüdischen Stimmen, die sich dieser Problematik stellen, sucht man gar nach einem Diskurs in der Folge des Holocaust, dem innerjüdisch ein zentraler Stellenwert einzuräumen ist, ein Diskurs, der zeitlich gesehen am frühesten einsetzte und zugleich der bedeutendste, gewichtigste und bis heute kontinuierlichste und in sich geschlossenste innerjüdische Diskurs um die Deutung und Bedeutung des Holocaust ist, ein Diskurs, der damit zugleich originärer Ausdruck für die jüdische Weise des Erinnerns und Bewahrens wie auch prägend für die Parameter jüdischen Gedächtnisses nach und im Angesicht von Auschwitz wäre, dann kann man die überaus erstaunliche Entdeckung machen, daß dieser Diskurs nicht ein primär politischer, historischer, philosophischer oder soziologischer, sondern ein geschichtstheologischer Diskurs war und ist. Das Ringen mit der »völligen Sinnlosigkeit von Auschwitz«, das Nachdenken über eine mögliche Antwort auf all die erwähnten, bedrängenden Fragen nach der jüdischen Identität post Auschwitz und jüdischer Erinnerung an Auschwitz, die Diskussion dieser originär jüdischen Problematik einer Deutung des Holocaust nahm seinen Ausgang und findet zentralen Niederschlag in den Werken der sogenannten »Holocaust-Theologen«.[22] Ihre seit Mitte der 60er Jahre, vornehmlich in den USA kontinuierlich veröffentlichten Arbeiten und Beiträge hatten eine für die Wahrnehmung und Deutung des Holocaust katalysatorhafte Wirkung zunächst innerhalb des Judentums und späterhin auch in weite Teile der nicht-jüdisch, angelsächsischen Welt hinein. In ihren Büchern – und noch viel mehr in der langanhaltenden Debatte um sie – werden die Fragen und Probleme um eine angemessenen Form der Erinnerung, eine angemessene Art und Weise jüdischer Erinnerung, formuliert und diskutiert. Namentlich zu nennen sind hierbei hauptsächlich: Ignaz Maybaum, Richard Lowell Rubenstein, Emil Ludwig Fackenheim und Eliezer Berkovits – die vier Klassiker unter den Holocaust-Deutern – und in ihrer Folge vor allem dann Arthur Allen Cohen, Irving Greenberg und – mit Einschränkungen – Mark Ellis.[23] Skandalös ist die Tatsache, daß diese intensive, eine Unmenge an Material produzierende, nunmehr fast 30 Jahre währende, durch die Werke der jüdischen »Holocaust-Theologen« initiierte, innerjüdische Debatte um die Deutung des Holocaust und dessen Relevanz für jüdisches Geschichtsverständnis und jüdische Erinnerung im gesamten deutschsprachigen Raum bisher keine nennenswerte Resonanz fand. So ist auch keines der umfangreichen und profunden Werke der »Klassiker« der jüdischen Holocaust-Deutung bisher in deutscher Sprache erschienen, von den zahllosen sonstigen Diskussionsbeiträgen ganz zu schweigen.[24]

Der 1924 in New York geborene Richard Lowell Rubenstein hatte im August des Jahres 1961 das für unseren Zusammenhang entscheidende Schlüsselerlebnis in der Begegnung mit dem damaligen Probst der evangelischen Kirche von Ost- und West-Berlin Heinrich Grüber, den Rubenstein auf Einladung des Bundespresseamtes seinerzeit interviewte.

Grüber, der während des Dritten Reiches selbst aktiv um die Rettung von Juden bemüht war, in Dachau inhaftiert und gefoltert wurde, antwortete auf die Frage Rubensteins, ob es wohl Gottes Wille sei, daß Hitler die Juden vernichtete, mit dem Psalmvers »Um deinetwillen werden wir getötet den ganzen Tag...«. In vergangenen Zeiten, so führte Grüber aus, wurden Juden geschlagen und verfolgt etwa von Nebukadnezar und anderen, die alle Werkzeuge in der Hand Gottes waren, wie es ja selbst die Bibel ausdrücklich formuliere. Im Grunde sei gleiches unter Hitler geschehen. Verwundert stellt Rubenstein fest, daß hier ein deutscher Kirchenmann die Vernichtung des Judentums in den gleichen Kategorien interpretierte, in denen die Rabbinen den Fall Jerusalems vor nahezu 2 000 Jahren deuteten, nämlich nach dem jüdisch traditionellen Sünde-Strafe-Schema.[25] Dieses Rubenstein schockierende Gespräch provozierte in ihm die Erkenntnis, daß der jüdische Glaube selbst eine Rechtfertigung des Holocaust bereithalte, die er, Rubenstein, für untragbar empfand. Seine Überlegungen mündeten schließlich in die denkbar radikalste Schlußfolgerung: Gott ist tot. Und als Begründung liegt dem ein einfacher Dreischritt zugrunde:

»(1) Gott ... kann es unmöglich erlaubt haben, daß der Holocaust geschehen ist, (2) der Holocaust ist aber geschehen. Deshalb (3) existiert Gott, so wie er in der jüdischen Tradition gedacht ist, nicht.«[26]

Vehement wendet sich Rubenstein gegen die jüdische Vorstellung vom »Gott der Geschichte« und fordert engagiert, ein für das Judentum typisches historisches Denken und mithin solche Kategorien wie Erinnerung und Gedächtnis, so prägend sie auch in der Vergangenheit des jüdischen Volkes gewesen sein mögen, aufzugeben. Stattdessen plädiert er dafür, das Judentum müsse sich vom linear-chronologischen, vergangenheitsorientierten Geschichtsdenken weg und zu einem zyklisch-naturorientierten, mythischen und zukunftsgerichteten Denken hin bewegen. Kurz: die jüdische Konzeption einer Religion der Geschichte müsse abgelöst werden durch eine jüdische Konzeption einer Religion der Natur. Judentum also statt einer Geschichtsreligion (Moses Heß) eine folkloristisch gestimmte Naturreligion.

Rubensteins 1966 in den USA veröffentlichtes Buch »After Auschwitz. Radical Theology and Contemporary Judaism«, in dem er diese Gedanken erstmals vortrug, schlug in der innerjüdischen Öffentlichkeit wie eine Bombe ein und beendete erstmals wirkungsvoll das jahrzehntelange Schweigen über die hier anstehende Problematik. Teils bewußt, teils unbewußt problematisierte Rubenstein erstmals nach 1945 die Frage nach der jüdischen Identität, nach religiösem und geschichtlichem Selbstverständnis im Angesicht des Holocaust und formulierte regelrecht zum Widerspruch provozierende Antworten.[27]

Nicht zuletzt dadurch angeregt, veröffentlichte 1970 der in Halle geborene, damals in Kanada, heute in Jerusalem lebende Rabbiner und Philosoph Emil Ludwig Fackenheim – ein Schüler von Buber und Rosenzweig und sicher einer der bedeutendsten jüdischen Philosophen der Gegenwart – »God's Presence in History«, das in mancherlei Hinsicht das programmatische Gegenstück zu Rubensteins Position darstellt und als Klassiker des gegenwärtigen jüdischen Denkens bezeichnet werden kann. Ohne hier dem differenzierten, und komplexen Denken Fackenheims und dessen sprachgestalterischer Kraft gerecht werden zu können, sei hier nur knapp Folgendes mitgeteilt: Fackenheim versucht zwei radikal sich entgegenstehende Dinge in einer dialektischen Spannung zu vereinen: Der Holocaust ist einzigartig, aber er führt nicht zu einer Verleugnung Gottes, wie es bei Rubenstein der Fall ist. Zum anderen ist der Holocaust ohne jeden Sinn und Bedeutung, und doch ist von Auschwitz her eine »gebietende Stimme Gottes« für Israel zu vernehmen.

Fackenheim betont, gleich den meisten anderen Holocaust-Deutern, daß es aussichtslos, ja gar blasphemisch sei, für Auschwitz eine befriedigende kausale Erklärung, einen Zweck, Sinn, oder Absicht entdecken zu wollen. Das Überleben der Juden als Juden werde nicht davon abhängen, eine Erklärung für den Holocaust zu finden, wohl aber davon, eine Antwort auf die katastrophalen Ereignisse geben zu können.

In einer faszinierenden Abhandlung, immer wieder in Auseinandersetzung mit Rosenzweig und auf Buber zurückgreifend, entwickelt Fackenheim eine geschichtstheologische Interpretation des Holocaust, die im wesentlichen sich orientiert an der »kontradiktorisch-dialektischen Denkart des Midrasch«. In entschiedener Betonung der singulären Bedeutung des Holocaust und in Ablehnung der traditionellen Rechtfertigungsmuster (unserer Sünden wegen; Kiddusch Haschem) münden seine Überlegungen in dem eindrucksvollen, radikalen und originären Gedanken, daß nur eine erneute Offenbarung Gottes in der Geschichte die schier unmöglich gewordene Existenz des Juden im Schatten von Auschwitz noch ermöglichen kann. Mitten aus dem Höllenszenario von Auschwitz her, so Fackenheim, ertönt die »gebietende Stimme Gottes«, »the commanding voice of Auschwitz«, und hinterläßt folgende Botschaft:

»Juden ist es verboten, Hitler einen posthumen Sieg zu verschaffen. Ihnen ist es geboten, als Juden zu überleben, ansonsten das jüdische Volk unterginge. Ihnen ist es geboten, sich der Opfer von Auschwitz zu erinnern, ansonsten ihr Andenken verloren ginge. Ihnen ist es verboten, am Menschen und an der Welt zu verzweifeln und sich zu flüchten in Zynismus oder Jenseitigkeit, ansonsten sie mit dazu beitragen würden, die Welt den Zwängen von Auschwitz auszuliefern. Schließlich ist es ihnen verboten, am Gott Israels zu verzweifeln, ansonsten das Judentum untergehen würde ... Und ein religiöser Jude, der seinem Gott treu geblieben ist, mag sich gezwungen sehen, in eine neue, möglicherweise revolutionierende Beziehung zu Ihm zu treten. Eine Möglichkeit aber ist gänzlich undenkbar. Ein Jude darf nicht dergestalt auf den Versuch Hitlers, das Judentum zu vernichten, antworten, indem er selbst sich an dieser Zerstörung beteiligen würde. In den alten Zeiten lag die undenkbare jüdische Sünde im Götzendienst. Heute ist es die, auf Hitler zu antworten, indem man sein Werk verrichtet.«[28]

Diesen unbedingten Aufruf zum jüdischen Überleben und zur Sinnhaftigkeit jüdischer Geschichte nach Auschwitz, was Fackenheim an anderer Stelle als das »614. Gebot« bezeichnet hat,[29] bindet er in eine geschichtstheologische Konzeption der jüdischen Geschichte ein, innerhalb deren er dem Holocaust einen ähnlich fundierenden Rang einräumt, wie dem Exodus und der Sinai-Offenbarung. Alle drei Ereignisse – Exodus, Sinai-Offenbarung, und der Holocaust bzw. die gebietende Stimme von Auschwitz mit ihrem 614. Gebot – sind für ihn »root experiences«, »Wurzelerfahrungen« des jüdischen Volkes im Lauf seiner Geschichte. Und ähnlich wie Exodus und Sinai-Offenbarung sowohl grundlegende Bedeutung für das jüdische Verständnis von Geschichte und Gedächtnis hatten als auch in Fest, Ritual und Liturgie seit Jahrtausenden erinnernd vergegenwärtigt werden, ebenso werde der Holocaust im jüdischen Gedächtnis erinnernd bewahrt werden müssen.

Fackenheims Wirkung im Rahmen der jüdischen Diskussion um den Holocaust kann kaum überschätzt werden. Es gibt wohl keine geschichtstheologische »Antwort« auf den Holocaust, die eine größere, mit mehr »Zustimmung in der jüdischen Gemeinschaft«[30] versehene Wirkung erfahren hat. Über Geltung und Eindruck des »614. Gebot« innerhalb der jüdischen Welt äußert sich offen und ohne Ressentiment sein denkerischer Kontrahent Richard Rubenstein wie folgt:

»Wahrscheinlich gibt es keine von einem zeitgenössischen Denker geschriebene Passage, die mehr bekannt geworden ist, als diese. Sie schlug eine tiefe Saite bei Juden aller sozialer Herkunft und allen religiösen Bekenntnisses an. Die meisten von Fackenheims Schriften bewegen sich auf einem theologischen und philosophischen Niveau, das jenseits des Verständnisses einfacher Leute liegt. Dies gilt freilich nicht für jene Passage, was in großem Maße verantwortlich dafür ist, daß Fackenheims Interpretation des Holocaust zur einflußreichsten innerhalb der jüdischen Gemeinschaft geworden ist ... Die Leidenschaft und psychologische Kraft seiner Position ist unleugbar.«[31]

Der geschichtstheologische Diskurs um eine Deutung des Holocaust, wie er seit dem Erscheinen von Rubensteins Buch 1966 einsetzte und im Kern bis in die Gegenwart hinein weitergeführt wird, setzte sich zu Anfang sehr stark auch mit den seit Jahrtausenden existierenden und bislang zentralen jüdischen Handlungs- und Verstehensmustern in der Konfrontation mit dem Leid in und an der Geschichte auseinander: »mipnej chata' enu« (unserer Sünden wegen geschah . . .), ein biblisch begründetes Verhältnis zwischen Tat und Ergehen, sowie »kiddusch haschem« (Heiligung des Namen Gottes), die jüdische Form des Martyriums. Während das traditionelle Sünde-Strafe-Muster »mipnej chata' enu« im Zusammenhang einer Deutung des Holocaust aus leicht einsehbaren Gründen kaum eine Rolle spielt und entschieden abgelehnt wird, verhält es sich mit »kiddusch haschem« etwas anders.

Im Kern beinhaltet das auf biblischen Quellen beruhende und vom rabbinischen Judentum ausdifferenzierte Konzept von »kiddusch haschem« die Vorstellung davon, wie der gläubige Jude sein alltägliches Tun und letztlich die Gesamtheit seines Lebens in den Dienst Gottes stellen soll. Die Heiligung des Namen Gottes geschieht auf seiten des Menschen durch die Heiligung des Lebens. Jede Tat, alles Verhalten und Handeln, von der Befolgung der religiösen Gesetze über routinehaft alltägliche Handlungen bis hin zu den schwerwiegenden Entscheidungen in moralischen Konfliktsituationen, bekommen – unter das Leitmotiv »kiddusch haschem« gestellt – einen für den Bestand von Welt und Gott existentiell höchst bedeutsamen Charakter.

Der denkbar extremste Fall, Gottes Heiligkeit und die Verwurzelung des Lebens im Absoluten zu bezeugen, liegt darin, ein demgemäßes Handeln notfalls auch mit dem Preis des Lebens zu bezahlen. Das leibliche Martyrium bildet dergestalt die letzte Konsequenz der Idee vom »kiddusch haschem«. Während der jahrhundertlangen Verfolgungsgeschichte des Judentums zogen so Tausende und Abertausende einzelner Juden wie auch ganze Gemeinden in den Tod und zogen damit die Heiligung des göttlichen Namens seiner Entweihung (»chillul haschem«) vor. In diesem Sinne findet man denn auch zahllose Beispiele entsprechenden Handelns in den Lagern und Ghettos während der Jahre 1938-1945.[32]

Nun ist der eigentliche Grundgedanke von »kiddusch haschem« allerdings weniger ein Aufruf zum Martyrium, als vielmehr Mahnung zur beständigen Heiligung des Lebens. Auf bemerkenswerte Weise wurde dieser Grundgedanke im Rahmen der rabbinischen Diskussion während des Holocaust erneut aufgegriffen und verstärkt. Den entscheidenden Anstoß gab bei einem geheimen Treffen der zionistischen Führungsgruppe des Warschauer Ghettos im Frühjahr 1940 der Rabbiner Isaac Nissenbaum, der als erster den Terminus »kiddusch hachayim« (Heiligung des Lebens) benutzte. Er erläuterte den Versammelten:

»Es ist Zeit für kiddusch hachayim, die Heiligung des Lebens, und nicht für kiddusch haschem, die Heiligung des Martyriums. In der Vergangenheit jagten die Feinde der Juden nach der Seele des Juden, und so war es für den Juden angemessen, Gottes Namen zu heiligen, indem er seinen Leib opferte, getreu der Weise, das zu bewahren, was der Feind ihm zu nehmen versuchte. Aber jetzt ist es der Leib des Juden, was der Unterdrücker einfordert. Deshalb ist es an dem Juden, seinen Leib zu verteidigen, sein Leben zu bewahren . . .«[33]

»Kiddusch hachayim« zielt dergestalt auf die absolute Wertigkeit und Würde des Lebens, die es aktiv zu bewahren und zu schützen gilt, wie schwer auch immer die äußeren Umstände sein mögen. Die Grundidee von »kiddusch haschem« aufgreifend ruft »kiddusch hachayim« betont zu spirituellem, passivem und aktivem Widerstand auf. Sein zentraler Imperativ bestand darin, wie es Rabbi Nehemya Alter auf dem Treffen der Rabbiner in Lodz formulierte, »uns in Gegenwart der goyim (Nichtjuden) nicht selbst zu entwürdigen«.[34] »Kiddusch hachayim« bedeutete, dem Tod wie dem Leben in einer der Würde des Lebens adäquaten Weise zu begegnen, um das göttliche Ebenbild im Menschen zu bezeugen.

Bezeichnend bleibt allerdings, daß alle neueren jüdischen Holocaust-Deutungen der traditionellen Konzeption des »kiddusch haschem« und allen, die während des Holocaust diesem Muster gemäß handelten, zwar ihre tiefe Achtung zollen, zugleich sich aber entschieden abwenden von »kiddusch haschem« als einem tragfähigen Deutungsmuster für den Holocaust insgesamt.

»Die Jungen und Alten, die Gläubigen und die Ungläubigen wurden hingeschlachtet ohne Unterschied. Kann es ein Martyrium geben, wo es keine Wahl gibt? . . . Auschwitz war der größte, diabolischste Versuch, der je unternommen wurde, um das Martyrium selbst zu morden und . . . allem Tod, das Martyrium eingeschlossen, seiner Würde zu berauben.«[35]

Schon eher könnte man nahezu alle Positionen der gegenwärtigen jüdischen »Holocaust-Theologie« auch als einen Versuch betrachten, jener von Rabbi Nissenbaum eingeführten Konzeption von »kiddusch hachayim«, der Heiligung des Lebens, mit Hilfe geschichtstheologischer Reflexionen dauerhaft Sinn und Gestalt zu geben. Insofern würde »kiddusch hachayim« in besonderer Weise zugleich Bruch und Kontinuität in der jüdischen Tradition markieren.[36]

II

Statt nun noch andere Autoren und deren Positionen zu charakterisieren, möchte ich kurz jene Themenkreise benennen, die sich im Laufe der Diskussion herauskristallisierten. Das inhaltliche Gewicht dieser Themenkomplexe unterstreicht zugleich noch einmal die zentrale Bedeutung, die der Gesamtdiskurs im innerjüdischen Raum einnimmt:

Der gute Gott und das Böse in der Geschichte. Damit sind vor allem jene Überlegungen gemeint, die entweder explizit auf den theologischen Kern der Problematik zielen, also auf das, was im engeren Sinne mit Theodizee bezeichnet wird. Oder aber Reflexionen philosophischer Natur, die darum bemüht sind, im Kontext moralischer und ethischer Überlegungen eine zeitgemäße Kategorie des Bösen zu entwerfen.

Das Problem der Einzigartigkeit des Holocaust. Dieser Aspekt bildet einen der umfangreichsten und durchaus kontrovers diskutierten Bereiche innerhalb des Holocaust-Diskurses. Hier kommen gleichermaßen theologische wie philosophische, historische wie politologische Argumente zum Tragen.

Holocaust und Staat Israel. In welcher Weise ist ein kausaler Nexus zwischen dem Holocaust und der Gründung des Staates Israel zu sehen? Gibt es ihn überhaupt? Welche Auswirkungen hat eine Antwort auf diese Fragen für die Bewertung der zionistischen Bewegung? Wie fügt sich die gemäß traditioneller Auffassung religiöse Dimension eines Staates Israel in diesen Kontext ein? Welche Rolle spielen in diesem Zusammenhang die Ideen von Erwählung, Bund und Volk Gottes? Ein hochkomplexes Thema, das Bestandteil fast aller Überlegungen im Kontext des Holocaust-Diskurses ist.

Holocaust und Moderne bzw. Säkularisation. Ob der Holocaust typisches Produkt von Moderne und Säkularisation oder aber Folge eines Rückfalls in vormoderne Zeiten ist, beschäftigt zunehmend mehr jüdische Autoren. Neuzeitliche Fortschrittskonzeptionen und die Rolle des technologischen Fortschrittes werden u.a. in diesem Zusammenhang thematisiert.

Neben dem geschichtstheologischen Denken kommt noch ein weiteres ebenfalls äußerst gewichtiges Element hinzu, das für jüdisches Gedächtnis und jüdische Erinnerung von fundamentaler Bedeutung ist, etwas, worauf zuletzt Yosef Hayim Yerushalmi mit Nachdruck hingewiesen hat: Im Judentum wurden [und werden] geschichtliche Erfahrung und Erinnerung nicht mittels Historiographie überliefert, sondern die jüdische Erinnerung verläuft wesentlich in den Bahnen von Ritual und Liturgie.[37] Am deutlichsten läßt sich dies an den jüdischen Fest- und Feiertagen ablesen, allen voran in paradigmatischer Weise dem Pessach-Fest[38]. Wenn nun aber Ritual und Liturgie ein charakteristisches Medium jüdischen Gedächtnisses ist, so liegt die Vermutung nahe, daß auch die Erinnerung an den Holocaust vornehmlich auch in eben diesen Bahnen von Ritual und Liturgie sich vollziehen wird. Bemerkenswerterweise hat die Schwierigkeit wie auch Notwendigkeit, den Holocaust liturgisch zu verankern, – neben vielen anderen – ein jüdischer Historiker formuliert, dessen eigenes Selbstverständnis betont agnostischer Natur ist.

»Der Holocaust aber«, schreibt der israelische Historiker und Holocaust-Forscher Yehuda Bauer, »ist nicht bloß ein weiteres Kapitel in der langen Geschichte der Verfolgungen, unter denen die Juden gelitten haben. Er ist qualitativ und nicht nur quantitativ von einer anderen Natur. Daher kann er nicht in den üblichen Kalender von Gedenktagen innerhalb der jüdischen Tradition integriert werden; man muß ihm einen besonderen Platz einräumen.«[39]

Genau dies ist – zumindest der Idee und dem Anspruch nach – auch in dem Beschluß des israelischen Parlaments im Jahre 1951 zur Einrichtung eines Gedenktages für den Holocaust, Yom haShoah, Wirklichkeit geworden.[40] Daß der Erinnerung an den Holocaust nun ein eigener Gedenktag gewidmet ist, das Gedenken an ihn einen festen und besonderen Platz im jüdischen Kalender erhalten hat, ist die vielleicht unverbrüchlichste Garantie dafür, daß das jüdische Gedächtnis sich des Holocaust auch in Hunderten von Jahren noch erinnern wird. »Solange es Juden geben wird«, bemerkt denn auch der Historiker und Antisemitismusforscher Herbert A. Strauss im Blick auf Yom haShoah, »wird dem Holocaust auf diese Weise auch gedacht werden.«[41]

Folgerichtige und praktische Konsequenz dieser Auffassung ist schließlich auch die Integration und erinnernde Bewahrung der Holocaust-Erfahrung im Rahmen des liturgischen Vollzugs bestehender Gottesdienstformen der Synagoge oder aber die Herausbildung neuer Liturgien, die speziell dem Gedenken des Holocaust gewidmet sind, etwa in Gedenkgottesdiensten an Yom haShoah. Dieser Prozeß ist in den letzten Jahren intensiv vonstatten gegangen und belegt eine sehr weit fortgeschrittene Stufe in der Bewahrung von Erinnerung bezüglich des Holocaust in den Bahnen von Ritual und Rezitation, von Fest und Liturgie.[42]

Vergegenwärtigt man sich, wie im Rahmen von Ritual und Liturgie Erinnerung aufbewahrt und tradiert wird – etwa an Pessach, wo durch Essen und Trinken der symbolträchtigen Speisen und Getränke die an sie geknüpfte Erinnerung stofflich einverleibt wird, oder im zentralen Satz der Pessach-Haggadah »In jeglichem Zeitalter ist der Mensch verpflichtet sich vorzustellen, als sei er selbst aus Ägypten gezogen« –, kann man erkennen, wie Erinnerung zu dem wird, was sie in der jüdischen Kultur ihrem tiefsten Wesen nach ist: ein Prozeß *existenzieller Er-Innerung*. Diese Form der ErInnerung ist weit mehr als bloßes Gedenken an etwas Vergangenes, das mir auch heute noch lehrreich etwas zu sagen hat. Vielmehr wird diese Form der Erinnerung Teil meiner Existenz. Die im kollektiven Gedächtnis gespeicherte Erinnerung wird so zu einem unveräußerlichen Bestandteil meiner individuellen ErInnerung im Hier und Heute. Weit mehr als nur imaginative Identifikation und sicher nicht allein intellektuelle Reflexion ist hier gefordert, sondern etwas, das ich existenzielle Re-Präsentation von Erinnerung nennen möchte. Es geht nicht darum – etwa im Rahmen der Erinnerung an den Exodus –, mich mit den Israeliten damals und dort hier und heute zu identifizieren und mittels einer kognitiv-intellektuellen Anstrengung zu solidarisieren. Vielmehr ist gefordert, meine Anwesenheit damals und dort hier und heute wieder zu vergegenwärtigen, zu repräsentieren.[43] Als ein Teil der Gegenwart erinnere ich mich nicht an die Vergangenheit, um an ihr Teil zu haben, sondern als Teil der Gegenwart bin ich kraft der ErInnerung unmittelbarer Teil der Vergangenheit. Wiedervergegenwärtigung der (meiner) Vergangenheit ist ErInnerung an (m)eine vergangene Gegenwart.

Es sei in diesem Zusammenhang hier kurz erwähnt, daß im Kontext ähnlicher Überlegungen Edna Brocke z.B. den Ausdruck »präsentisches Erinnern«[44] benutzt, und Johann Baptist Metz entfaltet den Begriff einer »anamnetischen Kultur der Erinnerung«[45]. Auch Yerushalmi versucht die angesprochenen Phänomene – vor allem mit Blick auf den textlichen Korpus von Talmud und Liturgie – auf den Begriff zu bringen und bezeichnet das hier zugrundeliegende Geschichtsbild samt seiner darin enthaltenen Form von Gedächtnis als »Geschichtsmidrasch«. »Es ist«, schreibt er, »als wäre Geschichte zu einem Text geworden, der sich durch eine Hermeneutik auslegen ließ, die sich aus den Grundprämissen des israelitischen Glaubens ganz natürlich und wie von selbst ergab.«[46]

Wie immer auch man die spezifisch jüdische Form der Erinnerung und des Gedächtnisses bezeichnet, ob als präsentisches Erinnern, als Geschichtsmidrasch, als anamnetische Kultur oder – wie ich es vorziehe – als existenzielle RePräsentation von Erinnerung, das allen diesen Formulierungen zugrundeliegende Phänomen mag vielleicht folgende Überlegung nachvollziehbar machen:

Wenn man das Judentum und die für seine Identität als Kollektiv zentrale Rolle des Gedächtnisses betrachtet, eines Gedächtnisses, das sich vorzüglich in geschichtstheologischem Denken äußert und in rituell-liturgischem Gedenken darstellt, wenn man im Judentum demzufolge eine exzeptionelle und einzigartige Verknüpfung von Geschichtsverständis und Religiosität beobachten kann, und es daher als Verkörperung des Historischen und der Sinnhaftigkeit der Geschichte, als die Erfinder und Hüter des geschichtlichen Denkens an sich und mithin als mustergültigen Entwurf für ein Gedächtnis der Welt begreift, dann ist die Vernichtung der europäischen Juden aus dieser Perspektive betrachtet auch ein *Mnemocid*, ein Gedächtnismord: ein Versuch, das Gedächtnis der Welt in Gestalt des Judentums auszulöschen.[47]

Zielte aber der Angriff des Holocaust wesentlich auch auf die Ebene des Gedächtnisses, muß man ihm konsequent auf eben derselben Ebene begegnen, und das bedeutet jüdischerseits, gleichermaßen geschichtstheologisches Denken als auch rituell-liturgisches Gedenken. In leichter Abwandlung eines Zitates von Yerushalmi möchte ich daher formulieren: Form und Inhalt jüdischer Erinnerung an den Holocaust, das Bild vom Holocaust, das im jüdischen Gedächtnis haften bleiben wird, wird nicht am Amboß des Historikers, sondern im Schmelztiegel geschichtstheologischen Denkens und liturgischen Gedenkens geformt werden.[48]

»Die Erinnerung«, schreibt Elie Wiesel, »ist nicht nur ein Königreich; sie ist auch ein Friedhof.« Das jüdische Gedächtnis mit seiner Fähigkeit zur existenziellen Repräsentation von Erinnerung war die Jahrtausende hindurch Fixpunkt und Garant jüdischer Identität. Über alle inneren und äußeren Niederlagen, Rückschläge und Katastrophen hinweg vermochte es immer wieder, das geschichtliche und religiöse Selbstverständnis des Judentums miteinander in ein erträgliches Verhältnis zu setzen. Das jüdische Gedächtnis steht nach dem Holocaust vor seiner größten Herausforderung, indem es mit einem Ereignis konfrontiert ist, das aus einem Königreich einen Friedhof gemacht hat.

Für diese Herausforderung, für all die Spannungen, Fragen und Probleme, die sie gebiert, kann es vermutlich keine eindeutigen Antworten und erst recht keine endgültigen Lösungen geben. Vielleicht aber wird sich diese scheinbare Schwäche – und was heißt schon Schwäche angesichts dieser Herausforderung – als die eigentliche Stärke des jüdischen Gedächtnisses erweisen – und was heißt schon Stärke angesichts dieser Herausforderung.

Es ist eines der markantesten Kennzeichen des jüdischen Gedächtnisses, Bereiche miteinander zu verbinden, die der herkömmlichen Logik als schwer vereinbar gelten: Geschichte und Religion, Transzendenz und Immanenz, Glaube und Wissen, Ethnizität und Religiosität. Verpflichtet auf die Quadratur des Kreises, auf die, wie Buber es einmal formulierte, »Einheit der Gegensätze«[49], zeichnete sich das jüdische Gedächtnis von je her aus im Mut und in der Kraft zur Kontradiktion, zum Fragmentarischen. Diese Form der Erinnerung glättet nicht und läßt, wo nötig, das Unvereinbare in seiner äußersten Spannung nebeneinander stehen.

»Und gelobt. Auschwitz. Sei. Maidanek. Der Ewige. Treblinka. Und gelobt. Buchenwald. Sei. Mauthausen. Der Ewige. Belzec. Und gelobt. Sobibor. Sei. Chelmno. Der Ewige. Ponary. Und gelobt. Theresienstadt. Sei. Warschau. Der Ewige. Wilna. Und gelobt. Skarzysko. Sei. Bergen-Belsen. Der Ewige. Janow. Und gelobt. Dora. Sei. Neuengamme. Der Ewige. Pustkow. Und gelobt ...«[50]

Die Kraft zum Fragmentarischen und zur Kontradiktion bedingen das Offenhalten der Frage und die Frag-Würdigkeit jeder Antwort. Diese Haltung fordert eine Form von Wissen ein, die sich zugleich ihres Nicht-Wissens immer bewußt bleibt. Unter diesem Blickwinkel sind geschichtstheologisches Denken und die rituell-liturgischen Formen der Erinnerung an den Holocaust, die beide gleichermaßen Produkt jüdischen Gedächtnisses sind, zu sehen. Es sind Antworten, die die Fragen nicht vergessen machen – nicht vergessen machen wollen; Antworten, die nicht beruhigen, sondern die Fragen, die hinter ihnen stehen, gar noch verschärfen; Antworten, die die alten Fragen immer neu stellen.

»Und warum betest du zu Gott, wenn du weißt, daß man seine Antworten nicht verstehen kann?«, fragte einmal der kleine Eli Wiesel den Küster von Sighet. Dieser antwortete: »Damit er mir die Kraft gebe, richtige Fragen zu stellen.«[51]

Und nicht selten werden die Fragen zu An-Fragen, Rück-Fragen – nicht nur an den Menschen, sondern auch an Gott; sie machen die Klage im Gebet zur An-Klage wider Gott; machen das Gebet zum Protest und den Protest zum Gebet. Rückfrage, Anklage und Protest aber stellen die Geschichte – und damit auch den Herrn der Geschichte – vor die Schranken des Gerichts. Diese Haltung entspricht der dialogischen Grundstruktur der jüdischen Religion und einem auf Gegenseitigkeit beruhenden Bundesverständnis. Die Positionen der jüdischen Holocaust-Theologen als auch Inhalte und Gestaltung der rituell-liturgischen Erinnerung an den Holocaust spiegeln immer wieder auch die Überzeugung wider, daß die eigene Religion, der eigene Glaube und schließlich auch Gott sich zu ver-Antworten haben vor dem, was in der Geschichte geschieht.

Die Unmöglichkeit einer abschließenden Antwort, Frage als Anfrage und Rückfrage, Gebet als Protest – dies alles entbindet nicht von der Notwendigkeit in der Erinnerung an den Holocaust diesem gegenüber eine »Haltung« einzunehmen, sich ihm gegenüber zu »verhalten«, mit ihm irgendwie »umzugehen«, und führt mithin von der Ebene der Theorie auf die Ebene der Praxis. Die Verwurzelung jeder Antwort in der Ver-Antwortung verweist in die Ethik. Hierin dokumentieren sich der lebens- und handlungsbezogene existenzielle Gehalt des jüdischen Gedächtnisses und damit auch die orthopraktische Dimension des Judentums insgesamt. ErInnerung im Sinne existenzieller Repräsentation ist immer auch handlungsrelevante Vergegenwärtigung der Vergangenheit und offenbart somit die ethische Dimension, die der jüdischen Form von Erinnerung per se innewohnt.

Eine Ethik aber, die der existenziellen Repräsentation von Vergangenheit entspringt, kann zurecht auch als »anamnetische Ethik« bezeichnet werden, denn sie ist eine »Ethik aus der Kraft der Erinnerung«.[52]

Ein Bewußtsein um das Nicht-Wissen, das jedem Wissen innewohnt, um das Vergessen, das jedem Erinnern teilhaftig ist, Fragment und Kontradiktion, Fragwürdigkeit und Protest, Wachhalten der Fragen und die Brüchigkeit aller Antworten – ein Reflex hiervon wird alles Schreiben und Reden über, wird alle Erinnerung an den Holocaust in sich tragen müssen. Dieser Forderung auf der nicht-jüdischen Seite nachzukommen, dazu bedürfte ein solches Verständnis der Erinnerung und ihre entsprechende Praxis jedoch der Einbettung nicht in eine historiographieorientierte, sondern in eine gedächtniszentrierte Kultur. Wir bedürften der Unterstützung einer, wie Johann Baptist Metz es nennt, »anamnetischen Kultur, die auch um jenes Vergessen weiß, das noch in jeder Vergegenständlichung herrscht«[53].

Johann Baptist Metz ist es auch, der in diesem Zusammenhang einen sehr bedrückenden Gedanken formuliert, der uns zugleich einen überdeutlichen Hinweis auf die ganz im Gegensatz zur jüdischen Kultur stehenden Gedächtnisarmut und Geschichtsinsensibilität des Christentums und der von ihm geprägten Kulturen gibt. Metz gelangt zu der Erkenntnis, daß eine dem Judentum vergleichbare, gedächtniszentrierte Kultur, eine anamnetische Kultur,

»uns weithin in Europa [fehlt, Anm. d. V.], weil uns (seit langem) der Geist fehlt, der in Auschwitz endgültig ausgelöscht werden sollte ... Ich neige deshalb dazu, von einer doppelten Vernichtung, gewissermaßen von einem doppelten Tod im Holocaust zu sprechen. Nicht nur wurden die Juden mit technisch-industrieller Perfektion massenhaft ermordet, es sollte mit ihnen auch jener Geist ausgelöscht und endgültg zerstört werden, der uns befähigt, dieses unvorstellbare Grauen zu erinnern und erinnernd gegenwärtig zu halten: eben die anamnetische Kultur des Geistes. Und immer wieder habe ich mich gefragt, ob wir mit dem Holocaust nur deshalb so unsicher und zwiespältig umgehen, weil uns der anamnetisch verfaßte Geist fehlt, der nötig wäre, um angemessen wahrzunehmen und auszusagen, was in dieser Katastrophe auch mit uns – und dem, was wir ›Geist‹ nennen und ›Vernunft‹ – geschehen ist; kurzum: weil uns eine anamnetische Kultur fehlt, die tiefer verwurzelt ist als unsere wissenschaftliche und unsere moralische Anschauung von der Geschichte.«[54]

Auch diese Worte rechtfertigen es noch einmal, vom Holocaust auch als einem Mnemocid zu sprechen, d. h. dem Versuch, mit der Vernichtung des europäischen Judentums zugleich die Vernichtung des jüdischen Gedächtnisses zu bewirken. Bedrohlich und zutiefst beunruhigend bleibt der Gedanke, jenes Werkzeug, welches wir – auf christlicher und post-christlicher und vor allem auf deutscher Seite – unverzichtbar besitzen müßten, um eine der Vergangenheit – um eine *unserer* jüngsten Vergangenheit – auch nur halbwegs angemessene Form der Erinnerung zu schaffen, daß wir über dieses Werkzeug einer gedächtnisorientieren Kultur der Erinnerung nicht verfügen. Wir haben nicht nur diesen Geist, der uns behilflich sein könnte, nicht, sondern sind darüber hinaus Teil einer Kultur, die versucht hat, diesen Geist samt seiner Träger endgültig auszulöschen.

Allein im Umkehrschluß dieses Gedankens liegt ein Hinweis auf das möglicherweise radikale Ausmaß unseres Angewiesenseins auf diesen Geist, diesen jüdischen Geist und dieses jüdische Gedächtnis; ein Hinweis auf die möglicherweise radikale Notwendigkeit, ihn zu suchen und ihm zu begegnen, ihm zuzuhören und von ihm zu lernen, wo immer er seine Stimme erhebt. Die Radikalität dieses Angewiesenseins, ihr äußerstes Extrem und ihr gleichsam zeichenhafter Charakter, spiegelt sich in einer Überlegung wider, die von dem katholisch-polnischen Schriftsteller Andrzej Szczypiorski stammt und gleichermaßen die Notwendigkeit wie die Unmöglichkeit dieses Unterfangens, das er vorschlägt, zum Ausdruck bringt: »Um den Holocaust auszustreichen, um ihn aus der Geschichte zu tilgen, müßten wir alle Juden werden. Das ist der einzige Weg, um von der christlichen Stirn das Kainsmal zu löschen, mit dem das deutsche Volk alle Europäer gezeichnet hat.«[55]

Der nicht-jüdischen Seite bleibt, so gut es geht, Anteil zu nehmen am jüdischen Gedächtnis und seinen Äußerungen und Mitteilungen. Und es teilt sich ja mit, gleichermaßen in symbolischen Formen und im offenen und streitbaren Diskurs. Seine Signatur ist das jüdische Fest ebenso wie der wortgewaltige Talmud. Es drückt sich auf rituell-liturgische Weise aus ebenso wie im geschichtstheologischen Denken. Es kapituliert nicht vor seinen Widersprüchlichkeiten, weil es immer wieder von ihnen spricht und dadurch sich des Nicht-Wissens erinnert, das jedem Wissen zuteil ist. Es will Identität sichern und ethisch begründetes Handeln eröffnen. Und es tut dies alles kraft der ihm eigenen Qualität von ErInnerung, die einem beständigen Dialog der Gegenwart mit der Vergangenheit gleichkommt, um Zukunft zu ermöglichen.

Gemäß einer hieraus erwachsenden kommunikativen Stärke verkörpert sich jüdisches Gedächtnis nicht zuletzt immer wieder in Erzählungen. Geschich*ten* erzählen und Geschich*te* erzählen liegen hier dicht beieinander. Schwer und unmöglich scheint es, jene »Wunde in der Ordnung des Seins«, wie Martin Buber den Holocaust einmal nannte, mit Hilfe all dieser Elemente in das jüdische Gedächtnis zu integrieren; aber ohne sie ist erst recht kein Fortkommen denkbar. So oder so, wie der Auszug aus Ägypten, wie der Bundesschluß am Sinai, wie die Zerstörung der beiden Tempel in Jerusalem, wie Verfolgung und Vertreibung in der Galuth, im Exil, so wird auch diese Geschichte, die Geschichte des Holocaust, solange es das jüdische Volk geben wird, erzählt werden. So oder so.

»Wenn der Großrabbi Israel Baal-Schem-Tow sah, daß dem jüdischen Volk Unheil drohte, zog er sich für gewöhnlich an einen bestimmten Ort im Walde zurück; dort zündete er ein Feuer an, sprach ein bestimmtes Gebet, und das Wunder geschah: Das Unheil war gebannt.

Später, als sein Schüler, der berühmte Maggid von Mesritsch, aus den gleichen Gründen im Himmel vorstellig werden sollte, begab er sich an denselben Ort im Wald und sagte: Herr des Weltalls, leih mir dein Ohr. Ich weiß zwar nicht, wie man ein Feuer entzündet, doch ich bin noch imstande, das Gebet zu sprechen. Und das Wunder geschah.

Später ging auch der Rabbi Mosche Leib von Sasow, um sein Volk zu retten, in den Wald und sagte: Ich weiß nicht, wie man ein Feuer entzündet, ich kenn' auch das Gebet nicht, ich finde aber wenigstens den Ort, und das sollte genügen. Und es genügte: Wiederum geschah das Wunder.

Dann kam der Rabbi Israel von Rizzin an die Reihe, um die Bedrohung zu vereiteln. Er saß im Sessel, legte seinen Kopf in beide Hände und sagte zu Gott: Ich bin unfähig, das Feuer zu entzünden, ich kenne nicht das Gebet, ich vermag nicht einmal den Ort im Walde wiederzufinden. Alles, was ich tun kann, ist, diese Geschichte zu erzählen. Das sollte genügen. Und es genügte.«[56]

Was immer Juden – gläubige wie ungläubige – während der Jahre 1938-1945 getan, gebetet oder an Geschichten erzählt haben mögen: Es genügte nicht, die Bedrohung wurde nicht vereitelt, kein Wunder geschah. Davon erzählen die Überlebenden, daran erinnern sie uns unaufhörlich, hiervon handeln ihre Geschichten. Indem sie aber solches tun, legen sie den Grundstein dafür, daß es auch in Zukunft immer jene geben wird, die diese Geschichte kennen, sie ihren Kindern und Kindeskindern erzählen und damit der Welt ein Gedächtnis geben – solange, bis es wieder genügt; bis auch Gott wieder hört.

Anmerkungen

1 Die nachfolgend vorgetragenen Überlegungen beruhen im wesentlichen auf Ergebnissen meiner Dissertation, die unter dem Titel »Der Welt ein Gedächtnis geben. Geschichtstheologisches Denken im Judentum nach Auschwitz« 1995 im Gütersloher Verlagshaus/Christian Kaiser Verlag veröffentlicht wurde. Ich widme den hier vorliegenden Aufsatz meinem Doktor-Vater, Prof. Dr. Harald Witthöft, dessen Integrität als Wissenschaftler und Mensch mir über viele Jahre Vorbild und Hilfe war. Hingewiesen sei auch auf meinen Beitrag »Geschichtstheologie und jüdisches Gedächtnis nach Auschwitz. Über den Versuch, den Schrecken der Geschichte zu bannen«, der als »Materialien Nr. 11« des Fritz-Bauer-Instituts, Arbeitsstelle zur Vorbereitung des Frankfurter Lern- und Dokumentationszentrum des Holocaust, im Frühjahr 1994 erschienen ist. Dort findet man eine Reihe der hier vorgetragenen Gedanken ausführlicher und mit etwas anderen Akzenten versehen wieder.

2 Elie Wiesel in: R. Popkin/G. Steiner/E. Wiesel et. al., »Jewish Values in the Post-Holocaust Future«, in: *Judaism*, 16, 1967, S. 283. Dieses sowie sämtliche folgende Zitate, die im Original in englischer Sprache verfaßt sind, wurden von mir ins Deutsche übersetzt.

3 Das Problem der (Un-)Verstehbarkeit des Holocaust gehört in der jüdischen und auch angelsächsischen Literatur zu den ausgiebigst behandelten Aspekten der Erinnerung an den Holocaust. Die Frage nach den Grenzen des Verstehens im Angesicht des Holocaust berühren dabei nicht nur wissenschaftsrelevante methodologische und hermeneutische Grundsatzfragen, sondern führen ebensosehr in den Bereich prinzipieller erkenntnistheo-

retischer und sprachphilosophischer Fragestellungen. Die Seriosität, mit der man sich den hierbei aufkommenden Fragen stellt, und noch viel mehr der Standpunkt, den man ihnen gegenüber schließlich einnimmt, hat für jede Gesamtbeurteilung und Interpretation der Ereignisse fundamentale Konsequenzen. Auf diese Gesamtproblematik gehe ich ausführlich in meinem Buch (siehe Anm. 1) ein.

4 Elie Wiesel, *Die Nacht zu begraben*, München/Eßlingen 1986, S. 56.
5 Primo Levi, *Die Untergegangenen und die Geretteten*, München 1990, S. 107 f.
6 Elie Wiesel (wie Anm. 2), S. 283.
7 Die Zitate entstammen dem Gedicht »Für immer und ewig – süße Entstellungen« von Yehuda Amichai, in: Yehuda Amichai, *Wie schön sind deine Zelte*, München 1988, S. 139.
8 Eberhard Jäckel, »Der Mord an den europäischen Juden und die Geschichte«, in: Wolfgang Beck (Hg.), *Die Juden in der europäischen Geschichte*, München 1992, S. 25.
9 Zeev Garber/Bruce Zuckerman, »Why do they call the Holocaust ›The Holocaust‹: An inquiry into the psychology of labels«, in: *Modern Judaism*, Vol. 9, No. 2, 1989, S. 202.
10 Der biblisch-hebräische Begriff korban ohlah bedeutet Ganz- oder Brandopfer und liegt der lateinischen Übersetzung als holocaustum zugrunde.
11 Elie Wiesel, in: Irving Abrahamson (ed.), *Against Silence. The Voice of Elie Wiesel*, Vol. 1, 1985, S. 385. Zahlreiche gleichlautende Äußerungen Elie Wiesels findet man u.a. in Aufsätzen Elie Wiesels der Jahre 1965, 1970 und 1971, die nachzulesen sind ebenda, bes. S. 243-244 u. S. 271-275, Vol. 2, bes. S. 3-8. Abrahamson selbst kommentiert: »Die Akedah geht dem Holocaust voraus, aber für Wiesel ist der Holocaust schon in der Akedah präfiguriert« (ebenda, S. 40).
12 Ausführlicher nachzulesen in: Garber/Zuckerman (wie Anm. 9), S. 202-208. Zum jüdischen Verständnis der Akedah insgesamt sowie auch und gerade im Kontext des Holocaust vgl. Wilhelm Zuidema, *Isaak wird wieder geopfert. Die Bindung Isaaks als Symbol des Leidens Israels. Versuche einer Deutung*, Neukirchen-Vluyn 1987.
13 Garber/Zuckerman (wie Anm. 9), S. 203 f.
14 Ebenda, S. 204.
15 Ebenda.
16 Elie Wiesel, in: Abrahamson (wie Anm. 11), S. 385.
17 Garber/Zuckerman (wie Anm. 9), S. 206.
18 Weitergehende Ausführungen zu Genese und Gebrauch des Begriffs »Holocaust« und auch zu alternativen Begrifflichkeiten (Shoah, Churban, u.a.) findet man in meinen in Anm. 1 angegebenen Publikationen.
19 Abraham J. Heschel, in: Schalom Ben-Chorin/Verena Lenzen (Hg.), *Jüdische Theologie im 20. Jahrhundert*, München 1988, S. 372.
20 Ernst Akiba Simon, »Zweifel nach Auschwitz«, in: Günther B. Ginzel (Hg.), *Auschwitz als Herausforderung für Juden und Christen*, Heidelberg 1980, S. 413 f.
21 Vgl. Dan Diner (Hg.), *Ist der Nationalsozialismus Geschichte? Zu Historisierung und Historikerstreit*, Frankfurt/M. 1987, bes. S. 62-73; ders., »Negative Symbiose. Deutsche und Juden nach Auschwitz«, in: ebenda, S. 185-197; ders. (Hg.), *Zivilisationsbruch. Denken nach Auschwitz*, Frankfurt/M. 1988.
22 Die Begriffe »Holocaust-Theologie« oder »Holocaust-Theologe« sind umstritten und sicher nicht glücklich. »Holocaust-Theologe« wird als Selbstbezeichnung von den Auto-

ren in der Regel strikt abgelehnt, ebenso wie der Begriff »Holocaust-Theologie«. Dennoch haben sich diese Bezeichnungen als jeweiliger terminus technicus in der englischsprachigen Literatur durchgesetzt. Wohl auch, weil kein adäquat alternativer Begriff zur Verfügung steht. Vgl. auch: Ernst Ludwig Ehrlich/Clemens Thoma, *Gibt es eine Holocaust-Theologie?*, Wien 1979.

23 Die Einschränkung bezüglich Mark Ellis hat seinen Grund darin, daß Ellis in einer bisweilen polemisch-heftigen und recht fragwürdigen Weise das Ende der Holocaust-Theologie proklamiert und die Debatte um sie äußerst scharf kritisiert. In diesem Sinne entwirft er weniger eine neue Deutung des Holocaust, sondern legt eine in ihrem Anspruch fundamentale Kritik an dem gesamten innerjüdischen Diskurs um die Deutung des Holocaust vor. Die eingehende Darstellung und Analyse sowohl der äußerst interessanten Genese des geschichtstheologischen Diskurses um eine Deutung des Holocaust innerhalb des Judentums als auch der Positionen der hier genannten, wichtigsten Holocaust-Deuter ist zentrales Anliegen meiner oben (Anm. 1) genannten Dissertation. Als kleine Auswahl der wichtigsten Veröffentlichungen der genannten Autoren seien hier hervorgehoben: Ignaz Maybaum, *The Face of God after Auschwitz*, Amsterdam 1965; Richard Lowell Rubenstein, *After Auschwitz. Radical Theology and Contemporary Judaism*, New York 1966; Emil Ludwig Fackenheim, *God's Presence in History*, New York 1970; Ders., *To Mend the World: Foundations of Future Jewish Thought*, New York 1982; Eliezer Berkovits, *Faith after the Holocaust*, New York 1973; Arthur Allen Cohen, *The Tremendum. A Theological Interpretation*, New York 1981; Irving Greenberg, »Cloud of Smoke, Pillar of Fire: Judaism, Christianity and Modernity after the Holocaust«, in: Eva Fleischner, *Auschwitz – Beginning of a New Era? Reflections on the Holocaust*, New York 1977, S. 7-55; Irvin Greenberg, »The Third Great Cycle in Jewish History«, in: *Perspectives*, New York 1981; Mark Ellis, *Toward a Jewish Theology of Liberation: The Uprising and the Future*, Maryknoll 1987.

24 Einzige rühmliche Ausnahme ist eine lange vergriffen gewesene und (1993) neu aufgelegte Textsammlung, die einige kurze, ins Deutsche übersetzte Auszüge aus den Werken der Holocaust-Deuter und einige kleinere Aufsätze versammelt: Michael Brocke/Herbert Jochum (Hg.), *Wolkensäule und Feuerschein. Jüdische Theologie des Holocaust*, München 1982. Der in meinen Augen skandalösen Nichtbeachtung dieses jüdischen Diskurses durch die christliche Theologie und die Geschichtswissenschaft in Deutschland ein Ende zu setzen, ist ein Kernanliegen meiner eigenen Arbeit.

25 »Mipneij chata'enu« (unserer Sünden wegen geschah . . .); zu diesem traditionell jüdischen Erklärungsmuster für in und an der Geschichte erfahrenes Leid sowie zu dem zweiten bedeutenden traditionellen Verstehenssmuster – »kiddusch haschem«, die Heiligung des göttlichen Namens, der jüdischen Form des Martyriums – siehe ausführlich meine Dissertation (wie Anm. 1).

26 Steven T. Katz, *The Post-Holocaust Dialogues. Critical Studies in Modern Jewish Thought*, New York 1983, S. 174.

27 In den vergangenen fast 30 Jahren seit dem Erscheinen von Rubensteins erstem Buch hat sich seine Position in vielerlei Hinsicht weiterentwickelt und gewandelt. Insofern gibt sein Buch *After Auschwitz* sicher nicht den Stand seines heutigen Denkens wieder. Insbesondere seine Deutungen des Holocaust und der jüdischen Religion erfuhren einen teilweise

beträchtlichen Wandel. Seine heutigen Einstellungen zu dem gesamten Komplex sind am deutlichsten nachlesbar in: John K. Roth/Richard L. Rubenstein, *Approaches to Auschwitz. The Legacy of the Holocaust*, Atlanta 1987.

28 Emil L. Fackenheim, *God's Presence* (wie Anm. 23), S. 84; siehe auch Fackenheim in Popkin/Steiner/Wiesel (wie Anm. 2), wo sich die »Urfassung« dieses Gedankens findet. Zu Fackenheims Interpretation des Nationalsozialismus als einer Form des modernen Götzendienstes siehe seinen umfangreichen, auf jüdische und auch christliche Vorstellungen von Götzendienst allgemein eingehenden Beitrag: »Idolatry as a Modern Religious Possibility«, in: *The Religious Situation*, ed. Donald R. Cutler, Boston 1968, S. 254-287.

29 Nach rabbinischer Zählweise sind alle Gebote, Ritualanweisungen etc., die in der Torah, der hebräischen Bibel, verbindlich niedergelegt sind, 613 an der Zahl. Diese 613 Gebote (mitzvot) haben insbesondere für streng orthodoxe Juden nach wie vor unbedingte Gültigkeit, ihre Befolgung ist Herzstück des Orthodoxen Judentums. Fackenheim fügt diesen 613 Geboten also ein ebenso unbedingt verpflichtendes 614. Gebot hinzu, das Gebot der »Commanding Voice of Auschwitz«.

30 Roth/Rubenstein (wie Anm. 27), S. 316.

31 Ebenda, S. 319 f.

32 Eine der umfangreichsten und repräsentativsten Sammlungen zu »kiddusch haschem« liegt vor in dem voluminösen Band von Shimon Huberland, *Kiddusch haschem. Jewish Religious and Cultural Life in Poland during the Holocaust*, New York 1987. Huberland war Historiker und ein enger Mitarbeiter an Emanuel Ringelblums sogenanntem Ringelblum-Archiv »Oneg Shabbos«. Huberlands Werk, das bei Aufräumarbeiten in Warschau 1946 entdeckt wurde, ist zusammen mit zahlreichen anderen ähnlichen Sammlungen und Kommentaren als Teil der Responsenliteratur zu sehen. Siehe hierzu ausführlich das entsprechende Kapitel in meinem Buch (wie Anm. 1).

33 Zitiert nach Joseph Rudavsky, *To Live with Hope . . . to Die with Dignity*, Mahwa, New Jersey, 1977, S. 5.

34 Zitiert nach Pessach Schindler, *Hasidic Responses to the Holocaust in the Light of Hasidic Thoughts*, Hobogen, New Jersey, 1990, S. 64.

35 Fackenheim, *God's Presence* (wie Anm. 23), S. 74; vgl. auch Lawrence Langer, »Beyond Theodicy. The Jewish Victims and the Holocaust«, in: *Religious Education*, Vol. 84, No. 1, 1989, S. 51.

36 Siehe zu »kiddusch haschem« und »kiddusch hachayim« insbesondere während und nach dem Holocaust die ausführlichen Erläuterungen in meinem Buch (wie Anm. 1).

37 Vgl. Yosef Hayim Yerushalmi, *Zachor. Erinnere Dich! Jüdische Geschichte und jüdisches Gedächtnis*, Berlin 1988.

38 Vgl. hierzu die entsprechenden Ausführungen in meinem Buch (wie Anm.1).

39 Yehuda Bauer in: »Meaning and Demeaning of the Holocaust«. A Symposium, in: *Moment*, 1981, S. 30 f.

40 Zur Diskussion um die Einrichtung dieses Gedenktages und der Bedeutung der Wahl seines Datums siehe weitergehend mein Buch (wie Anm. 1); dort auch weitere Literaturangaben zum Yom haShoah.

41 Herbert A. Strauss in: Wolfgang Scheffler/Werner Bergmann (Hg.), *Lerntag über den Holocaust als Thema im Geschichtsunterricht und in der politischen Bildung*, zus. mit Re-

search Foundation for Jewish Immigration, 8. Nov. 1987, Zentrum für Antisemitismusforschung, TU Berlin, Berlin 1988, S. 131.

42 Zur liturgischen Gestaltung von Gedenkgottesdiensten in Erinnerung an den Holocaust liegt mittlerweile eine umfangreiche Literatur im angelsächsischen Raum vor, die bislang noch keiner systematischen Analyse unterworfen wurde; weitergehende Erläuterungen hierzu und ausführliche Literaturangaben findet man in meinem Buch (wie Anm. 1); dort auch Angaben zu den bemerkenswert vielfältigen Versuchen vornehmlich in den USA und England, gemeinsame christlich-jüdische Formen des liturgischen Gedenkens an den Holocaust zu entwickeln, wenngleich solche Bemühungen eher Ausnahmecharakter haben und insgesamt dem Urteil von Michael Downey zuzustimmen ist: »Es scheint, als ob die christliche Liturgie der Gegenwart mit dem Rücken zu Auschwitz zelebriert wird.« (Michael Downey, »Worship between the Holocausts«, in: *Theology Today*, Vol. 43, No. 1, 1986, S. 77). Eine theoretische Reflektion und Problematisierung liturgischer Formen der Erinnerung im deutschsprachigen Raum findet man in Ansätzen bei Micha Brumlik, »Im Niemandsland des Verstehens. Was kann heißen: Sich der Shoah zu erinnern und ihre Opfer zu betrauern?«, in: *Die neue deutsche Ideologie. Einsprüche gegen die Entsorgung der Vergangenheit*, hg. v. Wieland Eschenhagen, Darmstadt 1988, S. 78-99; und: Ders., »Trauer und Solidarität. Zu einer Theorie öffentlichen Gedenkens«, in: *Reichspogromnacht. Vergangenheitsbewältigung aus jüdischer Sicht*, hg. v. Micha Brumlik/Petra Kunik, Frankfurt/M. 1988, S. 111-120.

43 Vgl. die Auffassung von Talmud und Midrasch von der präexistenten Anwesenheit aller jüdischer Seelen künftiger Geschlechter bei der Offenbarung am Sinai: bShab 146a; bShavu 39a; ShemR 28,6.

44 Edna Brocke, »Im Tode sind alle gleich – Sind im Tode alle gleich?«, in: *Holocaust: Die Grenzen des Verstehens. Eine Debatte über die Besetzung der Geschichte*, Reinbek 1992, S. 73.

45 Siehe hierzu die Ausführungen und Angaben weiter unten S. 155 f.

46 Yosef Hayim Yerushalmi, *Ein Feld in Anatot. Versuche über jüdische Geschichte*, Berlin 1993, S. 92.

47 Vgl. etwa Primo Levi: »Im übrigen kann die gesamte Geschichte des kurzlebigen ›Tausendjährigen Reiches‹ als *Krieg gegen das Erinnern* neu gelesen werden, als Orwellsche Fälschung der Erinnerung, Fälschung der Wirklichkeit, bis hin zur endgültigen Flucht vor eben dieser Wirklichkeit.« (Primo Levi [wie Anm. 5], S. 28). Auch Elie Wiesel betont, daß der Holocaust »im Kern ein Krieg gegen die Erinnerung« war. (Elie Wiesel, *Evil and Exile*, Notre Dame 1990, S. 155).

48 Das Originalzitat lautet bei Yerushalmi: ». . . doch für mich steht völlig außer Zweifel, daß sein Bild nicht am Amboß des Historikers, sondern im Schmelztiegel des Romanciers geformt wird.« (Yerushalmi, *Zachor* [wie Anm. 33], S. 104). Er spielt damit auf die in Quantität wie Qualität beachtlichen Versuche einer literarischen Verarbeitung des Holocaust an. Zweifelsohne ist diese literarische Verarbeitung, neben dem von mir dargestellten geschichtstheologischen Denken und liturgischen Gedenken, die dritte bedeutende Form von Erinnerung und Gedenken an den Holocaust, die sich zwanglos in das von mir dargelegte Modell der Zentralität und Struktur von Gedächtnis im Judentum einordnen ließe.

49 Vgl. Arthur J. Lelyveld, *The Unity of the Contraries: Paradox as a Characteristic of Normative Jewish Thought*, Twenty-Second Annual B.G. Rudolph Lecture in Judaic Studies, Syracuse 1984.
50 André Schwarz-Bart, *Der Letzte der Gerechten*, Frankfurt/M. 1962, S. 401.
51 Elie Wiesel, zitiert nach Johann Baptist Metz, »Theologie als Theodizee?«, in: *Theodizee – Gott vor Gericht*, hg. v. Willi Oelmüller, München 1990, S. 115.
52 Reinhold Boschert-Kimmig, »Handeln aus der Kraft der Erinnerung. Das Werk Elie Wiesels als Anstoß für eine ›anamnetische Ethik‹«, in: *Orientierung*, 55, Nr. 12, S. 144.
53 Johann Baptist Metz in: *Internationales Hearing*, 23.-25. Oktober 1991, Vorträge und Diskussion, Schriftenreihe der Arbeitsstelle zur Vorbereitung des Frankfurter Lern- und Dokumentationszentrums des Holocaust, Band 1, Frankfurt/M. 1991, S. 64.
54 Johann Baptist Metz, »Für eine anamnetische Kultur«, in: *Holocaust. Die Grenzen des Verstehens. Eine Debatte über die Besetzung der Geschichte*, Reinbek 1992, S. 36.
55 Andrzej Szczypiorski, *Das Sühnezeichen*, Festrede bei der zentralen Eröffnungsfeier der »Woche der Brüderlichkeit« in Dresden am 7. 3. 1993, Redemanuskript freundlicherweise zur Verfügung gestellt vom Deutschen Koordinierungsrat der Gesellschaften für Christlich-Jüdische Zusammenarbeit, Bad Nauheim 1993. Weit davon entfernt, diesen Vorschlag als ernsthaften Aufruf zur Konversion zum Judentum zu verstehen, illustriert er bildhaft – dies aber sehr drastisch – die Dimension der Problematik. Der realpragmatische Kern der Aussage liegt m. E. etwa darin, daß »christliche Theologie endlich von der Ansicht geleitet sein [muß], daß Christen ihre Identität nur bilden und hinreichend vestehen können im Angesichte der Juden« (Johann B. Metz, »Im Angesichte der Juden«, in: *Concilium*, 5, 1984, S. 282). Entsprechend gälte gleiches für die Historiographie des Holocaust, die nur im Angesichte der Zeugnisse der Opfer und ihrer Nachkommen Bestand haben könnte.
56 Zitiert nach Elie Wiesel, *Die Pforten des Waldes*, Frankfurt/M. 1967, S. 7.

Gottes-Dienst als Erinnerungspraxis

Sinn und Gestalt des Erinnerns in Religion und Kultur

Dietrich Neuhaus

> »So geh, du deutscher Bär! so geh! – Und doch
> Muß ich die Spur des Thieres nicht verlieren.«
> G. E. Lessing, Nathan der Weise, 1779, 1. Aufzug, 6. Auftritt

Der kürzlich in hohem Alter verstorbene, jüdisch-israelische Universalgelehrte und Maimonides-Spezialist Yeshajahu Leibowitz[1] begann einmal einen Vortrag an der Akademie Arnoldshain mit dem Satz: »Ich werde in der nächsten halben Stunde über drei Themen reden: 1. Gott; 2. Die Welt; 3. Der Mensch.« Ich habe mir vorgenommen, auf sehr begrenztem Raum nach dem Zusammenhang von Erinnerung, Gedächtnis und Religion zu fragen. Angesichts der Publikationsflut der letzten Jahre allein zum Thema »Erinnerung/Gedächtnis« mutet dieses Unternehmen ähnlich unbescheiden an wie das Leibowitzens, ohne daß ich auch nur annähernd über sein enzyklopädisches Wissen verfügen würde. Meine Darlegungen werden darum sachlich fragmentarisch sein und auf die Offenlegung der Bezüge zu aktuellen öffentlichen Diskussionen, die mit dem Jahr 1995 gegeben sind, ebenso wie fast auf alle Querverweise und Auseinandersetzungen mit der Literatur verzichten. »Was die innere Form dieser Untersuchung betrifft, so beabsichtigen wir die Wirkung eines Geschosses mit Verzögerung.«[2]

Man kann das Thema auf zweierlei Weise behandeln. Man könnte darstellen, wie Religionen sich selber interpretieren, auf welche Texte sie sich beziehen, welche Aussagen sie von Gott, Welt und Mensch in ihrer Geschichte machen. Man würde sich damit in erster Linie auf ihre Selbstwahrnehmung, auf ihre Theorien, ihre Theologie und Dogmatik beziehen. Man kann aber auch wie im folgenden aus einer Außenperspektive zum Gegenstand der Untersuchung machen, was in Religionen getan wird, genauer: wie in dem Bereich gehandelt wird, der ihre Mitte ausmacht, in ihrem Gottesdienst. Ich beschränke mich auf den Kultus, auf gottesdienstliche Rituale, und frage danach, welche Rolle Erinnerung in ihnen spielt. Sofern ich mich dabei auch auf Sprache beziehe, ist sie Teil von Handlungszusammenhängen im Gottesdienst.

Ich formuliere vier Thesen zum Thema, die ich der Reihe nach erläutere.

These 1: Der Vorgang des Erinnerns gehört ursprünglich in den Bereich des Religiösen. Er steht im Zentrum des Kultus und dient der Erneuerung des Lebens in einer bestimmten Gruppe.

Mircea Eliade unterscheidet in seinen religionswissenschaftlichen Schriften[3] idealtypisch zwischen einem archaischen Menschen und einem modernen Menschen, und er fragt nach dem Wirklichkeitsverständnis des archaischen Menschen, wie es sich in seinen religiösen Handlungen ausdrückt. Als Grundmuster aller rituellen Handlungen ergibt sich, daß sie einen Ur-Akt – in vielen Fällen ist dies der Schöpfungsakt – wiederholen. Jede rituelle Handlung hat ein göttliches Modell, ein Ur-Bild, dessen Wiederholung sie ist. »So haben die Götter getan, so tun die Menschen.«[4] Das Ur-Modell als Legitimationsgrundlage für rituelle Handlungen spielt auch im jüdischen und christlichen Kultus die entscheidende Rolle, ob nun der Schabbat begangen, die Taufe vollzogen oder das Abendmahl gefeiert wird. In dieser Handlungslogik der legitimierten Wiederholung ist ein Wirklichkeits- und ein Zeitverständnis impliziert:

Nach diesem Wirklichkeitsverständnis ist jede Handlung nur dann wesentlich und verantwortlich, wenn sie als Nachahmung und Wiederholung einer heiligen Handlung angesehen werden kann. Das gilt auch für Handlungen, die wir heute als profan ansehen, die also der Nahrungsproduktion, der Sexualität und Fortpflanzung des Lebens, der Fortbewegung usw. dienen. Wirklich im emphatischen Sinne ist nur das, was der Urahn, der Heros, der Gott am Anfang getan hat. Menschliche Handlungen haben eine geringere Wirklichkeitsdichte, sie sind abgeleitet und partizipieren nur sekundär an dieser wahren Wirklichkeit – eben durch Nachahmung und Wiederholung.

Die Logik des speziellen Zeitverständnisses wiederum besagt, daß die eigentliche, erfüllte, bedeutungsvolle Zeit die Ur-Zeit, die Ursprungszeit ist – sie fällt häufig mit der End-Zeit zusammen[5] –, in der Götter und Heroen gehandelt haben. Die menschliche Zeit hat nur insofern Bedeutung und Sinn, als sie über das Ritual vermittelt an der mythischen Ur-Zeit partizipiert.

Darin steckt eine Abwertung der profanen Zeit, der Zeit, die als »Geschichte« in den Mittelpunkt des Interesses des neuzeitlichen Menschen getreten ist. Diese profane Zeit ist schlechte Zeit, in der sich Leben verbraucht, in der Zeit aufgebraucht und verschlissen wird wie ein Hemd. Diese verbrauchte Zeit muß in periodischen Abständen erneuert bzw. neu geschaffen werden[6], und diese Erneuerung geschieht in Festen und Ritualen.

Diese Rituale bestehen grundsätzlich aus zwei Teilen, einem negativen und einem positiven. Im negativen geht es um die Vernichtung und Austreibung der alten Zeit, im positiven um ihre Erneuerung und Neuschaffung. Zu den negativen Riten gehören Buße, Waschungen, Fasten, Sündentilgung, Austreibungen und Verbrennungen. Zu den positiven Riten gehört die Wiederholung der Schöpfung, der Kosmogonie, im deklamatorischen oder szenischen Spiel.

Dieser zweiten, der positiven Form des Rituals wende ich mich nun zu, weil sie für das Thema Erinnerung besonders aufschlußreich ist. Funktion und Aufgabe dieses Ritus ist es, die primordiale Zeit zu erinnern. Diese Erinnerung zu inszenieren und wirkkräftig zu vollziehen, ist eine heilige, und d. h. immer auch gefährliche Aufgabe. Sie ist darum gefährlich, weil man im Vollzug des Ritus in Kontakt mit dem Heiligen selbst tritt. Man kann sich das in unserer Zeit der verbürgerlichten und moralistisch degenerierten Religiosität vielleicht nur noch schwer vorstellen, aber es ist wohl eine der Grundvoraussetzungen von Religionen des hier zugrundegelegten Typs, daß der oder das Heilige sehr gefährliche Angelegenheiten sind. Das Heilige ist die Macht schlechthin, und darum muß jeder Schritt, jede Geste, jedes Wort in diesem Handlungsraum festgelegt und selbst wieder göttlich legitimiert sein. Im Falle der Abweichung kann die Begegnung zwischen Göttlichem und Menschlichem tödlich enden. Sinn des Kultus ist, daß es zu einer heilsamen, lebenschaffenden oder -erneuernden Begegnung zwischen Göttlichem und Menschlichem kommt.

An diesem positiven Ritus wird deutlich, daß der für die Religion zentrale Begriff *Vergegenwärtigung* ist. Über Erinnerung wird vergegenwärtigt: die Ursprungszeit, der Ursprungsakt, Gott selbst. Dabei spielen identifikatorische

Vorgänge der am Ritus beteiligten Personen eine besondere Rolle. Identifikationsprozesse müssen langsam aufgebaut und durch Beteiligung möglichst vieler Sinne unterstützt werden, darum sind Riten stufenförmig und prozeßhaft angelegt. Sie stellen gleichsam eine Reise dar: in die Vergangenheit, in die Zukunft, in eine transzendente Welt jenseits der Alltagswirklichkeit.

Erinnerung und Vergegenwärtigung sind heilige Akte und gehören ursprünglich in den Bereich des Religiösen. Sie sind gefährliche Akte, die einer genauen rituellen Durchstrukturierung bedürfen. Warum heilig, warum gefährlich? Der Religionsphänomenologe Gerard van der Leeuw macht darauf aufmerksam, daß alle Handlungen, die den Strom des normal dahinfließenden Lebens unterbrechen, religiös virulent sind. Dies trifft auf Erinnerung zu: sie unterbricht, sie stellt still: »Das Leben wird in einem bestimmten Augenblick angehalten, die Bewegung zum Stillstand gebracht.«[7]

These 2: Das darstellerische Grundproblem von Religion ist die Transformation von Zeitvorstellungen in Raumvorstellungen.

Aus der ersten These könnte man nun folgern, daß religiöse Handlungen es primär mit dem Zeitproblem zu tun haben: Im Ritual geht es um Erinnerung und Vergegenwärtigung. Menschen sollen vermittels kalkulierter Techniken in eine andere Zeit versetzt werden oder – andersherum – eine andere Zeit, eine heilige Zeit, soll vermittels ritueller Handlungen präsent gemacht werden. Nun ist aber auf der ästhetisch-darstellerischen Ebene der Raum das Entscheidende in der Religion. Religion hat es praktisch primär mit Raumaufteilung, mit Grenzziehung zu tun. »Heilig« und »profan« sind zuerst räumliche Kategorien.[8] Ein heiliger Bezirk wird aus einem profanen Bereich ausgegrenzt; für ihn gelten dann besondere Ordnungen und Verhaltensweisen, besondere architektonische Formen und Zeichen. Dabei ist es gleichgültig, ob es sich bei dem ausgegrenzten Raum um Naturgegebenheiten handelt wie Baum, Stein, Berg, Quelle oder um künstliche Räume wie Hütten, Häuser und Tempel. Entscheidend für Religion ist, wie Zeit und Raum miteinander vermittelbar sind. Es gibt nämlich keine andere Möglichkeit, als Zeitverhältnisse in Raumverhältnissen darzustellen. Zeit selbst ist unsichtbar, man kann sie sich nur über räumliche Hilfsvorstellungen anschaulich machen.

Und genau dies geschieht praktisch in der Religion. So ist z. B. die Kathedrale ein architektonisch umgesetztes, begehbares Gedächtnis: Sie ist geostet, weil sie damit auf die Ur-Zeit, das Paradies, und die End-Zeit – den von Osten wiederkommenden Christus – ausgerichtet ist. Nähert man sich der Kathedrale von außen, sieht man zuerst Löwen und Monster an den Pforten, Säulen tragend; sie sind die Chaosmächte im vorgeschöpflichen Zustand der Welt und haben eine apotropäische Funktion. Hat man sie überwunden, geht man von der Pforte auf den Altar zu. Man schreitet vorbei an Propheten, Königen und Aposteln, sieht links und rechts an den Wänden des Kirchenschiffs alttestamentliche und neutestamentliche Szenen in typologischer Entsprechung. Der Aufstieg zum Altar, der Blick in die Kuppel – hier über dem Altar tut sich der Himmel auf. Richtet sich der Blick wieder nach vorne, in die Apsis des Chorraumes, so erscheint dort als strahlendes Mosaik der wiederkommende Christus Pantokrator. Dies ist gewiß ein idealtypischer Kirchgang, aber es dürfte deutlich geworden sein, daß es ein Gang durch die Heilsgeschichte ist. Solche Grundstrukturen lassen sich nicht nur für die heiligen Räume des Christentums aufzeigen. Paul Mus analysiert den vedischen Tempel aus dem Shatapatha-Brahmana als materialisierte Zeit.[9]

Neben der temporalisierten Architektur sei zur weiteren Erläuterung der zweiten These auf die eigentlich religiös bedeutsame Strukturierung des Lebensvollzugs hingewiesen:[10] die im Jahreskreis zyklisch wiederkehrende Zeit. Wie intensiv auch immer eine Religion auf Geschichte und Historie bezogen sein mag – und dies ist bei Judentum und Christentum geradezu exzessiv der Fall –, sobald Zeit in der Religion praktisch-kultisch wird, ist sie kreisförmig; die praktisch-kultische Raumform der Zeit ist der Kreis.

In einem genau festgelegten Rhythmus, der des Sonnen- oder des Mondjahres oder einer Mischung aus beiden wie bei den christlichen Hochfesten, wiederholt sich die gesamte Heilsgeschichte. Das führt nun zu einer Paradoxie bei Religionen wie Judentum und Christentum, die ihrem Selbstverständnis nach grundlegend auf Geschichte bezogen sind. Es sind einmalige geschichtliche Ereignisse, die das Fundament dieser Religionen bilden, wie der Exodus aus Ägypten oder die Kreuzigung und Auferstehung Jesu. Das »Ein-für-alle-Mal«, das diesen fundamentalen Ereignissen als historischen eignet, steht zu der Abwertung der historischen Verlaufszeit, wie sie im zyklischen Modell der rhythmischen Wiederkehr impliziert ist, zumindest in einem krassen Spannungsverhältnis. Das christliche liturgische Jahr bietet eine periodische und – nach religiöser Logik – wirkliche Wiederholung der Geburt, des Leidens, Sterbens und Auferstehens Jesu. Der gläubige Mensch durchläuft im Laufe des Jahres ein mystisches Drama. Analoges gilt für das Judentum.

3. These: *Das Christentum ist die Religion der Erinnerung par excellence.*

Man kann gerade in wohlmeinenden, durch das christlich-jüdische Gespräch in den letzten Jahren sensibilisierten Kreisen oft anderes hören, nämlich, daß das Judentum die Religion der Erinnerung, der Geschichte sei und daß das Christentum demgegenüber – in der Antike infiziert durch griechische Ontologie und Metaphysik – der Ausrichtung auf Geschichte verlustig gegangen sei und sich zu einem Mysterienspektakel deformiert habe. Ich halte diese Behauptung für unsinnig. Das Christentum hat die Fixierung auf Geschichte samt den rituellen Erinnerungsformen vom Judentum übernommen – und gerade dies unterscheidet es von anderen auf der bunten Palette der Religionen in der Antike. Es läßt sich zeigen, daß das Christentum die Übernahmen aus dem Judentum noch einmal zugespitzt und teilweise bis in phantastische und absurde Dimensionen übersteigert hat. Ich will dies am Zentrum des christlichen Gottesdienstes demonstrieren: der Eucharistie, dem Abendmahl.

Mein Argumentationsgang hat drei Schritte: Im ersten zeigt sich, daß die Eucharistie der Kern des christlichen Gottesdienstes ist; Im zweiten lege ich dar, daß es in diesem Kern um Erinnerung geht; im dritten weise ich auf einige Beispiele hin, bei denen die Erinnerung sozusagen heißläuft und es zu seltsamen Formen des Erinnerungsrausches kommt.

In Parallele zur Einsicht neutestamentlicher Forschung, daß die Evangelien Passionsgeschichten mit ausführlicher Einleitung sind, bezeichnet Manfred Josuttis den christlichen Gottesdienst als »Abendmahlsfeier mit ausführlicher Einleitung«.[11] Diese Beschreibung gilt konfessionsübergreifend, quer durch Orient und Okzident, von den orientalisch-orthodoxen, den ältesten Kirchen, den Kopten, Äthiopiern, Armeniern, Syrisch-Orthodoxen über die Griechisch-Orthodoxen bis hin zu den Römisch-Katholischen und anderen Kirchen des westlichen Liturgietyps. Es blieb dem Protestantismus, der auch sonst Religion so forsch entkernte, daß kaum noch etwas Sinnvolles übrigblieb, im Laufe seiner Geschichte vorbehalten, als einzige christliche Konfessionsfamilie den eucharistischen Gottesdienst als Regel-Gottesdienst abgeschafft zu haben. Dies war von den Reformatoren zwar selbst keineswegs so intendiert, es ist aber im Verlauf verschiedener Streitigkeiten faktisch dazu gekommen. Mit diesem Enthauptungsschlag ist der protestantische Gottesdienst liturgisch betrachtet in ein irreversibles Verfallsstadium getreten. Aus einer liturgiegeschichtlichen Perspektive, die alle christlichen Konfessionen in den Blick nimmt, ist der Protestantismus darum eigentlich uninteressant und eine zu vernachlässigende Größe.

Dafür, daß die eucharistische Feier das Kernstück des christlichen Gottesdienstes ist, lassen sich einige Belege anführen. Im Neuen Testament finden sich liturgische Stücke, die man mehr oder weniger plausibel versucht hat, einzelnen Ritualen im Gottesdienst zuzuordnen, so z. B. den 2. Petrusbrief dem Taufritual. Gänzlich klar und unbestritten ist die Zuordnung jedoch nur bei einem Ritual: der Eucharistie. Dabei ist allein schon die Häufigkeit des Vorkommens der Einsetzungsworte, in den synoptischen Evangelien und bei Paulus in 1. Korinther 11, aussagekräftig. Der Rekurs auf Handlungen des historischen Jesus ist bei Paulus ja zudem sehr selten, um so mehr ist es zu gewichten, wenn er in dieser Breite und Ausführlichkeit geschieht. Dies legt den Schluß nahe, daß hier auf das entscheidende christliche Ritual rekurriert wird, welches die Substanz des oben erwähnten legitimatorischen Grundmodells darstellt: »So haben die Götter getan, so tun die Menschen.«

Der älteste überlieferte liturgische Ablauf eines Gottesdienstes datiert aus der Mitte des 2. Jahrhunderts und findet sich bei Justinus Martyr. Er enthält schon die Dreiteilung aus Eingangs- bzw. Gebetsteil, Wortverkündigungsteil und Eucharistie, wie wir sie als Grundstruktur im Gottesdienst aller christlichen Konfessionen – mit Ausnahme einiger protestantischer – finden. Die Apostolischen Konstitutionen aus dem Jahre 375, überliefert von Cyrill von Jerusalem, entfalten dann die liturgischen Abläufe in ihrer ganzen Pracht.

Wir wenden uns nun dem eucharistischen Teil des Gottesdienstes zu, um deutlich zu machen, daß es in ihm zentral um Erinnerung geht. Kern dieses Teils sind die gestisch inszenierten Einsetzungsworte, die enden: »So oft ihr's tut, tut es zu meinem Gedächtnis«. Nach diesem Ende kann auch das ganze Ritual kurz »Gedächtnis des Herrn«[12] genannt werden. Liturgiegeschichtlich lassen sich alle Gebete des Rituals in ihrer Grundform auf jüdische Gebete zurückführen.[13] Die Bezeichnung »Eucharistie«, Danksagung, verdankt sich dem Anfangsteil der Einsetzungsworte: »Er sagte Dank, brach das Brot« etc. Mit dieser Danksagung ist die Brachah gemeint, der Tischsegen, den der jüdische Hausvater zur Mahlzeit vorträgt. Jüdische Vorbilder liegen auch den eucharistischen Gebeten zugrunde, in denen die Heilsgeschichte rekapituliert wird; die entsprechenden Vorlagen stammen aus dem hellenistischen Raum und finden sich heute noch als Rahmengebet zum »Schma Jisrael« im Siddur. Weiter finden die dialogischen Teile, Salutatio und Sursum corda, mit der die Praefatio beginnt, ihre Entsprechung im jüdischen Tischgebet und im synagogalen Gebet im Wechsel zwischen Vorbeter und Gemeinde. Das Präfationsgebet selbst rekapituliert die Schöpfungs- und Heilsgeschichte bis zu dem Punkt, an dem es mit der Darstellung des Heilswerkes Christi weitergehen müßte. Es folgt eine Unterbrechung durch das Sanctus, das Trishagion, das seine jüdische Entsprechung im »Achtzehnbittengebet« findet. Nach dem Sanctus folgt ein Gebetsteil, der für unser Argumentationsziel noch einmal ein Ausrufezeichen verdient: die Anamnese; in ihr wird mit jeweils anderen Akzenten im Laufe des Kirchenjahres an Person und Werk Christi erinnert. Dieser Teil ist entsprechend den liturgischen Grundausstattungen der Konfessionen sehr unterschiedlich lang. Im Orient geht es etwas üppiger zu, das zeigt sich schon am Akklamationsruf »Kyrie« im ersten Teil des Gottesdienstes. Erschallt dieser Kyrie-Ruf in der nach unserem Geschmack nicht gerade schlanken byzantinischen Liturgie drei Mal, so ertönt dieser Ruf in der koptischen Liturgie genau einundvierzig Mal.[14]

Der Gebetsteil der Anamnese, der der Erinnerung des Heilswerkes Christi dient, ist das Zentrum des verbalen, nicht-szenischen Teils des Rituals. Bei diesem Gebetstypus kann man dann auch Belege für die These finden, daß die Erinnerung im christlichen Gottesdienst geradezu heißläuft. Dies ist z. B beim Jakobusgebet[15] der Fall, einem eucharistischen Hochgebet, das man handschriftlich bis ins 9. Jahrhundert zurückverfolgen kann, das aber vermutlich bis in die Zeit Cyrills von Jerusalem rückdatiert werden muß. In immer neuen, unendlich sich dahinziehenden Wendungen und Einsätzen kreist das Gebet um Person und Werk Christi. Es hat keine lineare und historisch-horizontale Struktur, sondern schraubt die Betenden in spiralenförmigen Bewegungen nach oben. Der Beter steigert sich von Stufe zu Stufe in einen Erinnerungsrausch.

Soviel zum deklamatorischen Teil der Eucharistie. Ich wende mich noch kurz dem szenisch-dramatischen Teil zu, der mit der Eucharistie als Opferhandlung zu tun hat. Das Verständnis dieses Teils des Rituals war einer der Hauptstreitpunkte zwischen protestantischer und römischer Kirche zur Zeit der Reformation und alsbald auch verschiedener protestantischer Richtungen untereinander. Seine protestantische Spitze hat die Ablehnung der unblutigen Wiederholung des Opfers Christi im »Heidelberger Katechismus« gefunden, wo die Römische Messe in »Frage 80« als eine «vermaledeite Abgötterei" bezeichnet wird. Man wird heute nicht mehr behaupten wollen, daß diese Kritik von einer hohen Sensibilität für und einer großen Einsicht in Struktur und Ablauf religiöser Rituale und deren Vergegenwärtigungsfunktionen geprägt gewesen sei. Vollzieht man die hoch differenzierten Definitionen und Distinktionen zum Thema Opfer nach, wie sie in der scholastischen Theologie entwickelt worden sind, dann hat die protestantische Intervention eher Ähnlichkeit damit, daß jemand im Theater auf die Bühne stürzt und den Schauspieler des Macbeth wegen Mordes verhaftet. Die Eucharistie hat zweifelsohne auch aggressive Teile.

Manfred Josuttis hat sie in der Proskomedie der orthodoxen Liturgie aufgezeigt.[16] Die Sequenz im Rüstteil heißt »Schlachtung des Lammes«, die liturgischen Anweisungen gebe ich in etwas gestraffter Form wieder:

» Der Priester nimmt das Opferbrot in die linke Hand, und mit der Lanze in der rechten macht er dreimal das Kreuzzeichen über das Siegel des Opferbrotes ... Ebenso in die linke Seite ... Dann in den oberen Teil ... Schließlich in den unteren Teil ... Der Priester stößt die Lanze in die rechte Seite des abgeschnittenen Teiles und nimmt das Lamm heraus ... Die Schlachtung des Lammes symbolisierend legt der Priester das Lamm mit dem Siegel nach unten auf den Diskos. Der Priester schneidet (›schlachtet‹) das Lamm, den Opfertod Christi am Kreuz symbolisierend, in Kreuzesform bis zu der oberen Kruste, die das Siegel trägt und das Lamm noch zusammenhält ... Dann wendet er das Lamm mit dem Siegel nach oben, stößt es mit der Lanze in seine rechte Seite ...« Die dazu gesprochenen Worte des Priesters lauten: »Wie ein Schaf wurde er zum Schlachten geführt.« Der Diakon kommentiert das Ganze mit folgenden Aufforderungen: »Schlachte, Vater! ... Stich, Vater! ... Segne, Vater, die heilige Einigung«.

Das hört sich alles nicht sehr freundlich an, ist aber eindeutig zu identifizieren als szenisch-dramatische Gestaltung des Erinnerns, als Vergegenwärtigung durch imitierende Handlungsvollzüge. Auch sie ist als solche gedeckt durch das legitimatorische Grundmodell: »So haben die Götter getan, so tun die Menschen.«

Ein weiterer Beweis für die These, daß das Christentum und nicht etwa das Judentum die Religion der Erinnerung par excellence ist, findet sich in der Zeitform, in der die christliche Religion sich organisiert. Es wurde schon bei der Erläuterung der zweiten These darauf hingewiesen, daß auch für die so fundamental auf Geschichte bezogenen Religionen Judentum und Christentum die praktisch-kultische Raumform der Zeit der Kreis sei. Dies findet seinen Ausdruck in der zyklischen Struktur des Kirchenjahres. Eine zyklische Struktur, bei der die Hauptfeste die Markierungspunkte bilden, hat der jüdische Festkalender auch. Der christliche Festkalender bietet darüber hinaus nicht nur eine Orientierung durch die großen Feste wie Weihnachten, Ostern, Pfingsten usw. Eingelagert in diese Erinnerungsmakrostruktur gibt es noch eine Mikrostruktur, die jeden einzelnen Tag determiniert, indem es ihn zum Gedenktag von bestimmten Heiligen und Ereignissen, manchmal gar mehreren macht. Dies hat Konsequenzen bis in die Liturgie und prägt die entsprechenden monastischen Stundengebete wie Laudes, Mette, Vesper, Komplet. Negative Folge dieser Erinnerungsüberdetermination ist, daß eine diffizile Hierarchie des Erinnerns entsteht, weil es vorkommen kann, daß bewegliche Feste sich mit fixen Erinnerungspunkten überschneiden. Positive Folge dieser Überdetermination ist, daß sie erlaubt, das Heilswerk Christi täglich, ja stündlich anders, unter Hinzunahme neuer Aspekte, unendlich variantenreich zu erinnern.

Man wird jedoch zugeben müssen, daß dieses ganze Unternehmen aus einigem Abstand betrachtet einen ziemlich dekadenten Eindruck macht. Das Erstaunliche ist, daß das Christentum diesen dekadenten Zustand offenbar schon im 5./6. Jahrhundert erreicht hatte. Christentum in seiner monastischen Form war zu einem Erinnerungsrausch geworden, der den Alltag zu verschlingen drohte. Das führte zu einem Regelungsbedarf, und an dieser Stelle steht der Heilige Benedikt im 6. Jahrhundert mit seiner weisen monastischen Regelung der Stundengebete.[17] Benedikt war ein frommer Mensch und hatte gleichzeitig den Vorzug, römischer Adliger und damit sehr pragmatisch eingestellt zu sein. Er begrenzte und beschränkte den Erinnerungsrausch: Seine Mönche durften nur noch alle drei Stunden beten und mußten in den Zwischenzeiten anderes tun, z. B. arbeiten. Daran wird deutlich, daß das Ideal des christlichen Gottesdienstes, der christlichen Erinnerungspraxis, der Gottesdienst rund um die Uhr ist, vierundzwanzig Stunden, Tag für Tag, wie er heute noch auf dem Berg Athos stattfindet.

4. These: Ein historisches Ereignis öffentlich wiederholt zu erinnern, d. h. es rituell bedeutsam für ein Kollektiv zu gestalten, enthistorisiert dieses Ereignis.

Die Erläuterung dieser These kann nur kurz ausfallen. Sie versucht einen Brückenschlag von den Einsichten, die man in der Beschäftigung mit theologischen und religionswissenschaftlichen Problemen gewinnen kann zu politischen Diskussionen, wie sie zur Zeit geführt werden. Festgehalten werden muß die Ambivalenz kollektiven Erinnerns: Wer aus guten Gründen will, daß der öffentliche Diskurs über bestimmte dunkle Kapitel in der jüngsten deutschen Geschichte nicht aufhört, wer sich gegen eine Schlußstrichmentalität wendet und für öffentliche Formen der Erinnerung plädiert, muß wissen, daß er der Dialektik der kollektiven Erinnerung aus strukturlogischen Gründen nicht entgehen wird. Dazu sei an die erste These erinnert: Jedes Ritual impliziert qua Wiederholung und Vergegenwärtigung eine Wertung der Zeiten, es gibt eine bedeutsame und weniger bedeutsame Zeit, die bedeutsamere ist die erinnerte Zeit. Es gibt nun in der Religionsgeschichte Beispiele dafür, wie (historisch genau fixierbare und beschreibbare) säkulare Ereignisse durch ihre ritualisierte Vergegenwärtigung allmählich quasireligiös zu einem Typus umgestaltet werden und sich dabei einem bestehenden mythischen Grundtypus anverwandeln.[18] Am Ende dieses Prozesses steht ein enthistorisiertes, zum Mythos gewordenes Ereignis, das man durch die Erinnerungspraxis gerade als historisches präsent erhalten wollte.

Zugegebenermaßen sind viele Faktoren in Rechnung zu stellen, wenn Erinnerungspraxis aus dem religiösen Raum in den säkularen politischen Raum wandert. Aber die gescheiterten säkularen Versuche, in camouflierter Form das Erbe der Religion hinsichtlich der kollektive Identität stiftenden Erinnerungsrituale anzutreten, sind für den religionswissenschaftlichen Blick so interessant wie für den religiösen Dandy schön und witzig. Das zeigt eine Analyse des Falles Jenninger ebenso wie die wache Beobachtung der mühsamen, der Komik nicht entbehrenden Versuche, eine Freund und Feind, Täter und Opfer integrierende Form des Erinnerns an das Ende des Zweiten Weltkriegs vor fünfzig Jahren zu finden. Es wäre schon viel gewonnen, wären Politiker sich bewußt, daß viele Dinge, mit denen sie befaßt sind, in die brisante und gefährliche Schnittmenge von Religion und Politik gehören.

Anmerkungen

1 Leibowitz war Herausgeber der naturwissenschaftlichen Abteilung der *HaEncyclopedia Halvrit* (Encyclopaedia Hebraica), hg. von Meir und Bracha Pelai, Bd. 1 Jerusalem/Tel-Aviv 5719 (1959), Bd. 32 Jerusalem/Tel-Aviv 5741(1981) und 3 Zusatzbände.
2 Ernst Jünger, »Über den Schmerz«, in: *Sämtliche Werke*, 2. Abteilung, Bd. 7, Stuttgart 1980, S. 146.
3 Mircea Eliade, *Le mythe de l'éternel retour: Archétypes et répétition*, Paris 1949, und ders., *Aspects du mythe*, Paris 1963.

4 *Taittiriya-Brahmana* I,5,9,4.
5 Vgl. dazu Jürgen Ebach, *Ursprung und Ziel. Erinnerte Zukunft und erhoffte Vergangenheit*, Neukirchen-Vluyn 1986.
6 Vgl. dazu Muhammad Ibn Ahmad Albiruni, *The Chronology of Ancient Nations*, übers. von E. Sachau, London 1879.
7 Gerard van der Leeuw, *Wegen en Grenzen*, Amsterdam, 2. Aufl.1948, bes. S. 205 ff: »Stremming der verbeelding als heilige handeling«, hier S. 206: »Het leven is op een bepaald oogenblik vastgelegd, de beweging tot stilstand gebracht.«
8 Vgl. zum folgenden Klaus E. Müller, *Das magische Universum der Identität. Elementarformen sozialen Verhaltens. Ein ethnologischer Grundriß*, Frankfurt/M. und New York 1987.
9 Paul Mus, *Barabudur*, Hanoi 1935, Bd. 1, S. 384 f. und Bd. 2, S. 733-789; vgl. auch Anthony Coomaraswamy, *Vedic Exemplarism*, in: Harvard Journal of Asiatic Studies, 1, 1936, S. 44 f.
10 Vgl. dazu Lucio Vannicelli, *La religione dei Lolo*, Mailand 1944.
11 Manfred Josuttis, *Der Weg in das Leben. Eine Einführung in den Gottesdienst auf verhaltenswissenschaftlicher Grundlage*, München 1991, S. 284.
12 Vgl. Odo Casel O.S.B, *Das Gedächtnis des Herrn in der altchristlichen Liturgie*, Freiburg i. Br. 1922.
13 Vgl. dazu auch Gottfried Bickell, *Messe und Pascha*, Dresden 1872, und Alexander Baumstark, »Das eucharistische Hochgebet und die Literatur des nachexilischen Judentums«, in: *Theologie und Glaube*, II, Paderborn 1910, S. 353-370.
14 Vgl. *Die koptische Liturgie des hl. Basilios und des hl Gregorius mit Abend- und Morgenweihrauch*, übers. von Ortrun und Samy Hanna, Schriftenreihe des Zentrums patristischer Spiritualität KOINONIA-ORIENS im Erzbistum Köln, St. Antonius Kloster Waldsolms Kröffelbach 1990.
15 Aus dem Codex Vaticanus Graecus 2282 rekonstruiert bei André Tarby, *La prière eucharistique de l'église de Jerusalem*, Paris 1972.
16 Josuttis (wie Anm. 10), S. 281 wird im folgenden zitiert.
17 *Regula S. Benedicti*, Beuron 1929, entstanden nach der Klostergründung auf dem Monte Cassino 529.
18 Beispiele dafür habe ich gefunden bei Anthony Coomaraswamy, *The Darker Side of the Dawn*, Washington 1935; Giovanni Furlani, *La religione degli Hittiti*, Bologna 1936, S. 89 ff.; Helen M. und Norman K. Chadwick, *The Growth of Literature*, 3 Bände, Cambridge 1939-40; Eliade, *Éternel retour* (wie Anm. 3), S. 58, berichtet aus jüngster Vergangenheit einen Vorgang, den der rumänische Ethnologe Constantin Brailoiu in einem Dorf im Maramuresch-Gebiet aufgenommen hat.

Katastrophe und Identität

Verfolgung und Erinnerung in der armenischen Gemeinschaft

Mihran Dabag

Katastrophe und Identität

»Kalezink, kalezink«, mit einem unendlich sich wiederholenden, einem nie enden zu scheinenden »Wir gingen und gingen« beschreiben die armenischen Überlebenden die Wege der Deportation, die sie mit dem Frühjahr 1915 aus den Städten und Dörfern des historischen Westarmeniens und anderen armenischen Siedlungsgebieten Anatoliens in Richtung der syrischen Wüsten führten, dorthin, wo die letzten Massakerplätze zu Synonymen der Vernichtung wurden: Der-el Sor, Ras-ul Ain.

In Herausforderung der in den Wissenschaften immer wieder beschworenen Unmöglichkeit einer Wortbildung für jenen alles beendenden Bruch, in einer Herausforderung der stets geäußerten Bedenken einer Dämonisierung einerseits und den diesen Befürchtungen vorgezogenen vereinfachenden Abstrakta andererseits, finden die Überlebenden selbst oft erstaunliche Bilder der Wiedergabe ihrer Erfahrung.

»Also ich bin von dem Massaker weggelaufen, und dann hat man mich mit Sand zugedeckt, damit ich nicht gesehen wurde, denn wer lebend gesehen wurde, wurde sofort erschossen. Unter dem Sand habe ich vergessen, daß ich ein Mensch bin. Man glaubt nicht mehr daran, daß man Mensch ist, daß man jemand ist.« – »In dem Moment hättest Du mir einen Dolch durch's Herz stoßen können, und ich hätte nichts gemerkt.« – »Wir waren alle tot.« – »Es können vierundsiebzig Jahre vergehen, wenn es eine solche Wunde gegeben hat, und wenn diese auch genäht wurde, die Stelle bleibt. Dein Herz ist durchstoßen«,

so Zitate aus narrativen biographischen Interviews, die ich seit 1988 mit Überlebenden des Genozids an den Armeniern geführt habe.[1]

Der Völkermord, die Erfahrungen während der Wochen und Monate der Verfolgung, sie *werden* von den Überlebenden erzählt: Autobiographische Berichte jüdischer Überlebender mehren sich zur Zeit, viele armenische Überlebende ließen ihre Erinnerungen im Selbstverlag veröffentlichen; oftmals, da sie sich selbst der fremden Sprache des Gastlandes, in das sie geflüchtet waren, nicht genügend mächtig fühlten, hatten sie ihre Erzählungen anderen diktiert. Auf welche Weise die Erfahrung der Vernichtung in der familiären Erzählung der Überlebenden, aber auch in den Stellungnahmen der intellektuellen und in der Öffentlichkeit stehenden Überlebenden sowie dann in der Sprache der Wissenschaften repräsentiert wird, ist ein wichtiger Ausgangspunkt für die hier aufgeworfene Frage nach dem Verhältnis von Katastrophe, hebräisch »shoah«, armenisch »aghet«, und Identität.

In der armenischen Literatur, die eine herausragende Rolle in der Auseinandersetzung mit dem Völkermord übernommen hat, wird das Bild der Katastrophe, das vor allem Radikalität und Bruch betont, in besonderer Weise verwandt, während die Überlebenden zur Beschreibung ihres individuellen Schicksals sowie der Erzählung der monatelangen Verfolgung die Bezeichnung des »meds yeghern« (großes Massaker) vorziehen.

Der Begriff der Katastrophe vermag sich dabei nur ungenau an das anzunähern, was die armenische Bezeichnung Aghet beschreibt: keine Situation einer Katastrophe, sondern eine katastrophische Situation. Eine Situation, die nicht vergangen ist und die eine Zukunft ausschließt. Eine Situation, in der weder ein Zurück noch ein Überwinden möglich erscheint.

Ausgebildet hatte sich der Begriff Aghet bereits in den Übersetzungen der Makkabäerbücher in die armenische Sprache während des 4. und 5. Jahrhunderts.[2] Hier wurde er in Abgrenzung von »yeghern« – dem Verbrechen, dem Unglück und Mord – als Bezeichnung für ein umfassendes kollektives Ereignis, einen radikalen kollektiven Bruch gesetzt. »Moses ist gegangen, doch Josua nimmt seinen Platz nicht ein, um uns in das verheißene Land zu führen. Gott hat uns verlassen und die Elemente haben ihre Natur geändert«, beschrieb Movses Khorenazi, der »Vater der armenischen Geschichtsschreibung«, die apokalyptische Totalität der Aghet in seiner großen Erzählung »Geschichte der Armenier«.[3]

Besonders die Erfahrung der Ermordungen und Verschleppungen während des Kampfes gegen die Perser, der ersten Bestandsprobe des christlichen Königreichs Armenien im Jahr 451, war in den Schriften der frühen Chronisten unter der Bezeichnung Aghet festgehalten worden. Denn die Bedrohung durch das persische Heer war keine ausschließlich territoriale, sondern vor allem ein Kampf um den Glauben gewesen, der mit der Aussendung der vielbeschriebenen Hundertschaft zarathustrischer Priester vom persischen Hof seinen Anfang genommen hatte. Der Eroberungsfeldzug der Perser sollte vor allem als Bedrohung der neuen Identitifizierung mit dem Christentum in die Geschichte der Armenier eingehen und in der Form eines hohen kirchlichen Feiertages eine Ritualisierung finden, die der schließlich doch verlorenen Entscheidungsschlacht als Sieg der Treue zum christlichen Glauben gedenkt.

Jene erste Erfahrung einer Aghet im Bestehen gegen die Perser und die frühe Differenzierung von Aghet gegenüber anderen Arten der Verfolgung, so dem Massaker, arm. »kotorats«, oder eben dem Verfolgungsunglück, arm. »yeghern«, wird seit dem Beginn der armenischen Geschichtsschreibung verbunden mit einem verursachenden Fremden. Aghet ist nicht Naturereignis, nicht Schicksal. Die historische Erfahrung der Aghet ist die Erfahrung eines Täters.

In der literarischen Beschäftigung mit dem Völkermord von 1915/16 hat der Begriff der Katastrophe, wie bereits angedeutet, eine zentrale Rolle eingenommen. Denn Aghet beschrieb nicht nur das Laufen, jenes »Wir gingen und gingen« unter der Hitze, ohne Wasser, ohne Kleider, die nächtlichen Überfälle, das Morden, die Vergewaltigungen, die Toten an den Wegen und das »rote« Wasser des Euphrats. Aghet beschrieb auch die Monate und Jahre des Umherirrens der wenigen Überlebenden, die bettelnd über die Dörfer zogen, bis sie von Hilfsorganisationen aufgesammelt wurden. Aghet beschrieb das Gefühl der Verlorenheit der Flüchtlinge in den westlichen Gastländern, das Gefühl, von einem Bildungsweg abgeschnitten worden zu sein und nicht zuletzt auch jene Ohnmacht vor dem in Vergessenheit zu geraten scheinenden und von der Türkei, als Rechtsnachfolgestaat des jungtürkischen Regimes, bis heute verleugneten Genozids.

Die hier aufgeworfene Fragestellung »Katastrophe und Identität« stellt dabei eine sich grundsätzlich widersprechende Beziehung vor, eine unerfahrbare Beziehung, eine Beziehung, die sich nicht verwirklichen kann. Denn bedeutet Katastrophe nicht eine so radikale Zerstörung, daß gerade die Lebenszusammenhänge, die Ideale und Träume, sämtliche Kontinuitäten und damit zuallererst Identität zerstört wird?

Die sich zunächst aufdrängende Antwort einer sich ausschließenden, einer unmöglichen Beziehung, wird vor allem in der Psychologie und

Psychoanalyse verfolgt. Eine andere Annäherung hätte die Theologie suchen können, die Katastrophe als traditionell zur Geschichte des Opfers und seiner kollektiven Identität zugehörig zu erklären. Doch ist es der armenischen Kirche bis heute nicht gelungen, die Erfahrungen der modernen Zerstreuungen und Verfolgungen in eine Theologie zu integrieren. Nicht zuletzt waren ja die armenischen Priester und Intellektuellen die ersten Opfer des Völkermords von 1915/16. Die Ermordung einer gesamten Generation ausgebildeter Priester und die Zerstörung wichtiger Ausbildungsstätten hat die armenische Kirche lange geschwächt. Als Möglichkeit einer dritten Antwort auf die Konfrontation von Genozid und Identität möchte ich am Schluß dieses Beitrags kurz auf neuere Konzeptionen um kollektive Erinnerungen verweisen, die die Betrachtung eines Lebens mit und einer Weitergabe der Erfahrung der Katastrophe ermöglichen, ohne sich in die Gefahr der Pathologisierung der jeweiligen Überlebendengemeinschaft und ihrer Erben zu begeben.

In welchen Formen das Gedächtnis der Katastrophe aufrechterhalten werden kann oder welche Bindungen an die Katastrophe die individuellen und kollektiven Identitäten bestimmen, sind heute zentrale Fragen der armenischen Gemeinschaft. Wie wird sich die Erinnerung an die Katastrophe in der vierten und fünften Generation verändern? Wird die Erinnerung an das Verlorene verblassen? Wird nur noch eine Erinnerung an die Tatsächlichkeit des historischen Geschehens übrigbleiben?

In der wissenschaftlichen Beschäftigung mit der Vernichtung der 1,5 Millionen[4] Armenier während der Jahre 1915/16 wird heute beinahe ausschließlich der Begriff des Genozids verwendet. Bilder und Metaphern ähnlich den Termini »Auschwitz« oder »Holocaust« haben sich in den wissenschaftlichen Arbeiten nicht durchgesetzt. Diese Begriffsbevorzugung ist im besonderen auf die Tatsache der Verleugnung zurückzuführen, mit dem leider nicht allein das Andenken an den Völkermord an den Armeniern noch immer zu kämpfen hat, sondern nach wie vor jegliche wissenschaftliche Arbeit.

Das Konzept Genozid, geprägt von den Bemühungen und der Weitsicht des Völkerrechtlers Raphael Lemkin,[5] ermöglicht einen Diskurs der Anerkennung, der die Singularität des einzelnen Falles nicht bestreitet. Die Benutzung des Begriffs Genozid war daher lange Zeit – und ist es noch immer – Schlüsselbegriff dafür, wie die Verfolgung der Armenier überhaupt thematisiert wird, wobei die wissenschaftlichen Arbeiten selbst bis heute nur wenige theoretische Differenzierungen aufzeigen. Angesichts vor allem der Vielzahl türkischer Rechtfertigungsliteratur sind sie vom erdrückenden Zwang zur Erbringung von »Gegenbeweisen« gezeichnet.

Zum ersten Mal wurde jedoch im vergangenen Jahr mit der symbolischen Verurteilung im Pariser Prozeß gegen den Orientalisten Bernard Lewis ein Zeichen auch gegen die überwiegenden »Ja, aber«-Haltungen gesetzt, die viele wissenschaftliche Beschäftigungen prägen: jenes wesentlich schwieriger als die strikte Verleugnung einzuschätzende »Ja, es seien Armenier umgebracht worden, doch sei dies ein unvorhersehbares Mißgeschick während der Deportation aus Kriegsgebieten gewesen, zudem hätte eine gegenseitige Aggression vorgelegen, eine Spannung zwischen Mehrheits- und Minderheitengruppierung«.

Besonders hervorheben möchte ich unter den gängigen Rechtfertigungsthesen diejenigen, für die ich an anderer Stelle den Begriff der *Reaktionsthese* geprägt habe. Die Setzung nicht allein einer Gegenseitigkeit gewaltvoller Übergriffe, sondern die Umdeutung des Völkermords überhaupt in ein Kriegsereignis, die Konstruktion armenischer Aufstände, die Ausnutzung der jahrhundertealten Trennung der armenischen Lebensbereiche in ein West- und ein seit Anfang des 19. Jahrhunderts unter russischer Herrschaft stehendes Ostarmenien zur Behauptung pro-russisch agierender armenischer Organisationen oder die Darstellung der Deportationen der armenischen Bevölkerung aus der »Kampfzone« als »Schutz-«Maßnahme – diese Argumente haben sich seit dem Kongreß der Jungtürken von 1916[6] bis heute erhalten, und dies nicht allein in der türkischen Literatur.[7]

Daß die äußerste Grenze des Zugeständnisses, die Anerkennung »sicherlich vermeidbarer« Toter eines Ereignisses, welches »im Rückblick als Kriegsverbrechen« zu werten sei,[8] ohne kritischen Nachhall in der Diskussion verklingen kann, verdeutlicht zutiefst die vielfältigen Versäumnisse der Wissenschaften auch und vielleicht sogar gerade in Deutschland.[9]

Den Überlegungen zur Begegnung von Katastrophe und Identität in der armenischen Gemeinschaft möchte ich solche aus der Vergleichenden Genozidforschung hinzufügen, um dann einen Exkurs über die Ideologie der Jungtürken anzuschließen, jener Bewegung, die für die Vernichtung der Armenier wie für das Antlitz der modernen Türkei als verantwortlich zu zeichnen ist.[10] Denn wie sollte man über die Erinnerung an ein Ereignis nachdenken, über den »Umgang« mit Geschichte reden können, während das Ereignis selbst verleugnet bleibt? Der Versuch, eine Antwort auf die Frage nach der Erinnerung an den Genozid ohne eine Ereignisdiskussion selbst zu suchen, ja, die

Frage nach der Erinnerung in der armenischen Gemeinschaft überhaupt parallel zu Beobachtungen eines »Erinnerns« in der türkischen Gesellschaft zu verfolgen, und dabei nicht allein auf die Analyse der Verneinung zu verzichten, sondern aus dem Gedenken an den Genozid noch ein Element eines Nationalismus zu konstruieren, ein solcher Weg, der die Möglichkeit zur Gleichstellung der Täter- und Opfergruppe bis zur Möglichkeit einer Austauschbarkeit eröffnet, dieser Weg, der für einige türkische Historiker als neuer Ausweg zählt, ist den »klassischen« Verleugnungsthesen der türkischen Historiographie erstaunlich nah.

Annäherung an Ansätze der Vergleichenden Genozidforschung

»Unter ›Genozid‹ verstehen wir die Vernichtung einer Nation oder ethnischen Gruppe. Dieser neue Begriff, der im nachfolgenden von dem Autor angeführt wird, um eine alte Praxis in der Entwicklung der Moderne herauszustellen, ist abgeleitet von dem antiken griechischen Begriff *genos* (Rasse, Stamm) und dem lateinischen *cide* (töten) . . . Allgemein gesprochen, Genozid bedeutet nicht notwendigerweise die unmittelbare Vernichtung einer Nation selbst, ausgenommen, wenn diese durch die Massentötung aller Mitglieder der Nation angestrebt wird. Der Begriff versucht vielmehr einen koordinierten Plan verschiedener Handlungen der Zerstörung der essentiellen Lebensgrundlagen nationaler Gruppierungen zu bezeichnen, mit dem Ziel der Schwächung der Gruppen selbst. Die Verwirklichung eines solchen Plans würde die Desintegration der politischen und sozialen Institutionen bedeuten, der Kultur, der Sprache, der nationalen Gefühle, der Religion und der ökonomischen Existenz, die Zerstörung von persönlicher Sicherheit, Freiheit, Gesundheit, Würde und auch der Leben der Individuen, die diesen Gruppen zugehören. Genozid ist gegen eine nationale Gruppe als Einheit gerichtet. Die Handlungen, die erwogen werden, richten sich gegen die Individuen, nicht in ihrer individuellen Eigenart, sondern als Mitglieder der nationalen Gruppe«,[11]

so der Wortlaut von Raphael Lemkins Eingrenzung von Genozid, die er 1944 in einem Gutachten über die Besatzungspolitik des Deutschen Reichs vorstellte.

In diesem ersten Versuch einer Definition von Genozid, die Lemkin unter dem Aspekt einer spezifischen Bevölkerungspolitik gegenüber einer andersnationalen Gruppe gewichtete, ist bereits die Frage der Definition der Opfergruppe ebenso wie die Problematik des Übergangs von Verfolgung zu systematischer Vernichtung angesprochen. Daß Lemkin zudem auch die Möglichkeit indirekter Genozidmaßnahmen betont, macht seine Arbeit nach wie vor wertvoll. Und trotz aller Kritik[12] an der Genozid-Konvention des Jahres 1948, die von Lemkins Bemühungen wesentlich mitbestimmt wurde, ist die Konvention zum Teil weitgehender, als es die Eingrenzungen der Vergleichenden Genozidforschung sind, die sich auf eine Diskussion um Bausteine für eine Genozidanalyse konzentriert haben: Täter, Opfer, Motiv und Planung, Ausführung, Ergebnis. Sich in unterschiedlichen Strukturmodellen gegenüberstehend, konnten die soziologischen und philosophischen Ansätze bisher, obwohl sie weder neue Aspekte für die Untersuchung der Einzel»fälle« anregen konnten und von der historischen Forschung auch erstaunlich unberücksichtigt blieben, sehr wohl jedoch öffentliche Diskussionen bewegen.

Das Entstehen der theoretischen Diskussionen um Genozid war dabei vor allem von einer vergleichenden Studie der Völkermorde an den Armeniern und Juden durch den amerikanischen Soziologen Vahakn N. Dadrian angeregt worden,[13] und so muß man seinen zum Teil zu vereinfachenden Überlegungen[14] tatsächlich zugute halten, daß sie eine längst überfällige Diskussion auslösten.

»Genozid ist der erfolgreiche Versuch einer dominanten Gruppe, versehen mit formaler Autorität und mit höherem Zugang zu den gesamten Machtressourcen, durch zwingende oder tödliche Gewalt die Größe einer Minderheitengruppe zu reduzieren, deren letztliche Vernichtung für wünschenswert und nützlich gehalten wird und deren entsprechende Verwundbarkeit ein Hauptfaktor ist, der zu der Entscheidung des Genozids führt.«[15]

Die von Dadrian skizzierte Konstellation eines Konflikts zwischen einer dominanten Gruppe und einer Minderheitengruppe, die sich durch eine ungleiche Machtverteilung, eine hohe Verwundbarkeit der Opfergruppe[16] sowie die Erwünschtheit und Nützlichkeit der Vernichtung der Minderheitengruppe kennzeichnen läßt, wurde von ihm später um den Aspekt der »günstigen Gelegenheit« (z. B. Krieg) und einer Geheimorganisation als Ausführungsträger der Genozidmaßnahme erweitert.

Wer noch die Diskussionen um den Historikerstreit im Ohr hat und die Sätze des immer wieder aufs neue aufgegriffenen Diskurses um mono- und polykausale Erklärungen für Völkermord, mag vielleicht zunächst verblüfft sein über die Leichtfertigkeit, mit der ein solches Modell beansprucht, eine Definition für Genozid zu leisten.

Helen Fein, die sich in besonderer Weise um eine wissenschaftliche Etablierung des Genozid-Paradigmas in der Philosophie und Soziologie bemüht hat, grenzte mit Hinweis auf die im Lemkin-Gutachten erkannte Bedeutung auch der indirekten Vernichtungsmaßnahmen den Genozidprozeß als Verbrechen eines Staates ein:

»Genozid unterstützt zielgerichtet die Handlungen eines Täters mit dem Ziel der direkten oder indirekten physischen Zerstörung eines Kollektivs durch die Unterbrechung der biologischen und sozialen Reproduktion der Gruppenmitglieder, gefördert von der Rücksichtslosigkeit der Umgebung oder dem Fehlen von Widerstandsversuchen durch die Opfer.«[17]

Kann man das Ausbleiben eines wirksamen Widerstands als Kennzeichen für den Genozidprozeß setzen, ohne hiermit die Gefahr von Verzerrungen in Kauf zu nehmen?

Roger Smith arbeitete eine Unterscheidung zwischen »Retributive genocide«, »Institutional genocide«, »Utilitarian genocide«, »Monopolitistic genocide« und »Ideological genocide« aus.[18]

Die beiden kanadischen Genozidforscher Frank Chalk und Kurt Jonassohn formulierten eine Kurztypisierung von Genozid wie folgt:

»Genozid ist eine Form einseitiger Massentötung, in welcher ein Staat oder eine Autorität eine Gruppe zu zerstören beabsichtigt, nachdem diese Gruppe und die Mitgliedschaft in ihr durch den Täter definiert wurde.«[19]

Chalk und Jonassohn differenzieren somit zwischen einem Staat oder einer institutionalisierten Autorität und einer Opfergruppe und fügen die wichtige Beobachtung hinzu, daß der Opfergruppe und ihren Mitgliedern eine Täterdefinition zugrundeliegt. Sie verbinden ihre Analyse von Genozid zudem mit dem Aspekt des Terrors: Genozid ist hier eine Form der Gewalt eines Staates oder einer staatsentsprechenden Autorität. Und über eine Differenzierung der Typen von Gesellschaft, der Opfergruppe, der Gruppenstruktur, den Begründungen und Ergebnissen des Genozidaktes unterscheiden sie zwischen Genoziden, die zum Ziel haben: eine reale oder potentielle Bedrohung auszulöschen; Terror über die realen oder potentiellen Feinde zu verbreiten; sich ökonomischen Reichtum anzueignen; oder die im Glauben stattfinden, gemäß einer Theorie oder Ideologie zu handeln.[20]

Die hier kurz angeführten Annäherungen der Vergleichenden Genozidforschung, ebenso aber auch Lemkins Arbeit sowie die Festsetzungen der Genozid-Konvention des Jahres 1948, gehen von Gegenüberstellungen zweier Gruppen aus. Die Berücksichtigung einer durch die Täter zunächst vollzogenen Definition der Opfergruppe, wie sie Chalk und Jonassohn vorstellen, ist dabei sicherlich nur eine wichtige Erweiterung. Denn in ähnlicher Weise verlangt auch die Bestimmung der aus dem Erbe langjähriger historiographischer Forschung abgeleiteten Setzung einer klar umrissenen Tätergruppe nach Differenzierungen. Hier weisen Arbeiten wie Raul Hilbergs

»Täter, Opfer, Zuschauer« wichtige Wege.[21] Die Durchführung der Vernichtung einer großen Menschengruppe in der Radikalität, d. h. Gründlichkeit und Zielstrebigkeit, wie es bei den Völkermorden an den Armeniern und Juden geschah, kann sich nur verwirklichen über eine hohe gesellschaftliche Breite der Täter, einem engen Miteinander von planenden und ausführenden Instanzen, von Institutionen und Einzelpersonen, Handelnden und akzeptierend Zuschauenden.

Die Notwendigkeit einer Berücksichtigung von Aspekten des Miteinanders der verschiedenen Personen und Institutionen im Entscheidungs- und Durchführungsprozeß des Völkermords lassen die noch immer nicht aufgegebene Suche nach Dokumenten mit dem schriftlichen Befehl Hitlers oder Talat Paşas[22] zur Anordnung der Vernichtung in einem eher untergeordneten Licht erscheinen. Hier muß man leider bemerken, daß angesichts der Beweiserbringungslast und der mit Ehrgeiz verfolgten Versuche, Einsicht in Materialien aus den für die Forschung nach wie vor verschlossenen osmanischen Archiven zu bekommen, besonders für armenische Historiker die Gefahr besteht, den konstruierten Charakter auch der Dokumente zu unterschätzen und den semantischen Sprachspielen dieser Materialien zu erliegen.

Von der Vergleichenden Genozidforschung wird in diesem Zusammenhang häufig der Gedanke der Dehumanisierung betont.[23] Prozesse einer Entmenschlichung, die das mitleidlose Ermorden erst ermöglichen, werden dabei vor allem unter den Aspekten des Rassismus und Antisemitismus herausgearbeitet.

Das bis heute nur ansatzweise rekonstruierte Leben der Täter in den deutschen Konzentrationslagern, gekennzeichnet von Stundenzetteln, Arbeits- und Freistunden, Freizeitsport und Liederabenden, Hierarchien, Pflichterfüllung und Unterschlagungen, Siedlungen mit traditionsgebundenem Einfamilienhausbau, Gärten und offenen Kaminen – dieser Alltag ist schwer mit den Prozessen einer Barbarisierung, einer Abstumpfung jeden menschlichen Gefühls in Einklang zu bringen. Ebenso wie auch das Erscheinungsbild des »türkischen Gentleman«, des patriotischen, aufrechten, modernen, gebildeten und sogar gütigen Staatsmanns – das gerade die deutschen Militärs von Talat oder Enver Paşa zeichneten und welches diese selbst in höchster Weise von sich pflegten – nur schwer mit der Unglaublichkeit des Vernichtungsplans vereinbar zu sein scheint.

Aspekte einer *Normalität* in die Situation des extremen Entschlusses einzubringen, dies bedeutet, die Ausführung der Vernichtung für den Täter zu ermöglichen, die Vernichtung über Strukturen des Alltags zu einem »denkbaren« Prozeß werden zu lassen. Den Armeniern, bevor sie sich in den Deportationszug einreihten, anzuraten, die Häuser abzuschließen, die Fensterläden zuzuziehen, bis man wieder zurückdürfe, die Mitnahme von Lebensmitteln bis zu einer bestimmten Wegstelle ebenso wie Einkaufs- und Tauschmöglichkeiten während der Deportation zu gestatten, solche Handlungen sicherten weniger die Gefügigkeit des Opfers, sie waren stets in besonderer Weise Schutzmodell und Legitimationsschema für die Täter.

Die theoriebemühten Arbeiten der Vergleichenden Genozidforschung sind jedoch von solchen, die Einzelfallforschungen bewegenden Fragen nahezu unberührt. In ihren Eingrenzungen von Genozid als spezifischer Ausprägung einer Terrorpolitik, als Kriegspolitik, Bevölkerungspolitik oder bewußtem Vernichtungsbeschluß, in Definitionen von Ethnoziden oder Politiziden[24], werden Ansätze deutlich, die sich in eine wichtige Differenz stellen zu einer spezifischen Erscheinungsform historiographischer Interpretationen. Interpretationen, die von nicht wenigen auch bekannten Wissenschaftlern und Intellektuellen vertreten werden: ein mythifizierender Umgang mit Begriffen wie Auschwitz, die Setzung des Völkermordereignisses als etwas Undenkbares, Unbegreifliches, als die Situation eines singulären Ausnahmeereignisses.

»Auschwitz bedeutet den Tod – den totalen, absoluten Tod – des Menschen und der Menschen, der Vernunft und des Gefühls, der Sinne und der Sprache. Auschwitz ist der Tod der Zeit, das Ende der Schöpfung; sein Mysterium ist dazu verurteilt, absolut und unantastbar zu bleiben«,[25] so Elie Wiesel.

Hier möchte ich mich darauf beschränken, hervorzuheben, daß eine Legitimität dieser Interpretationsansätze tatsächlich in der Geschichte ihrer Entstehung liegt. Denn es sind vor allem Überlebende, die in der Auseinandersetzung mit einem dunklen, unfaßbaren Bild »Auschwitz« eine reaktive Erklärung suchen auf jenen Alltag, in dem die Extremsituation Verfolgung erfahren wurde. In der Erschaffung des dunklen Bildes des Unerklärlichen, Barbarischen, alles Umfassenden, war zudem den Nachgeborenen (im besonderen den jungen Generationen Israels und Armeniens) eine annehmbare Antwort geschaffen worden auf ihre Frage nach den langen Jahren der Verfolgung und der Wehrlosigkeit des Todes. Gefahren liegen jedoch in den Nebenfolgen einer Generalisierung dieses Bildes, das stets auch ein Angebot der Beschäftigungsverweigerung mit dem Verfolgungsereignis mit sich führt.

Um aber auf die vorher skizzierten Überlegungen Bezug zu nehmen, ist es gerade nicht das Totale, das Barbarische, welches Voraussetzung für das Gelingen von Genozid ist. Die Täter waren keine barbarischen, gefühllosen Monster. Ein Mensch wird nicht auf Befehl zum Mörder und schon gar nicht zum Wiederholungsmörder. Die Strukturen als totalitär oder zentralistisch zu kennzeichnen, reicht als Erklärung für die Realisierung des Vernichtungsbeschlusses bei weitem nicht aus. Das zentrale Charakteristikum des genozidalen Systems ist, daß Alltag und Ausnahmesituation in einem logischen Miteinander verknüpft sind, daß Freude und Trauer, Liebe und Haß, Pflicht und Nachlässigkeit, daß Normalität in dieser Situation, die hier als *genozidale Situation* gekennzeichnet werden soll, empfunden und gelebt wird.[26]

Eine solche Eingrenzung möchte sich auch gegen eine Pathologisierung der Tätergesellschaften wenden. Die deutsche und die türkische Gesellschaft waren zwar in jenem Moment die Gesellschaft der Verwirklichung, doch glaube ich, daß die Situationskonstellation Genozid in jeder Gesellschaft im Prinzip wiederholbar ist, auch wenn es in der deutschen wie türkischen Gesellschaft unübersehbare Traditionen in der Verfolgung der beiden späteren Opfergruppen gibt. Genozid ist jedoch nicht mit einer Volksmentalität, einem Obrigkeitsglauben oder Neigungen zu undemokratischen Strukturen allein zu erklären. Dies sind Traditionen und Faktoren, die das Gesamtbild ergänzen, welches sich im Moment der *Atmosphäre der Vernichtung*, im Moment der situationalen Verwirklichung zeigt. Und diese Atmosphäre prägt vor allem eins: *Entschlossenheit*.

Genozid, und hier möchte ich den Überlegungen am Schluß des vorletzten Abschnitts dieses Beitrags bereits vorgreifen, ist ein Ereigniskomplex, der sich im Zusammenspiel verschiedener sozialer Beziehungen verwirklicht. Genozid stellt sich dabei nicht allein als ein Ereigniskomplex dar, der im Zusammenspiel verschiedener sozialer Beziehungen entsteht, sondern sich auch durch ein Zusammenspiel verschiedener sozialer Beziehungen vollzieht und: veränderte soziale Beziehungen als Ergebnis hat. Denn Genozid ist ein »erfolgreiches Konzept«, die beiden Genozide an den Armeniern und Juden haben unübersehbar die Ziele erreicht, die beabsichtigt worden waren, sie haben zwei Gemeinschaften und mit ihnen ihre Spuren in der jeweiligen Tätergesellschaft ausgelöscht.

Wenn auch die Vergleichende Genozidforschung eine wichtige Lücke in der wissenschaftlichen Beschäftigung mit Völkermord schloß, ist unter den zum Teil auch bereits angeführten Kritikpunkten vielleicht als der zentrale zu nennen, daß die Kategorisierungen zu allgemein sind, zu weit anwendbar, und daß nicht nur die Spezifika der einzelnen Fälle verloren gehen, sondern auch die Besonderheiten einer Vernichtung in der Moderne. Während dabei aber Überlegungen zu einer spezifischen Rationalität oder einer modernen Technisierung nur wenig neue Aspekte für die Untersuchung des Genozidprozesses aufzudecken vermögen und sich im Gegenteil als eher monokausal zentrierte Überlegungen erweisen, ermöglicht die Betrachtung der spezifischen Struktureigenschaften der modernen Gesellschaft, und hier meine ich im besonderen die Idee der Nation und die zu ihrer Verwirklichung notwendigen nationalen Homogenisierungen, sehr viel weitreichendere Analysemöglichkeiten, worauf ich nachfolgend an unterschiedlichen Punkten stets zu verweisen versuchen werde.

Eine Einsicht in die Wichtigkeit eines interdisziplinär zugänglichen und vergleichsermöglichenden Konzepts für Völkermord, wie es die Vergleichende Genozidforschung anstrebt, ist jedoch, während in den Vereinigten Staaten die Widerstände gegen gefürchtete Nivellierungstendenzen (des Völkermords an den europäischen Juden) nachgelassen haben, in Europa noch nicht vorauszusetzen. Peinliche Differenzierungsversuche einerseits,[27] ebenso peinliche Begriffsausweitungen andererseits[28] lassen eine Diskussion und ein offenes Interesse der Historiker des einen »Falls« an dem anderen noch nicht zu.

Die radikale Singularitätssetzung des jüdischen Opfers, die Beispiel sein sollte und Beispiel sein muß, damit anderer Opfergruppen überhaupt gedacht werden kann, hat sich aus Furcht vor Relativierungstendenzen über Abgrenzungskriterien verwirklicht. Die radikale Singularitätssetzung des jüdischen Opfers hat ein singulares Gedenken an das armenische Opfer unmöglich gemacht. Diese Entwicklung ist nicht zufällig. Sie liegt aber weit weniger begründet in dem Ringen um das Wachhalten einer Mahnung an die nationalsozialistischen Verbrechen selbst. Im Gegenteil sind die vehement geführten Abgrenzungen der einen Opfergruppe von der anderen in den spezifischen Kennzeichen des Diskurses nach 1945 selbst zu suchen. Ein Diskurs, der täterzentriert ist, nicht allein, weil er eine Beschäftigung mit dem Namen des Täters der Beschäftigung mit den namenlosen Opfern vorzog, sondern weil der Diskurs in seiner Begrifflichkeit und seinem Diskursrahmen weiterhin vom Täter bestimmt blieb. Es gibt keinen Diskurs des Opfers zum Täter. Das Wort des Opfers wird als Angriff mißverstanden, als Aufforderung zu einem Schuldeingeständnis, als Versuch, das Gegenüber als Täter zu definieren, weil ein Opfer nur durch das Gegenüber des Täters seine Opferidentität aufrechterhalten kann. Es gibt bis heute keinen Diskurs der Opfergemeinschaften, der nicht als retardierende, nicht vergessen könnende Abwehr erklärt würde.

Der ideologische Horizont der jungtürkischen Bewegung

Die »Wieder-«Entdeckung des Türkentums – Notizen zur Entstehung der turkistischen Ideale

Für die Behandlung des Völkermords an den Armeniern zeigt sich die Fragestellung Genozid und Moderne dabei zunächst vor dem Hintergrund zweier Forderungen: der Forderung *Emanzipation* der nicht-muslimischen Gemeinschaften des Osmanischen Reichs und *Freiheit* der muslimisch-türkischen, politikbestimmenden Gemeinschaft.

»Hürriyet« (Freiheit) beinhaltete für die türkischen Intellektuellen zuvorderst die Suche nach Rettungskonzeptionen für das zerfallende und rückständige Osmanische Reich. Beeinflußt von der französischen Aufklärung diskutierten die türkischen Reformer seit der Mitte des 19. Jahrhunderts die europäischen Konzepte individueller Freiheit als Forderung nach einer Modernisierung des Militärs und des osmanischen Wirtschaftssystems wie nach einer Wiederherstellung des türkisch-osmanischen Ansehens in der Welt. Zunehmend wurde dieser Diskurs um Forderungen nach bürokratischen und sozialen Reformen ergänzt.

»Sartonk« (Erwachen) bedeutete für die Westarmenier, die auf ihrem historischen Siedlungsgebiet Ost-Anatolien sowie in den städtischen Zentren des Osmanischen Reichs lebten, jene mit ihrem ökonomischen Aufbruch des 19. Jahrhunderts geweckten Hoffnungen auf Gleichstellung vor dem Gesetz und eine kulturelle Blüte.

»Wach auf, armenisches Volk, von Deinem todesgleichen Schlaf der Unwissenheit; erinnere Dich Deiner glorreichen Vergangenheit, trauere um Deinen gestrigen Zustand der Erbärmlichkeit und achte auf das Beispiel anderer aufgeklärter Nationen: sorge Dich um Deine Schulen, pflege die armenische Sprache, lerne andere nützliche Sprachen und freie Wissenschaften ... nur dann kannst Du das Ziel des Glücks erreichen«,

hieß es in einem Leitartikel vom 27. Juli 1846 in der in Konstantinopel erscheinenden Zeitung »Hayastan«.

Unter den strengen Reglementierungen der vom Islam bestimmten Gesellschaftsordnung des Osmanischen Reichs, die den Gemeinschaften, die den Religionen des Buchs zugehörten, ein kollektives Existenzrecht zuerkannte, hatten Juden, Griechen und Armenier über das »Dunkle Zeitalter«[29] des 16. und 17. Jahrhunderts ein Überleben sichern können. Als System eines Gruppenrechts hätte das Osmanische Reich mit seiner multi-religiösen Gemeinschaftsstruktur beispielhaft sein können – und als solches wird es auch noch immer vielfach hervorgehoben. Doch war das Millet-System nur ein System einer ungleichberechtigenden, einer *verachtenden Duldung*, das den Alltag der Nicht-Muslime durch Rechtsunsicherheit und einen stigmatisierenden Regelkanon kennzeichnete.

Zwar hatte die sogenannte »Tanzimat«-Periode nach der Lockerung der festen Gruppenschranken durch das Dekret des Jahres 1839, dem »Hatt-i Scherif«, und seinem Durchsetzungsversuch im Jahr 1859, dem »Hatt-i Hümayun«, die Gleichstellungshoffnungen der nicht-muslimischen Gemeinschaften geschürt, deren partizipatorische Illusionen vor allem in der Literatur einen Ausdruck fanden. Das Tanzimat, das die Gleichstellung aller Untertanen vor dem Gesetz versprach, die Unverletzlichkeit der Person, des Eigentums, des Erbrechts und der Würde, stellte sich dabei jedoch zu deutlich in Widerspruch zur Şeriat, dem islamischen Gesetz. »Du sollst zu dem Ketzer nicht mehr Ketzer sagen«,[30] mit diesen Worten waren die Dekrete verkündet worden. Die drohende Gleichstellung hätte bedeutet, innerhalb des islamischen Staates das heilige Volk selbst in Frage zu stellen, eine für die Muslime – das »millet-i hakime« (das herrschende Millet) – nicht denkbare, unannehmbare Konstellation.

Mit der Verweigerung, die Toleranzdefinition mit den Aufbrüchen des 19. Jahrhunderts zu Gleichheitsprinzipien weiterzuentwickeln, zeigte das Millet-System sein wahres Gesicht. Die Massaker an den Armeniern während der 90er Jahre unter Sultan Abdul Hamid, dem »Roten Sultan«, denen ca. 200 000 Menschen zum Opfer fielen, waren nicht zuletzt ein überdeutlicher Verweis auf die mit der Transformation des imperialen osmanischen Systems in einen modernen türkisch-islamischen Staat eigentlich einhergehenden Veränderungen.

Wie bereits angeführt, waren es zuerst die kriegerischen und diplomatischen Niederlagen des »Kranken Manns am Bosporus«, die auf die Rückständigkeit des Heeres sowie die noch an der Expansionspolitik ausgerichteten feudalen Wirtschaftsstrukturen zurückgeführt wurden und nach Reformen verlangten, welche nicht bei der Forderung nach Sicherung der Grenzen stehenblieben. Unter der Magie der Modernisierung wurden Konzepte zur Stabilisierung des Osmanischen Reichs entworfen, die mit der Reform des Heeres nur ihren Anfang nahmen. Die Auseinandersetzung mit den Ideen der westeuropäischen Aufklärung, die sich seit Ende des 18. Jahrhunderts im Osmanischen Reich abzeichnete, ausgelöst vom und orientiert am außenpolitischen Machtverlust, hatte zur Frage nach der »inneren« Wesenheit des Osmanischen Reichs geführt, einer zum ersten Mal diskutierten Frage nach dem osmanischen Staats*wesen* und – angesichts der sich ankündigenden Partizipationsmöglichkeit der Nicht-Muslime – nach dem Staats*volk*, seinen Loyalitäten und seiner Herrschaftsrepräsentanz.

Die Veränderungen des deklarierten osmanischen Toleranzdenkens sind meiner Meinung nach nur sekundär auf einen Säkularisierungsprozeß zurückzuführen, der als Ursache für die Auflösung der islamischen Duldungsdefinition des »Gavur« (Ungläubigen) in der Literatur häufig beschrieben wird.[31] Die Definition von Mehrheiten und Minderheiten aus einer gesellschaftlichen Situation heraus, die einer solchen Eingrenzung in ihrer geschichtlichen Form grundsätzlich widerspricht, verweist vielmehr auf die gesellschaftlichen Transformationsprozesse des islamisch-theokratischen und zudem auch in einer Ungleichzeitigkeit zu den Entwicklungen Europas stehenden Machtsystems in eine moderne Herrschafts- und Gesellschaftsform: der Verwirklichung einer grundsätzlich *anderen* Gesellschaftsstruktur, grundsätzlich *anderer* politischer, sozialer und ökonomischer Gesetzmäßigkeiten und Definitionen, die nicht ohne Konflikte und Brüche vollzogen werden konnten.

Diesen Bruch vorbereitend hatte sich mit dem Beginn des 19. Jahrhunderts eine an der Philosophie der Aufklärung orientierte »Geisteshaltung«[32] entwickelt, eine spezifische neue Offenheit, die zumeist schlicht als »batıya yöneliş« (Westorientierung) charakterisiert wird.

Die osmanisch-türkischen Reformer selbst, wie eine Vielzahl auch der gegenwärtigen wissenschaftlichen Einschätzungen,[33] verweisen in der Wertung dieser neuen Geisteshaltung, die Forderungen nach einer Bewußtwerdung und »Wieder-«Geburt der türkischen Nation integrieren sollte, auf die in Europa erwachte »Turcologie«: eine Begeisterung für Land und Kultur des Türken – der militärisch keine Bedrohung mehr war. Tatsächlich war die erste moderne »Geschichte« der Türken in französischer, die erste Grammatik eines modernen Osmanisch-Türkisch in englischer Sprache erschienen.[34]

Den sich in der Folge über eine Phase der Wiederentdeckung bzw. Neukonstruktion türkischer Geschichte, Sprache und Kultur sowie der Entstehung einer türkischen Wissenschaft bildenden intensiven intellektuellen Diskurs detaillierter auszuführen, wird im Rahmen dieses Artikels nicht möglich sein. Dennoch möchte ich einige Charakteristika dieses Diskurses hervorheben, da er nicht allein den Referenzrahmen der jungtürkischen Bewegung aufzeigt, sondern ebenso einen bis heute unvermindert gültigen Referenzrahmen für die moderne Türkei darstellt. Die Ausführungen möchten dabei in ihrer Unvollständigkeit als skizzierte Wegmarken der Entwicklung von intellektuellen Denkvisionen zu einer Herrschaftsideologie verstanden werden: einer Herrschaftsideologie, die ein Programm einer Vernichtung integrieren wird.

Die ersten Zirkel der intellektuellen Reformer, die die Leitideale für eine türkische Gesellschaft schufen, zeichneten sich zum Teil noch durch Befürwortungen der Tanzimatreformen aus. Zwar hatte die Tanzimatzeit die Hoffnungen auf eine Modernisierung der osmanischen Gesellschaftsstrukturen und den Wiedergewinn einer weltpolitischen Machtstellung erweckt, doch dokumentierte sie gleichermaßen, von dem Einfluß der europäischen Mächte gezeichnet, gerade den Machtverlust und den Zerfall des imperialen Reichs wie die Krise seines Selbstverständnisses. Eine Diskussion um Reformen des Wirtschafts- und Verwaltungssystems kam dabei erst verhältnismäßig spät zustande, die ersten Überlegungen waren vielmehr zentriert um ein Element, das als wichtigstes Element in der Stärkung und Rettung des Osmanischen Reichs proklamiert wurde: eine türkische Kultur.

Von dieser Beobachtung ausgehend möchte ich zu einer *Ersten Generation* der ideengeschichtlichen Entwicklung – die der politischen Entwicklung der reformerischen Bewegung nicht unbedingt parallel verlief – Intellektuelle zählen, die noch nicht an konkreten politischen Modellen arbeiteten, aber mit ihren Ansätzen die Diskursgrundlage für die Bewegung vor allem der Jungosmanen schufen sowie organisatorisch und institutionell diese Bewegung auch zum Teil vorbereiteten.[35]

Es war im besonderen auf die Initiative von Mustafa Reşit Paşa (1800-1858) zurückzuführen, daß türkische Studenten nach Paris, London, Genf und an andere Universitäten Europas gesandt wurden. Diese junge Gruppe begann in ihren späteren, vor allem publizistischen Arbeiten eine Konfrontation des westeuropäischen Gedankenguts mit den muslimischen Traditionen und der gesellschaftlichen Realität des Osmanischen Reichs. Anspruch war neben den politischen Reformzielen ein Streben nach Wissenschaft: nach türkischer Wissenschaft in türkischer Sprache. So finden sich die Aufforderungen zu einer türkischen Sprache neben den Forderungen nach einer neuen türkischen Historiographie als zentrale Charakteristika.

Erwähnung finden sollte hier kurz wenigstens Ahmet Cevdet, der nicht allein historisch über den türkischen Charakter des Osmanischen Reichs gearbeitet hatte, sondern auch eine Grammatik vorstellte, 1852 gemeinsam mit Fuad Paşa verfaßt und inspiriert von der Grammatik Arthur Lumley Davids, die für die Reform der türkischen Sprache von großer Bedeutung wurde.[36] Oder auch Ahmet Vefik Paşa, bei dem die Vielfältigkeit der Charaktere und Berufungen der intellektuellen Reformer in seiner Arbeit als Schriftsteller und Journalist, Philosoph, Historiker, Linguist, Politiker und Staatsmann besonders deutlich wurde und der mit seiner Genealogie des Türkentums, die er aus einer Schriftfassung des 17. Jahrhunderts übersetzt hatte, eine erste Konstruktion einer vorislamischen Geschichte der Türken vorstellte.[37] Ziya Gökalp, der zentrale Programmatiker der Jungtürkenbewegung nach 1908, sollte Ahmet Vefik, der in seinem Leben durch den fanatisch verfolgten Versuch auffiel, sich nur mit türkischer Lebensweise und türkischen Waren zu umgeben, einen der »Väter« des Turkismus nennen.[38] Beispielhaft stehen ferner Ibrahim Şinasi oder Ziya Paşa, die über die von ihnen herausgegebenen Zeitschriften und ihre engagierten Leitartikel die Dichte des Diskurses förderten.

Im Jahr 1865 fand sich eine Gruppe junger Intellektueller zur »İttifak-i Hamiyyet« (Patriotische Allianz) zusammen und bildete damit eine erste organisierte Opposition, die orientiert war an den Strukturen und Zielen der italienischen »Carboneria«.[39] Diese einflußreiche Geheimvereinigung der für Reformen eintretenden Männer läßt eine Betrachtung einer *Zweiten Generation* zu, die die Reformgedanken stärker mit der sozialen Wirklichkeit des Osmanischen Reichs verband.[40]

Die schillernde Figur der Bewegung der sich um die İttifak-i Hamiyyet zusammenschließenden Yeni Osmanlı (Neu- oder Jungosmanen), wie sie in der folgenden Zeit genannt werden sollten, war sicherlich Namık Kemal,[41] der vermutlich auch zu den Gründern der »Patriotischen Allianz« gehört hatte.[42] Die Wichtigkeit seiner Person lag dabei weit mehr noch in der Bedeutungsveränderung, der er den Begriff Millet unterwarf, als in seinem öffentlichen Eintreten für eine konstitutionelle Monarchie. So hatte er den Begriff »vatan« (Vaterland) aufgenommen[43] und ihn in Anlehnung an die französische Vorstellung von »patrie« aktualisiert (für ein türkisches Heimatland in osmanischen Grenzen). Namık Kemals 1873 aufgeführtes Theaterstück »Vatan yahut Silistre«, das von der Verteidigung von Silistre im Krimkrieg gegen die Russen handelte, war ein Höhepunkt seines im besonderen schriftstellerischen und journalistischen Eintretens gegen die sultanische Herrschaft. Die Erstaufführung, aufgrund derer Namık Kemal für drei Jahre nach Zypern verbannt wurde, hatte bereits solche Aufmerksamkeit und Wirkung hervorgerufen, daß er nach der Vorstellung von einer Menschenmenge mit den Rufen »Lang lebe Vatan, lang lebe die Freiheit« nach Hause geleitet wurde. Namık Kemal, der während seiner Jahre in London, Paris und Wien vor allem von Rousseau und Montesquieu beeindruckt war – und Arbeiten Montesquieus in die türkische Sprache übersetzte –, verdeutlichte mit seinen Ideen eine Wende in den Verwirklichungsforderungen von Modernisierung. Wenn auch die Gruppe derer, die von ihm beeinflußt waren, sich weiterhin vor allem um positivistische Ideale zentriert zeigten, wurden nun verstärkt politische Handlungsaufforderungen deutlich gemacht, die sich aber im besonderen äußerten als Forderung nach gesellschaftspolitischer Stärkung der türkischen Kultur, Sprache und Wissenschaften wie der Türkisierung des Erwerbsystems.

Das vereinigende Ziel der Streiter war das Eintreten für eine konstitutionelle Monarchie. Und nachdem am 23. Dezember 1876 die erste Verfassung des Osmanischen Reichs verkündet worden war, wurde 1877 das erste Parlament eingesetzt, in dem unter den 119 Sitzen 71 Muslime und 48 Nicht-Muslime vertreten waren.[44] Dieses Parlament wurde jedoch bereits am 14. Februar 1878 wieder ausgesetzt.[45]

Besonderes Gewicht sollte innerhalb der nächsten Jahre u. a. Ahmet Mithat gewinnen, der Journalist, Publizist und Politiker, als dessen wichtigstes Erbe wohl das zweibändige Werk »Üss-i İnkılâb« (Die Basis der Revolution), angeführt werden kann, erschienen 1878/79. Obwohl Ahmet Mithat den Begriff Millet hier bereits in Abgrenzung zu Religion wie ebenso zu *Osmanismus*, dem proklamierten Integrationsangebot des 19. Jahrhunderts, gebrauchte, benutzte er ihn für Muslime wie für Nicht-Muslime gleichermaßen und versuchte mit dem Konzept »kavim« (Volk, Stamm) eine Zwischenlösung – auch als Angebot an die Nicht-Muslime –, bevor Millet selbst zur Gleichsetzung mit dem Nationenkonzept wurde. Ähnliche Einstellungen sind u. a. auch in den politischen Schriften von Mizanci Mehmet Murad zu finden, der in der Auseinandersetzung mit den Konzepten Millet, Kavim und

Vatan die Allgemeingültigkeit des Konzepts Nation erkannte und die Möglichkeit der Inanspruchnahme auch durch Nicht-Muslime als Problem setzte. Einer der wichtigsten Orte der Diskussion um das Verhältnis von Muslimen und Nicht-Muslimen, dem man sich unter dem Konzept Osmane zu nähern versuchte, wurde unter den vielen Zeitungen und Periodika der Bewegung die 1894 von Ahmet Cevdet gegründete Tageszeitung »İkdam« (Beharrlichkeit, Ausdauer).

Jenes oben erwähnte Angebot des Osmanismus, das als Integrationskonzept für Muslime und Nicht-Muslime den Rahmen der Diskussion vorgab, stand dabei in Differenz zunächst zum Pan-Islamismus von Sultan Abdul Hamid, dem Streben nach einer Vereinigung aller islamischen Völker.[46] Das Konstrukt »Osmane« blieb dabei merkwürdig ungenau und undurchsichtig. Seine synonyme Verwendung mit der Identität »Türke« verweist zudem auf eine »Künstlichkeit« und den von Beginn an immanenten Übergangscharakter, den die nicht-muslimischen Gemeinschaften in ihren Partizipationshoffnungen lange verkennen sollten.

Erwähnung finden müssen hier aber auch Ali Suavi und Hüseyinzade Ali. Suavi, der für »lisan-i osmanî« (die osmanische Sprache) die Bezeichnung »lisan-i türkî« durchsetzte und der über eine Beschäftigung mit den türkisch sprechenden Völkern innerhalb der islamischen Zivilisation stets auf die führende Rolle der türkischen Kultur in der Welt aufmerksam machte, hatte bereits die Rasseidee als ein zentrales Konzept seiner Überlegungen eingeführt.[47] Der aserbaidschanische Arzt und Schriftsteller Hüseyinzade Ali, dessen Gedicht »Turan« die erste Manifestation des Ideals des Panturanismus war,[48] sollte in persönlichen Begegnungen einen wichtigen Einfluß auf Ziya Gökalp haben.[49] Hüseyinzade, der, bei einem entschiedenen Eintreten für einen säkularen Staat, einen biologistischen Materialismus in die Diskussion einbrachte, war neben Ali Suavi der wichtigste Wegbereiter einer Abkehr von osmanistischen Denkmodellen und der Weiterentwicklung der reformerischen Ideen zu einem weltanschaulichen Gesamtentwurf. Einem Entwurf, der, zunehmend geprägt von biologistischen, sozialdarwinistischen Ideen, eine unüberhörbare Absage an die »versöhnende« Politik des Tanzimats beabsichtigte.

Mit der Konzeption einer *Dritten Generation*, die von den Gruppen um Ahmet Riza (1859-1930) und Prinz Sabahattin (1877-1948) geprägt ist, möchte ich einen Schritt in die politische Verantwortung eingrenzen, dem im Rückblick angesichts der zeitgleichen Weiterentwicklung türkischer Ideale zu einer turkistischen Ideologie eher die Funktion einer öffentlichen Scheinbühne zukam, den tatsächlichen Stand der ideologischen Entwicklung verdeckend. Zum ersten Mal wurden konkret soziale und ökonomische Reformen diskutiert, in enger Anknüpfung einerseits an die Orientierung der ersten Wegbereiter der türkischen Reformbewegung und einen türkischen Kulturnationalismus, »kültür türkçülüğü«, wie andererseits an die Schulen des westlichen Europas.

Ahmet Riza hatte Comtes Begriffe von »Ordnung« und »Fortschritt« in den Mittelpunkt seiner Arbeiten gestellt. Prinz Sabahattin, der der zunehmenden Bedeutung der Comte-Schule für die türkischen Reformer entgegenzuwirken suchte, vertrat Ansätze von Frederic Le Play und Vorstellungen des englischen Liberalismus und dezentraler Selbstverwaltungen. Im Diskurs der beiden Gruppen stand der Mahnung der einen zu reformerischer Bedächtigkeit, um nicht zum Schaden des Türkentums die loyalen Oberschichten zu schwächen, die Bereitwilligkeit Prinz Sabahattins gegenüber, im Rahmen der Loslösung von zentralistischen Strukturen eine Berücksichtigung der Nicht-Muslime in Verwaltung und Regierung als Möglichkeit zu erwägen.

Die Suche nach einem Integrationsmodell für die heterogene muslimische und nicht-muslimische Bevölkerung war zur zentralen Überlegung der reformistischen Entwürfe geworden. Die multi-ethnische Konzeption, die sich das imperiale Osmanische Reich hatte leisten können und mit dem es seine Stabilität begründete, war mit der Wende zum 20. Jahrhundert als unvereinbar erkannt worden mit dem Versuch, eine moderne türkische Nation zu gründen.

Jene politischen Vorstellungen, die sich bei Ahmet Riza und Prinz Sabahattin noch als »Ordnungs«-Vorstellungen zeigten, wurden dann in einem nächsten Entwicklungsschritt, der über das Wirken einer *Vierten Generation* charakterisiert werden kann, zu Vorstellungen einer radikalen Umgestaltung, die auch zu einem revolutionären Bruch bereit war.

Allein Yusuf Akçura (1876-1935), der das Rassekonzept in den Mittelpunkt seiner Arbeit stellte, und Ziya Gökalp (1875/76-1924), der auch in seinen zahlreichen literarischen Arbeiten die Verbreitung und wissenschaftliche Legitimierung seines Turanismus-Konzepts suchte, als die herausragenden programmatisch wirkenden Personen zu nennen, wird dabei jedoch der Breite der gesellschaftspolitischen Relevanz, die die turkistische Ideologie gewann, kaum gerecht.

Entwicklung der Reformbewegung von den ersten jungosmanischen Vereinigungen bis zum Jahr 1908

Im Juni 1889 hatte İbrahim Temo (1865-1939), Student an der vorangehend bereits erwähnten militärmedizinischen Hochschule, mit Gleichgesinnten eine geheime Verbindung errichtet, die zunächst »İttihad-ı Osmanî«[50] (Osmanische Union) genannt wurde und in der weiteren Entwicklung in der Vereinigung »İttihat ve Terakki« (Einheit und Fortschritt) aufgehen sollte. Als die Vereinigung am 30. September 1893 zum ersten Mal mit einem Manifest an die Öffentlichkeit trat, richtete sich ihre Erklärung an »Müslümanlar ve ey sevgili vatandaşlarımız Türkler«[51] (Muslime und die lieben türkischen Landsleute) und verdeutlichte damit, daß sich die nationalen Differenzierungen bereits fester in der Diskussion etabliert hatten. Der mutige Aufruf, »Hand in Hand« für die Freiheit und die Beseitigung des despotischen Regimes Sultan Hamids einzustehen, führte zur Zerschlagung der Organisation in Konstantinopel. Eine Mehrzahl der Mitglieder suchte im Ausland Zuflucht, oppositionelle Zirkel entstanden in Kairo, Genf, London, im besonderen aber in Paris. In den im Ausland herausgegebenen Zeitungen und Monographien wurden die Diskussionen weitergeführt.

Unter den gemeinsamen Zielen, daß die Verfassung von 1876 wiedereingesetzt werden müsse und eine liberale Verwaltung zur Überwindung der ökonomischen Rückständigkeit des Reiches errichtet werden solle, wurde in dem Erhalt der herrschenden Dynastie die wichtigste Garantie zur Bewahrung einer türkischen Vorherrschaft gesehen. Auch wenn, wie vorhergehend bereits angedeutet, die Meinungen im Hinblick auf die Stellung der nichttürkischen Völker angesichts der Sorge um den Zusammenbruch des Osmanischen Reichs geteilt waren, wurde jeglicher Separatismus entschieden abgelehnt. Tatsächlich aber war die Problematik der Stellung der nicht-türkischen Völker zentraler Diskussionspunkt.

Angesichts der sich abzeichnenden Differenzen in den politischen Zielrichtungen wurde mit dem ersten »jungtürkischen« Kongreß vom 4. Februar bis 9. Februar 1902 in Paris – durch einen Schritt in die Öffentlichkeit, mit dem sich die Bewegung als bereits weitverzweigte und vielfältig organisierte Struktur erwies – ein Einigungsversuch unternommen, der jedoch zunächst zur Vertiefung und Institutionalisierung der Spaltung führte.

Bereits 1889 war in den Kontakten der Verbündeten in Konstantinopel zu Ahmet Riza in Paris, dessen Zeitung »Meşveret« noch den Untertitel

»İntizam ve Terakki« (Ordnung und Fortschritt)[52] getragen hatte, der Leitgedanke der Vereinigung zu »İttihat ve Terakki« (Einheit und Fortschritt) weiterentwickelt und die »Osmanlı İttihat ve Terakki Cemiyeti« konzipiert worden. Die 1902 sich gegen diese Gruppe um Ahmet Riza zusammenschließende Vereinigung »Teşebbüs-ü Şahsi ve Ademi Merkeziyet Cemiyeti«, oder, mit ihrem französischen Titel, »Ligue de décentralisation administrative et d'initiative privée«, um Prinz Sabahattin war dabei bereits in eine Randstellung gedrängt. Nach dem Putsch von 1908 sollten sich die Mitglieder dieser letzteren Gruppe im November 1911 in einer Opposition der Konservativen und Liberalen wiederfinden, die die Bezeichnung »İtilâf ve Hürriyet« (Einigkeit und Freiheit) zu einem Programm zu entwickeln versuchte.

Was mit diesem Jahr 1902 begann, war neben der Spaltung der reformerischen Bewegung selbst vor allem eine Stärkung der organisatorischen Basis sowie eine Vereinheitlichung des ideologischen Programms in der İttihat ve Terakki Cemiyeti, die sich mit dem Handeln zweier Personen kennzeichnen läßt: Dr. Mehmet Nazım und Dr. Bahaeddin Şakir.[53] Die beiden Militärärzte gewannen dabei nicht allein großen Einfluß im Vorsitz der Vereinigung, sondern prägten als Verantwortliche für »innere Angelegenheiten und Aufsicht«[54] die Strukturen und Verbindungen der unterschiedlichen Zirkel und Zweigstellen der Bewegung. Ihre Ziele beschränkten sich aber nicht allein auf die Schaffung einer übergreifenden Struktur.[55] Der Briefwechsel, den sie seit 1906 mit Vertretern der Muslime im Kaukasus und Vereinigungen anderer Turkvölker führten, jene sogenannte »Geheime Korrespondenz der İttihat ve Terakki«, verdient große Aufmerksamkeit, da er für die turkistischen Ideale bereits Realisierungswege sucht.[56]

Im September 1906 wurde in Saloniki mit der »Osmanlı Hürriyet Cemiyeti« (Vereinigung zur Osmanischen Freiheit)[57] die sicherlich wichtigste und für die weitere Entwicklung entscheidende Gruppe unter den Zusammenschlüssen oppositioneller Offiziere gegründet. Zu ihren Mitgliedern gehörte auch Talat Paşa, Innenminister des jungtürkischen Triumvirats nach 1913 und einer der späteren Hauptverantwortlichen für die Vernichtung der Armenier. Der Charakter eines geheimen, heiligen Bundes, ausgeprägte Treueverpflichtungs-Zeremonien und erwogene gewaltvolle Umsturzpläne kennzeichnen diese Verbündeten.

1906 nahm die Osmanlı Hürriyet Cemiyeti Verbindung zur Gruppe um Ahmet Riza in Paris auf, um eine Zusammenarbeit zu erreichen. Wichtigste Differenz zu Ahmet Riza war die Bereitschaft zu Mitteln der Gewalt, wobei

Riza der Richtungsveränderung nachgeben mußte. Nach einem Besuch von Dr. Nazım wurde am 27. September 1907 eine Übereinkunft unterzeichnet, die unter dem Namen »Terakki ve İttihat Cemiyeti« die neue Ausrichtung besiegelte und die Kompetenzen für die Aktivitäten im Ausland und innerhalb des Landes zwischen den beiden Gruppierungen regelte.[58]

Die Bedeutung der Wende wurde offenbar mit dem 2. jungtürkischen Kongreß vom 27. bis 29. September 1907 in Paris, der auf die Initiative der »Hay Heghapokhakan Daschnakzutiun« (Armenische Revolutionäre Föderation)[59] zusammengerufen worden war.[60] Mit diesem Kongreß wurde eine Übereinkunft auch mit den nicht-türkischen Oppositionellen gesucht, die sich von einem Sturz des Sultans grundlegende Veränderungen ihrer Lebensbedingungen erhofften. Angesichts des aufrechterhaltenen Emanzipationsglaubens, den die armenische Gemeinschaft im Osmanischen Reich mit der jungtürkischen Bewegung verband, wird die Differenz zwischen innerer ideologischer Ausrichtung und dem taktischen Spiel, das die Jungtürken mit den nicht-türkischen Gemeinschaften führten, besonders deutlich. Die mit dem Schlußtext des Kongresses verabschiedete »Aktionsgemeinschaft« zum Sturz des gegenwärtigen Regimes wurde noch von drei Parteien unterzeichnet: der Daschnakzuthiun, der »Teşebbüs-ü Şahsi, Ademi Merkeziyet ve Meşrutiyyet Osmanlı Birleği«, der Liga Prinz Sabahattins, sowie dem »İttihat ve Terraki Osmanlı Komitesi« (Komitee von İttihat).[61]

Die einschneidende Wende der Jahre 1906/07 hatte sich neben der Organisationsstruktur im besonderen in der Führungsgruppe der Jungtürken gezeigt: Es war nicht mehr der intellektuelle Diskurs, der richtungsweisend wirkte, es hatte sich eine Gruppe von Verbündeten, gewaltbereiten Putschisten zusammengefunden, ein Komitee studierter Angehöriger der Mittelschicht und mittlerer Offiziere, das neben einer zunehmenden Breitenbewegung um gesamtgesellschaftliche Macht rang.

Mit dem 23. Juni 1908 wurde der Sultan zur Wiedereinsetzung der Verfassung gezwungen. Die Zeit des 2. Meşrutiyet begann, die von allen Völkern des Osmanischen Reichs mit Begeisterung aufgenommen wurde.

Ein Netz paramilitärischer Unterorganisationen, die sogenannten »İcrat-i Hususiye«, die Erschaffung einer parteieigenen Gerichtsbarkeit oder auch die Gründung von Frauen- und Berufsverbänden sollten die Veränderungen in der Gestalt der zu Gründungsbeginn reformerischen Bewegung zu einer hierarchisch organisierten Volks»partei« mit fester Führungselite, einer streng organisierten Basis und eindeutigem Herrschaftsanspruch vervollständigen.

Die Intellektuellen waren ebenfalls auch organisatorisch in die Bewegung der Jungtürken eingebunden worden. Eine wichtige Funktion gewannen die literarischen Organe, darunter vor allem der Zirkel »Genç Kalemler« (Junge Federn) oder die »Türk Yurdu« (Türkisches Heimatland) wie auch die Aktivitäten der Vereinigung »Türk Derneği«, errichtet 1908. Mehrere Tageszeitungen vervollständigten den publizierten Diskurs.

Besonderes Gewicht sollte jedoch der Arbeit der am 3. Juli 1911 errichteten Gesellschaft »Türk Ocagı« (Türkischer Herd)[62] zukommen. Die regelmäßigen Lesungen und Vorführungen in den Salons des Ocagı waren ein hervorragendes propagandistisches Instrument, eine Vereinigung der Einzelstimmen zu erreichen. Die Tätigkeit des Ocagı verdeutlicht dabei nicht allein den Doppelcharakter der İttihat ve Terakki als Partei sowie zugleich als Bewegung, sie verweist dabei vor allem auf eine sehr spezifische, eine entfesselte *Atmosphäre* der Zeit.

»Während einiger Monate bildete das Wiedererwachen und die Rückkehr zum Turanismus das öffentliche Gesprächsthema. Professoren, Gelehrte, Schriftsteller und alle, die Drang und Eignung hatten, zum Volke zu sprechen, fanden Gelegenheit, über dieses Thema in Vorträgen und Versammlungen, die ein- bis zweimal wöchentlich in der Universität und im Lokale der ›Türk Odschagi‹ abgehalten wurden, wie auch täglich in den Theatern usw. zu reden. Fast alle in dieser Zeit herausgegebenen Bücher handelten über denselben Stoff. Eine ganze von Begeisterung getragene Literatur rüttelte die nationalen Gefühle des Volkes wach. Von Zeit zu Zeit sah man ungeheure Umzüge, gebildet aus den Angehörigen aller Stände, mit dem Ausdruck einer unbeschreiblichen Freude durch die Straßen der Hauptstadt ziehen ... Die Menge lebte unter dem Eindruck, als wäre Konstantinopel zum zweiten Male erobert worden. Nie hatte sie Gelegenheit gehabt, sich der Namen ihrer Helden wie Fatih, Sultan Suleiman Kanoni usw. zu erinnern. Erst jetzt fing man an, mit Stolz auf diese Helden zurückzugreifen, sie zu feiern, weil sich die Türken eben erst jetzt richtig erkannt hatten.«[63]

Der organisierte Diskurs, die heraufbeschworene Atmosphäre nationaler Wiedergeburt, die Tekin Alp so dicht berichtete, hatte die schnelle Verbreitung der Ideologie des Turkismus unterstützt: eines neuen Lebens, jenes »yeni hayat«, das in zwei Phasen verwirklicht werden sollte: zunächst die Türkisierung des Osmanischen Reichs, daran anschließend die Erschaffung einer neuen Welt, der Welt Turans.

Der Begriff »Osmane«, der in den unterschiedlichen Gewichtungen des 19. Jahrhunderts als Integrationskonzept für Muslime und Nicht-Muslime diskutiert worden war, hatte nun nicht allein seine Beliebigkeiten und Undurchsichtigkeiten gezeigt, er hatte auch bereits die nivellierende Konzeption der repressiven türkisch-nationalen Homogenisierungsideologie spüren lassen, die sich mit der Gründung der İttihat ve Terakki in der Führungsgruppe der Reformer festigte. Der Osmanismus der jungtürkischen Bewegung sollte sich als Maske erweisen, als »Schild«[64]. Die Idee des homogenen Staates hatte an Konturen gewonnen.

Sogar Ziya Gökalp schrieb in seiner Arbeit »Türkleşmek, İslamlaşmak, Çağdaşlaşmak ve Doğru Yol« (Türkisierung, Islamisierung, Modernisierung und der Richtige Weg), die zuerst in Türk Yurdu erschienen war und dann als Einzelpublikation noch einmal 1918 veröffentlicht wurde:

»Die Generation des Tanzimats wollte über das Türkentum einen trügerischen Mantel ziehen ... An diese Lüge hat keine Untertanengemeinschaft geglaubt. Nachdem mit dem II. Meşrutiyet[65] diesem Deckmantel noch mehr Gewicht zugemessen wurde, haben die Untertanengemeinschaften angefangen zu schreien: ›Sie wollen uns türkisieren!‹ In Wirklichkeit war diese Osmanisierungspolitik nichts anderes als ein geheimer Weg zur Türkisierung.«[66]

Turkismus und Turanismus

Bereits Ali Suavi (1838-1878) – der den Türken eine höhere Führungsqualität gegenüber den anderen Völkern des Osmanischen Reichs zugesprochen hatte, die türkische Sprache als die bestentwickelste, die türkische Nation als politisch, militärisch und kulturell überragend ansah[67] – hatte in seinen Arbeiten einen wichtigen Keim für die Entwicklung des Turanismus gelegt.

Das mit dem Wirken von Yusuf Akçura und Ziya Gökalp weiterentwickelte Programm ersetzte dann das Kulturkonzept, das den Ursprung des Bodens mit dem Ursprung der Sprache und der wesenhaften Entwicklung des diesem Boden und seiner Sprache verhafteten Volkes gleichsetzte, durch ein *völkisches* Konzept. Ein Konzept, das über die Setzung der Wesenseinheit aller kultureller Elemente, weil sie alle derselben primordialen Bestimmung Volk unterlagen, sogar den in den jungosmanischen Konzepten noch offenen, ungelösten Konflikt zwischen Islam und Modernisierungswunsch lösen konnte, da der Islam nun einer nationalen Gesamtentwicklung untergeordnet wurde.

Nicht mehr allein die Rettung des Osmanischen Reichs, sondern vor allem eine Erneuerung würde über das Zusammenwirken aller Kräfte des Volkscharakters, über eine Stärkung »von innen« möglich werden. Die Suche nach einer Stabilisierung des Reichs war zu einer Forderung nach einer Neugeburt des Ursprünglichen, des Eigenen umgeschlagen.

Dies geschah in Anbindung an die westeuropäischen Wissenschaften, so u. a.: Alfred Fouillet, Gustav LeBon, Henri Bergson, Emile Durkheim, Arthur de Gobineau, Friedrich Nietzsche oder Arthur Schopenhauer. »Wir müssen wir selbst sein, d. h. wir müssen unsere Kultur nach unserer Tradition gestalten und unseren eigenen Fähigkeiten anpassen. Von Europa dürfen wir nur die Methode und Technik entlehnen«, faßte Tekin Alp die Art der Forderung nach moderner Wissenschaft zusammen.[68]

Yusuf Akçura (1876-1935), geboren in Ulyanovsk/Wolga, war bereits als Kind nach Konstantinopel gekommen und hatte nach seiner Verbannung durch Sultan Abdul Hamid II. in Paris an der Ecole des Sciences Politiques u. a. bei Albert Sorel, Théophile Funk-Brentano und Lucien Levy-Bruhl studiert. Während er zunächst von Ismail Bey Gasprinski (1851-1914) beeindruckt war, der sicherlich wichtigsten Person in der Entstehung einer Emanzipationsbewegung der Turkvölker im Russischen Reich, begann Akçura über seine Beschäftigung mit der französischen Sozialphilosophie nach Konzepten zu suchen, die die bereits von Gasprinski herausgestellte Idee einer Einheit von Sprache, Denken und Handeln ohne Hilfe des Islams für das Volk der Türken definieren und politisch verwirklichen könnten. Akçuras Lösungsvorschlag war der aus dem Arabischen abgeleitete Terminus »ırk« (Rasse).

1904 hatte Akçura in seiner Arbeit »Üç Tarz-ı Siyaset« (Drei Arten der Politik), die im April/Mai in der in Kairo erscheinenden Zeitschrift »Türk« abgedruckt wurde, die Konzepte des Osmanismus und Pan-Islamismus diskutiert und diese dem Entwurf des Turkismus gegenübergestellt. Seine Arbeit, die vielfach als zentrales Manifest des Panturkismus angesehen wird,[69] zeigte zum ersten Mal eine systematische Aufarbeitung der unter den reformerischen Intellektuellen diskutierten Konzepte, um die Schlußfolgerung zu treffen, daß das Konstrukt einer osmanischen Identität eine »vergebliche Mühe«[70] sei, daß »zwischen verschiedenen Nationen ... eine Nation zu bilden, nicht möglich ist«[71].

Akçura erklärte bereits 1911 die Frage der Assimilation der Nicht-Türken als abgeschlossen bzw. als zu jenem Zeitpunkt nicht mehr möglich,[72] um sich mit der Erledigung dieses Problems den Weg zu öffnen für den Raumgedanken seiner Nationenidee: die Vereinigung aller türkischen Völker. Dem Rassekonzept, das Akçura in die Diskussion brachte, kommt die Funktion eines Integrationsinstruments zur Sicherung der »Tevhid-i Etrâk« (Einheit der Türken) zu.[73] Der Faktor Rasse gewinnt in Akçuras Arbeit neben einer geopolitischen zum ersten Mal auch eine ökonomische Dimension, die vor allem auf den Einfluß Funk-Brentanos zurückzuführen ist.

Eine kurze Bemerkung möchte ich mir hier doch noch zu diesem in den türkisch-nationalistischen Diskurs eingegangenen Rassekonzept erlauben, über dessen Betrachtung eine noch ausstehende Aufgabe für die Wissenschaften deutlich wird. Dan Diner hat in einer Stellungnahme zu einer vergleichenden Betrachtung von Nationalsozialismus und Stalinismus – in der er dem Vergleich allein »Gleichstellung« und die Methode eines historiographischen Bruchs unterstellte – mit der Betonung einer »theologischen«[74] Diskursstruktur des Vergleichs auf die Geschichte des christlich-jüdischen Konflikts aufmerksam gemacht, der dem Genozid an den europäischen Juden als Tiefenstruktur zugrunde läge und ebenso Grundstruktur des Rassekonzepts sei:

>»Insofern kommt dem Projekt des Vergleichs zweier gewaltiger Menschheitsverbrechen weniger die Bedeutung legitimer komparatistischer Neugierde zu. Eher erscheinen sie einerseits als wenig selbstreflexiv geleiteter Versuch, dem Bewußtsein der Christenheit in seinem Verhältnis zu den Juden Linderung zu verschaffen; andererseits setzt sich mittels der Bilder vom Vergleich die Form christlich-jüdischer Gegenläufigkeit weiter fort – so, als gelte es, mittels des Vergleichs die für das christo-logische Selbstverständnis so konstitutiven Juden vom Sockel *negativer Auserwähltheit* zu stoßen.«[75]

Ohne näher auf diese Warnung einzugehen, möchte ich nur darauf verweisen, daß neben den unbestrittenen Wurzeln christlichen Antijudaismus, die das nationalsozialistische Rassekonzept prägten, die Charakteristika der modernen, säkularisierten und rational systematisierenden Wissenschaften in der Diskussion eines Rassekonzepts zwar stets Berücksichtigung finden,[76] die Tatsache jedoch, daß dieses Konzept auch in anderen Kulturzusammenhängen Einfluß gewann, bisher völlig unberücksichtigt geblieben ist. Gerade das Ringen um das Rassekonzept in der der gesamten Literatur des Sozialdarwinismus nahen türkischen Debatte findet sich in keiner der bisherigen Darstellungen.[77] Es sollte tatsächlich endlich Zeit sein, die Beschäftigung mit dem Völkermord an den Armeniern aus dem Bannkreis der Verdächtigungen zu befreien.

Ziya Gökalp (1875/76-1924), geboren in Diyarbakır, war nach den ersten Ausarbeitungen einer politischen Konzeption türkischer Realität von Ali Suavi und Yusuf Akçura von der Frage der Realisationsmöglichkeiten bewegt. Er stand dabei vor allem unter dem Eindruck der Arbeiten von Emile Durkheim. Die Vorstellung eines Kollektivs, abstrahiert aus den Fähigkeiten und Funktionen der Einzelindividuen, und die Überlegung eines schöpferischen

Kollektivbewußtseins, erfahrbar in einer sozialen Tatsächlichkeit, wurden für Gökalp Grundlage seiner aus den konstruktivistisch-philosophischen Überlegungen abgeleiteten Setzungen für ein gesamtgesellschaftliches Programm. In dieses Programm waren die Forderung nach einer Stärkung von türkischer Sprache und Schrift ebenso eingeschlossen wie die Forderung nach Erschaffung einer türkischen Erziehung, einer türkischen Moral, Literatur, Musik, Ästhetik, Philosophie, Politik oder eines türkischen Rechts. Das säkulare Turkisierungsprogramm war an alten Mythen und alten, überlieferten Traditionen vergangener türkischer Kulturen ebenso orientiert wie an den naturwissenschaftlichen wie geisteswissenschaftlichen Errungenschaften westlicher Zivilisation. Gökalp formuliert in seinem Gedicht »Turan«:[78]

»Das Vaterland ist weder die Türkei
für die Türken, noch Türkistan.
Das Vaterland ist ein großes,
unendliches Land: Turan.«

Die Idee des Landes Turan umfaßte dabei die türkisch-sprechenden Völker Mittelasiens, des Irans, Afghanistans und Chinas; ein Land von Thrakien bis Mittelasien. »Das Land des Feindes wird zerstört / die Türkei wird ein großes Turan werden«, so Gökalp in »Kızıl Destan« (Rotes Epos), das er zu Beginn des Ersten Weltkriegs verfaßt hatte.[79]

Mit dem Jahr 1914 waren die konzeptionellen Diskussionen um das »nationale Programm« aber längst abgeschlossen. In der zeitgenössischen Literatur zeigt sich in überraschender Offenheit die Entschlossenheit und Radikalität der nationalen Vision. Der bekannte türkische Dichter Mehmet Emin schrieb:

»Droht ein Feind vor Deinem Tor,
Lüstern nach verbotnem Gut,
Zieh Dein gutes Schwert hervor,
Rinnen soll sein dreistes Blut,

Rinnen, wie im Paradiese
Sprudelt jene Wasserquelle
Auf der blum'gen Himmelswiese –
›Keffa‹ sagt die Koranstelle –,

Rinnen soll das dreiste Blut,
Rinnen zu der Feinde Tod,
Dann entsteigt in neuer Glut
Unserm Land das Morgenrot.

Turanenkel, teures Land!
Solang Erd' und Sterne wandern,
Prophezei' ich Dir Bestand,
Ewig Dir vor allen andern.«[80]

Besonders deutlich wird aber Tekin Alp in einem Kapitel über die »Idealisten« aus seiner Schrift »Türkismus und Pantürkismus«, welche tatsächliche Handlungen – in dem folgenden Ausschnitt wird es um einen Arzt gehen – während des Völkermords an den Armeniern vorwegnimmt:

»Die Beobachter ... können es beurteilen, was das Streben nach einem nationalen Ideal bedeutet und wie süß und begeisternd es ist, dafür sein Leben den größten Gefahren auszusetzen. An einigen lebendigen Beispielen läßt sich das am leichtesten darlegen ... Ein anderes Bild. Er hat auf einer europäischen Hochschule Medizin studiert und kommt mit Doktortitel und Doktorhut von dort in die Heimat zurück. Wird er jetzt den Mikroben und den tausend Krankheiten, die am Menschenleben zehren, den Krieg erklären? Abermals nein! Er wandert, von Kopf zu Fuß in Waffen starrend, von Dorf zu Dorf, von Berg zu Berg und verabreicht seine einzige Medizin, jene tödlichen blauen Pillen, allen jenen, die Gegner seines Ideals, sogar seinen eigenen Landsleuten, die nicht mit ihm eines Sinnes sind.«[81]

Abschließend möchte ich versuchen, die ideologischen Elemente der Jungtürkenbewegung noch einmal zusammenfassend zu charakterisieren.

a. Turkismus: Ziya Gökalp schreibt, daß Turkismus »keine politische Partei, sondern eine wissenschaftliche, philosophische und ästhetische Schule des Denkens« sei oder, »um es anders auszudrücken, ist er ein Kurs kultureller Leistung und Erneuerung«.[82] Turkismus ist eine »moderne Bewegung«, die in der Situation einer Gefährdung durch die »Vereinigung von Schwert und Feder« eine Gesellschaft hervorzubringen habe, »deren Name die türkische Nation« ist.[83]

Turkismus ist gleicherweise Bewegung, Kursrichtung und Programm wie Konzept, Ideal, Heiligtum und soziales Phänomen.[84] Dabei ist »Turk« »der Name einer Nation, und eine Nation kann definiert werden als Gruppe, die eine ihr eigene Kultur besitzt. Daher kann ein Türke nur eine Sprache, nur eine einzige Kultur haben«.[85] Diese Einheit zu erreichen, eine Einheit in Kultur und Sprache, die sich auf den geographischen Grenzen und im Staatswesen widerspiegelt, ist Ziel, Aufgabe und Verpflichtung. Grundlage dieser Einheit, die gleichzeitig Entdeckung, Wiederbelebung und Weiterentwicklung ist, ist der Stammesbund des »Oghuz«-Türkentums, das wiederum Zentrum des Gedankens Turan darstellt.

»Das weiterreichende Ideal von Turkismus ist Turan, das nicht meint, wie einige denken, ein Amalgam von Völkern.« Turan ist ein »sozialer Terminus, der allein Türken einschließt«[86], »Turan ist das große Vaterland aller Türken, das in der Vergangenheit Realität war und dies auch noch einmal in der Zukunft sein wird. Turaner[87] sind nur türkisch sprechende Nationen.«[88]

Zur Lösung der Integrationsaufgabe von Islam, Turkismus und gesamteuropäischer Modernisierung sowie für die Argumentation, daß sich alle drei Elemente in einem harmonischen Verhältnis zueinander entwickeln könnten, stellte Gökalp eine Unterscheidung zwischen Kultur und Zivilisation vor: Kultur als das System aus »ursprünglichen« Werten, Einsichten und Ausprägungen, Zivilisation als die übergreifenden wissenschaftlichen Errungenschaften verschiedener Kulturen, die mit der primordialen Kultur in einer gegenseitigen Einflußbeziehung stehe.

b. Raumgedanke: Im Unterschied zum imperialen Eroberungsstreben des Osmanischen Reichs, als einer Beherrschung des Fremden, ist hier ein Raumgedanke festzuhalten, der die Befreiung und Vereinigung »ursprünglich türkischer« Gebiete zum Ziel hat. Dem unter diesem nationalen Gedanken erhobenen Gebietsanspruch kommt »völkische« Legitimität zu. Der Weg in den Weltkrieg zeigt sich vor diesem Hintergrund als logischer, als unvermeidbarer Schritt. Tarik Zafer Tunaya bezeichnete dann auch die Kaukasusfront als eine »ideologische Front«:[89] »Die Hauptkennzeichen des Kriegsplans verweisen offen auf eine ideologische Expansion und die Vereinigung mit den Abstammungsgleichen.«[90]

c. Führungsanspruch und Rasseideal: Einer zentralen Frage für die Einschätzung der jungtürkischen Ideologie, nämlich ob diese Ideologie ein Rassekonzept beinhaltete, muß man zunächst mit einer vielleicht überraschenden Antwort begegnen: Die Jungtürken hätten wohl gern ein solches in die Realität umgesetzt, doch erschien dies im besonderen angesichts der nicht-türkischen Muslime des Reichs als problematisch.

Während Yusuf Akçura das Konzept einer türkischen Rasse dennoch auszuarbeiten versuchte (»Eine Nation ist eine Rasse, eine Sprache, eine Tradition«)[91], stellte Ziya Gökalp in seiner Suche nach einer »realisierbaren« Konzeption über das kulturnationalistische Volkskonzept »Turk« eine mögliche Vermittlung vor. »Nation ist nicht eine rassische oder ethnische oder geographische oder politische oder willensmäßige Gruppe, sondern eine, die aus Individuen besteht, die eine gemeinsame Sprache, Religion, Moralität und Ästhetik teilen«, so urteilte Gökalp zwar nach dem Ende des jungtürkischen Regimes, doch mit dem wachgehaltenen Ziel der Erschaffung und Stärkung einer türkischen Nation, die nicht als »künstliches« Gebilde existieren könne und ebensowenig als Amalgam – ein auch bereits angeführter und bei Gökalp häufiger Terminus – verschiedener Völker.

Wenn auch eine weitgehende Einsicht, zwar nicht in die Problematik der Anwendung des Rassebegriffs selbst, aber in die Problematik seiner Anwendung für die türkische Nation bestand, so wurden doch für das als einzig möglich erkannte Element, eben die türkische Kultur, ähnliche Kriterien des »Natürlichen« und »Angeborenen« sowie Ausschließungscharakteristika gesetzt. Integriert wurden in die Konzeptionen türkischer Kulturmächtigkeit zudem der Gedanke von höher- und minderwertigen Kulturen sowie die Idee des natürlichen Sieges des Stärkeren.

Dabei darf aber nicht übersehen werden: Die Skepsis gegen das Rassekonzept war eine Skepsis gegenüber der damaligen Anwendungsmöglichkeit, nicht gegen das Konzept als solches. Mit der jungtürkischen Revolution und der Durchsetzung des jungtürkischen Programms sollte gerade die Anwendung eines Rassekonzepts möglich werden. Ziel war die Erschaffung eines Volkes aus »echten«, »reinen« Türken, der Herkunft und des Lebens nach – eine Aufgabe, die Kemal Atatürk über pseudowissenschaftliche anthropologische und im besonderen sprachwissenschaftliche Ansätze zu vollenden versuchte, um dabei an der kurdischen Frage zu scheitern. Um noch einmal Tekin Alp zu Wort kommen zu lassen: ». . . das nationale Ideal der Türken kann nicht das Rassenprinzip sein, weil dieses vorderhand noch eine Utopie ist.«[92]

d. Rolle der Religion: Interessant ist, daß die Quelle zur Neuschaffung des Türkentums nicht vom Islam erhofft wurde. Die jungtürkischen Führer und das jungtürkische Programm sind zwar nur zum Teil als säkularisiert zu kennzeichnen. Doch bestand eine deutliche Opposition zwischen Jungtürken und Islamisten. Dem Islam war in der Bewegung der Jungtürken die Funktion eines Legitimationsinstruments, eines Vereinigungsinstruments zugekommen. Innerhalb des ideologischen Konzepts Gökalps steht Religion nur als eines der Elemente einer nationalen Kultur, das somit auch mit der Sprache und den nicht-religiösen kulturellen Ausprägungen untrennbar verbunden war. Festzustellen ist im jungtürkischen Programm außerdem die betonte Hinwendung zu vorislamischen Mythen und Traditionen.

e. Pseudoreligiöse Einbindungen und Erwähltheitsanspruch: In den Veröffentlichungen der Jungtürkenorgane sind Begriffe wie »heilig« und »ewig«,

»Sünde«, »Weihe«, »Gnade« oder »Erwähltheit« äußerst häufig anzutreffen. Der Erwähltheitsgedanke, der die Bewegung der Jungtürken, das »Cemiyet-i Mukaddes« (Heilige Vereinigung), so stark machte, ist ein zentrales Element, um in seiner Anknüpfung an religiöse Muster die Breite der Bevölkerungsbasis zu erklären, auf der diese Bewegung gegründet war, wenn man zudem bedenkt, daß hier vor allem analphabetische Massen zu vereinigen waren.

»Daß sie [İttihat, d. Verf.] eine solche Kraft bildete, kam dadurch zustande, daß sie eine Art Religion, Konfession, und eigentlich gerade den Charakter eines Ordens angenommen hat«, schrieb Hüseyin Cahid Yalçın, prominentes Mitglied der İttihat ve Terraki. »Es hat sich in dem Land ein Geist von İttihat gebildet, dieser war eine mystische Autorität.«[93]

f. Trägergruppe: Das Programm des Turkismus sah nach der Wegbereitung durch die intellektuellen Reformer die Pflicht des Weitertragens und eine Wahrheit der Sprache, des Denkens und Fühlens, der Moral und Schönheit[94] im »Volk«, im besonderen natürlich zunächst in der türkischen Jugend.

»Die türkische Jugend hatte eingesehen, daß unter den verschiedenen ottomanischen Elementen, die für die Entwicklung ihrer Nation kämpften, nur die Türken verlassen und ohne Führer dastanden, und so begann sie ihrerseits daran zu arbeiten, um auch ihrem Volke eine Wiederaufrichtung in Wissen, Bildung und Tugend zu sichern.«[95]

g. Gesamtgesellschaftliche Verwirklichung und soziale Idee: Ebenfalls wichtige Punkte des Programms waren die Forderungen nach einer Verwirklichung des türkischen Gedankens in allen Bereichen der Gesellschaft: Religion, Recht, Wirtschaft, Erziehungswesen. Eng verbunden mit der gesamtgesellschaftlichen Verwirklichungsvorstellung war die Verbindung mit dem Argument des Sozialen: einen ökonomischen Aufstieg für jeden Türken zu ermöglichen (die Wirtschaftsstellungen der Nicht-Muslime zu schwächen), jedem Türken eine gleiche Erziehung und gleiche Chancen gewähren zu können.

Die Wichtigkeit einer Betrachtung von Genozid auf dem Hintergrund von Modernisierungsprozessen sollte gerade an diesen letzten Überlegungen deutlich werden. Denn es geht hier nicht darum, eine prinzipielle genozidale *Geneigtheit* von modernen Gesellschaften zu behaupten, um die Idee der Moderne selbst einer Pathologisierung zu unterziehen. Die Fragestellung Genozid und Moderne verlangt nicht nach einer Untersuchung von modernem »Projekt« und den tatsächlich realisierten Strukturen; sie kann wenig aus einer Diskussion um den Sinn normativen Verständnisses von Moderne gewinnen, noch verlangt sie zunächst nach einer Betonung der Gefahren von Technisierung, Rationalisierung oder der Entfremdung und Isolation des einzelnen. Als analytische Frage spitzen sich die in Beziehung gesetzten Komplexe Moderne und Genozid zu einer *Frage der Entschlußbildung* zu. Eine Frage, die unmittelbar mit dem Gedanken nationalstaatlicher Selbstverwirklichungswünsche zu sehen ist.

Nation, als die zentrale politische Idee der Neuzeit, war als Gedanke des europäischen Bürgertums ein Gedanke eines Machtwechsels gewesen angesichts des Zerfalls der großen Reiche und feudalen Ordnungen. Nation war zudem die Forderung nach gesellschaftspolitischer Macht in den Händen des eigentlichen, eines ursprünglichen Volkes. Nation, als politische Idee, als ein Konstrukt, bot die Möglichkeit einer Neuordnung und die Möglichkeit neukonstituierter kollektiver Identitäten. Der zentrale Gedanke des Konstrukts, des intellektuellen Entwurfs Nation, ist ein Einheitsgedanke. Nation ist die Vision einer größten Allgemeinheit. Der zentrale Prozeß der Nation ist Integration.

Während der propagierte Osmanismus noch durch eine Überwindung der sultanischen Despotie und die Einführung einer konstitutionellen Monarchie eine osmanisch-türkische Staatsbildung, unter freilich unangefochtener türkischer Führung anstrebte, war der theoretische Grundgedanke von Panturkismus und Turanismus die Idee eines homogenen Nationalstaats, in der Erkenntnis, daß die Körperschaft Nation um so mehr innenpolitische Akzeptanz und Funktionssicherheit erreichen werde, je einheitlicher ihre Bevölkerung ist.

Skizze zur Machtübernahme der Jungtürken und zum Genozid an den Armeniern

Als nach dem jungtürkischen Umsturz vom 24. Juli 1908 das Parlament wieder eingesetzt wurde, zeigte sich, wie groß bereits der Machteinfluß der Jungtürken in der regionalen Verwaltung der Vilayets war und wie weit Verwaltung und Militär bereits unterwandert wurden.

Das Militär war unbestreitbar stets eine der wichtigsten Säulen der osmanischen Gesellschaft gewesen. Auch die Reformen gesellschaftlicher Modernisierung hatten seit dem 18. Jahrhundert zunächst das Militär betroffen. Die Auflösung des Janitscharenkorps, die Proklamation der »Nizam-i Cedid«

(Neue Armee) im Jahr 1792 und die Gründung vielzähliger Militärakademien unter englischer, französischer oder deutscher Leitung verdeutlichten den Modernisierungswillen. Aus diesen militärischen Schulen war die junge Reformgeneration hervorgegangen, die zu einem der wichtigsten Träger der Jungtürkenbewegung selbst wurde. Aber auch Sultan Abdul Hamid II. hatte sich in seiner despotischen Herrschaft im besonderen noch auf das ihm loyale Militär gestützt und hohe Offiziere in politische Ränge erhoben. Das auf diese Art zunehmend in die politische Diskussion gedrängte Militär hatte seinerseits lange die Zweiteilung gespiegelt, die die Oppositionsbewegung insgesamt bewegte. Auch innerhalb des Militärs war eine konservativ-liberale Gruppierung gegenüber den jungen Offizieren der Befürwortung der radikaleren jungtürkischen Reformforderungen festzustellen. In den sich nach 1908 um die Macht im Parlament abzeichnenden Auseinandersetzungen sollte das Militär stets eine mitbestimmende Rolle spielen.

Nach der Wiedereinsetzung eines Parlaments, das im November 1908 zusammentrat und in dem die jungtürkische Partei[96] über eine klare Zweidrittelmehrheit verfügte, verfolgte die jungtürkische Vereinigung, das »Cemiyet«, ihre Taktik der Eroberung zentraler gesellschaftlicher Positionen in verstärkter Weise. Während die Ministerämter noch älteren und erfahrenen Politikern übergeben wurden und sogar Sultan Abdul Hamid noch nicht abgesetzt war, konzentrierte sich das jungtürkische Komitee auf eine Kontrollpolitik, wobei jungtürkische Regimenter in Makedonien auf Abruf bereitstanden. Die deutliche Trennung – institutionell wie in ihrem politischen Handeln – von »Fırka« (Partei) und der jungtürkischen Vereinigung »Cemiyet«, bzw. ihrem exekutiven Zentralkomitee »Merkez-i Umumi«, sollte sich dabei als wichtiges Charakteristikum jungtürkischer Politik während der Vorbereitungsphase der Jahre 1908 bis 1913 bis zur absoluten Machtkontrolle über den Staat erweisen. Zugleich macht, darauf möchte ich hier ebenfalls bereits aufmerksam machen, die Ablehnung des jungtürkischen Cemiyets, sich zunächst selbst als Partei zu organisieren oder auch zu verstehen, den übergreifenden Anspruch der Bewegung deutlich.

Als der Großwesir Kamil Paşa, der nichts als Verachtung für die Jungtürken übrig hatte, im Februar 1909 die Minister des Kriegs- und Marineministeriums entließ und seine eigenen Leute auf diese Posten setzte, überzeugt davon, die Macht der Jungtürken brechen zu können, verunglimpften diese letzteren seine Aktion als schweren Verstoß gegen konstitutionelle Prinzipien. Im Mißtrauensantrag gegen Kamil Paşa, mit dem er schließlich gestürzt wurde, stimmten nur acht Abgeordnete bei 198 Gegenstimmen für ihn.

Auch der Aufstand der Istanbuler Garnison vom 13. April 1909, besser bekannt als »31. März-Vorfall«, konnte die Entfaltung der jungtürkischen Macht nicht aufhalten. Die von konservativ-islamistischen Kräften angeführte Opposition hatte sich unter dem Motto »Şeriat isteriz« zusammengefunden, um die Wiedereinsetzung der Şeriat, des islamischen Rechts, zu fordern, aber vor allem reagierte sie auf den bereits spürbaren Machtverlust des Parlaments.[97] Bereits am 26. April wurde der Aufstand von den jungtürkischen Regimentern niedergeschlagen, die aus Makedonien unverzüglich in die Hauptstadt beordert worden waren. Mahmut Şevket Paşa, General der 3. Armee, die ja Heimat vieler junger Offiziere der Jungtürken war, hatte die Führung über die jungtürkischen Truppenteile übernommen. Mahmut Şevket sollte das Kabinett für die nächsten drei Jahre als Kriegsminister, Vorsitzender des Kriegsgerichts und Generalinspekteur der ersten drei Armeen dominieren.

Am 27. April wurde Sultan Abdul Hamid abgesetzt. An die Stelle des »Roten« Sultans rückte sein altersschwacher Bruder Mehmet V. Reşat, der, bis 1918 seine Position besetzend, der jungtürkischen Politik völlig widerstandslos gegenüberstand.

Die Massaker vom 14.-16. und 27./28. April 1909 in Adana, denen fast 25 000 Armenier zum Opfer fielen, im Zusammenhang mit dem Putschversuch der Opposition vom 13. April zu werten, wie es die türkische Historiographie bis heute zu beweisen sucht, ist dabei angesichts der problematischen Quellenlage und der vielfachen, auf den jungtürkischen Hintergrund der Täter verweisenden Augenzeugenberichte noch nicht nachvollziehbar belegt worden. Die beiden grausamen Überfälle sind dabei aber von einem Zusammenwirken jungtürkischer Clubs[98], Gendarmerie, Militär und aufgehetzter Bevölkerung gezeichnet.

Nach der Niederschlagung des 31. März-Aufstandes war der Ausnahmezustand verhängt worden. Die sich nun entwickelnde halbmilitärische Regierungsgewalt der Jungtürken bewies sich zunehmend als System des Terrors. Attentate auf Journalisten oder politischen Repräsentanten im besonderen außerhalb der Hauptstadt und andere Einschüchterungsmaßnahmen begleiteten nach 1909 den Alltag, der von vielen bereits als grausamer empfunden wurde als die Massakeraktionen unter Sultan Abdul Hamid während der 1890er Jahre. Die Politik der »Resmi Tabanca« (offizielle Pistole) hatte auch die Auseinandersetzungen im Parlament beendet – so waren von der Einsetzung des Parlaments bis Ende 1909 allein sechs Kabinette unter verschiedenen Großwesiren gebildet worden – und sollte bis 1911 die Machtkonzentration in den Händen des jungtürkischen Cemiyets stabilisieren. Mit diesem Jahr 1911 war auch der Einfluß Ziya Gökalps, der 1912 in das Merkez-i Umumi gewählt wurde, in der engeren Führungsgruppe des Cemiyets deutlich geworden.

Doch standen die Jungtürken Ende 1911, angesichts wachsender Anzeichen im Parlament, noch einmal eine entschlossene Opposition zu formieren, einer erneuten Bedrohung ihres Herrschaftsanspruches gegenüber. Die sich am 21. November 1911 bildende »Hürriyet ve İtilaf«, bzw. mit ihrem französischen Titel »Entente Libérale«, war eine Vereinigung aller oppositioneller Gruppen, die das Angebot »İtilaf« (Einigkeit), gegen den Terminus »İttihat« (Einheit) stellte. Und als die Jungtürken am 11. Dezember 1911 in einer Nachwahl um ein neu zu besetzendes Mandat in Konstantinopel ihre Mehrheit durch eine einzige Stimme an die Opposition Hürriyet ve İtilaf verloren, schien sich eine neue Situation anzukündigen. Zunächst reagierten die Jungtürken im Januar 1912 mit einer Auflösung des Parlaments. In der von ihnen mit Mitteln der Propaganda und des gezielten Terrors vorbereiteten Parlamentswahl vom April 1912, die als »Sopalı Seçim« (Wahl der Stöcke) bekannt ist, erreichte die Opposition von 270 Sitzen jedoch nur 15 Mandate.[99] İttihat ve Terakki verlegte nach dieser deutlichen Entscheidung den Sitz ihres Zentralkomitees, des Merkez-i Umumi, von Saloniki nach Konstantinopel.

Im Frühsommer versuchte die Opposition noch einmal mit der Hilfe des Militärs einen Umschwung zu erreichen. Die Offiziere, die sich unter der Bezeichnung »Halâskâr Zabitan« (Errettende Offiziere) zusammenschlossen, wollten eine Regierungsneubildung sowie eine neue, freie Wahl erzwingen, die Einhaltung der Verfassung garantiert sehen, aber auch eine Verdrängung des Militärs aus der Politik erreichen. Ziel war der Sturz der »illegalen« Regierung, um nach erfolgtem Putsch »in die Kasernen zurückzukehren«. Am 14. Juli 1912 trat Mahmut Şevket zurück. Am 16. Juli stellte die Regierung die Vertrauensfrage, die zunächst mit nur vier Gegenstimmen beantwortet wurde. Doch als sich daraufhin die Halâskâr Zabitan in Bewegung setzte, trat mit dem 17. Juli das amtierende Kabinett unter Mehmet Sait Paşa zurück. Am 21. Juli 1912 wurde ein neues Kabinett unter Gazi Ahmet Muhtar Paşa eröffnet, das aufgrund des fortgeschrittenen Alters der berufenen Minister den ironischen Beinamen »Großes Kabinett« erhielt. Der Ausnahmezustand, der dem Cemiyet das Umgehen vieler legaler Wege ermöglicht hatte, wurde am 4. August 1912 aufgehoben. Die Oppositionsregierung sollte jedoch ab Oktober 1912 vor allem mit dem Balkankrieg beschäftigt werden.

Obwohl İttihat ve Terakki vorübergehend aus der Regierung gedrängt war, hatte die Vereinigung ihre Macht nicht verloren. Im Gegenteil wurde Ende des Jahres 1912 deutlich, daß sämtliche gesellschaftlichen Institutionen, vor allem Verwaltung und Militär, von Mitgliedern des Cemiyet unterwandert und für die Vereinigung unter einen Einparteienstaat vorbereitet waren.

Als die Regierung am 23. Januar 1913 die Bereitschaft zeigte, Edirne den Bulgaren zu überlassen, stürmte eine jungtürkische Einheit unter der Führung Envers die Hohe Pforte und tötete den Verteidigungsminister Nazım Paşa. Mit diesem Streich des Januars 1913 und der Neubildung des Parlaments unter Mahmut Şevket setzten sich die Jungtürken wieder an die Spitze der offiziellen Macht. Die Ermordung Şevkets im Juni 1913 und die Einsetzung Prinz Said Halims als Großwesir eröffnete den Weg für die unumschränkte Regierungsgewalt eines jungtürkischen Einparteienregimes. Die im Winter 1913/14 stattfindende Parlamentswahl, in der nach dem Verbot von İtilaf allein Kandidaten der İttihat zugelassen waren, und die Ausnutzung der Ausnahmezustandsregelungen, die von 1909 bis 1918 nur selten außer Kraft gesetzt wurden, ließen das am 14. Mai 1914 eingesetzte Parlament zu einem »Rosengarten ohne Stacheln« werden.[100]

Die Machtkonzentration, die mit dem Jahr 1913 erreicht war, ist dabei bei weitem nicht auf das stets angeführte sogenannte Triumvirat Talat, Enver und Cemal Paşa zu reduzieren.[101] Die Alleinherrschaft, die sich ab 1913 entfaltete, zeigte sich neben dem gelungenen Anschluß von Militär und Regionalverwaltungen vor allem in der Dichte der zusammengeschlossenen gesellschaftlichen Institutionen. So existierte nach Verlautbarungen des Staatssicherheitsdienstes »Emniyet-i Umumiye Müdürlüğu« im Jahr 1913 keine einzige Berufs- oder Kulturvereinigung mehr, die nicht der İttihat ve Terakki zugehörte oder angeschlossen war.[102]

Dieser Weg, neben der Besetzung der entscheidungstragenden Positionen in Verwaltung und Militär über ein dichtes Netz örtlicher Niederlassungen, den sogenannten »Clubs«, wie die Aktivität kultureller und sozialer Organisationen auch ein Eindringen direkt in die Gesellschaftsstrukturen zu erreichen, war bereits 1908 begonnen worden. Noch einmal möchte ich mich hier vor allem auf die Quellensammlung von Tarık Zafer Tunaya stützen, um die Umfassendheit der gesellschaftlichen Machtergreifung nachzuzeichnen.[103]

Mit dem Jahr 1908 hatten sich die turkistischen Vereinigungen von geheimen Zellen verschworener Mitglieder zu Instrumenten der Mobilisierung größerer Menschengruppen entwickelt. Die Vereinigungen bewiesen dabei ein Doppelgesicht. Während ihre interne Struktur und die strukturelle Einbindung in das jungtürkische Cemiyet geheim blieben, verfolgten sie nach außen eine Politik der Erschaffung eines Diskurses, der mit einer gespielten Offenheit bis 1913 auch Nicht-Muslime berücksichtigte. Die Türk Derneği, errichtet im Januar 1908, und das Türk Yurdu Cemiyeti, errichtet im August 1911, die beide der Verbreitung der turkistischen Ideale unterstanden, wurden jeweils von prominenten intellektuellen Jungtürken im Vorstand geleitet. Die Türk Ocağı, die im Juli 1911 errichtet worden war und ihre Tätigkeit offiziell 1912 aufnahm, sollte diese Vorgängerinstitutionen in sich vereinen. Mit der ausschließlichen Stellung, die die Türk Ocağı mit ihren zahlreichen über das Land verteilten Niederlassungen nach 1913 einnahm, wurde dann auch die Entwicklung deutlich von den intellektuellen Sammlungsorten zu einem zentral in die Jungtürkenvereinigung eingebundenen Propagandainstrument. Besondere Bedeutung kam außerdem den ökonomischen Vereinigungen zu, zentrale Wichtigkeit aber gewannen die paramilitärischen Vereinigungen. Hier ist vor allem die »Müdafaa-i Milliye Cemiyeti« zu nennen, die im Februar 1914 als »Nationaler Verteidigungsverein« auf den Krieg vorbereiten sollte und eine ausführende Hand der İttihat ve Terakki wurde. Diesem Verteidigungsverein waren sowohl eine Jugend- wie auch eine Frauenorganisation (»Müdafaa-i Milliye Osmanlı Hanımlar Heyeti«) beigeordnet. Unter den paramilitärischen Jugendvereinigungen ist die im Juni 1913 gegründete »Türk Gücü Cemiyeti« (Vereinigung zur türkischen Kraft) zu nennen sowie die im Mai 1914 errichtete »Osmanlı Güç Dernekleri«, die sich der Vorbereitung der Jugend auf den Krieg widmete. Im April 1916 wurde diese Vereinigung als »Genç Dernekler« unmittelbar dem Kriegsministerium unterstellt.

Die wichtigsten Kennzeichen der İttihat ve Terakki Cemiyeti lagen dabei seit 1908, wie auch zum Teil bereits kurz angedeutet, in der Bewahrung des Charakters einer geheimen Verbindung, dem Nebeneinander der Strukturen von Bewegung und Partei sowie dem dichten Netz paramilitärischer, kultureller, ökonomischer und sozialer Unterorganisationen.

Bis 1913 war die Trennung von *Vereinigung* (Cemiyet) und einer jungtürkischen *Partei* (Fırka), die eigentlich nur Fraktionscharakter hatte, auch in der äußeren Struktur der İttihat ve Teraki noch deutlich gewesen. Die Fırka hatte dabei nie eine eigene Handlungsfreiheit gegenüber dem Zentralkomitee, Merkez-i Umumiye, entwickeln können. Im übrigen waren die jährlichen[104] Kongresse des Cemiyets auch zum überwiegenden Teil geheim geblieben. Als sich das Cemiyet 1913 selbst zur Partei erklärte, wurde die Trennung zwischen Zentralkomitee und parlamentarischer Vertretung nach innen verlagert, doch in seiner Deutlichkeit beibehalten.

Die Notwendigkeit einer solchen Trennung lag begründet im Osmanismus, der nach außen hin propagiert bleiben mußte. So war die Fırka auch Nicht-Türken zugänglich gewesen. Und während sich nach 1913 unter den Aufnahmebedingungen in die İttihat ve Terakki die Bedingungen eines jungen Alters, eines höheren Schulabschlusses sowie einer Tätigkeit innerhalb der Staatsverwaltung für Einzelfälle lockerte, blieb die Bedingung einer türkischen Identität stets bestehen. Die Fırka, ein Körper ohne jegliche Unterorganisationen, hatte sich mit drei Delegierten allein an der Erörterung des politischen Programms während der Generalversammlungen der İttihat ve Terakki beteiligen können. Ihre Abgeordneten waren der Kontrolle der örtlichen Niederlassungen des Cemiyets sowie der Sonderorganisationen ausgesetzt.

Als Sonderorganisation ist neben dem Staatssicherheitsdienst (Emniyet-i Umumiye Müdürlüğü) vor allem die »Teşkilât-ı Mahsusa« zu nennen. Die Handlungsfelder dieser Sonderorganisation stehen als viertes Charakteristikum im Erscheinungsbild der İttihat ve Terakki nach 1908. Ein Bild, das im besonderen Strukturen eines »Staates im Staate« zeigt – ohne dabei jetzt zu deutlich auf Ernst Fraenkels 1941 geprägten Begriff des »Doppelstaats« anspielen zu wollen.

Über die Gründung der Teşkilât-ı Mahsusa ist bisher ebensowenig bekannt, wie ihre Struktur und Handlungsfelder noch nahezu unerforscht sind. Doch sind bereits 1911 Anzeichen ihrer Tätigkeit in der Innenpolitik zu erkennen. Zudem war im Balkankrieg eine Einsatzgruppe tätig geworden, zusammengesetzt aus über 5 000 Gefangenen und begnadigten Straftätern, die als »Mücahidler Fırkası« (Glaubenskämpfer) sowie in »Amele Taburları« (Arbeitskolonnen) – dies vor allem im Straßenbau – eingesetzt wurden und der Teşkilât-ı Mahsusa unterstanden haben müssen. Auch die Ausbildung einer speziellen Einheit der 4. Armee für den Einsatz im Kaukasus soll in der Verantwortung dieser Sonderorganisation gelegen haben. Die Aufgaben der Teşkilât-ı Mahsusa waren dabei vier Einsatzbereichen untergeordnet: Rumeli, Kaukasus, Afrika und Trablusgarp sowie den Bereich der östlichen Vilayets, dessen Leiter Dr. Şakir mit Sitz in Erzurum war. Die Teşkilt-ı Mahsusa allein als ein Instrument der Gewalt oder des Terrors zu bezeichnen, wäre zu wenig. Ihre Eingebundenheit in das ideologische Ziel des Turkismus macht die Aufgabenbreite und die zentrale Stellung der Organisation im Herrschaftsapparat der Jungtürken erst wirklich deutlich.

Zugleich mit dem Erreichen der Spitze der Macht im Jahr 1914 hatten die Vorbereitungsmaßnahmen für den Genozid an den Armeniern begonnen, wobei hier auf eine detaillierte Darstellung der Ereignisse verzichtet werden muß.

Die Massaker des Jahres 1909 in Kilikien hatten die armenische Gemeinschaft, die mit der jungtürkischen Bewegung eine Erfüllung der während des Berliner Kongresses von 1878 diskutierten Reformen für die armenischen Vilayets erhofft hatte, in Enttäuschung zurückgelassen. Die Hoffnungen mußten auf die Intervention europäischer Mächte und Rußlands gesetzt werden. Am 8. Februar 1914 unterzeichnete Said Halim für die Regierung des Osmanischen Reichs das von der russischen Regierung fixierte bilaterale Abkommen über die armenischen Provinzen – die ostanatolischen Vilayets Van, Erzurum, Bitlis, Diyarbakır, Kharpert und Sivas –, das u. a. vorsah, europäische Beobachter in die Provinzen zu entsenden und Generalinspekteure zur Kontrolle von Verwaltung, Polizei und Gendarmerie einzuberufen, jedoch unausgeführt blieb.

Nachdem am 2. August 1914 die geheime deutsch-türkische Bündnisvereinbarung über den Eintritt der Türkei in den Weltkrieg an der Seite der Mittelmächte unterzeichnet worden war, wurden in als geheim erklärten Aktionen sämtliche wehrfähige armenische Männer im Alter von 20 bis 45 Jahren zu Sonderbataillonen eingezogen und aus den Dörfern und Städten des gesamten Anatoliens gebracht. Im August 1914 ging Dr. Bahaeddin Şakir mit einem Mitarbeiterstab nach Erzurum, um seine Einsatzgruppen der »Tschetes«, 10- bis 50köpfige, bandenähnlich strukturierte Einheiten, zu organisieren und mit Einsatzbefehlen zu versehen.[105] In diesem Herbst erreichten die gezielten Tötungsmaßnahmen an politischen, ökonomischen und kirchlichen Repräsentanten der Armenier in den Dörfern und Städten Anatoliens einen Höhepunkt. Eine Welle von Durchsuchungs- und Entwaffnungsaktionen vervollständigte die Maßnahmen. Der deutsche Botschafter Wangenheim sprach angesichts der Morde von »Proskriptionslisten«, nach denen die Mitglieder der örtlichen jungtürkischen Clubs offensichtlich vorgingen.[106]

Im Februar 1915 begannen die Vernichtungsaktionen mit der Deportation der Bevölkerung von Zeitun. Vilayet für Vilayet wurden die Armenier zu verschiedenen Zeiten auf unterschiedlichen Wegen in Bewegung gesetzt. In manchen, geographisch ungünstig gelegenen Dörfern oder solchen, in denen man Widerstand vermutete, war auf eine Deportation verzichtet worden, hier wurden die Menschen an Ort und Stelle getötet.[107] Wo die Linie der Bagdadbahn bereits in Betrieb war, wurde auch diese für die Deportationen eingesetzt, deren Ziele die Todeslager in der syrischen Wüste waren. Der 24. April, an dem in Konstantinopel armenische Intellektuelle und Persönlichkeiten des öffentlichen Lebens verhaftet und später ermordet wurden, ist heute zum Gedenktag an den Völkermord geworden.

Zeugen der blutigen Felder und Flußläufe wurden die deutschen Diplomaten und Offiziere, die in vielleicht doch verwundernder Präzision das Protokoll der Vernichtung führten:

»Das berichtete Vorbeitreiben von Leichen auf dem Euphrat, das in Rumkaleh, Biredjik und Djerabulus beobachtet worden ist, hatte, wie mir am 17. d. M. mitgeteilt wurde, 25 Tage lang gedauert. Die Leichen waren alle in der gleichen Weise, zwei und zwei Rücken auf Rücken, gebunden. Diese Gleichmäßigkeit deutet darauf hin, daß es sich nicht um Metzeleien, sondern um Tötung durch die Behörden handelt. Es heißt und ist wahrscheinlich, daß die Leichen durch Soldaten in Adiaman in den Fluß geworfen worden sind. Wie weiter unten zu berichten sein wird, hat das Vorbeitreiben nach einer Pause von mehreren Tagen von neuem begonnen und zwar in verstärktem Maße. Dieses Mal handelt es sich hauptsächlich um Frauen und Kinder.«[108]

Dr. Max Erwin von Scheubner-Richter versuchte aus Erzurum ebenfalls mit detaillierten Berichten der Reichsregierung die Situation zu verdeutlichen:

»Die Armenier, besonders die Stadtbewohner, die ›Juden des Ostens‹, sind wohl gerissene Handelsleute, und kurzsichtige Politiker, aber in ihrer Mehrzahl und soweit ich sie kennengelernt, keine aktiven Revolutionäre.«[109]

Und Freiherr von Wangenheim urteilte in einem Bericht an Reichskanzler von Bethmann Hollweg am 7. Juli 1915:

»Dieser Umstand und die Art, wie die Umsiedlung durchgeführt wird, zeigen, daß die Regierung tatsächlich den Zweck verfolgt, die armenische Rasse im türkischen Reich zu vernichten.«[110]

In einem Memorandum, datiert auf den 2. Mai 1915, hatte Talat beim Großwesir um ein Sondergesetz für die Durchführung der Deportationen angesucht, das als »Meclis-i Vükela'nın Tehcir Kararı« (Vorläufiges Gesetz über die Deportationen) erlassen werden sollte.[111] Der verwendete türkische Wortlaut ist die Bezeichnung »tehcir« (Umsiedlung). Ein Erlaß vom 26. September 1915 schaffte eine vorübergehend legale Grundlage für die Liquidation armenischen Eigentums, mit dem 10. Juni wurde die Kommission »Emvâl-i Metrûke« zum »Schutz« der »verlassenen Güter« eingesetzt.

Graf Wolff-Metternich, Botschafter in Konstantinopel, schrieb am 10. Juli 1916 aus Tarabya an Reichskanzler von Bethmann Hollweg:

»Die Armenierverfolgungen in den östlichen Provinzen sind in ihr letztes Stadium getreten. Die türkische Regierung hat sich in der Durchführung ihres Programms: Erledigung der armenischen Frage durch die Vernichtung der armenischen Rasse« nicht »beirren lassen; sie steht jetzt im Begriff, die letzten Ansammlungen von Armeniern, welche die erste Deportation überstanden haben, aufzulösen und zu zerstreuen ... Das Konzentrationslager in Ras ul Ain ... ist vollständig geräumt; ein erster Transport ist auf dem Marsch nach Der-es-Zor überfallen und zusammengehauen worden; es wird vermutet, daß es den übrigen nicht besser ergangen ist.«[112]

Halide Edib Adivar, die bekannte türkische Schriftstellerin und Frauenrechtlerin, berichtet in ihren Memoiren, hin- und hergerissen zwischen der Rechtfertigung jungtürkischer Ideale und dem Versuch, die an vielen Stellen drängenden Gedanken über die Verfolgung der Armenier nicht auszuformulieren, nicht zu Ende denken zu müssen, von einer Begegnung mit Talat Paşa:

»Ich sah Talat nach den Deportationen äußerst selten. Ich erinnere mich gut an einen Tag, als er nahe daran war, in der Diskussion der Frage in Wut zu geraten und in einem unnachgiebigen Ton sagte: ›Sieh, Halidé Hanum. Ich habe ein Herz so gut wie das Eure, und bei Nacht hält es mich wach, an das menschliche Leiden zu denken. Aber dies ist eine persönliche Angelegenheit, und ich bin hier auf der Welt, um an mein Volk zu denken und nicht an meine Empfindlichkeiten ... Ich habe die Überzeugung, daß eine Nation, solange sie das Beste für ihre eigenen Interessen tut und erfolgreich ist, von der Welt bewundert und als moralisch beurteilt wird. Ich bin bereit zu sterben für das, was ich getan habe, und ich weiß, daß ich dafür sterben werde.‹«[113]

In seiner Erinnerung gibt Midhat Şükrü Bleda, Mitglied und zeitweise Generalsekretär des Zentralkomitees von İttihat ve Terakki, ein Gespräch mit Dr. Mehmet Reşit[114] wieder, der Gouverneur in Diyarbakır war und an dessen persönlicher Beteiligung an den Mordaktionen wohl kein Zweifel besteht:

»›Ich sagte, Sie sind ein Arzt, und als Arzt ist es ihre Aufgabe, Leben zu retten. Wie kam es dazu, daß Sie die Festnahme so vieler unzähliger Unschuldiger und deren Wurf in den Schoß des Todes verursacht haben?‹ Die Antwort an mich von Dr. Reşit Bey: ›Arzt sein, dies konnte mich meine Nationalität nicht vergessen lassen. Reşit ist natürlich ein Arzt. Er ist aber in die Welt als Türke gekommen . . .‹ – Auf die Frage: ›Belastet das, was Sie gemacht haben, ihr Gewissen nicht?‹, hat er diese Antwort gegeben: ›Wie kann es nicht belasten? Aber ich habe diese Sache nicht getan, um meinen persönlichen Stolz zu befriedigen. Ich sah, daß das Vaterland aus der Hand ging. Für das Wohl meines Volkes habe ich mich, in dem Bewußtsein, mit geschlossenen Augen zu handeln, nach vorne geworfen.‹ – ›Und historische Verantwortung?‹ – ›Sollte mich wegen meines Verhaltens meine eigene Geschichte verantwortlich machen, sei's drum. Was die Geschichte der anderen Völker denkt, interessiert mich überhaupt nicht.‹«[115]

Hüseyin Cahid Yalcın schrieb im Jahr 1936:

»Es blieb uns ein Geheimnis, sowohl das Wesen der Deportation als auch die Organisatoren. Den Fragen in dieser Richtung wurde immer mit unklaren Antworten begegnet. Man hatte uns versichert, daß die Sache nicht vorbereitet sei. Vermutlich aber war diese fürchterliche, eine für das Land doch eindeutig notwendige Entscheidung; eine eiserne Entschlossenheit war hierfür das geringste gewesen.«[116]

Der Bericht des Zentralkomitees zum Kongreß der İttihat ve Terakki vom 28. September bis 5. Oktober 1916 berücksichtigte auch die Deportationen der armenischen Bevölkerung, die während der Kongreßtage allgemein diskutiert wurden. Dieser Bericht sollte den Argumentationsrahmen vorprägen, in dem sich noch heute die türkische Historiographie, türkische Politik und Öffentlichkeit bewegen. In 16 Punkten wurde dabei über Einzelbeispiele[117] eine Rebellion zu begründen versucht und eine »Zwangslage«, eine »Notwendigkeit« der Maßnahmen gesetzt.[118] Vor diesem Hintergrund der aufrechterhaltenen Rechtfertigungsversuche einer Auslöschung von 1,5 Millionen Menschen, ihrer Geschichte und Kultur, muß das Antlitz der modernen Türkei betrachtet werden: der nie aufgegebene Versuch der Homogenisierung des türkischen Kernlandes und der Vereinigung mit den Turkvölkern des Kaukasus und Mittelasiens.

Unbestreitbar ist, um noch einmal ein kurzes Resümee zu ziehen, die systematische Massenvernichtung nicht als spezifisches Phänomen der Moderne zu sehen. Die Vernichtung von großen Menschengruppen jedoch, ohne daß zwischen Täter- und Opfergruppe ein politischer Konflikt vorliegt, ist nur im Zusammenhang mit den spezifischen Staatsausprägungen der Moderne zu verstehen. Die Vergleichende Genozidforschung bringt die Gefahr mit sich, Genozid als internationales Verbrechen, als Phänomen einzugrenzen.

Genozid jedoch, dies möchte ich kurz in einer versuchsweise definitorischen Annäherung zusammentragen, ist ein *nationales* Verbrechen, sich verwirklichend im nationalen Staatsbildungsprozeß spezifischer Gesellschaften in der Moderne. Der Völkermord an den Armeniern wurde dabei von einer nationalen Bewegung vorbereitet, die sich durch folgende Charakteristika kennzeichnen läßt: einem Nebeneinander der Strukturen einer Bewegung und einer Partei; der Legitimierung durch eine völkisch zentrierte Weltanschauung; einer frühen Vorbereitung der Machtübernahme durch die Unterwanderung und Ausschaltung von oppositionellen Kräften in Militär und Regionalverwaltungen; einer Ausbreitung der Ideen der Bewegung durch die Gründung eines dichten Netzes von Vereinen; der Konzentration der exekutiven Anordnungen auf Sondereinheiten, die direkt dem Zentralkomitee unterstellt waren; der Nutzung einer Kriegssituation als Deckmantel und als organisatorische Erleichterung des Völkermords.

Genozid als nationaler Entscheidungsprozeß geht von einem Moment aus, in dem die Tatsache oder das Gefühl außen- und innenpolitischer Bedrängung zum Eindruck einer Systemgefährdung umschlägt und sich über das Kollektivbewußtsein einer Bedrohung eine zur konsequenten Gewalt enthemmte Tätergesellschaft formiert, die über verschiedene soziale, wirtschaftliche und politische Schichten und Verantwortlichkeiten ein kurzfristiges, aber durch Innenkonzentration höchst stabiles Gleichgewicht aufweist.

Die Definition der Zielgruppe des genozidalen Angriffs, der innenpolitische Homogenität verschaffen soll, wird gefördert von allgemein verbreiteten Stereotypen und Vorurteilen und in besonderer Weise von einer Vorgeschichte der Verfolgung wie einer Gewaltbereitschaft der Mitglieder der Tätergesellschaft.

Der Genozid entwickelt sich dabei über Gruppierungen innerhalb der Tätergesellschaft eigendynamisch und dezentralisiert. Jene *Atmosphäre der Vernichtung* ist geprägt von dem Gefühl der Erfüllung einer nationalen, einer möglicherweise auch als schwer empfundenen *Pflicht*, der Befolgung einer wichtigen, ehrvollen Aufgabe, dem Handeln für einen Neubeginn, einem Aufbruch in die Moderne.

»Wir kapitulieren nicht, niemals. Wir können untergehen. Aber wir werden eine Welt mitnehmen.« Diesen Satz Hitlers hielt Hans Blumenberg fest, um den Versuch zu zeigen, Lebenszeit und Weltzeit in der Verwirklichung eines wahnhaften Plans zu vereinen.[119]

In der Ausschaltung jeglicher traditioneller Moral wird die Frage der Vernichtung selbst zu einer moralischen Frage erklärt. Gerade diesen Aspekt einer spezifischen Moral der Gesellschaft in der Situation der Verwirklichung des Genozidprozesses möchte ich betonen. Der Täter wird nicht zur Bestie, zum gefühllosen Monster. Er überwindet seinen Gewissenskonflikt mit dem Bewußtsein, eine wichtige, notwendige Tat zu vollbringen. Es ist weniger Haß, Verachtung, Rassismus, der den Täter treibt, es ist eine Entschlossenheit, die für einen normativen Geltungsanspruch handelt, der nicht durch Terror aufgezwungen wurde, sondern der von den planenden Tätern ebenso gefühlt wurde wie vom »einfachen« Bürger.

Um es noch einmal kurz zusammenzufassen: Die Frage nach der Vernichtung ist eine Frage innerer Ordnung. Genozid ist nicht Möglichkeit zur Lösung eines Konflikts, sondern Verwirklichung von etwas »Hohem«, »Heiligem«. Genozid ist eine Möglichkeit zur Verwirklichung einer homogenen Nationenbildung in kürzester Frist. Unverzichtbarer Aspekt der Durchführung ist jenes moralisch erhöhte Ziel. Ein Moralsystem, das Distanz zur eigenen Tat schafft und das Überwinden einer zentralen menschlichen Kategorie ermöglicht: des Gewissens.

Das Erinnern der Verfolgung in der armenischen Gemeinschaft

»Katastrophe und Identität«, die hier gestellte Frage ist eine Frage nach dem Weiterleben. Es ist eine Frage nach der Integration einer extremen Verfolgungserfahrung, nach den Möglichkeiten der Bewahrung des Verlorenen und den Chancen einer Neufindung. Eine Frage, die analytisch zumeist für die Generation der Überlebenden und die Generation der Nachkommen getrennt betrachtet wird.[120]

Für die armenischen Überlebenden muß man sich dieser Frage unter Berücksichtigung zweier Aspekte nähern: der bis heute gültigen Verweigerung einer Anerkennung des Verfolgungsereignisses wie jedoch auch der spezifischen Existenzschwierigkeiten der Überlebenden. Nach den Jahren des orientierungslosen Umherirrens in der sich auf den Resten des Osmanischen Reichs bildenden Türkei, den Aufenthalten in Waisenhäusern, den Existenzsorgen in den neuen Gastländern – zu einer Zeit, in der in Europa noch kein

Bewußtsein für die Flüchtlingsproblematik erwachsen war – haben sie mit ihren Familien die grundlegenden Handlungs- und Verhaltensweisen der heutigen armenischen Diaspora geprägt.

Verfolgung, der Verlust des Heimatlandes und die Zerstreuung gehörten konstitutiv zur armenischen Geschichte seit dem Jahr 1064, dem Fall und der Zerstörung der armenischen Königsstadt Ani unter dem Ansturm der turkstämmigen Seldschuken.

Auch wenn die armenischen Königreiche ebenso vor wie nach dem Bekenntnis zum christlichen Glauben im Jahr 301 in nur kurzen Phasen relativer Selbständigkeit lebten und zu den stets unter unterschiedlichen Fremdherrschaften stehenden Teilgebieten Armeniens immer schon der Auszug und das Leben in der Fremde gehört hatte, begann mit dem Fall von Ani die Geschichte einer armenischen Diaspora. Ein Leben als Gemeinschaft in einer Fremde, die als Heimat angenommen wurde. Eine Ausbildung von Strukturen, die dieses Bestehen in der Fremde ökonomisch sicherten sowie einen sozialen Rahmen gewährten.

Das mit dem Dritten Kreuzzug von den kreuzfahrenden Mächten etablierte armenische Fürstentum Kilikien[121], das bis zum Jahr 1375 bestand, gab unter den armenischen Gemeinschaften, die sich in den unterschiedlichen Zerstreuungen in Osteuropa, Persien, Indien und im Mittelmeerraum bilden sollten, einer Besonderheit Raum und einem Zeichen zugleich: Auf einem nicht historisch armenischen Boden, eben jenen kilikischen Bergen am Mittelmeer, war für einen kurzen Zeitraum aus einer Zuflucht ein handlungsfähiges Fürstentum entstanden, das in der Kontinuität der aus Ani Geflüchteten das Bestehen und die Weiterentwicklung armenischer Wissenschaft, Kunst und Sprache sicherte.

Während die ostarmenische Gemeinschaft auch nach dem Fall von Ani auf einem Restterritorium hatte verbleiben können, hatten sich entlang der Routen der Kreuzfahrer und Händler unter der Toleranz unterschiedlicher Schutzmächte blühende westarmenische Diasporagemeinden ausgebildet: Lemberg, Rom, Venedig, Amsterdam, Nor Djugha, Madras oder Kalkutta; bis mit dem 18. Jahrhundert die armenische Gemeinschaft Konstantinopels alle Hoffnungen auf sich vereinigen sollte.

Die Katastrophe, jene das kollektive Leben in den einzelnen Zentren armenischer Geschichte immer wieder aufs neue beendende Verfolgung, wurde als Schicksal beklagt, betrauert; ein Neuanfang stets in der Erinnerung an die überlebte Verfolgung gesucht. In der religiösen wie weltlichen Dichtung des armenischen Mittelalters findet sich ein Schema von Aufbau, Verfolgung und Überleben sowie eine Akzeptanz der Katastrophe als spezifisch eigenes Schicksal.[122] So heißt es im Klagelied von Aristakes Latisverzi, entstanden um das Jahr 1087:

»Jene, die mit dem Land verwurzelt waren, die Verbannten des Himmels,
haben ein zweites Exil kennengelernt,
von aufrührerischen Fremden verschleppt,
von ihren Lieben, die vom Schwert verschont waren, fortgerissen,
wurden sie in alle Himmelsrichtungen zerstreut.
Neue Kriege haben uns überwältigt:

das Schwert im Osten, der Tod im Westen,
Flammen im Norden und Blut im Süden.
Die Freude hat uns verlassen, die Lyren sind verstummt,
so wie die Trommeln.
Schluchzen hat sich erhoben.«

Die Bezeugung der Katastrophe, ihre Bannung in Schrift, begleitete das armenische Leben seit der Erfindung der armenischen Schriftzeichen um das Jahr 405 durch den Mönch Mesrob Maschtoz. In Liedern und Gedichten, aber auch in den Nachschriften der armenischen Manuskripte des Mittelalters, den »Hischadagaran« (Ort der Erinnerungen)[123], fand die Begegnung und die Auseinandersetzung mit der Katastrophe eine Kodifizierung. Schrift und Buch wurden als wichtigste Orte der Bewahrung des Verlorenen zu Zeichen armenischer Geschichte und Identität. An die alten Erzählungen wurde immer wieder angeknüpft, um ein Wort, ein Bild, für die neue Verfolgung sprechen zu können.

Genozid jedoch läßt nur Reste zurück, Bruchstücke, Einzelpersonen. Es gibt keine Möglichkeit einer familiären Anknüpfung, keine Häuser, kein Bild, kein Buch. Da ist nichts, was der Überlebende retten konnte. Genozid verursacht einen Bruch, der sich im Vergleich zu den vorherigen Katastrophen dadurch unterscheidet, daß er auch eine Erinnerung an das Vorher zerstört, daß eine Erinnerung an das Verlorene nicht mehr möglich ist. Genozid hinterläßt nur die Erinnerung an den Bruch selbst.

Damit scheint die Möglichkeit einer Integration der Extremerfahrung durch traditionelle Integrationsmechanismen ausgeschlossen, denn die Radikalität des Genozids ließ nicht nur allein jene Bruchstücke von Tradition übrig, sie hinterließ diese auch in der Form des Losgelösten, Symbolischen.

Es gibt keinen Bedeutungszusammenhang mehr, in dem sich die Tradition verwirklichen und in dem sie sich entwickeln könnte.

Die Beschäftigung mit den Lebensleitlinien von Überlebenden, die unter dem Schwerpunkt traumatischer Nachfolgen steht, betont stets die Unmöglichkeit, sich dem Genozid über traditionelle Darstellungsformen, Interpretationsmuster und Integrationen zu nähern. Ist die Wiederherstellung eines traditionellen Rahmens für das Nicht-Integrierbare des Genozids nur Hilflosigkeit, Flucht vor der Erkenntnis der Radikalität des Verlusts? Oder nicht vielleicht doch einzige Möglichkeit überhaupt, einen Weg für eine Erfahrbarkeit einer Katastrophe anzubieten, der nicht vor der Radikalität des Bruches verzweifelt, sondern eine Erinnerung formuliert, die kodifiziert und weitergegeben werden will?

Die armenischen Überlebenden haben mit dem Begriff des »djermak dschart« (Weißes Massaker) eine Gefahr in ein Wort gebannt, die das »karmir dschart« (Rotes Massaker) des Genozids in grausamer Weise begleitete: die Gefahr des Vergessens. Es geht hier um ein soziales Vergessen, das Ausdruck eines Verlusts ist. Es geht hier um den Verlust einer »sozialen Rahmung«, an die Maurice Halbwachs das Vergessen unmittelbar band:

»Einen Abschnitt seines Lebens vergessen heißt: die Verbindung zu jenen Menschen zu verlieren, die uns in jener Zeit umgaben. Eine fremde Sprache vergessen bedeutet: nicht mehr imstande zu sein, jene Menschen zu verstehen, die uns in dieser Sprache anredeten – mochten sie im übrigen lebendig noch gegenwärtig sein oder Autoren, deren Werke wir lasen.«[124]

Vergessen bedeutet hier, jeglichen Zugang zu den Menschen, den Dingen, den Sprachen des Vorher verloren zu haben. Die Erinnerungen der Überlebenden stehen in keiner *memorialen Integrität* mehr zu dem Leben vor der Verfolgung.

Aber doch »erinnern« die Überlebenden. Sie erzählen, schreiben und beschwören die Bilder, deren einzige Zeugen sie sind. Es gibt kein Zusammensein unter den Armeniern der Diaspora, kein Fest, keine Hochzeit, ohne daß die Gedanken zurück zu dem Völkermord gelenkt und die Geschichten der Überlebenden weitererzählt würden.

In der näheren Betrachtung der biographischen Erinnerungen fällt die Einfachheit, die Schlichtheit der verwandten Bilder auf und ihr hoher symbolischer Gehalt. Bilder eines blühenden Heimatlandes prägen die Erzählungen, Bilder von Kirschbäumen und Weinbergen, Bilder tapferer Helden, zu jung gestorbener Väter, Onkel und Brüder, Bilder der Harmonie, Visionen des ökonomischen Aufschwungs, Visionen von Bildung.[125] Neben der Beschwörung der Unzerstörtheit des Lebens vor 1915 werden Bilder aus traditionellen Erzählungen historischer Verfolgungen verwandt. Alte Mythen und Legenden, die Helden traditioneller Epen drängen sich zwischen die Worte.[126]

Gerade die narrativen biographischen Interviews, die ich seit mehreren Jahren mit Überlebenden führe, machen eindrucksvoll deutlich, wie über die letzten, fragmenthaften und symbolischen Bilder ein Erinnerungszusammenhang *neu*konstruiert wird. In den Erzählungen der Überlebenden wird ein Mythos erschaffen, ein Traum, ein Versprechen. In der Anknüpfung an eine armenische Tradition der *Erinnerungserzählung*[127] – religiöser oder epischer Erzählungen, die, wie die Geschichte von Davit von Sassun oder dem Tapferen Vardan, in ihrer parabelhaften Form von Generation zu Generation weitergegeben wurden, zentrale handlungsanweisende Schemata für die armenische Diaspora mit sich führend – wurde das durch den Genozid Verlorene selbst zu einer *Erzählung*. Dies ist sicherlich durch die fehlende wissenschaftliche Beschäftigung mitverursacht worden, im besonderen aber auch durch die Unmöglichkeit eines Zugangs zu den Orten des ehemaligen Lebens. Die Mechanismen der traditionellen Erinnerungserzählung ermöglichten für die Überlebenden dabei nicht allein eine Erinnerung an die Vernichtung überhaupt, da diese Mechanismen eine Rekonstruktionsebene und einen Begriffsbereich zur Verfügung stellen und somit eine Kommunikationsebene für das, was die Grenze jeglichen menschlichen Erinnerns und Erzählens wie der Erzählung selbst bedeutet. Die Neukonstruktion der traditionellen Erzählschemata bot zugleich auch eine Abstraktionschance an, eine Möglichkeit zur Distanz dort, wo die Nähe zum Erfahrenen nur noch zerstörerisch wirken würde. Erstaunlich und eindrücklich ist zudem, wie es den Überlebenden über diese parabelhaften Bilder gelingt, Lebensfähigkeit, d. h. Erfahrung, Erinnerung und Kommunikation, neu zu versuchen.

Meiner Meinung nach wird dieser Gedanke oft verkannt. Von einer resignativen Zufluchtsuche in eine verlorene Vergangenheit kann in den Lebensleitlinien der Überlebenden genozidaler Verfolgungen nur schwerlich die Rede sein. Außerordentlich bewundernswert hingegen ist es, daß die Überlebenden – und die armenischen Überlebenden, die ja nach dem Genozid noch einmal in einer Fremde Zuflucht suchen mußten und im Angesicht der Verleugnung eine neue Diaspora aufbauten, in sicherlich stärkerer Weise als die jüdischen Überlebenden – das Verlorene wieder zu beleben, zu erinnern suchten, es lebendig hielten, um überhaupt eine Identität leben zu können, um Kontinuität[128] zu retten.

Zu häufig wird dieser Konstruktionsversuch, der auch Identität für die nachfolgenden Generationen ermöglichte, weil er eine verlorene Vergangenheit neuerschuf, gerade von den Nachkommen als Unfähigkeit zur Überwindung des Verlorenen fehlgedeutet.

Die Bedeutung des Erinnerungskonzepts liegt gerade in seiner vermittelnden, seiner integrativen Perspektive. Die Erinnerungsbindung ist eine dynamische Bindung, eine Bindung, die sich im Gegensatz zur fest von einem Sinnschema bedingten Traditionsbindung erst im Moment des Erinnertwerdens erfüllt. Erinnerung wird zur Konstruktion von Zugehörigkeiten.

Das Gedächtnis des Gedenkens der offiziellen Rituale und Feierlichkeiten ist ein »unbewohntes Gedächtnis«[129], um eine sehr eindrückliche Differenzierung von Aleida Assmann aufzunehmen. Ein Gedächtnis, losgelöst von einem spezifischen Träger, als radikale Trennung, als Markierung zwischen Vergangenheit und Gegenwart, als Festschreibung eines Sinnschemas.

Die Überlebenden jedoch verlangen nach einer anderen Form der Erinnerung, und ihre Suche wird bisher allein über Aspekte der Übertragung von Traumata auf die nachfolgende Generation beachtet und aufgenommen. Wenn die Überlebenden ein Erinnern anmahnen, dann fordern sie ein Offenhalten der Wunde. Erinnerung wird zur Konstruktion eines kollektiven Referenzrahmens, des einzigen, der nach dem Genozid noch möglich ist, weil seine Fragmente die einzigen sind, die von den Überlebenden weitergetragen werden konnten.

Die Frage nach der Erinnerung in der armenischen Überlebendengemeinschaft stellt sich aber heute nicht nur immer noch angesichts des unüberwindbaren Bruchs des Genozids, sondern auch angesichts einer neuen Erfahrung: der Erfahrung einer unabhängigen Republik Armenien. Eine Republik, die sich aufgrund realpolitischer Handlungswünsche um eine »Normalität« bemüht. Die nicht das Andenken der Opfer, sondern einen Neuanfang sucht. Die keine Vergangenheit, sondern Zukunft will.

Auch achtzig Jahre nach dem Genozid geht es für die westarmenische Diaspora, die zweite und dritte Generation nach dem Genozid, noch immer nicht allein nur um eine Mahnung an die Bewahrung der Erinnerung, sondern zunächst noch immer um das Recht, die Erinnerung an das Verlorene tragen zu dürfen.

Anmerkungen

1 Zu Veröffentlichungen aus dem Forschungsprojekt »Individuelle Erfahrung und kollektives Trauma«, das sich mit Integrationen der traumatischen Erfahrungen der Verfolgung in den Lebensleitlinien armenischer Überlebender beschäftigt, initiiert und finanziell getragen von der Stiftung für Armenische Studien, im Stifterverband für die Deutsche Wissenschaft, siehe besonders Kristin Platt, »Gedächtniselemente in der Generationenübertragung. Zu biographischen Konstruktionen von Überlebenden des Genozids an den Armeniern«, in: *Generation und Gedächtnis*, hg. von Kristin Platt und Mihran Dabag, Opladen 1995, S. 338-376.

2 Siehe dazu Krikor Beledian, »Die Erfahrung der Katastrophe in der Literatur der Armenier«, in: *Generation und Gedächtnis*, hg. von Kristin Platt und Mihran Dabag, Opladen 1995, S. 193 f.

3 Ebenda, S. 204.

4 Die hier angeführte Zahl von 1,5 Millionen Ermordeten ist, ähnlich der Zahl der 6 Millionen jüdischer Opfer, eine *gesetzte*, Symbol gewordene und zugleich den Schätzungen entsprechende Zahl. Diese ist unter anderem an Angaben des armenischen Patriarchats in Konstantinopel orientiert, die auch Krikor Zohrap, armenischer Abgeordneter im osmanischen Parlament, in einer Veröffentlichung aus dem Jahr 1913 anführte (Léart, Marcel [Pseudonym], *La Question arménienne à la lumière des documents*, Paris 1913, S. 59-63) und die die Zahl der Armenier auf dem Gesamtgebiet des Osmanischen Reichs für das Jahr 1913 mit 2,1 Millionen angibt. Siehe dazu auch: Arthur Beylerian, *Les Grandes Puissances. L'Empire Ottoman et les Arméniens dans les Archives Françaises*, 1914-1918, Paris 1983, Einleitung S. XXIII. – Die offiziellen osmanischen Statistiken zählen für 1914 rund 1 230 000 Armenier in Konstantinopel und den Provinzen. Siehe auch: Kemal Karpat, *Ottoman Population 1830-1914. Demographic and Social Characteristics*, London 1985, S. 44-45.
Es ist ein spezifisches Charakteristikum der Beschäftigung mit dem Völkermord an den Armeniern, daß die Verleugnungs- und Rechtfertigungsthesen der türkischen Historiographie in eine Diskussion um die Zahl der Opfer zu verwickeln suchen. In der Logik dieser Ansätze werden denn auch »Entgegenkommen« über die Opferzahlen angeboten: auch wenn man es Völkermord nennen könne, müsse man doch von nur 300 000 Toten ausgehen, oder, um die andere Variante anzuführen, auch wenn man es nicht Völkermord nennen könne, könne man sich doch der allgemeinen Schätzung der Opferzahlen nähern.

5 Raphael Lemkin, *Axis Rule in Occupied Europe. Laws of Occupation – Analysis of Government – Proposals for Redress*, Washington/Carnegie Endowment for International Peace, Division of International Law, 1944, S. 79-95.

6 Siehe zu dem Kongreß auch die Überlegungen im Abschnitt 4 und Anmerkung 117.

7 So ist auch die jetzt häufig herausgehobene Arbeit von Taner Akçam nicht frei von jenen Rechtfertigungen, denen sich die türkische Historiographie ohne Ausnahme unterwirft: *Türk Ulusal Kimliği ve Ermeni Sorunu*, Istanbul 1992. Siehe zum Aufweis der Rechtfertigungskonzepte in dieser sich dem Völkermord zu nähern versuchenden Arbeit vor allem:

Mihran Dabag, »Le Traumatisme des Bourreaux: À propos du livre de Taner Akçam«, in: *Revue du Monde Arménien* 1, 1994, S. 103-108.
Der ansonsten international unumstrittene Orientalist Bernard Lewis schreibt zum Beispiel: »Für die Türken stellte die armenische Bewegung die tödlichste von allen Bedrohungen dar ... Türkische und armenische Dörfer, unentwirrbar gemischt, hatten über Jahrhunderte in nachbarschaftlicher Übereinkunft gelebt. Nun begann ein zerstörerischer Kampf zwischen ihnen – ein Kampf zwischen zwei Nationen um den Besitz des einen Heimatlandes, der endete mit dem schrecklichen Holocaust von 1915 [engl. Ausgabe: 1916], als eineinhalb Millionen Armenier starben«, aus: Bernhard Lewis, *Modern Türkiyenin Doğuşu*, Ankara 1991 (4. Aufl.), S. 351 [engl.: *The Emergence of Modern Turkey*, Oxford u.a. 1961, S. 350].

8 Fikret Adanir, *Geschichte der Republik Türkei*, Meyers Forum Band 23, Mannheim u. a. 1995, S. 20.

9 Denn die Suche nach den Gründen für den fehlenden Diskurs über den Völkermord an den Armeniern bleibt nicht bei den Befürchtungen stehen, durch eine Beschäftigung mit den Armeniern die Bedeutung des Völkermords an den Juden zu schmälern, die Suche führt zunächst zu der vielgerühmten deutsch-türkischen Waffenbrüderschaft im Ersten Weltkrieg. Die unzähligen Zeugenberichte deutscher Offiziere, Botschaftsangehöriger, Missionsschwestern oder Orientreisender, die die deutschen Archive zu den wichtigsten Dokumentensammlungen über den Völkermord an den Armeniern überhaupt werden ließen, weisen in den Zweifeln zwischen politischer Solidarität und humanem Gewissen ein doch bis jetzt unberücksichtigt gebliebenes Kapitel deutscher Geschichte auf. Ein Kapitel, das nicht zuletzt bei der Tatsache innehält, daß jene Zeitzeugen der jungtürkischen Bewegung und des Völkermords an den Armeniern zu Vorbereitern der NS-Bewegung und zum Teil sogar zu ihren hochrangigen Funktionären wurden: Dr. Max Erwin von Scheubner-Richter, 1915 Konsulatsverweser in Erzurum; General Hans von Seeckt, Chef des osmanischen Generalstabs; oder Konstantin Frh. von Neurath, 1915 Botschaftsrat an der Botschaft Konstantinopel.

10 Der hier vorliegende Beitrag ist eine gekürzte Fassung. Verweisen möchte ich an dieser Stelle auf weiterführende Betrachtungen in meinem Artikel zur Ideologie der Jungtürkenbewegung und dem Genozid an den Armeniern in der Anfang 1997 erscheinenden Publikation *Genozid und Moderne*.

11 Lemkin (wie Anm. 5), S. 79.

12 Diese ist jedoch hauptsächlich an den fehlenden realpolitischen Handlungsmöglichkeiten orientiert.

13 Vahakn N. Dadrian, »A Typology of Genocide«, in: *International Review of Modern Sociology* 5, 1975, S. 201-212. Siehe aber besonders auch seine Einzeldarstellung des Völkermords: »Genocide as a Problem of National and International Law: The World War I Armenian Case and its Contemporary Legal Ramifications«, in: *Yale Journal of International Law* 14, 2, 1989, S. 221-334, sowie die Ausgabe in türkischer Sprache: *Ulusal ve Uluslararasi Hukuk Sorunu Olarak Jenosid. 1915 Ermeni Olayı ve Hukuki Sonuçları*, Istanbul 1995.

14 Diese leiden besonders unter der Übernahme von Beobachtungen aus soziologischen Kleingruppen-Analysen auf gesamtgesellschaftliche Strukturen.

15 Vahakn N. Dadrian, »The Structural Functional Components of Genocide: A Victimological Approach to the Armenian Case«, in: *Victimology*, hg. von I. Drapkin und E. Viano, Lexington/M.A. 1974, S. 123.
16 In späteren Arbeiten vertiefte Dadrian diesen Aspekt mit der bedenklichen Überlegung eines Verfolgungsgefühls, das, gespeist aus einer Unfähigkeit, sich von der Erinnerung an alte Verfolgungen zu lösen, jene Verwundbarkeit ausmache. Siehe dazu: »Von Tätern und Opfern. Auslösende Momente und Ursachen von Völkermord. Gedanken zu einem Vortrag von Vahakn N. Dadrian«, in: *Flüchtlingsforum* 10, 7, 1991, S. 32. – Von einem »martyrdom complex« spricht Dadrian aber auch bereits in »The Convergent Aspects of the Armenian and Jewish Case of Genocide. A Reinterpretation of the Concept of Holocaust«, in: *Holocaust and Genocide Studies* 3, 2, 1988, S. 151-169, hier S. 160 f.
17 Helen Fein, »Genocide. A Sociological Perspective«, in: *Current Sociology* 38, 1, 1990, S. 24.
18 Roger W. Smith, »Human Destructiveness and Politics«, in: *Genocide and the Modern Age. Etiology and Case Studies of Mass Death*, hg. von Isidor Wallimann und Michael N. Dobkowski, New York u. a. 1987, S. 24 ff.
19 Frank Chalk/Kurt Jonassohn, »The Conceptual Framework« in: Dies. (Hg), *The History and Sociology of Genocide. Analyses and Case Studies*, New Haven/London 1990, S. 23.
20 Ebenda, S. 29.
21 Raul Hilberg, *Täter, Opfer, Zuschauer*, Frankfurt/M. 1992; vgl. ders., *Die Vernichtung der europäischen Juden*, 3 Bände, Frankfurt/M. 1990.
22 Siehe zu der Diskussion über die Telegramme, die den Vernichtungsbefehl für die Armenier enthalten sollen: Türkkaya Ataöv, *The Andonian Documents Attributed to Talat Pasha Are Forgeries*, Ankara 1984. – Vahakn N. Dadrian, »The Naim-Andonian Documents on the World War I Destruction of Ottoman Armenians: The Anatomy of a Genocide«, in: *International Journal of Middle East Studies* 18, 3, 1986, S. 311-360.
23 Siehe zum Beispiel Leo Kuper, *Genocide*, Yale 1981, S. 43.
24 Politizid: als Massaker an politischen Gruppen, die sich gegenüber einer Autorität in einer Opposition, einschließlich einer Rebellion befinden. Unter den Arbeiten zu Politiziden sind u. a. zu nennen: Barbara Harff/Ted Gurr, »Genocide and Politicides since 1945: Evidence and Anticipation«, in: *Internet on the Holocaust and Genocide* 13, 1987, S. 1-7.
25 Elie Wiesel, »Plädoyer für die Überlebenden«, in: *Jude heute. Erzählungen – Essays – Dialoge*, Wien 1987, S. 202.
26 Zum Begriff einer »genozidalen Situation« siehe Platt, Gedächtniselemente (wie Anm. 1), S. 339 f., Anmerkung.
27 So zum Beispiel Differenzierungen zwischen Genozid (Völkermord an den europäischen Juden), genozidalem Massaker (Völkermord an den Armeniern im Osmanischen Reich) und Massaker, siehe Imanuel Geiss, »Massaker in der Weltgeschichte. Ein Versuch über die Menschlichkeit«, in: *Die Schatten der Vergangenheit. Impulse zur Historisierung des Nationalsozialismus*, hg. von U. Backes u. a., Frankfurt/M. 1992, S. 110-135.
28 Wie zum Beispiel die Termini »Atomarer Holocaust« oder »Bosnischer Holocaust«. Beide Begriffe deuten zudem auf eine Unsicherheit der Täter-Opfer-Zuweisung in den Begriffsbenutzungen selbst hin: So sieht man häufig »jüdischer Genozid« neben »deutschem Genozid«, »armenischer Genozid« neben »türkischem Genozid« stehen.

29 Um einen Begriff aus der traditionellen armenischen Historiographie aufzunehmen.
30 Türk.: »gâvura gâvur demiyeceksin«.
31 Siehe zum Beispiel Niyazi Berkes, *Türkiyede Çağdaşlaşma*, Ankara 1973, engl.: *The Development of Sekularism in Turkey*, Montreal 1964.
32 Türk.: »Zihniyet«. Siehe: Sükrü Hanioğlu, *Osmanlı İttihad ve Terakki Cemiyeti ve Jön Türklük*, Bd. 1: 1889-1902, Istanbul 1985, S. 9 ff.
33 Siehe zum Beispiel: David Kushner, *Türk Milliyetçiliğinin Doğuşu 1876-1908*, Istanbul 1979, engl.: *The Rise of Turkish Nationalism 1876-1908*, London 1977, S. 9 f.
34 Arthur Lumley Davids, *A Grammar of the Turkish Language*, London 1832; Joseph de Guignes, *Histoire générale des Huns, des Turcs, des Mongols et des autres Tartare occidenteaux avant et depuis Jesus-Christ jusqu'à présent*, Paris 1756-58. In diesem Zusammenhang müssen zudem die Arbeiten von Arminius Vambéry und Léon Cahun erwähnt werden.
35 Entsprechend ihres Eintretens in den Diskurs, hier unabhängig von dem tatsächlichen Lebensalter, möchte ich als Vertreter dieser Ersten Generation u. a. nennen (in alphabetischer Folge): Ahmet Cevdet Paşa (1822-1884), Ahmet Vefik Paşa (1823-91), Ibrahim Şinasi (1828-1871), Ziya Paşa (1825-1880) sowie Ali Paşa (1815-1871) und Fuad Paşa (1815-1869).
36 Ahmet Cevdet/Mehmet Fuad, *Kavâid-i Osmaniye*, Konstantinopel 1852.
37 Ahmet Vefik, *Şecere-i Türkî*, Konstantinopel 1864. Siehe auch dazu das von Ahmet Vefik verfaßte Lexikon osmanische Dialekte *Lehçe-i Osmanî*, Konstantinopel 1876.
38 Ziya Gökalp, *Türkçülüğün Esasları*, hier: Istanbul 1978, S. 6 f., siehe dazu auch eine englische Ausgabe: *The Principles of Turkism*, übersetzt und bearbeitet von Robert Devereux, Leiden 1968, S. 5.
39 Die Carboneria, ein politischer Geheimbund mit pseudoreligiösen Charakter- und Struktureigenschaften, war für die Unabhängigkeit Italiens und eine freiheitliche Verfassung eingetreten (1807-1832). Zur Orientierung der türkischen Reformer an der »jungitalienischen« Bewegung siehe u. a.: Şükrü Hanioğlu, *Osmanlı İttihad ve Terakki Cemiyeti*, S. 176.
40 Zu den Repräsentanten dieser *Zweiten Generation*, die zum Teil der Gruppe der Jungosmanen angehörten, möchte ich hier u. a. zählen (in alphabetischer Folge): Ahmet Cevdet (1862-1935), Ahmet Mithat (1855-1912), Mehmet Bey (1843-1874), Mehmet Emin (1869-1944), Mizancı Mehmet Murad (1853-1912) und Namık Kemal (1840-1888), aber auch Ali Suavi (1838-1878) und Hüseyinzade Ali Bey (1864-1941).
41 Siehe zu Namik Kemal u. a. Berkes (wie Anm. 31), S. 208 ff., sowie Lewis (wie Anm. 7), S. 141 ff. (türk. Ausgabe), S. 139 ff. (engl. Ausgabe).
42 Auch angesichts des geheimen Charakters der Organisation selbst ist noch unklar, wer letztendlich zu den Gründern zu zählen ist. Siehe hierzu: Şerif Mardin, *The Genesis of Young Ottoman Thought. A Study in the Modernization of Turkish Political Ideas*, Princeton/New Jersey 1962, S. 12 f. Mardin gibt hier Mehmet Bey, Nuri Bey, Reşad Bey, Namık Kemal Bey, Ayetullah Bey und Refik Bey an und verweist auf die wegbereitende Funktion von Ali und Fuad Paşa. Siehe dazu auch Berkes (wie Anm. 31), S. 204 f., sowie Yuriy Aşatoviç Petrosyan, *Sovyet Gözüyle Jöntürkler*, Ankara 1974, S. 56.

Eine der wichtigsten Quellen, auf die sich eine Mehrzahl der Arbeiten stützen, ist eine Artikelserie von Ebbuzziya Tevfik, »Yeni Osmanlıların Sebeb-i Zuhuru«, die vom 31. 5. 1909 bis 29. 2. 1910 in der Zeitschrift *Yeni Tasvir-i Efkâr* erschien: Ebbuzziya Tevfik, *Yeni Osmanlılar Tarihi*, bearbeitet und übersetzt von Şemsettin Kutlu, Istanbul 1973, S. 60 ff.

43 Publiziert worden war der Begriff bereits bei Mustafa Sami, *Avrupa Risalesi*, Konstantinopel 1840.

44 Petrosyan (wie Anm. 42), S. 102.

45 Siehe zu den im Rahmen dieses Artikels kurzgefaßten innen- und vernachlässigten außenpolitischen Entwicklungsprozessen der modernen Türkei in deutscher Sprache vielleicht vor allem: Ernst Werner/Walter Markov, *Geschichte der Türken. Von den Anfängen bis zur Gegenwart*, Berlin-Ost 1979 (zuerst 1978).

46 Wobei der Pan-Islamismus auch während der nachfolgenden Entwicklungen immer eine Option bleiben sollte.

47 Siehe dazu Lewis (wie Anm. 7), S. 154, bzw. engl. Ausgabe S. 171.

48 Gökalp (wie Anm. 38), S. 7, bzw. engl. Ausgabe S. 5. Das Gedicht wurde ca. 1889 geschrieben, siehe dazu auch Kushner (wie Anm. 33), S. 18, bzw. engl. Ausgabe S. 12.

49 Gökalp (wie Anm. 38), S. 11, bzw. engl. Ausgabe S. 9.

50 Auch über die Errichtung der İttihad-ı Osmanî gibt es nur wenig detaillierte Angaben. Zu den Gründern werden neben İbrahim Temo fast übereinstimmend Abdullah Cevdet, İshak Sükûti und Mehmet Reşid gezählt, in diesem Zusammenhang finden zudem Hüseyinzade Ali, Hikmet Emin und İsmail İbrahim Erwähnung. Siehe dazu: Şükrü Hanioğlu, *Bir Siyasal Düşünür Olarak, Doktor Abdullah Cevdet ve Dönemi*, Ankara 1981, S. 25; Tarık Zafer Tunaya, *Türkiye'de Siyasal Partiler*, Band 1: *İkinci Meşutiyet Dönemi*, Istanbul 2. Auflage 1988 (Erstdruck 1952), S. 19; Ahmed Bedevi Kuran, *İnkılâp Tarihimiz ve İttihad ve Terakki*, Istanbul 1948, S. 61.

51 Siehe zu der Erklärung der İttihad-ı Osmanî die Dokumentensammlung von Tunaya (wie Anm. 50), S. 44 f.

52 Siehe dazu auch: Lewis (wie Anm. 7), S. 196, bzw. engl. Ausgabe S. 194.

53 Obwohl beide als wichtigste Planer der jungtürkischen Machtstrukturen und im besonderen als zentrale Organisatoren des Völkermords an den Armeniern gelten, ist in der Literatur über ihre Lebenswege verhältnismäßig wenig zu finden. Nachdem beide in den Prozessen des Jahres 1919 – in Abwesenheit – zum Tode verurteilt wurden, fiel Bahaeddin Şakir am 17. 4. 1922 in Berlin dem Attentat eines Armeniers zum Opfer. Nazım, der nach dem Ende des Ersten Weltkriegs ebenfalls nach Berlin geflüchtet war, wurde während der Prozesse des Jahres 1926 gegen die »Verschwörergruppe«, die einen Anschlag auf Mustafa Kemal Atatürk geplant haben sollte, hingerichtet.

54 Siehe dazu: Kuran Ahmed Bedevi, *Osmanlı İmparatorluğunda İnkılâp Hareketleri ve Millî Mücadele*, Istanbul 1959, S. 411-432.

55 Siehe dazu auch: Petrosyan (wie Anm. 42), S. 247f.

56 Den hohen Anteil an Ärzten in der intellektuellen Führungsschicht der Jungtürken möchte ich hier gern als ein auffallendes Kennzeichen festhalten, das gleichsam für die Bemühungen der Reformer um einen Aufbruch in den Wissenschaften steht, für die Bemühungen um moderne Methoden und Strukturen, wie auch einen »Heilungsanspruch«, die

Radikalität und den Totalanspruch ihrer Programme. Zudem war es gerade die Gruppe der Medizinstudenten und Ärzte gewesen, die die biologistischen Konzepte der Jahrhundertwende in die Diskussion eingebracht hatten. – Siehe hierzu auch Vahakn N. Dadrian, »The Role of Turkish Physicians in the World War I Genocide of Ottoman Armenians«, in: *Holocaust and Genocide Studies* 1, 2, 1986, S. 169-192. Sowie Şerif Mardin, *Jön Türklerin Siyasi Fikirleri 1895-1908*, Istanbul 1983, Vorwort zur 2. Auflage, S. 16 f.

57 Zu den Gründern der Osmanlı Hürriyet Cemiyeti im September 1906 gehörten nach Tunaya zehn Personen: Sieben Offiziere der 3. Armee und drei Zivilisten, siehe Tunaya (wie Anm. 50), S. 21 f.

58 Siehe dazu auch: Ernest Edmondson Ramsaur, *Jön Türkler ve 1908 İhtilâli*, Istanbul 1972, S. 140 ff.

59 1890 in Tiflis gegründet, war die Daschnakzuthiun die einflußreichste und im übrigen bis heute bestehende Partei der Armenier neben der 1887 in Genf errichteten und sozialdemokratisch orientierten »Hnschtakian Kussakzuthiun«. Nach der Machtübernahme der Jungtürken bestand in der parlamentarischen Arbeit zunächst eine enge Bindung zur Daschnakzuthiun, deren Kandidaten über die Liste der İttihat ve Terakki gewählt wurden.

60 Siehe zu dem Kongreß Ahmed Bedevi Kuran, *İnkılâp Tarihimiz ve Jön Türkler*, Istanbul 1945, S. 334 ff.

61 Zum Text der Erklärung siehe: Tunaya (wie Anm. 50), S. 49-58.

62 Die »Türk Ocagı« war von Mitgliedern der militärmedizinischen Hochschule in Konstantinopel errichtet worden. Zum Vorstand gehörten die prominentesten Jungtürken, darunter neben Yusuf Akçura auch Ziya Gökalp, Tevfik Fikret, Mehmet Emin oder Fuat Sabit.

63 Tekin Alp, *Türkismus und Pantürkismus*, Weimar 1915, S. 18 f.

64 Hanioğlu (wie Anm. 32), S. 72.

65 Die Einführung der 2. konstitutionellen Monarchie am 24. Juli 1908.

66 Ziya Gökalp, *Türkleşmek, İslamlaşmak, Çağdaşlaşmak ve Doğru Yol*, hier: Istanbul 1976, S. 53.

67 Siehe dazu: Petrosyan (wie Anm. 42), S. 137; oder Hilmi Ziya Ülken, *Türkiyede Çağdaş Düşünce Tarihi*, Istanbul 1979, S. 101.

68 Alp (wie Anm. 63) S. 7.

69 François Georgeon, *Türk Milliyetçiliğinin Kökenler: Yusuf Akçura (1876-1935)*, Ankara 1986, S. 37.

70 Ebenda, S. 38.

71 »... muhtelif milliyetler arasında ... bir millet teşkil eylemek gayr-i mümkündür«, ebenda, S. 35.

72 Yusuf Akçura, »Ittihad-i anasır meselesi«, in: *Sırat-ı Müstakim* 5, 121, 1911, S. 280-281, siehe dazu Georgeon (wie Anm. 69), S. 45.

73 Yusuf Akçura, *Yeni Türk Devletinin Öncüleri. 1928 Yılı Yazıları*, hg. von Nejat Sefercioğlu, Ankara 1981, S. 148.

74 Dan Diner, *Kreisläufe. Nationalsozialismus und Gedächtnis*, Berlin 1995, S. 53.

75 Ebenda, S. 52 f.

76 Im besonderen natürlich bei Léon Poliakov.

77 Aber auch die Versuche, die jüdische Rasse als eine armenoide Rasse zu definieren, sind in der Literatur bisher eher unberücksichtigt geblieben, obwohl zum Beispiel George L.

Mosse in seinem Abbildungsteil ein Dokument zu diesem Thema abbildet: *Die Geschichte des Rassismus in Europa*, Frankfurt/M. 1990 (Erstdruck 1978), S. 139.
78 Das Gedicht erschien in mehreren Zeitschriften, u. a. in *Genç Kalemler* Nr. 4 vom 23. Mai 1911. Wiederabdruck in: Ziya Gökalp, *Kızıl Elma*, Istanbul 1941 (1914/15), S. 13.
79 Ebenda, S. 128.
80 Alp (wie Anm. 63), S. 102.
81 Ebenda, S. 82 f.
82 Gökalp (wie Anm. 38), S. 125. Zum leichteren Finden der Stelle habe ich mich bei den nachfolgenden Angaben, angesichts auch der vielfältigen und verschiedenen Ausgaben Gökalps in türkischer Sprache, auf die bereits angeführte englische Übersetzung beschränkt.
83 Ebenda, S. 125 f.
84 Ebenda, zum Beispiel S. 12, 53, 55, 105, 125.
85 Ebenda, S. 17.
86 Ebenda, S. 19.
87 Türk.: Turanlılar.
88 Ebenda, S. 20, türk. Ausgabe: S. 24.
89 Tarik Zafer Tunaya, *Türkiyede Siyasal Partiler*, Bd. 3: *İttihat ve Terakki*, S. 509 sowie S. 512 ff. Siehe außerdem Alpay Kabacalı, *Bir İhtilâlcinin Serüvenleri Dogmayan Hürriyet ve Yarıda Kalan İhtilal*, Istanbul 1989, S. 197.
90 Ebenda, S. 512.
91 Yusuf Akçura, »1329 senesinde Türk dünyası«, in: *Türk Yurdu* 6, 3, 1914, S. 2098, siehe dazu Georgeon (wie Anm. 69), S. 40.
92 Alp (wie Anm. 63), S. 73.
93 Hüseyin Cahid Yalçın, »'Ittihadı Terakki Cemiyetine Nasıl Girdim?«, in: *Yakin Tarihimiz*, Bd. 1, Istanbul 1962, S. 24.
94 Gökalp (wie Anm. 38), S. 34.
95 Ahmed Djemal Pascha, *Erinnerungen eines türkischen Staatsmannes*, München 1922, S. 324.
96 Die Mitglieder im Parlament waren von 1908 bis 1913 unter dem Namen »İttihat ve Terakki Fırka-i Siyasiye« organisiert. Tatsächlich aber waren sie nur eine parlamentarische Vertretung der jungtürkischen Vereinigung und als solche allein ein öffentliches Instrument.
97 Siehe dazu: Sina Akşin, *Jön Türkler ve İttihat ve Terakki*, Istanbul 1987, S. 125.
98 Als örtliche Unterorganisationen der İttihat ve Terakki.
99 Tunaya (wie Anm. 89), S. 164.
100 Tunaya (wie Anm. 50), S. 27.
101 Talat als Innenminister, Enver als Kriegsminister und Cemal als Marineminister und Kommandant der 4. Armee in Syrien.
102 Tunaya (wie Anm. 89), S. 401 f.
103 Tunaya (wie Anm. 50 und 89).
104 Allein im Jahr 1915 hatte kein Kongreß stattgefunden.
105 Siehe zu den Versuchen der Eingrenzung einer planenden und ausführenden Tätergruppe im besonderen die jetzt erschienene Monographie von Vahakn N. Dadrian, wenn diese

auch leider hinter seinen früheren Einzelfallstudien zurückbleibt und an vielen Punkten eine eher resignative Annäherung im besonderen an die türkischen Rechtfertigungsthesen aufweist: Vahakn N. Dadrian, *The History of the Armenian Genocide. Ethnic Conflict from the Balkans to Anatolia to the Caucasus*, Providence u. a. 1995, S. 219 ff.

106 Bericht vom 15. April 1915, in Johannes Lepsius, *Deutschland und Armenien 1914-1918. Sammlung diplomatischer Aktenstücke*, Postdam 1919, S. 47.

107 So zum Beispiel in Diyarbakır.

108 Kaiserliches Konsulat Aleppo, 27. Juli 1915, Konsul Rößler an Reichskanzler von Bethmann Hollweg, in Lepsius (wie Anm. 106), S. 108.

109 Dr. Max von Scheubner-Richter, Erzurum, an Fürst zu Hohenlohe-Langenburg, Konstantinopel, vom 5. August 1915, Politisches Archiv des Auswärtigen Amtes, Bonn,Türkei Nr. 183, Band 39, C 2891.

110 Politisches Archiv des Auswärtigen Amtes, Bonn, Türkei Nr. 183, Band 37, C 2889.

111 Siehe dazu: *Osmanlı Belgelerinde Ermeniler, 1915-1920*, hg. von Başbakanlık Devlet Arşivleri Genel Müdürlüğü, Osmanlı Arşivi Daire Başkanlıgi Yayın Nr. 14, Ankara 1994, S. 30 f.

112 Lepsius (wie Anm. 106), S. 280 f.

113 *Memoirs of Halidé Edib*, London 1926, S. 387.

114 Dr. Mehmet Reşit hatte sich im übrigen vor seiner Verhaftung 1919 selbst erschossen.

115 »Dr. Reşit'in intiharı«, in: *Yakın Tarihimiz*, Band 2, Istanbul 1962, S. 339 f.

116 Hüseyin Cahid Yalcın, »41 ci ölüm Yıldönümünde Talat Paşa«, in: *Yakin Tarihimiz*, Band 1, Istanbul 1962, S. 39.

117 Um eines dieser Beispiele anzuführen: »4. Im Laufe des Februar platzte im Marktflecken Develi bei Kaisari eine Bombe im Hause des Kevork Hamparsumian, der gerade aus Amerika zurückgekommen war ... 5. Im Februar 1331 verbanden sich 500 Räuber im Kloster Tekke bei Zeitun ...«, zitiert aus: »Entwicklung und Fortschritt der Türkei. Bericht des Generalrates der Partei ›Einheit und Fortschritt‹ auf dem Parteikongreß in Konstantinopel vom 28. September bis 5. Oktober 1916«, in: *Korrespondenzblatt der Nachrichtenstelle für den Orient* 3, 2, 1916, S. 68.

118 Siehe dazu auch: Mete Tunçay, *Cihat ve Tehcir, 1915-1916. Yazıları*, Istanbul 1991.

119 Hans Blumenberg, *Lebenszeit und Weltzeit*, Frankfurt/M. 1986, S. 80.

120 Siehe zu der hier vielleicht etwas zu kurz kommenden Fragestellung nach der armenischen Erinnerung Mihran Dabag, »Traditionelles Erinnern und historische Verantwortung«, in: *Generation und Gedächtnis*, hg. von Kristin Platt und Mihran Dabag, Opladen 1995.

121 Kilikien ist ein Landstrich am Mittelmeer ungefähr gegenüber von Zypern in der heutigen Türkei.

122 Siehe dazu im besonderen Beledian (wie Anm. 2).

123 Häufig findet in der Literatur auch der lateinische Begriff »Kolophon« Verwendung.

124 Maurice Halbwachs, *Das kollektive Gedächtnis*, Frankfurt/M. 1985, S. 10.

125 Siehe dazu Platt, Gedächtniselemente (wie Anm. 1).

126 Siehe dazu: Mihran Dabag/Kristin Platt, »Diaspora und das kollektive Gedächtnis«, in: *Identität in der Fremde*, hg. von Mihran Dabag und Kristin Platt, Bochum 1993, S. 142.

127 Siehe zum Konzept der Erinnerungserzählung Dabag (wie Anm. 120), S. 97 f.

128 Die Bedeutung des Kontinuitätsgefühls für den Aufbau von Identität und die Kontinuitätsbrüche, unter denen Überlebende leiden, heben neuere Arbeiten über Überlebendentraumata nun häufiger hervor, siehe auch Jossi Hadar, »Zeiterfahrung und Kontinuitätserleben bei Überlebenden des Holocaust. Eine psychoanalytische Betrachtung«, in: *»Wer zum Leben, wer zum Tod...«. Strategien jüdischen Überlebens im Ghetto*, hg. von Doron Kiesel u. a., Frankfurt/M. 1992, S. 115-130.

129 Aleida Assmann, »Funktionsgedächtnis und Speichergedächtnis – Zwei Modi der Erinnerung«, in: *Generation und Gedächtnis*, hg. von Kristin Platt und Mihran Dabag, Opladen 1995, S. 181 ff.

Die Armenische Frage und der Völkermord an den Armeniern im Osmanischen Reich

Betroffenheit im Reflex nationalistischer Geschichtsschreibung

Fikret Adanır

Einleitende Bemerkungen

Seit dem »Historiker-Streit« und nicht zuletzt seit den vielfältigen Diskussionen und Spekulationen um den postmodernistischen Begriff »Posthistoire« wissen wir, daß das Verhältnis der Geschichtswissenschaft zu ihrem Gegenstand einer Gratwanderung zwischen »Sinnstiftung und Entmythologisierung« gleichkommt.[1] Der folgende Beitrag befaßt sich eher mit dem erstgenannten Aspekt, Sinnstiftung, weil vornehmlich nationalgeschichtliche Sichtweisen skizziert werden und Entmythologisierung kaum zur Programmatik nationalgeschichtlicher Historiographie gehört. Vielmehr geht es ihr häufig und schon seit langem um ritualisiertes Erinnern an eine »Stunde Null«, von wo aus Gegenwart und Zukunft zu konstruieren sind, eine Art »Festschreibung geschichtlicher Vorgegebenheiten als Deutungsangebote vergangener und über sie vermittelt auch gegenwärtiger Konstellationen«, wie sie in der neuen kulturanthropologisch orientierten (und Geschichte emphatisch als Erinnerungskultur verstehenden) Geschichtswissenschaft betrieben wird.[2] Die Thematisierung der Vergesellschaftung des Gedächtnisses und die damit verbundenen Hinweise darauf, daß das vergesellschaftete Gedächtnis rückwirkend die Erlebnisgeschichte überformen könne, »bis ›authentische‹ Erinnerung vollkommen in ›konstruierte‹ Erinnerung eingeschmolzen ist«,[3] bestätigt daher die Relevanz der angedeuteten Problematik.

Wohin die erinnernde Fixierung auf eine Katastrophenerfahrung im nationalen Leben führen kann, die in ihrer Einmaligkeit über jede historische Relativierung erhoben erscheint, hat man unlängst auf dem Balkan beobachten können. Die großserbische Nationalidee, die »vom Blick auf die Vergangenheit her konturiert« ist, nährt sich offensichtlich vom Rekurs auf das Erlebnis der Niederlage auf dem Amselfeld (Kosovo), die »im serbischen Geschichtsbewußtsein den historischen Rubikon« symbolisiert.[4] So gingen serbische Tschetniks im kürzlich beendeten Krieg gegen muslimische Slawen in Bosnien-Hercegovina im Bewußtsein derer vor, die die Niederlage des Jahres 1389 zu rächen hatten. Die hier sich höchst geschichtswirksam erweisende »Kosovo-Legende« mit dem Kult des heiligen Serbenfürsten Lasar als ihrem Kern ist aber eine Art »invented tradition«; die Lobgesänge zu Ehren Lasars, der auf dem Schlachtfeld von Kosovo gefallen war, enthalten »ein abstrahiertes und schematisiertes (durch poetische Bilder und Topoi geformtes) Bild des Heiligen, das jedoch nicht rudimentäre, sondern bewußt umgeformte historische Information darstellt«.[5] Verfremdungsmechanismen ähnlicher Art liegen übrigens auch der Mythisierung Kraljević Markos zugrunde, auf den sich die heutigen Tschetniks berufen. Die Tatsache, daß der historische Kraljević Marko als osmanischer Vasall im Kampf gegen seine christlichen »Brüder« den Tod fand, ist in der Überlieferung aus dem Blick geraten; jedenfalls wird er in südslawischen Volksliedern als der archetypische Held des Kampfes gegen die Türken gefeiert.[6]

Die erwähnten Legenden und Mythisierungen mögen zwar in kulturanthropologischer Sicht höchst interessant sein. Ihre erwiesene »Geschichtsmächtigkeit« in der Gegenwart, ja bewußte Instrumentalisierung, ist aber politisch und moralisch eine heikle Angelegenheit. Deshalb darf Geschichtswissenschaft, obgleich sie von diskursanalytisch orientierter Forschung viel zu lernen hat, Semiotik, Kulturanthropologie und verwandten Disziplinen dann nicht mehr folgen, wenn diese die Möglichkeit des Realen außerhalb des Textzusammenhangs in Frage stellen, und zwar wohlwissend, daß die Bedeutung des Textes selbst ohne die Kenntnis eines gesellschaftlich-politischen Kontextes adäquat kaum zu erschließen ist.[7] Die Leugnung des Prozeßcharakters der Geschichte im Namen postmoderner Metaphorik impliziert den Verzicht auf einen »gedeuteten Gesamtzusammenhang der vergangenen Ereignisse«, was letztlich zur »Balkanisierung« historischer Erkenntnis führt.[8]

Die folgende Skizzierung kontroverser Interpretationen zur armenischen Frage im spätosmanischen Reich wird demnach aus der Warte einer »konventionellen« und eher gesellschaftsgeschichtlich ausgerichteten Geschichtswissenschaft unternommen. Beabsichtigt ist außerdem keine ereignisgeschichtliche Rekonstruktion; im Vordergrund steht vielmehr die Frage, wie mit der Geschichte umgegangen wird. Ferner ist hier nicht der Platz – und es geht auch nicht darum – irgendwelche »Wahrheiten« irgendwelchen »Verfälschungen« gegenüberzustellen. Auch dort, wo extreme bzw. extrem klingende Behauptungen zitiert werden, wird dies nur getan, um die jeweilige Pointe zu exemplifizieren.

Was meint die »armenische Frage«?

Das Vielvölkerreich der Osmanen befand sich im 19. Jahrhundert in einer tiefgreifenden Transformation seiner wirtschaftlichen, gesellschaftlichen und politischen Strukturen. Hinsichtlich der nationalen Entwicklung können wir den Wandel am besten im Begriffspaar Personal- versus Territorialprinzip des Rechts zusammenfassen. Gemeint ist damit der Gegensatz zwischen einer traditionellen, religionsgemeinschaftlich-kulturell geprägten Identität einerseits, die teilweise bis zur Auflösung des Reiches gewahrt blieb, und einer neuen, staatsbürgerlich-territorial bestimmten Identität andererseits. Die letztere setzte sich im Zuge der nationalstaatlichen Entwicklung durch, und zwar nicht bloß infolge nationalstaatlicher Bestrebungen der Reichsvölker, sondern zugleich auch infolge der Säkularisierungspolitik der imperialen Staatseliten. Denn der Osmanismus, die Ideologie der Reformepoche »Tanzimat«, war ein staatsnationales Konzept im modernen Sinn des Wortes.

Im Spannungsfeld dieser gegensätzlichen Tendenzen in bezug auf die Frage der Säkularisierung und Territorialisierung kam es wiederholt zu gewaltsamen Auseinandersetzungen, sowohl in Form staatlicher Disziplinierungs- und Unterdrückungsmaßnahmen gegen die politische Peripherie der Gesellschaft als auch in Form von Widerstand, Terrorhandlungen, ja offenem Aufstand von »Randgruppen« gegen das Zentrum.[9] Es gab auch Interventionen europäischer Großmächte, die bereits bei der Entstehung der ersten Nationalstaaten auf dem Balkan eine wichtige Rolle gespielt hatten und auf deren Unterstützung für ihre nationale Emanzipation die Eliten weiterer Völker hofften. Sogar der »kranke Mann am Bosporus« selbst schuldete diesen Mächten in gewissem Sinn Dank dafür, daß ihre Uneinigkeit hinsichtlich der Regelung der osmanischen Nachfolge mittelbar dem Fortbestand des Imperiums zugute kam.[10]

Die armenische Frage bildete also – ähnlich der bulgarischen, der makedonischen, der albanischen oder der arabischen – den diplomatiegeschichtlichen Komplex der umfassenderen »Orientalischen Frage«, die die Neuordnung des Nahen Ostens im Zuge der schleichenden Auflösung des Osmanischen Reiches umfaßt.[11] Sie hat jedoch heute insofern besondere Brisanz, als in einem Großteil des historischen Armenien praktisch kein Armenier mehr zu finden ist, während die Albaner noch überwiegend in Albanien, die Bulgaren in Bulgarien, die Makedonier in Makedonien und die Araber in verschiedenen arabischen Staaten leben. Das sogenannte Türkisch-Armenien wurde, um einen modernen Euphemismus zu benutzen, »ethnisch gesäubert«: Im Frühjahr 1915, als die osmanische Kaukasus-Front zusammenbrach und an den Meerengen die Landung der Entente-Truppen kurz bevorstand, faßte die Regierung der jungtürkischen Partei »Einheit und Fortschritt« den fatalen Beschluß, die armenische Bevölkerung Anatoliens in südlichere Provinzen des Reiches zu deportieren. Eine Zwangsumsiedlung diesen Ausmaßes kennt die lange osmanische Geschichte nicht. Daß die Deportation in einer Krisenzeit angeordnet wurde, wobei sie in Regionen durchgeführt werden sollte, die kaum über die notwendigen Infrastrukturen verfügten und zudem von miteinander verfeindeten Volksgruppen bewohnt waren, läßt vermuten, daß die Verantwortlichen den Tod eines Großteils der Deportierten in Kauf nahmen. Auf jeden Fall handelte es sich hier um ein Kriegsverbrechen, das man aus heutiger Sicht als Völkermord auffassen kann.

Die Geschichtsschreibung ist bemüht, über dieses Ereignis unter Berücksichtigung seines historischen Kontextes zu urteilen. Bezogen unmittelbar auf die Zeit der Deportationen findet sich beispielsweise bei Ronald Grigor Suny folgende Einschätzung:

»It was at this juncture, as the Russians penetrated into Turkish Armenia, as the Russian foreign minister Sazonov told the State Duma that his government planned ›the complete liberation of Armenia from the Turkish yoke‹, that the Young Turk triumvirate in Istanbul planned the deportation and extermination of the Armenians. The Turkish actions against the Armenians were taken in desperation and panic. Not only were the Russians advancing in the east and the British and French navies threatening the capital, but the Armenians in Van had risen in revolt.«[12]

Diese Interpretation des Geschehenen mag vielen zumindest prosaisch erscheinen. Sie wird, so mag man denken, den ungeheuren Dimensionen der menschlichen Tragödie nicht gerecht. Geradezu skandalös wird man es vielleicht finden, daß der Autor den jungtürkischen Entschluß zu »Deportation« und »Extermination« der Armenier im Frühjahr 1915 im gleichen Atemzug mit russischen Expansionsplänen, mit englisch-französischer Landung an den Dardanellen sowie mit einem armenischen Aufstand in Van erwähnt. Versucht er denn womöglich, das Ungeheuerliche zu relativieren, ja die Verantwortlichen des Völkermords zu entschuldigen?

Davon kann freilich keine Rede sein. Suny bezieht die Verhaftung einer Gruppe armenischer Intellektueller und Politiker (235 Personen) in Istanbul am 24. April 1915 nicht direkt auf den Aufstand von Van, der eine Woche vorher, am 17. April ausgebrochen war. Er betrachtet die Entwicklung in einer viel breiteren Perspektive. So liefert er zunächst eine Analyse der Herausbildung einer armenischen Intelligentsia und anschließend der Formierung einer selbstbewußten und kohärenten armenischen Nationalität innerhalb der Vielvölkerreiche der Russen und der Osmanen im Laufe des 19. Jahrhunderts. Dann stellt er fest, daß die osmanischen Armenier hinsichtlich der nationalen Entwicklung ihren türkischen Oberherren wesentlich voraus waren.[13] Rußland erschien ihnen dabei als ihr künftiger Befreier, während sie gegenüber den Türken »bitter hatred if not racial contempt« empfanden. Die Türken waren eben kein europäisches, sondern ein »asiatisches, ein minderwärtiges und unkultiviertes Volk«.[14]

Ferner weist Suny auf die bemerkenswerte Tatsache hin, daß der türkische Nationalismus, der z. T. als Reaktion auf die Nationalismen der christlichen Minderheiten entstanden sei, ähnlich wie der armenische Nationalismus sehr stark von Persönlichkeiten beeinflußt wurde, die in Rußland lebten oder dort ausgebildet worden waren. So betont er die Rolle rußlandtürkischer, aus der Krim, dem Wolgagebiet oder Aserbaidschan stammender Intellektueller in der Geschichte des türkischen Nationalismus.[15] Im Unterschied zu liberalen Osmanisten sei es den Nationalisten um die Einheitlichkeit der politischen Loyalität und des staatlichen Territoriums gegangen; jedwede Regionalisierung war ihnen als potentieller Separatismus suspekt. Unter diesen Bedingungen war der Konflikt nach Auffassung Sunys gleichsam programmiert: »Once Turkish nationalism became an effective political movement, a clash between it and the newly politicized Armenians was increasingly likely, even inevitable.«[16]

Der Völkermord an den Armeniern und der Holocaust

Kurzum: der Historiker Suny betrachtet den Völkermord an den Armeniern im Ersten Weltkrieg als Ergebnis eines prozessualen Handlungszusammenhangs. Die Abkoppelung von ihrer Vorgeschichte würde die Katastrophe des Jahres 1915 auf die sprichwörtliche »Stunde Null«, mithin auf Mythos reduzieren. Mit einer »Historisierung« des Ereignisses sind aber die meisten, vor allem armenischen Autoren nicht einverstanden. Was die türkischen Historiker betrifft, lehnen sie es mit überwältigender Mehrheit ab, das Wort »Völkermord« im Zusammenhang mit den Vorgängen des Jahres 1915 überhaupt zu verwenden.

Das Problem hat nicht zuletzt mit dem Begriff »Völkermord« bzw. »Genozid« selbst zu tun: Die »Convention for the Prevention and the Repression of the Crime of Genocide« aus dem Jahre 1948 definiert Völkermord rechtsverbindlich als eine verbrecherische Handlung, die es zum Ziel hat, eine nationale, ethnische, rassische oder religiöse Gruppe »als solche« zu vernichten.[17] Das heißt, es muß klar nachweisbar sein, daß der Handelnde schon vor der Tat die Absicht gehabt hat, die Opfergruppe, nur weil es eben diese Gruppe war, auszurotten. Wer hat aber diesen Nachweis im Falle der armenisch-türkischen Beziehungen während des Ersten Weltkrieges zu erbringen? Offensichtlich die historische Forschung: Nicht von ungefähr hat das Europäische Parlament seine Genozid-Resolution von 1987 damit begründet, daß der Völkermord von 1915 »historisch erwiesen« sei.[18] Vor diesem Hintergrund gewinnt die Frage des Genozids an den Armeniern eine neue Dimension. Sie wird auf die Ebene der historischen Forschung gehoben und dadurch notwendigerweise mehr oder weniger relativiert. Die Türkei gehört zu den Ländern, die die UNO-Konvention von 1948 ratifiziert haben, und die Historiker in der Türkei fassen den Begriff »Genozid« im Sinne der Konvention emphatisch als eine juristische Kategorie auf. Ihrer Meinung nach waren die Vertreibungen und Massaker des Jahres 1915 Folgen von Maßnahmen, die in einer Notsituation im Krieg ergriffen wurden – das Vorhandensein des Vorsatzes als eine maßgebliche Komponente der Straftat Genozid wird vehement bestritten.[19]

Neben dieser formalrechtlichen Erklärung für die »Unbeweglichkeit« der türkischen Position gilt es einige historische Umstände zu berücksichtigen. So verdient die Frage nach der Kontinuität von der Herrschaft des jungtürkischen »Komitees für Einheit und Fortschritt« der Kriegsjahre zum kemalistischen Einparteiensystem in der frühen Republik Türkei größere Beachtung.[20] In diesen Zusammenhang gehört auch, daß ein osmanisches Militärtribunal, das in den Jahren 1919-21 die Verbrechen des jungtürkischen Regimes während des Krieges untersuchte, zugleich – vornehmlich aus politischen Gründen – auch Anklage gegen die Führer des nationalen Widerstandes in Ankara erhob. Nach dem Sieg der Nationalisten, die ihrerseits der Regierung des Sultans in Istanbul Verrat vorwarfen, konnte niemand mehr in Ankara an der Klärung von Verbrechen während des Krieges interessiert sein.[21] Die Geschichtsschreibung in der neuen Republik blieb bis in die zweite Hälfte des 20. Jahrhunderts hinein primär mit der türkischen Staats- und Nationsbildung im Sinne des Kemalismus beschäftigt. Besonders in den 30er Jahren hatten die Historiker die Aufgabe, die »Grundlinien der türkischen Geschichte« herauszuarbeiten.[22] Es ging um die Ausbildung eines Geschichtsbewußtseins, um die ruhmvolle Vergangenheit der »großen türkischen Nation, die jahrhundertelang ungerecht verleumdet und deren großer Beitrag zur Gründung der frühesten Zivilisationen geleugnet« worden sei.[23] Die 1931 gegründete »Gesellschaft zum Studium der türkischen Geschichte«, die 1932 den ersten türkischen Historikerkongreß organisierte, sah ihren Auftrag hauptsächlich in der Abgrenzung von der jüngsten osmanischen Vergangenheit. Dementsprechend wurde entweder auf die vorislamische Periode der türkischen Geschichte oder nur auf die jüngste, säkularisierte Republikzeit fokussiert. Es blieb kaum Raum für eine wissenschaftliche Beschäftigung mit der gemeinsamen türkisch-armenischen Geschichte.[24]

Vor allem Historiker armenischer Abstammung erblicken in dieser Indifferenz ihrer türkischen Kollegen eine bewußte Provokation. So klagt Richard G. Hovannisian, daß türkische Historiker erfolgreich an das westliche Gefühl von »fair play« appellierten, darauf insistierend, daß auch die »andere Seite« einer völlig verdrehten Geschichte zu berücksichtigen sei. Und es sei frustrierend zu beobachten, daß man sich im Westen hier und da zu fragen beginne, ob denn vielleicht nicht auch in den Behauptungen der Türken ein Körnchen Wahrheit liege.[25] Armenische Historiker selbst haben jedoch die Geschichte der armenischen Katastrophe keineswegs von Anfang an als Genozid dargestellt. Am Kriegsende, als die Gründung eines größeren armenischen Staates mit Hilfe der siegreichen Entente als eine beschlossene Sache erschien, ging es vorrangig um eine historisch-moralische Legitimation der territorialen Ansprüche der Armenier, wobei man gern auch den armenischen Beitrag zum Sieg der Westmächte herausstellte.[26] Nachdem der Erfolg der türkischen

Nationalbewegung 1921-22 das Konzept einer großarmenischen (ebenso wie einer panhellenischen) Staatsgründung in Anatolien untergraben hatte, machten sich Gefühle der Erbitterung und Enttäuschung breit, und zwar nicht nur über die siegreichen Kemalisten, sondern auch über die Wortbrüchigkeit der Westmächte, die die Armenier wieder einmal fallengelassen hätten.[27] Daneben gibt es eine Vielzahl memoirenartiger Publikationen aus der Zwischenkriegszeit, die die Ereignisse der Kriegsjahre aus der Sicht der unmittelbar Betroffenen schildern und somit eine Literaturgattung bilden, die heute besonders für eine mentalitätsgeschichtliche Erforschung der regionalen Milieus, in welchen sich Täter wie Opfer bewegten, von eminenter Bedeutung sein dürfte, für eine synthetische Erfassung der Zusammenhänge aber nur bei besonderer quellenkritischer Sorgfalt zu gebrauchen ist.[28]

Erst in den späten 40er Jahren, als der Völkermord an den europäischen Juden während des Zweiten Weltkrieges überall als solcher wahrgenommen wurde und großes Entsetzen hervorrief, tauchte wohl der Gedanke auf, den Völkermordbegriff auch auf die Massaker an Armeniern im Ersten Weltkrieg anzuwenden. Jedenfalls dürfte es kaum Zufall gewesen sein, daß die »*Armenian National Council of America*« im Jahre 1948, als die UNO die Konvention zur Verhinderung des Verbrechens von Genozid verabschiedete, eine Schrift herausbrachte, die die »Anfänge des Genozids« in den Massakern an Armeniern im Osmanischen Reich lokalisierte.[29] In der Atmosphäre des »Kalten Krieges« in den 50er Jahren fand zwar dieser Vorstoß – wohl aus Gründen der außenpolitischen Opportunität – zunächst kaum Widerhall. Die Lage sollte sich jedoch in den 60er Jahren gründlich ändern. Armenische Historiker und politische Publizisten bemühten sich nun immer stärker, die bis dahin als »Greuel«, »Deportation« oder «Massaker« angesprochenen Ereignisse als den »ersten Genozid des Jahrhunderts« ins Gedächtnis einer mittlerweile sensibel reagierenden Weltöffentlichkeit einzuprägen.[30] Die 70er Jahre sahen dann eine noch größere Flut von historisch-publizistischen wie -wissenschaftlichen Veröffentlichungen zum Thema Genozid.[31]

Auffallend in diesen Werken ist der Versuch, einen direkten Zusammenhang oder zumindest eine Parallelität zwischen der Tragödie des armenischen Volkes im Ersten und der Vernichtung des europäischen Judentums im Zweiten Weltkrieg herzustellen. Der Titel des Buches von Jean-Marie Carzou über die Ereignisse von 1915, das 1975 in Paris erschien, deutete schon die neue Richtung an: »Ein beispielhafter Genozid«.[32] Bald folgten Arbeiten, in denen der türkische Genozid (1915) und der deutsche Holocaust (1939-45) unmittelbar miteinander verglichen wurden.[33] Und Richard G. Hovannisian, der Doyen armeno-amerikanischer Historiker, betitelte 1978 sein bibliographisches Werk über die armenischen Deportationen und Massaker als der »Armenische Holocaust«.[34]

Als besonders engagierter Verfechter der These eines als Holocaust verstandenen türkischen Genozids gilt heute Vahakn N. Dadrian. In seinen zahlreichen Schriften hat er sich mit Aspekten des Genozids an Armeniern eingehend befaßt. Beachtung verdienen vor allem seine Studien über die konvergierenden Aspekte der armenischen und jüdischen Fälle des Genozids. Gelegentlich vertritt Dadrian sogar die Meinung, daß das Konzept von »Holocaust« zutreffender auf das Schicksal der Armenier anzuwenden sei als das der Juden.[35] In seiner Untersuchung zur Rolle türkischer Ärzte beim Völkermord des Jahres 1915 schlußfolgert er, daß das Schicksal der Armenier als Präzedenzfall für das Schicksal der Juden gedient habe. Jedenfalls könne man nicht unberücksichtigt lassen, daß das erste in mancher Hinsicht das zweite unmittelbar beeinflußt, falls nicht angeregt habe. In seinen neueren Publikationen betont Dadrian übrigens zunehmend eine Verantwortung Deutschlands auch für den Genozid an Armeniern im Ersten Weltkrieg.[36]

Die Bemühungen armenischer Autoren, die tragischen Ereignisse der Jahre 1915-16 in enger Anknüpfung an den jüdischen Holocaust in die öffentliche Erinnerung zu rufen, hat offensichtlich eine politische Dimension. Besonders erfolgreich war man hierbei auf dem Gebiet der popularisierenden Publizistik. Jacques Derogys Darstellung der Ermordung jungtürkischer Politiker aus Rache für die Massaker des Jahres 1915 markiert diesbezüglich einen Höhepunkt. Der Autor war schon berühmt aufgrund eines Bestsellers zum Thema »Exodus«. Im Vorwort zur englischen Ausgabe seines neuen Buches bescheinigt man ihm, ein erstklassiger Verfasser von »politischen Reißern« (political thriller) zu sein. Zwar kenne er sich in den historischen Zusammenhängen nicht aus. Doch sei man sicher gewesen, daß sich Derogy als Mensch jüdischer Abstammung in das armenische Volk würde einfühlen können.[37]

Die Deutung der Massaker an Armeniern als ein dem jüdischen Holocaust vergleichbarer Genozid bedeutet sicherlich eine Wende in der neueren armenischen Geschichtsschreibung und Publizistik. Es liegt auf der Hand, daß man ohne den Willen zum Vergleich und ohne Zuhilfenahme verschiedener Methoden der Komparatie, wie sie in den angewandten Sozialwissenschaften entwickelt worden sind, kaum auf diese Deutung gekommen wäre.[38] Wenn man die prinzipielle Vergleichbarkeit des am eigenen Volk Geschehenen akzeptiert, so folgt als nächster Schritt die Ermittlung der Ebenen eines solchen Vergleichs. Die anthropologische Kategorie »Gewalt« erweist sich dabei als der sicherste Boden. Gewaltanwendung bildet ohne Zweifel die Basis jedweden Mordens und ist auch unter totaler Abstraktion von ihrer geographisch-historischen Umwelt der Anschauung universell zugänglich. Auf diesem Feld lassen sich am leichtesten Analogien zwischen unterschiedlichen Fällen von Genozid herstellen.[39]

Ist aber eine Analogie einmal konstatiert, entfaltet sie gleichsam eine Eigendynamik; so scheint man im konkreten Fall des Vergleichs des armenischen Völkermords mit dem jüdischen Holocaust einem gewissen Zugzwang ausgesetzt, unter möglichst vielen Aspekten der armenischen Volksgeschichte Parallelitäten zur jüdischen Erfahrung nachweisen zu müssen. Interkommunale Konflikte, wie sie in verschiedenen Regionen Südosteuropas und des Nahen Ostens noch heute vorkommen, dienen nunmehr als Beleg dafür, daß das Schicksal der christlichen Armenier unter islamischer Herrschaft dem Los der Juden im christlichen Europa mit seinen antijudaistischen Verfolgungen analog gewesen sei. Ihr inferiorer »reaya«-Status mit vielen Ungleichheiten in den sozialen, wirtschaftlichen und rechtlichen Bereichen habe die Armenier zum Opfer eines kollektiven Mords gleichsam prädestiniert. Das osmanische »millet«-System, das in der Forschung gewöhnlich als ein Faktor genannt wird, der die nationale Identität der Völker zu bewahren half, erscheint hier in negativem Licht: Dadurch sei nämlich »the ethnic and cultural distinctiveness of the Armenians« als eine untergeordnete Gruppe noch verstärkt worden.[40] In bezug auf die Reformperiode Tanzimat im 19. Jahrhundert, als das Prinzip der Gleichheit ohne Rücksicht auf ethnische oder religiöse Zugehörigkeit eingeführt wurde, beklagt man wiederum die Entstehung eines alle Besonderheiten nivellierenden, quasi totalitären Gesellschaftssystems. Bei der Reform sei es darum gegangen,

»to build a society founded upon uniformity, where all social differences must be effaced before the all-encompassing ideal society which is regulated and measured in every detail. There was already no place for Armenians in this Ottoman world.«[41]

Die Täter selbst, d.h. hier vor allem die Mitglieder der jungtürkischen Partei »Einheit und Fortschritt«, werden folgerichtig mit den Nazis verglichen. So sollen auch sie auf einer geheimen Versammlung – gleichsam ihrer »Wannsee-Konferenz« – die »Endlösung« beschlossen haben.[42] Die Rolle der

SS soll hier von einer »Sonderorganisation« (Teşkilât-ı Mahsusa) übernommen worden sein.[43] Sogar der Rassismus der Türken wird als Faktor beim Völkermord an den Armeniern in Betracht gezogen.[44] In Aktivitäten osmanischer Ärzte während des Krieges sieht man »a kind of prototype for the World War II Nazi gas chamber«.[45] Was den letztlich alles entscheidenden Befehl zur geplanten Völkermord betrifft, so glauben viele Autoren, in den von Aram Andonian 1920 publizierten, vermeintlich offiziellen Dokumenten der osmanischen Regierung den gesuchten Beleg gefunden zu haben.[46] So soll der damalige Innenminister Talat am 16. September 1915 an die Behörden von Aleppo folgendes befohlen haben:

»Es wurde ihnen zunächst mitgeteilt, daß die Regierung durch ein Gesetz beschlossen hatte, alle in der Türkei lebenden Armenier vollständig zu vernichten ... Es muß ihrer Existenz ein Ende gemacht werden, wie verbrecherisch auch immer die Maßnahmen sein mögen, und es darf keine Rücksicht genommen werden auf Alter oder Geschlecht, noch auf die Stimme des Gewissens.«[47]

Hatte der osmanische Minister tatsächlich so etwas befohlen? Hätte er überhaupt eine solch unvorsichtige, plumpe Sprache gebraucht, um die Vernichtungsmaschinerie in Gang zu setzen? Jedenfalls beruhte die Holocaustthese in den 80er Jahren formell weitgehend auf der Publikation von Aram Andonian aus dem Jahre 1920.[48] Mittlerweile hat sich herausgestellt, daß die oben zitierte Weisung eine Fälschung ist. Überhaupt erscheint das ganze Unternehmen, der Politik der Jungtürken praktisch in jeder Hinsicht eine ähnliche Qualität wie jener der NSDAP beizumessen, äußerst fragwürdig. James Reid, der sich engagiert für die Anerkennung des Völkermords an den Armeniern einsetzt, gab 1989 denn auch zu bedenken, daß dies der armenischen Sache eher schaden würde. Die Auflösung des osmanischen Staates und der Charakter des sozialen Wandels im Osmanischen Reich machten die Frage des Genozids zu einer wesentlich komplizierteren Sache.[49]

Reaktion der türkischen Geschichtsschreibung

Dennoch war der geschilderten publizistischen Anstrengung, vor allem hinsichtlich einer Beeinflußung der öffentlichen Meinung, beachtlicher Erfolg beschieden. Die armenischen Historiker und Publizisten haben es erreicht, daß der US-amerikanische Senat, die UNO und die EU in den 80er Jahren

Beschlüsse im Sinne einer Institutionalisierung der Erinnerung an die Opfer des armenischen Völkermordes gefaßt haben.[50] Inzwischen hat man sogar begonnen, gegen Historiker gerichtlich vorzugehen, die in ihren Interpretationen (nach Meinung armenischer Organisationen) die »türkische These« unterstützen, wie etwa ein Pariser Gericht, das 1995 den international anerkannten anglo-amerikanischen Wissenschaftler jüdischer Abstammung, Bernard Lewis, verurteilt hat.

Wie hat die türkische Seite auf diese Entwicklung reagiert? Einige türkische Akademiker, die gleichsam als die Stimme des Staates fungierten, schrieben die Wirksamkeit der armenischen ideologischen »Offensive« hauptsächlich der politischen Isolierung der Türkei infolge des Zypern-Konflikts sowie der Entspannung zwischen den beiden Supermächten zu. Türkische Autoren witterten eine Verschwörung altbekannter Kräfte, die schon immer die Vernichtung der Türkei gewollt und betrieben hätten. Nicht zufällig war es ein türkisch-zypriotischer Schriftsteller, Salahi Sonyel, der in den 70er Jahren mit Publikationen im angedeuteten Sinne hervortrat: Die Titel seiner Arbeiten lauten beispielsweise »Greco-Armenian Conspiracy Against Turkey Revived« (London 1975) oder »How Armenian Propaganda Deceived the Christian World«.[51]

In den ersten Jahren nach der Militärintervention von 1980 wurde die türkische »Gegenoffensive« gebündelter, zielgerichteter und, in propagandistischer Hinsicht auch effektiver. Neben zahlreichen pamphletartigen Publikationen[52] erschienen einige Werke, die den formalen akademischen Standards genügen.[53] Ihren größten Erfolg hat die türkische Seite mit einer Publikation erreicht, die der Frage der Echtheit der von Andonian 1920 veröffentlichten Dokumenten galt.[54] Auch unbefangene Beobachter mußten nun den Eindruck gewinnen, daß jene Dokumente Fälschungen waren. Beflügelt durch diesen Erfolg, war man in der Türkei fortan mehr denn je geneigt, dem in der türkischen Forschung ohnehin verbreiteten »Quellenfetischismus« zu erlegen. Man zog sich auf den Standpunkt zurück, daß die Geschichte des türkisch-armenischen Verhältnisses ohne Heranziehung osmanischer Archivalien nicht geschrieben werden könne. Alle bisherigen Behauptungen bezüglich eines armenischen Genozids seien bloß »attempts to distort historical events and conceal facts undertaken on the part of those who view the realization of their interests and expectations as lying in continuing inter-communal disagreement and dispute and in keeping alive the feelings of rancor, hate, and revenge«.[55]

Um solchen Verleumdungen entgegenzutreten, hat das Osmanische Archiv in Istanbul 1989 mit der Publikation einer 15-bändigen Dokumentation zur Armenischen Frage begonnen. Die luxuriöse, trilinguale (Osmanisch/Neutürkisch/Englisch) Edition ist eine beachtliche Leistung und ohne Zweifel verdienstvoll. Aber Historiker überall wissen sehr wohl, daß Akten »geduldig« sind und daß man mit ihnen schon oft Schindluder betrieben hat. In der genannten türkischen Veröffentlichung nun verdienen vor allem die einführenden Beiträge aus der Feder »semi-offizieller« Historiker Beachtung, denn sie dokumentieren die gegenwärtige Einstellung der nationalistischen Öffentlichkeit in der Türkei gegenüber der armenischen Frage: Das Erstaunlichste dabei ist die Auffassung, daß das Osmanische Reich sich im Jahre 1915 im Krieg mit dem armenischen Volk befunden habe:

»Among the nations Turkey fought during the First World War were Armenians. And these were Armenians living in Turkey, Armenians who were Turkish citizens... Certainly it cannot be denied that Turkey was at war with the Armenians of Turkey.«[56]

Die Zwangsumsiedlung der Armenier sei eine Notwendigkeit gewesen; auch die westlichen Staaten hätten in Kriegszeiten ähnliche Maßnahmen ergriffen. Im Zuge der Umsiedlung seien viele Menschen aus verschiedenen Gründen umgekommen. Aber auch wenn sie nicht umgesiedelt worden wären, wären die armenischen Verluste genauso hoch gewesen, denn die Sterberate bei den Muslimen in der Region sei keineswegs geringer gewesen. Es wird dann mit zahlreichen statistischen Angaben »bewiesen«, daß im Ersten Weltkrieg im Osten Anatoliens prozentual noch mehr Muslime starben als Armenier.[57]

Es ist diese zynische Betrachtungsweise, welche die meisten türkischen Beiträge zur Geschichte des armenisch-türkischen Verhältnisses kennzeichnet, die hinsichtlich einer künftigen Umorientierung weiterhin pessimistisch stimmt. Es gibt selbstverständlich auch andere Meinungen, besonders innerhalb der linken Intelligenz. Bemerkenswert ist zum Beispiel das Buch von Taner Akçam, eines Mitarbeiters des Hamburger Instituts für Sozialforschung, das den Titel trägt: »Türkische Nationale Identität und die Armenische Frage«.[58] In diesem Buch, dessen erste Auflage in der Türkei innerhalb weniger Monate vergriffen war, wird dem politischen Establishment der kemalistischen Türkei zu Recht vorgeworfen, den Völkermord an den Armeniern geleugnet zu haben. Dennoch ist die überwältigende Mehrheit der türkischen Staatsbürger – ob politisch rechts oder links stehend – immer noch nicht bereit, einzusehen, daß es einen Völkermord an den Armeniern gegeben hat. Dies ist nur zum Teil mit der nationalistischen Indoktrination des türkischen Geschichtsbewußtseins erklärbar. Ebenso wichtig ist es, einige Besonderheiten der historischen Entwicklung im armenisch-türkischen Raum zu beachten.

Nationalstaatlicher Kontext

Die türkisch-armenischen Beziehungen sollten, wie eingangs betont wurde, im Kontext der nationalstaatlichen Entwicklung seit dem 19. Jahrhundert betrachtet werden, und dazu gibt es auf armenischer wie auf türkischer Seite einen entwickelten Forschungsstand. Die Annahme einer armenischen Nationalbewegung als Faktor in den konfliktträchtigen Wechselbeziehungen zwischen Armeniern und Türken in den Jahren 1908-14 bedeutet übrigens ebensowenig die These einer armenischen nationalen »Provokation« zu befürworten wie den Völkermord an den Armeniern leugnen zu wollen.[59] Sie impliziert lediglich, die Methoden der Komparatie vom Feld anthropologischer Feststellungen auf das historischer Prozesse zu übertragen. Verglichen wird bekanntlich nicht bloß, um Übereinstimmung zu finden, sondern auch, um Unterschiede festzuhalten. Und eine historisch fundierte Erklärung, warum es zum Völkermord an den Armeniern im Ersten Weltkrieg kam, ist vermutlich nur mittels einer differenzierenden Betrachtung möglich.

Seit dem Berliner Kongreß von 1878 hat es eine armenische Nationalbewegung gegeben, die nach dem Vorbild der vorangegangenen erfolgreichen Bewegungen der Griechen und Bulgaren die Errichtung eines eigenen Staates auf einem historisch definierten und historisch legitimierten Territorium anstrebte. Für das muslimische Empfinden dagegen war in jener Zeit eine kollektive Erfahrung bestimmend, deren wahre Dimensionen bis heute nicht begriffen worden sind: die seit dem Krimkrieg andauernde Vertreibung von Muslimen aus dem Balkan und dem Kaukasus. Die Vertriebenen waren überwiegend keine Türken, sondern Angehörige islamisierter autochthoner Bevölkerungen, so z. B. die muslimischen Griechen Kretas, die muslimischen Bosniaken, Albaner oder die slawisch sprechenden bulgarischen Muslime (Pomaken). Opfer einer »ethnischen Säuberung« wurden in den 60er und 70er Jahren des vorigen Jahrhunderts die Tscherkessen aus dem Kaukasus. Von den Russen aus ihrer Heimat vertrieben, starben sie zu Hunderttausenden an den Härten der Flucht oder an häufigen Epidemien in den entlegenen Provinzen des Osmanischen Reiches. Die muslimischen Abchasen, die Adscharen, die Georgier – sie alle stellen bedeutende Komponenten im demographischen Geflecht der heutigen Republik Türkei dar.[60]

Für diese Vertriebenen war Anatolien die letzte Zuflucht. Anatolien war aber natürlich die einzige Heimat auch für die Millionen von Armeniern und Griechen – für Völker, die im 19. Jahrhundert zu dem Bewußtsein erzogen wurden, sie wären die »Ureinwohner« des Landes, während die anderen bloß Zugewanderte oder Eindringlinge waren. Besonders nach dem verlorenen Balkankrieg 1912/13 beobachten wir einen Wandel in der Nationalitätenpolitik der osmanischen Regierung. Die Besetzung Makedoniens durch Griechenland hatte eine neue Flüchtlingswelle von dort nach Kleinasien ausgelöst. Im Winter 1913/14 lebten Hunderttausende von Vertriebenen in Westanatolien in größter Not.[61] Sie begannen, Banden zu bilden und griechische Dörfer im Umland Izmirs (Smyrna) zu überfallen. Man hat vermutet, daß die Jungtürken die Politisierung dieser Flüchtlinge bewußt förderten. So setzte schon vor dem Ersten Weltkrieg ein Exodus kleinasiatischer Griechen zu den vorgelagerten Inseln ein.[62] Offensichtlich waren die politisch Verantwortlichen im Osmanischen Reich in der Zeit nach den Balkankriegen innerlich zu einer »ethnischen Säuberung« bereit, sollten die Umstände es notwendig erscheinen lassen.

Eine solche Bereitschaft zur gewaltsamen Regelung gesellschaftlich-nationaler Fragen deutete die jungtürkische Führung im Zuge der Verhandlungen mit den Armeniern über die Gewährung von Autonomie für die »armenischen Provinzen« im Jahre 1913 und 1914 wiederholt an. Der Hauptstreitpunkt in den sehr hart geführten Verhandlungen war, daß die Armenier, überall gegenüber der muslimischen Bevölkerung in der Minderheit, darauf bestanden, daß nur die seßhafte Bevölkerung in den künftigen autonomen Provinzen Bürgerrechte erhalten sollte, was einer unvertretbaren Brüskierung der zumeist nomadisierenden Kurden gleichkäme. Die Armenier wollten ferner erreichen, daß man die Flüchtlinge – in der Hauptsache muslimische Tscherkessen und Georgier – vom Territorium der künftigen autonomen Provinzen ausschloß.[63] Schon im Dezember 1913 warnte der Jungtürke Cemal Pascha die Armenier für den Fall, daß sie mit Hilfe der Großmächte ihre nationalen Interessen rücksichtslos durchsetzten, denn «in consequence, the Moslem population . . . will rise in arms, and three hundred to four hundred thousand Armenians will be massacred", wie in den Memoiren Garo Pasdermadjians, eines der politischen Führer der Armenier im Osmanischen Reich, zu lesen ist.[64] Ende Juni 1914 kamen Garo Pasdermadjian und der Jungtürkenführer Talat zum letzten Mal vor der Katastrophe zusammen. Es ging immer noch um die Frage der politischen Rechte der nomadisierenden Kurden im projizierten autonomen Armenien. Der Führer der Armenier sagte – nach seinen eigenen Angaben – dem Jungtürkenführer Talat folgendes ins Gesicht:

»Our national consciousness is so far advanced that we will prefer to demolish this great edifice called the Ottoman Empire, rather than permit you to see Armenia without Armenians. I know we shall remain under these ruins and suffer heavy losses. But in the last analysis, we shall emerge better off than you will ... We are the Armenian revolutionaries of yesteryear and we tell you what we have always said: We will not permit you to drive our working people out of our ancient land, for the benefit of nomadic Kurds«.[65]

Das Problem hat auch eine außenpolitische Dimension, die in jener Periode noch offenkundiger als heute imperialistisch bestimmt war. Nach dem verlorenen Balkankrieg 1912/13 war die größte Sorge der jungtürkischen Führung die Sicherung des Fortbestandes des Reiches; an einer expansiven Strategie etwa im Sinne des Panturkismus, wie sie häufig als Motiv für den Kriegseintritt des Osmanischen Reiches auf seiten der Mittelmächte vermutet wird, war kaum zu denken. Die Führungsclique (Enver, Talat, Cemal, Halil u.a.) wünschte sich im Gegenteil einen Anschluß an die Mächtegruppierung Rußland, Großbritannien und Frankreich, weil man Gefahren eher von dieser Seite befürchtete. In der Tat verfolgten die Ententemächte kaum verdeckte Expansionsinteressen und waren nicht bereit, sich auf Wahrung der territorialen Integrität des Osmanischen Reiches festlegen zu lassen. Der Versuch Talat Paschas im Mai 1914, eine Annäherung an das Zarenreich herbeizuführen, blieb ebenso ohne Ergebnis wie eine ähnliche Initiative Cemal Paschas in Frankreich im Juni 1914. In beiden Fällen erwiesen sich die Teilungsabsichten in bezug auf das Osmanenreich als ausschlaggebender Faktor. Rußland erwog damals ernstlich, die Meerengen des noch neutralen Nachbarn im Süden auf dem Wege eines Präventivschlags zu besetzen.[66] Was die Haltung Frankreichs betrifft, war man in Paris »vom Siege so sehr überzeugt«, daß man dem Bündnispartner Rußland zu verstehen gab, »es wäre vielleicht vorteilhafter, die Türkei in das Lager unserer Gegner hineinzuziehen, um auf diese Weise mit ihr ein Ende zu machen«.[67] Ähnliche Vorstellungen herrschten im Foreign Office; die britischen Diplomaten empfahlen ihrem Minister, Sir Edward Grey, noch am 16. September 1914, gegenüber der osmanischen

Pforte hart zu bleiben, und zwar mit der folgenden Begründung: »Either Turkey will fight against us, or the reckoning when peace comes will be so heavy that it would have been better that she should have fought and been beaten.«[68]

Die Internationalisierung der armenischen Frage im Jahre 1914 gewann unter diesen Bedingungen eine besondere Brisanz. Die politische Führung der Armenier im Osmanischen Reich (der Patriarch, die armenische Nationalversammlung in Istanbul, die armenischen Abgeordneten im Osmanischen Parlament) war dabei über die sich zuspitzende Lage bestens orientiert.[69] Noch einige Wochen vor der Verhaftung der politischen Führung der Armenier in Istanbul (24. April 1914) bat der Generalissimus Enver Pascha den armenischen Patriarchen von Konstantinopel brieflich darum, seinen Einfluß auf die armenischen Nationalführer dahingehend geltend zu machen, daß man von einer allzu offenen Parteinahme für die Feinde des Reiches absah. Wie ein enger Mitarbeiter des Patriarchen festhielt, empfahl auch der bekannte Politiker Zohrab (Abgeordneter im Osmanischen Parlament) dem Patriarchen, von seinen Demarchen in der Territorialfrage vorübergehend abzulassen, bis die Lage sich ein wenig beruhigt habe.[70] Die Angelegenheit wurde in der armenischen Nationalversammlung erörtert. Unter Mißachtung des Willens des Patriarchen entschied sich die Mehrheit dagegen, das Schreiben Enver Paschas zu berücksichtigen. Man wolle es nämlich vermeiden, die Ententemächte, deren Einzug in Konstantinopel innerhalb von wenigen Tagen erwartet wurde, ungünstig zu stimmen.[71]

Auch die beiderseitige Fixierung auf die Zahl der Opfer des Völkermordes gewinnt ihren Sinn vor dem geschilderten Hintergrund. Türkische Historiker behaupten, infolge der Deportationen seien höchstens 300-400 000 Menschen gestorben. Die Armenier sprechen von 1-2 Millionen Opfern. Diese gegensätzlichen Zahlenangaben können natürlich an der Tatsache des Völkermordes nichts ändern – auch die niedrigere Zahl nicht; sie dienen primär zur Legitimation bzw. Infragestellung nationalstaatlicher Aspirationen.

Worum es konkret ging, wird ersichtlich in einem Memorandum aus der Feder Boghos Nubar Paschas, des Präsidenten der Armenischen Nationalen Delegation in Paris, vom Juni 1917. Verlangt wird darin die Errichtung eines Nationalstaates bestehend aus den armenischen Territorien der Türkei, und zwar vom Kaukasus bis zum Mittelmeer, d. h. aus einem Gebiet, das neben den sechs östlichen Vilayets von Erzurum, Bitlis, Van, Diyarbakır, Mamuret-ül Aziz und Sivas auch ganz Kilikien einschließlich der Hafenstädte Mersin und İskenderun (Alexandretta) umfassen sollte. Wie legitimierte man nun diesen Anspruch auf ein so großes Territorium, auf welchem die Armenier auch nach dem Eingeständnis des Verfassers des genannten Memorandums nicht die Mehrheit bildeten? Bogos Nubar führte solche Argumente ins Feld, die für den Zeitgeist typisch waren: Vor dem Ersten Weltkrieg lebten 2,1 Millionen Armenier im Osmanischen Reich. Sie kontrollierten 60% des Einfuhrhandels, 40% der Exporte und über 80% des Binnenhandels. Man müsse diese »ökonomische und moralische« Bedeutung des armenischen Elements berücksichtigen. Im übrigen habe die große Mehrheit der Armenier – Bogos Nubar spricht von anderthalb Millionen – trotz vieler Opfer die Katastrophe überlebt.[72]

Auch Ende 1918 machte Bogos Nubar in einer offiziellen Mitteilung an die französische Regierung vergleichbare Angaben: Die Zahl der armenischen Flüchtlinge im Kaukasus belief sich auf 250 000; 40 000 wurden in Persien gezählt; etwa 80 000 befanden sich in Syrien und Palästina und ca. 20 000 in der Region Mosul-Bagdad – insgesamt warteten also rund 390 000 Armenier auf ihre Rückkehr nach Kleinasien. Es hätten aber bestimmt noch mehr Menschen die Deportationen überlebt, deren Aufenthaltsorte noch unbekannt seien. Was die Gesamtzahl der deportierten Bevölkerung betrifft, so gab der Bevollmächtigte der Armenier in Paris 6-700 000 an und implizierte damit, daß, abzüglich der oben genannten Zahl der rückkehrbereiten Flüchtlinge, 210-310 000 Opfer zu beklagen waren.[73]

Bogos Nubar rechnete nach dem Sieg der Entente im Ersten Weltkrieg mit der baldigen Verwirklichung des Ideals eines großarmenischen Nationalstaates. Mag sein, daß er deshalb die Zahl der Opfer herunterspielte. Auch andere ethnische Gruppen Anatoliens hofften nun auf eine nationalstaatliche Zukunft. Die Legitimation panhellenistischer Träume in bezug auf die historische Landschaft Ionien im Westen oder auf Pontus im Norden Kleinasiens, wo die griechische Bevölkerung jeweils kleinere Minderheiten darstellte, erinnert in vieler Hinsicht an das armenische Modell. König Konstantin schrieb noch im August 1921, als Befehlshaber der griechischen Armee unweit von Ankara, an seine Schwester in Europa: »Es ist erstaunlich, wie wenig zivilisiert die Türken sind ... Es ist höchste Zeit, daß sie wieder verschwänden nach Zentralasien, woher sie gekommen sind.«[74]

Der Widerstand gegen diese drohende Aufteilung Anatoliens, der in der Türkei als nationaler Befreiungskampf aufgefaßt wird, war keine Angelegenheit des türkischen Elements allein, sondern eine Bewegung ethnisch disparater Gruppen, die sich auf der Basis des Islam zusammenfanden. Der Führungskader der anatolischen Widerstandsbewegung bestand aus Kräften, die durch eine Teilung des Landes am meisten zu verlieren hätten. Dazu gehörten das Offizierskorps, die quasi feudale Schicht von Notabeln, Scheichen und Großgrundbesitzern auf dem Lande, die islamische Geistlichkeit sowie die muslimischen Vertriebenen aus den ehemals osmanischen Territorien auf dem Balkan und dem Kaukasus, vor allem die Tscherkessen, die Georgier und die Laz. Nicht wenige aus diesen Kreisen hatten sich zudem in den Kriegsjahren den Besitz der Vertriebenen und Ermordeten – Armenier wie Griechen – angeeignet. Jedenfalls befürchteten viele Muslime Repressalien.

Die sich auf solcher Basis formierende Koalition der nationalen Widerstandskräfte konnte sich schwerlich auf einen turkistischen Ethno-Nationalismus stützen. Das verbindende Band war vielmehr die islamische Religion. Bis zu welchem Grad Mustafa Kemal, der spätere Atatürk, dieser Tatsache politisch Rechnung trug, geht aus einer Rede hervor, die er 1920 vor der gerade zusammengetretenen Nationalversammlung in Ankara hielt:

»Ihre hohe Versammlung besteht aus Persönlichkeiten, die weder nur Türken, noch nur Tscherkessen, noch nur Kurden, noch nur Lasen sind. Sie besteht aus Vertretern islamischer Bevölkerungsgruppen, die alle zusammen eine solidarische Gemeinschaft bilden . . . Infolgedessen ist die Einheit, die wir herzustellen entschlossen sind, nicht eine türkische oder tscherkessische, sondern eine alle Elemente umfassende islamische Einheit.«[75]

Der türkische Unabhängigkeitskampf von 1919 bis 1922 hatte also eine eindeutig islamistische Ideologie. Man möge nur die Nationalhymne der heutigen Türkei, die 1921 von dem Islamisten Mehmed Akif gedichtet wurde, genauer durchlesen. Darin kommt kein einziges Mal das Wort »Türke« oder »Türkei« vor. Dafür aber ist der islamistisch-antiwestliche Tenor nicht zu überhören.[76] Zu einem Nationsbildungskonzept eigener Art ist der Kemalismus in der Türkei erst nach dem Frieden von Lausanne eingeschwenkt. Vor allem die Abschaffung des Kalifats im Jahre 1924 bedeutete die Aufkündigung des universalistischen Islam als Basis des Konsensus zwischen verschiedenen ethnischen Gruppen. Damit hängt nicht zuletzt die bis heute ungelöste kurdische Frage zusammen.

In diesem Rahmen ist die Konstruktion eines türkischen Geschichtsbildes, die nun von der Historikerzunft im Auftrag des Staates geleistet wurde, von besonderer Bedeutung. Das Resultat ist niederschmetternd: Die Menschen in der Türkei, die die öffentlichen Schulen besuchen, erhalten ein Bild von der Vergangenheit, das sie als Enkelkinder einer Generation zeigt, die die Katastrophen des Ersten Weltkrieges nur mit Mühe überlebte. Die Republik Türkei erscheint als Ergebnis eines anti-imperialistischen Kampfes. Jedes Eingestehen einer Schuld im Zusammenhang mit der Deportation der Armenier, aber auch im Zusammenhang mit der Zwangsumsiedlung der Griechen Kleinasiens, berührt die Fundamente des türkischen Selbstverständnisses.

Perspektive der Verständigung

Gibt es überhaupt eine Perspektive der Verständigung in den armenisch-türkischen Beziehungen? Diese Beziehungen bleiben auch nach dem Ende des Ost-West-Konflikts kühl. Als Hauptproblem auf dem Wege einer Entspannung erweist sich – wie zu erwarten – die unterschiedliche Wahrnehmung der gemeinsamen Geschichte. Die Türkei verlangt als Vorleistung, daß Armenien auf den Genozid-Vorwurf verzichtet. Die Armenier, deren Identität weitgehend durch Erinnerung an Verfolgung und Genozid geprägt ist, können in dieser Frage nicht nachgeben. Deshalb wäre Optimismus nicht angebracht.

Entspannung oder ein etwas gelassenerer Umgang mit der gemeinsamen Geschichte setzt sicherlich eine Absage an die sozialdarwinistischen Vorstellungen aus der Gründerzeit der Republik Türkei voraus. Armenischerseits müßte die Obsession der Historiker, den Völkermord an den Armeniern mit dem Holocaust gleichzusetzen, einer historisierenden Betrachtung weichen. Nur auf diesem Wege und in kleineren Schritten (zu denken wäre an Schulbuchrevisionen) könnte man zu einem historisch beleuchteten Erinnern zurückfinden.

Anmerkungen

1 Vgl. Jürgen Habermas, »Eine Art Schadensabwicklung. Die apologetischen Tendenzen in der deutschen Zeitgeschichtsschreibung«, in: »*Historiker-Streit*«. *Die Dokumentation der Kontroverse um die Einzigartigkeit der nationalsozialistischen Judenvernichtung*, München 1987, S. 63. Über die postmodernistische Infragestellung der Geschichte siehe u. a. Lutz Niethammer, *Posthistorie: Ist die Geschichte zu Ende?*, Reinbek bei Hamburg 1989; F. R. Ankersmit, »Historiography and Postmodernism«, in: *History and Theory* 28, 1989,

S. 137-153; Perez Zagorin, Historiography and Postmodernism: Reconsiderations, in: *History and Theory* 29, 1990, S. 263-274.
2 Lucian Hölscher, »Geschichte als ›Erinnerungskultur‹«, in: *Generation und Gedächtnis. Erinnerungen und kollektive Identitäten*, hg. von Kristin Platt und Mihran Dabag, Opladen 1995, S. 146-168, hier S. 158.
3 Siehe Einladung zur Tagung in Arnoldshain im Mai 1994.
4 Wolfgang Höpken, »Geschichte und Gewalt: Geschichtsbewußtsein im jugoslawischen Konflikt«, in: *Internationale Schulbuchforschung* 15, 1993, S. 55-73, hier 58 f. Vgl. auch Olga Zirojević, »Kosovo u istorijskom pamćenju (mit, legende, činjenice) [Kosovo im historischen Gedächtnis (Mythos, Legende, Tatsachen)]«, in: *Republika* 1 (Beograd, 15.03.1995), S. 9-24.
5 Frank Kämpfer, »Der Kult des heiligen Serbenfürsten Lasar. Textinterpretationen zur Ideologiegeschichte des Spätmittelalters«, in: *Südost-Forschungen* 31, 1972, S. 81-139, hier S. 85. Zur Problematik der »erfundenen Tradition« siehe die Beiträge in Eric J. Hobsbawm and Terence Ranger (eds.), *The Invention of Tradition*, Cambridge 1983.
6 Fikret Adanır, »Heiduckentum und osmanische Herrschaft. Sozialgeschichtliche Aspekte der Diskussion um das frühneuzeitliche Räuberwesen in Südosteuropa«, in: *Südost-Forschungen* 41, 1982, S. 43-116, hier S. 53 f.
7 Laurence Stone, »History and Post-Modernism«, III, in: *Past and Present*, no. 135, 1992, S. 189-194. Stone zitiert Joyce Appleby, »One Good Turn Deserves Another: Moving Beyond the Linguistics: A Response to David Harlan«, in: *American Historical Review* 94, 1989. Vgl. ferner Gabrielle M. Spiegel, »History, Historicism, and the Social Logic of the Text in the Middle Ages«, in: *Speculum* 65, 1990, S. 59-86, sowie die Debatten darüber in *Past and Present*, no. 131 ff.
8 Hölscher (wie Anm. 2), S. 159 f.; Stjepan G. Meštrović, *The Balkanization of the West. The Confluence of Postmodernism and Postcommunism*, London/New York 1994, *passim*.
9 Die Begriffe Zentrum und Peripherie sind hier nicht räumlich gemeint. Siehe dazu Şerif Mardin, »Center-Periphery Relations: A Key to Turkish Politics?«, in: *Daedalus* 102, 1973, 1, S. 169-190; Metin Heper, »Center and Periphery in the Ottoman Empire with Special Reference to the Nineteenth Century«, in: *International Political Science Review* 1, 1980, S. 81-105.
10 Marian Kent (ed.), *The Great Powers and the End of the Ottoman Empire*, London 1984.
11 Mathew Smith Anderson, *The Eastern Question, 1774-1923. A Study in International Relations*, London 1966.
12 Ronald Grigor Suny, *Armenia in the Twentieth Century*, Chico, CA, 1983, S. 18. Als Suny diese Passage im Rahmen der »Takajian Lectures« an der Columbia University in New York im Jahre 1981 formulierte, war er »Alex Manoogian Professor of Modern Armenian History« an der Universität von Michigan; heute lehrt er an der Universität von Chicago.
13 Ebd., S. 8.
14 Ebd., S. 11.
15 Ebenda, S. 13. Zu diesem Komplex siehe ferner François Georgeon, *Aux origines du nationalisme turc. Yusuf Akçura (1876-1935)*, Paris 1980; Edward J. Lazzerini, »Ethnicity and the Uses of History: The Case of the Volga Tatars and Jadidism«, in: *Central Asian*

Survey 1, 1982/83, pp. 61-69; Hakan Kırımlı, *National Movements and National Identity among the Crimean Tatars (1850-1916)*, Leiden/New York/Köln 1996.
16 Suny (wie Anm. 12), S. 14.
17 Vgl. Leo Kuper, »The Turkish Genocide of Armenians, 1915-1917«, in: *The Armenian Genocide in Perspective*, ed. by Richard G. Hovannisian, New Brunswick 1986, S. 44.
18 Siehe »Im Wortlaut: Armenien-Resolution«, in: *Frankfurter Rundschau* vom 30. Juni 1987.
19 Siehe z. B. Sina Akşin, »A General Appraisal of the Armenian Issue«, in: *Turkish Review* I/4, Summer 1986, S. 49-67.
20 Siehe vor allem Erik J. Zürcher, *The Unionist Factor. The Role of the Committee of Union and Progress in the Turkish National Movement 1905-1926*, Leiden 1984.
21 Siehe Annette Höss, *Die türkischen Kriegsgerichtsverhandlungen 1919-1921*, Diss., Wien 1991; Vahakn N. Dadrian, »The Documentation of the World War I Armenian Massacres in the Proceedings of the Turkish Military Tribunal«, in: *International Journal of Middle East Studies* 23, 1991, S. 549-576.
22 *Türk tarihinin ana hatları*, Istanbul 1930.
23 Fahri Çoker, *Türk Tarih Kurumu. Kuruluş amacı ve çalışmaları* [Türkische Gesellschaft für Geschichte. Der Zweck ihrer Gründung und ihre Tätigkeit], Ankara 1983, S. 5.
24 Vgl. Fikret Adanır, »Zum Geschichtsbild der nationalen Erziehung in der Türkei«, in: *Internationale Schulbuchforschung* 10, 1988, S. 7-40.
25 Richard G. Hovannisian, »The Armenian Genocide and Patterns of Denial«, in: *The Armenian Genocide in Perspective*, ed. by R. G. Hovannisian, New Brunswick 1986, S. 111-133, hier S. 113 f.
26 Charakteristisch sind für diese Phase Titel wie K. d'Any, *La fin de la politique du massacre et l'heure du châtiment*, Lausanne 1919; Denys Cochin et al., *La renaissance de l'Orient*, Paris 1919; Jean Charles-Brun, *La renaissance de l'Arménie*, Paris 1920; Charles Diran Tékéian, *Quatre ans de guerre en Orient. L'action franco-arménienne pendant la guerre*, Paris 1919; Antoine Poidebard, *Le rôle militaire des Arméniens sur le front du Caucase après la défection de l'armée russe (décembre 1917-novembre 1918)*, Paris 1920; Gavriil G. Korganoff, *La participation des Arméniens à la guerre mondiale sur le front du Caucase, 1914-1918*, Paris 1927. Siehe eine systematische Literaturaufstellung in Richard G. Hovannisian, *The Armenian Holocaust. A Bibliography Relating to the Deportations, Massacres, and Dispersion of the Armenian People, 1915-1923*, Cambridge, Mass., 2. (revised) printing, 1980.
27 Léon Savadjian, *Le Kémalisme contre les Chrétiens d'Anatolie*, Paris 1922; Lysimachos Oeconomos, *The Tragedy of the Christian Near East*, London 1923; Hagop Bogigian, *In Quest of the Soul of Civilization*, Washington, D. C., 1925; Aram Turabian, *L'eternelle victime de la diplomatie européenne*, Marseilles 1929.
28 Zum Beispiel: Payladzu A. Captanian, *Mémoires d'une déportée*, Paris 1919; Armenag S. Baronigian, *Ein Stück Hölle auf Erden! Märtyrer-Beschreibungen aus Armenien*, Lößnitzgrund 1921; Therese Lehmann-Haupt, *Erlebnisse eines zwölfjährigen Knaben während der armenischen Deportationen*, Potsdam 1921; Remington Blanche Eby, *At the Mercy of Turkish Brigands. A True Story. An Account of the Siege of Hadjin and Armenian Massacres*, New Carlisle, Ohio, 1922.

29 Joseph Guttmann, *The Beginnings of Genocide. A Brief Account of the Armenian Massacres in World War I*, New York, Armenian National Council of America, 1948.
30 Jean Mécérian, *Le génocide du peuple arménien. Le sort de la population arménienne de l'Empire ottoman*, Beirut 1965; Mkrtič G. Nersisijan, *Genocid Armjan v Osmanskoj imperii. Sbornik dokumentov i materijalov*, Erevan 1966; Abraham H. Artunian, *Neither to Laugh nor to Weep. A Memoir of the Armenian Genocide*, Boston 1968; James Nazer, *The First Genocide of the 20th Century. The Story of the Armenian Massacres in Text and Pictures*, New York 1968.
31 Erwähnung verdienen vor allem Dickran Boyajian, *Armenia: The Case for a Forgotten Genocide*, Westwood, NJ, 1972, und das Gemeinschaftswerk von Gérard Chaliand und Yves Ternon, *Le génocide des Arméniens 1915-1917*, Bruxelles 1980.
32 Jean-Marie Carzou, *Un génocide exemplaire: Arménie 1915*, Paris 1975.
33 Siehe z. B. Helen Fein, »A Formula for Genocide: Comparison of the Turkish Genocide (1915) and the German Holocaust (1939-1945)«, in: *Comparative Studies in Sociology* 1, 1978, S. 271-293.
34 *The Armenian Holocaust. A Bibliography Relating to the Deportations, Massacres, and Dispersion of the Armenian People, 1915-1923*, Cambridge, MA, 1978.
35 Siehe Vahakn N. Dadrian, »The Convergent Aspects of the Armenian and Jewish Cases of Genocide. A Reinterpretation of the Concept of Holocaust«, in: *Holocaust and Genocide Studies*, Vol. 3, No. 2, 1988, S. 151-169, hier 165.
36 Vahakn N. Dadrian, *German Responsibility in the Armenian Genocide. A Review of the Historical Evidence of German Complicity*, Cambridge, MA, 1996. Für eine hiervon abweichende und Dadrian gegenüber kritische Bewertung siehe Hilmar Kaiser, »The Baghdad Railway and the Armenian Genocide, 1915-1916: A Case Study in German Resistance and Complicity«, in: Richard G. Hovannisian (ed.), *80th Anniversary Genocide Conference*. Proceedings (im Druck). Ich danke dem Verfasser dafür, daß ich Einsicht in sein Manuskript nehmen durfte.
37 Siehe Jacques Derogy, *Resistance and Revenge. The Armenian Assassination of the Turkish Leaders Responsible for the 1915 Massacres and Deportations*. Transl. by A. M. Berrett, preface by Gérard Chaliand, New Brunswick and London 1990, S. XIII.
38 Betreffend die Bedeutung von Komparatie in diesem Zusammenhang siehe V. N. Dadrian, *The Convergent Aspects of the Armenian and Jewish Cases of Genocide*, S. 165: »The concept holocaust deserves ... to be reinterpreted and redefined in a comparative context.«
39 Siehe die verdienstvollen Arbeiten von Vahakn N. Dadrian, »Factors of Anger and Aggression in Genocide«, in: *Journal of Human Relations* 19, 1971, S. 394-417; ders., »Structural-Functional Components of Genocide: A Victimological Approach to the Armenian Case«, in: Israel Drapkin (ed.), *Victimology: A New Focus*, Vol. III, Lexington, MA, 1974, S. 123-136; ders., »Common Features of the Armenian and Jewish Cases of Genocide: A Comparative Victimological Perspective«, in: Israel Drapkin (ed.), *Victimology: A New Focus*, Vol. IV, Lexington, MA, 1975, S. 99-120.
40 Leo Kuper (wie Anm. 17), S. 56.
41 James Reid, »The Armenian Massacres in Ottoman and Turkish Historiography«, in: *Armenian Review* 37, 1984, No. 1, S. 22-40, hier S. 27.

42 Vahakn N. Dadrian, »The Secret Young-Turk Ittihadist Conference and the Decision for the World War I Genocide of the Armenians«, in: *Holocaust and Genocide Studies* 7, 1993, No. 2, S. 173-201.
43 Vahakn N. Dadrian, »The Role of the Special Organization in the Armenian Genocide during the First World War«, in: P. Panayi (ed.), *Minorities in Wartime. National and Racial Groupings in Europe, North America and Australia during the Two World Wars*, Oxford 1993, S. 50-82.
44 Armen Hairapetian, »›Race Problems‹ and the Armenian Genocide: The State Department File«, in: *Armenian Review* 37, 1984, No. 1, S. 41-59.
45 Vahakn N. Dadrian, »The Role of Turkish Physicians in the World War I Genocid of Ottoman Armenians«, in: *Holocaust and Genocid Studies* 1, 1986, 2, S. 169-192, hier S. 182.
46 Aram Andonian, *Documents officiels concernant les massacres arméniens*, Paris 1920. Siehe auch Vahakn D. Dadrian, »The Naim-Andonian Documents on the World War I Destruction of Ottoman Armenians: The Anatomy of a Genocide«, in: *International Journal for Middle East Studies* 18, 1986, S. 311-360.
47 Tessa Hofmann, »Zur Lage der Armenier. Ein Überblick«, in: *Pogrom. Zeitschrift für bedrohte Völker*, 10. Jg., Nr. 64, Mai/Juni 1979, S. 9.
48 Siehe Tessa Hofmann (Hg.), *Der Völkermord*, Reihe pogrom, 1980, S. 133 ff.
49 »Many concerned with proving that a genocide occurred, have made their case weaker by attempting to compare the slaughter of Armenians to the Nazi Holocaust . . . The disintegration of the Ottoman state and the nature of social change in the Ottoman Empire, made the genocide issue a much more complex matter.« James J. Reid, »The Concept of War and Genocidal Impulses in the Ottoman Empire, 1821-1918«, in: *Holocaust and Genocide Studies* 4, 1989, 2, S. 175-191, hier S. 175.
50 Im Herbst 1984 befürworteten Abgeordnete des US-Kongresses, den 24. April zum Gedenktag an das »unmenschliche Verhalten des Menschen gegenüber seinem Mitmenschen« auszurufen; der UNO-Unterausschuß für den Schutz von Minderheiten erwähnte in der neuen Fassung des Paragraphen 24 u.a. vom 29. August 1985 »das Massaker durch die Osmanen 1915/16«; Am 18. Juni 1987 verabschiedete das EG-Parlament eine Resolution, die den Völkermord an den Armeniern als Völkermord im Sinne der UN-Konvention von 1948 bezeichnet. Siehe Wolfgang Gust, *Der Völkermord an den Armeniern. Die Tragödie des ältesten Christenvolkes der Welt*, München 1993, S. 30 f.
51 In: *Belleten* 40, 1976, S. 137-188.
52 Siehe vor allem Türkkaya Ataöv, *A Brief Glance at the »Armenian Question«*, Ankara 1984; ders., *Deaths Caused by Disease in Relation to the Armenian Question*, Ankara 1985; ders., *Documents on the Armenian Question: Forged and Authentic*, Ankara 1985.
53 So vor allem Nejat Göyünç, *Osmanlı idaresinde Ermeniler* [Die Armenier unter osmanischer Verwaltung], Istanbul 1983, und Kâmuran Gürün, *Ermeni dosyası*, Ankara 1983 (Engl.: *The Armenian File*, London/Nicosia 1985).
54 Şinasi Orel/Süreyya Yuca, *Ermenilerce Talât Paşa'ya atfedilen telgrafların gerçek yüzü* [Die Wahrheit über die Dokumente, die von den Armeniern Talat Pascha zugeschrieben werden], Ankara 1983 (Engl.: *The Talat Pasha Telegrams: Historical Fact or Armenian Fiction?* London-Nicosia 1986).

55 Ottoman Archives, Yıldız Collection, *The Armenian Question*, Vol. 1, Istanbul 1989, S. XI.
56 Cengiz Kürşad, »Armenian Terrorism««, in: *Ottoman Archives* (wie Anm. 55), S. 26.
57 Ebenda, S. 27 f.
58 Taner Akçam, *Türk ulusal kimliği ve Ermeni sorunu*, Istanbul 1992.
59 Bernard Lewis wurde nämlich vorgeworfen, die türkische »Provokationsthese« unterstützt zu haben, wobei er auch sonst von einem »struggle between two nations for the possession of a single homeland« ausgeht, obwohl er zugleich – und wesentlich früher, als andere es getan haben – auch vom »holocaust of 1915« sprach. Siehe *The Emergence of Modern Turkey*, London 1961, S. 350. Zur Kritik an Bernhard Lewis vgl. z. B. Robert Melson, »Provocation or Nationalism: A Critical Inquiry into the Armenian Genocide of 1915««, in: *The Armenian Genocide in Perspective*, ed. by Richard G. Hovannisian, New Brunswick 1986, S. 61-84, hier S. 67 f.
60 Paul Dumont, »L'Emigration des musulmans de Russie vers l'Empire ottoman au XIXème siècle. Aperçu bibliographique des travaux en langue turque«, in: *Les migrations internationales dès la fin du XVIIIe siècle à nos jours*, Paris 1980, S. 212-218. Ferner Vojislav Bogičević, »Emigracije muslimana Bosne i Hercegovine u Tursku u doba austrougarske vladavine 1878-1918 god«. [Auswanderung von Muslimen aus Bosnien-Herzegovina in die Türkei in der Zeit der österreichisch-ungarischen Verwaltung, 1878-1918], in: *Historijski Zbornik* 3, 1950, No. 1-4, S. 175-188; Kemal H. Karpat, »The *Hijra* from Russia and the Balkans: the Process of Self-definition in the Late Ottoman State«, in: D. F. Bickelman and J. Piscatori (eds.), *Muslim Travellers. Pilgrimage, Migration, and the Religious Imagination*, London 1990, S. 131-152; A. Üner Turgay, »Circassion Immigration into the Ottoman Empire«, 1856-1878, in: W. B. Hallaq and D. P. Little (eds.), *Islamic Studies* Presented to Charles J. Adams, Leiden 1991, S. 193-217. Siehe auch Peter A. Andrews (ed.), *Ethnic Groups in the Republic of Turkey*, Wiesbaden 1989.
61 Friedrich von Vincenz, »Das Problem der Muhadschire und die Massenflucht der Griechen aus Anatolien«, in: *Balkan-Revue* 1, 1914-15, S. 477-487, hier S. 481. Siehe auch »Said Halim Pacha à S. E. Mr. Panas, Ministre de Grèce à Constantinople, 18. 06. 14«, in: Bilâl N. Şimşir (ed.), *Ege Sorunu, Belgeler / Aegean Question. Documents*, Vol. II: 1913-1914, Ankara 1982, S. 544.
62 Die griechische Regierung schätzte Mitte Juni 1914 die Zahl der auf diese Weise vertriebenen Griechen auf 50 000. Siehe »Galib Kemalî Bey à Said Halim Paşa, Athen, 16. 06. 14«, in: Bilâl N. Şimşir (ed.), *Ege Sorunu*, II, S. 530 f.
63 Siehe Esat Uras, *Tarihte Ermeniler ve Ermeni meselesi*, Istanbul 1976, S. 400-403 (Engl.: *The Armenians in History and the Armenian Question*, Ankara 1988); Richard G. Hovannisian, *Armenia on the Road to Independence 1918*, Berkeley, CA, 1967, S. 38.
64 *Bank Ottoman. Memoirs of Armen Garo. The Armenian Ambassador to America from the Independent Republic of Armenia*, transl. by Haig T. Partizian, ed. with an introduction by Simon Vratzian, Detroit 1990, S. 184.
65 Ebenda, S. 191.
66 Siehe das Protokoll der Konferenz in: *Die Internationalen Beziehungen im Zeitalter des Imperialismus*. Dokumente aus den Archiven der Zarischen und der Provisorischen Regierung, hg. von der Kommission beim Zentralexekutivkomitee der Sowjetregierung unter

dem Vorsitz von M. N. Pokrowski. Einzig berechtigte deutsche Ausgabe hg. von Otto Hoetzsch, Reihe I, Bd. 1, Berlin 1931, S. 283-296. Für eine Analyse dieser Quelle vgl. Fritz Fischer, *Krieg der Illusionen. Die deutsche Politik von 1911-1914*, Düsseldorf 1978, S. 504-511.

67 Friedrich Stieve (Hg.), *Iswolski im Weltkriege. Der Diplomatische Schriftwechsel Iswolskis aus den Jahren 1914-1917*. Neue Dokumente aus den Geheimakten der russischen Staatsarchive, Berlin 1926, S. 38.

68 Joseph Heller, *British Policy towards the Ottoman Empire 1908-1914*, London 1983, S. 143.

69 Für einen vorzüglichen Überblick über die armenisch-jungtürkischen Beziehungen in dieser Phase siehe Gaidz F. Minassian, »Les relations entre le Comité Union et Progrès et la Fédération Révolutionnaire Arménienne à la veille de la Premiere Guerre mondiale d'après les sources arméniennes«, in: *Revue d'histoire arménienne contemporaine* 1, 1995, S. 45-99.

70 »C'est à cette époque que Zohrab effendi suggéra aux instances patriarcales de provisoirement cesser les démarches relatives à la question territoriale afin de calmer un tant soit peu le gouvernement«. Raymond H. Kévorkian (ed.), »R. P. Yervant P'erdahdjian. Evénements et faits observés à Constantinople par le vicariat (patriarcal), 1914-1916«, in: *Revue d'histoire arménienne contemporaine* 1, 1995, S. 247- 287, hier S. 283.

71 »Contre la volonté du patriarche, la Chambre [arménienne] refusa de prendre en compte cette lettre afin de ne pas indisposer les Etats alliés, dont l'entrée à Constantinople était une question de jours ... Cette lettre d'Enver restera historique.« Ebenda, S. 286.

72 »Malgré le grand nombre des victimes des massacres et déportations, la majeure partie des Arméniens a pu s'échapper ou survivre à l'oeuvre d'extermination ... [O]n serait près de la vérité en estimant à 1 500 000 le nombre des survivants.« Siehe »Aide-mémoire à propos de la question arménienne et de la libération de l'Arménie, A.M.A.E., Guerre 1914-1918, Turquie«, tome 889, f. 20, in: Arthur Beylerian (ed.), *Les Grandes Puissances, l'Empire ottoman et les Arméniens dans les archives françaises (1914-1918)*, Paris 1983, no. 365, Annex 1, S. 358-361.

73 »J'ai l'honneur de vous donner ci-dessous une évaluation approximative que nous avons des déportés et refugiés de Turquie, qui sont dans un complet dénouement et ont besoin d'être secourus d'urgence. Il s'en trouve environ 250 000 au Caucase, 40 000 en Perse, 80 000 en Syrie-Palestine, 20 000 à Mossoul-Bagdad, total 390 000. Le nombre total des déportés a été évalué de 6 à 700 000 âmes. Les chiffres que je vous donne ne sont donc que ceux des rescapés se trouvant actuellement en territoire conquis par les troupes alliées. Quant au reste des déportés disséminés encore dans les déserts nous n'avons jusqu'ici aucun renseignement à leur sujet.« »Boghos Nubar Pacha, Président de la Délégation Armenienne, à M. Gout, Ministre Plénipotentiaire, Ministère des Affaires Etrangères de France, Paris, le 11 Décembre 1918«, Archives des Affaires Etrangères de France, Série Levant, 1918-1929, Sous Série Arménie, Vol. 2, folio 47, abgedruckt in Bilâl N. Şimşir, *The Deportees of Malta and the Armenian Question*, Ankara 1985, S. 55.

74 »It is extraordinary how little civilized the Turks are ... It is high time they disappeared once more and went back into the interior of Asia whence they came«. Constantine, *A King's Private Letters*, London o. J., zit. nach Michael Llewellyn Smith, *Ionian Vision. Greece in Asia Minor, 1919-1922*, London 1973, S. 232.

75 *Atatürk'ün söylev ve demeçleri, I (1919-1938)* [Reden und Erklärungen Atatürks], Ankara, 2. Aufl., 1961, S. 73-74. Über die islamistische Politik Atatürks in dieser Zeit siehe auch Paul Dumont, »Hojas for the Revolution: The Religious Strategy of Mustafa Kemal Atatürk«, in: *Journal of the American Institute for the Study of Middle Eastern Civilization* I/3-4, 1980-81, S. 17-32.

76 Text und eine Teilübersetzung in Gotthard Jäschke, »Die Türkei seit dem Weltkriege«, in: *Die Welt des Islams* 10, 1927-29, S. 127 f.

Gulag – die Geschichte der Erinnerung als politischer Konflikt

Frank Golczewski

Neben »Perestrojka« (Umbau) kennzeichnet ein weiteres Wort die mit dem Namen Gorbatschows verbundene Reformphase der Sowjetunion – das Wort »Glasnost« (Öffentlichkeit), das mit seiner kirchenslawischen Wurzel »Glas« (Stimme) veranschaulicht, daß etwas laut werden soll, was zuvor stummgehalten wurde. Dieses Programm der »Glasnost« hatte zwei Aspekte; einen, der sich auf die Gegenwart bezog, wonach nunmehr die Entscheidungen von Partei- und anderen politischen Gremien nicht mehr unter Ausschluß der Öffentlichkeit stattfinden sollten, und einen in die Vergangenheit gerichteten: Historisches Geschehen, das in der Sowjetunion – von kurzen Zwischenphasen unterbrochen – tabuisiert worden war, sollte »laut« werden. Aufarbeiten wollte man »weiße Flecken« der Geschichte – Dinge, über die man nicht oder nicht gerne sprach.

Gorbatschow weist auf »weiße Flecken« hin

In der Prawda vom 14. 2. 1987 beklagte Gorbatschow, daß es »weiße Flecken und vergessene Namen« in der Sowjetgeschichte gebe. Damit gab er in der immer noch obrigkeitshörigen, zentralistischen UdSSR die offizielle Genehmigung, sich mit den Opfern des Stalinismus zu beschäftigen. Wie wenig er sich selbst dessen bewußt war, was er damit angesprochen hatte, zeigt sich darin, daß er im November desselben Jahres von »Tausenden von Stalinopfern« sprach (Prawda vom 3. 11. 1987), eine grandiose Verharmlosung angesichts der bis heute nicht hinreichend quantifizierten Millionen von Toten, die die Geschichte der Sowjetunion in ihrer Lagerwelt zu verzeichnen hat.[1]

Wenn der Satz »Das Geheimnis der Erlösung heißt Erinnerung«, den die Deutsche Bundespost auf die Gedenkmarke zum 50. Jahrestag der sogenannten »Reichskristallnacht« druckte, stimmen sollte – dann geschah die Erlösung von der Schreckensherrschaft in der Sowjetunion sehr langsam und geradezu wider Willen. Kein anderes Land in Europa (auch nicht die »Satelliten« der UdSSR) hatte seine Vergangenheit so unter Aufsicht gestellt, seine Archive derartig verschlossen und einen solch eindeutigen Kodex zu verwendender oder tabuisierter Namen und Aussagen aufgestellt.

Nach der Veröffentlichung von Alexander Solschenizyns »Ein Tag im Leben des Iwan Denisowitsch« in der Tauwetter-Periode konnte in der sowjetischen Presse und Literatur nur selten mehr als eine Andeutung darüber gelesen werden, daß es Lager gab und daß die Geschichte des Landes von Gewalttaten mitgestaltet worden war.

Zum offiziösen Selbstbild des Staates, der stets zum Wohle der Menschheit – und selbstverständlich seiner eigenen Bürger – gehandelt habe, paßte kaum die Vorstellung von Gewalt, die sich untergründig durch dessen Geschichte zog.

Seine Kolportage »Archipelag GULag« (1973 in Paris zuerst erschienen) gab Solschenizyn zur Veröffentlichung frei, als der KGB ein Exemplar des Manuskripts gefunden hatte. Die dort erstmals beschriebene Parallelwelt der Lager charakterisiert Solschenizyn in Anlehnung an die real existierende bürokratische Welt draußen. »GULag« ist die Abkürzung von »Glawnoje Uprawlenie Lagerej«, der »Hauptverwaltung der Lager«, die diese Welt ähnlich im Griff hatte, wie die Verwaltung draußen, die von den Staatsgrenzen und inneren »verschlossenen Gebieten« isolierte Welt der »Freien«.

»GULag« wurde zur Chiffre. Auch wenn nur wenige die propagandistischen Selbstverklärungen der Sowjetführung ernst nahmen und nahezu jede intellektuelle Familie Mitglieder hatte, die in Lagern umgekommen waren oder, wenn sie zurückgekehrt waren, über bestimmte Abschnitte der Vergangenheit nicht sprachen, so war doch durch diese nur von wenigen durchbrochene Sprachlosigkeit eine Aufarbeitung, geschweige denn eine an der Aktualität orientierte Auseinandersetzung mit diesem Phänomen unmöglich.

Die »Freigabe« der »weißen Flecken« durch Gorbatschow war damit eine echte Revolution – wenngleich wie die anderen von ihm eingeleiteten Schritte eine, über deren Tragweite der Staatsmann sich nicht ganz im klaren gewesen ist.

Die »weißen Flecken« reichen bis in die Gegenwart

Die Auseinandersetzung mit Verfehlungen der Vergangenheit hatte in der Sowjetunion 1953 begonnen. Der Geheimdienstchef und engste Verbündete Stalins, Berija, befahl im Sommer 1953 die Öffnung eines großen Teils der Lager und die Freilassung der kriminellen wie der politischen Häftlinge. Berija wurde ermordet, und der Nutznießer des noch einige Jahre andauernden, neuen »harten Kurses« war Nikita Chrustschow, der in der Rede vor dem XX. Parteitag der KPdSU im Frühjahr 1956 erstmals die Auswirkungen des Stalinschen »Personenkultes« geißelte. Dieses danach gebrauchte Schlagwort legte aber eine falsche Fährte: Sicherlich hatte es einen monströsen Personenkult um Stalin gegeben, aber ihm allein das zuzuschreiben, was an Mordtaten geschehen war, war ebenso unhistorisch wie die Dämonisierung Hitlers in der frühen Bundesrepublik Deutschland, mit der der Anschein erweckt wurde, als hätte sich der fremde Stamm der Nationalsozialisten unter einem allmächtigen Häuptling eines ansonsten milden und friedlichen Völkchens bemächtigt.

Die Sowjetunion hatte mit dem »Erinnern« immer schon Schwierigkeiten. Nicht nur, daß hier Menschen, die politisch mißliebig geworden waren, zu Unpersonen wurden, deren man nicht mehr gedachte – der Umgang selbst mit fremden Verbrechen war schwierig. Im Zweiten Weltkrieg durfte ein Jüdisches Antifaschistisches Komitee nur in seiner nach Amerika gerichteten Auslandspropaganda den Antisemitismus und Judenmord der deutschen Nationalsozialisten anprangern. Bezogen auf das Inland hatte man die (durchaus nicht abwegige) Befürchtung, daß ihre Politik der Judenvernichtung den Nationalsozialisten Sympathien unter den Sowjetbürgern einbringen könnte.

Erst nach dem Gedicht »Nad Babim Jarom Pamjatnikow Net« (Über Babij Jar stehen keine Denkmäler) von Jewgeni Jewtuschenko – dem Dichter der Tauwetterära – errichtete man dort ein Monument für die von den deutschen Einsatzgruppen Ermordeten – und erst vor wenigen Jahren fügte man eine Inschrift in jiddischer Sprache hinzu, aus der jedoch immer noch nicht hervorgeht, daß die Menschen zumeist wegen ihrer Zugehörigkeit zur »jüdischen Rasse« umgebracht worden waren.

Wie in Deutschland lebten 1956 die Henker und Lagerwächter unbehelligt, mit Gehältern und später Pensionen ausgestattet, als Nachbarn neben den Überlebenden. Was Hermann Lübbe mit der (von ihm positiv bewerteten) »nicht-symmetrischen Diskretion« beschrieben hat (die Verfolgten reden nicht über ihre Leiden, die Verfolger nicht über ihre Taten),² galt in der Sowjetunion ebenso wie in Nachkriegsdeutschland. Die scheinbare Konfliktlosigkeit der jeweiligen Gegenwart war offenbar die Voraussetzung für einen Wiederaufbau. Derselbe Gorbatschow, der ein halbes Jahr später die »weißen Flecken« bedauern sollte, sagte noch in einer Diskussion mit sowjetischen Schriftstellern am 19. 6. 1986:

»Wenn wir anfangen würden, uns mit der Vergangenheit auseinanderzusetzen, würden wir unsere ganze Energie abtöten. Wir würden das Volk vor den Kopf stoßen. Wir müssen aber vorwärtsgehen. Wir werden uns schon noch mit der Vergangenheit beschäftigen; wir werden die Dinge zurechtrücken. Jetzt aber haben wir unsere ganze Energie nach vorn gerichtet.«³

Als jedoch Anfang 1987 die Diskussion freigegeben worden war, kam sie sogleich in Gang. Juri Afanassjew, der Rektor des Moskauer Instituts für Historische Archive, gab der Zeitung Sowjezkaja Kultura am 21. 3. 1987 ein Interview, in dem er sagte:

»Ohne Vergangenheit ist Selbstbewußtsein unmöglich, sind der ganze Sinn und Unsinn von heute, Ängste, Hoffnungen und Pläne unbegreiflich. Wir sind nun einmal so beschaffen, daß schon allein unsere Fähigkeit zu trennen, auf Kenntnisse über diese Vergangenheit angewiesen ist und sich darauf stützt . . . Wir wollen sowohl an das Schlimme als auch an alle Errungenschaften und Paradoxe unserer Geschichte zurückdenken – an alles, was darin mutig und ehrlich war, an die verwirklichten, aber auch die unverwirklichten Vorhaben sowie an die dabei gesammelten Erfahrungen . . .«⁴

Auch wenn damit ein Historikerstreit darüber ausgelöst wurde, wie man sich der Vergangenheit nähern solle – interessanterweise fast gleichzeitig mit dem deutschen Historikerstreit –, was zu Publikationen über die Untaten der Sowjetzeit führte, ist mit der zitierten Programmatik, mit der Afanassjew zum Vorkämpfer der historischen Perestrojka der Sowjetwissenschaft wurde, auch die Grenze seines Tuns aufgezeigt.

Die wissenschaftliche Geschichtsschreibung – und darin besteht der Unterschied zum mit dem Ziel der historischen Sozialisierung unternommenen und von politischen Richtlinien abhängigen Geschichtsunterricht – wehrt sich im Westen in aller Regel gegen die an sie gerichteten Ansprüche auf Sinnstiftung. Aus meiner Sicht ist Aufgabe der Historiker, die Kausalität historischen und damit menschlichen Tuns herauszuarbeiten. Sie zu bewerten, in »Schlimmes« und »Gutes« einzuteilen, erfordert einen moralischen Kanon, der sich zum einen im Lauf der Zeit und in unterschiedlichen Gesellschaften (auch innerhalb eines Volks) wandelt und der für einen Historiker zwar Untersuchungsobjekt sein kann, jedoch ihm nicht ohne weiteres zur Verfügung steht. Wo Historiker so urteilen, was durchaus möglich ist, begeben sie sich in ein ihrer Wissenschaft zwar benachbartes, aber nicht eigenes Feld.

Denn kaum irgendwo erfolgte nach diesem Appell die Aufarbeitung der Geschichte der Sowjetunion – und damit des GULag – ohne unmittelbare Beziehung zur Politik und zur Gegenwart. Das Postulat – ungeachtet dessen, wie ernst es gemeint war –, sich von der Vergangenheit zu trennen, erinnert an das auch uns vertraute »Bewältigen« der Vergangenheit. Diese Aufarbeitung enthält das Element der analytischen Ergründung und Bewußtmachung von Verschüttetem und Verdrängtem im Freudschen Sinne mit dem Ziel, sich nicht mehr davon in seinem Tun beeinflussen lassen zu müssen.

Es bleibt dahingestellt, ob – und wenn ja in welchem Maße – dies bei den frühen Versuchen der Rückkehr in die Vergangenheit eine Rolle spielte. Die Erschließung der Vergangenheit erfolgte in der absterbenden Sowjetunion jedoch weitgehend unter dem Aspekt des Gegenwartsbezugs.

Dimensionen der Erinnerung

Aus der Perspektive der historischen Wissenschaft löste die Beschäftigung mit den »weißen Flecken« Entwicklungen aus, die an ähnliche Probleme im deutschen Kontext erinnern. Am wenigsten verwandt – und unmittelbar mit dem totalen Verschweigen und Wegretuschieren von in Mißkredit geratenen Menschen verbunden – war die Suche nach (positiven) Alternativen bei den »Unpersonen«. Der letzte Zar, Stolypin, Bucharin, Trotzki und Chrustschow avancierten zu Modellen gegen die nunmehr »negativ« besetzte »real existierende« Vergangenheit. Die Potentialität – das »was wäre, wenn . . .« – ist eine weitere und neben der moralischen Wertung auch häufigste Verkennung der Grenzen historischer Wissenschaft. Verklärung, Isolierung einzelner Phasen unter Verdrängung unbequemerer, antithetische Schlüsse aus nur nuancierten politischen Gegensätzen schufen im ersten Zug eine umfangreiche Literatur, die in ihrer Struktur nur wenig von den monolinearen Darstellungen vieler parteitreuer Historiker abweicht.

Ein seltsamer Aspekt der Aufarbeitung der Vergangenheit ist das, was ich als »Olympiade des Schreckens« bezeichnen möchte. Die plötzliche Eröffnung der Möglichkeit, über früher Verbotenes zu schreiben, ohne daß es

Vorbilder oder Maßstäbe dafür gegeben hätte, führte dazu, daß man das, was man gerade »entdeckt« oder womit man sich gerade beschäftigt hatte, für das Entsetzlichste hielt, was die Geschichte überhaupt zu bieten habe.

Ich habe mit Anatolij Rybakow, dem Verfasser des »Deti Arbata«[5] (eines der wichtigsten Romane für die Vergangenheitsaufbereitung) 1992 eine makabre Diskussion in diesem Sinne geführt. Aus seiner Sicht war Stalin der Schlimmste und Hitler in diesem Sinne deshalb nachrangig, weil er »nicht gegen sein eigenes Volk gekämpft« habe. Daß Rybakow, selbst jüdischer Herkunft, die deutschen Juden (von anderen verfolgten Gruppen einmal ganz abgesehen) offenbar für Nicht-Deutsche hielt und darüber hinaus eine Rangordnung zwischen der Verfolgung von Fremdvölkern und der eigenen Gruppe als historisch interessierter Literat akzeptierte, erschließt sich aus dieser Argumentation. Folgte man diesem Duktus, müßte man auch Stalin als Georgier für den Schlächter eines Fremdvolkes halten, wenn er nicht ebenso unter seinen engeren Landsleuten schrecklich gewütet hätte. Die Problematik erinnert an die in Deutschland geführte Diskussion über die Singularität des Holocaust. Offensichtlich folgt die Aufarbeitung der Vergangenheit nicht den Regeln der Geschichtswissenschaft, sondern wie das Verschweigen derselben politischen – und psychologisch faßbaren – Prioritäten.

Formen der Erschließung

Wir sind oben auf die Intentionen und Probleme eingegangen, die in der zu Ende gegangenen Sowjetunion mit der Untersuchung der eigenen Vergangenheit zusammenhängen. Dabei stellt sich auch die Frage nach dem Zugang zu lange verschütteter Geschichte. An erster Stelle ist die Publikation von Akten und Dokumenten zu nennen. Was man immer vermutet hatte, war wahr. Der auf die Bürokratie gestützte Mordapparat der Sowjetunion hat Akten produziert und konserviert, nur wenig davon ist vernichtet worden.

Anfangs wurden Einzeldokumente der Öffentlichkeit präsentiert, wobei für die sowjetischen Machthaber ein positiver Effekt durch die Verzögerung der Publikation erreicht werden sollte. Es brauchte lange Zeit, bis das Original des geheimen Zusatzprotokolls zum Molotov-Ribbentrop-Pakt vom 23. 8. 1939 vorgezeigt wurde, wodurch das (vom sowjetischen Außenminister Gromyko bis zuletzt aufrechterhaltene) Leugnen seiner Existenz zu einem blamablen Ende führte. Der dann in Deutschland gefeierte Valentin Falin hatte noch am 4. 9. 1988 bestritten, daß das nach einer Kopie veröffentlichte Zusatzprotokoll authentisch sei. Eine passende, publikumswirksame Gelegenheit wurde auch abgewartet, bis man die Dokumente über den von ganz oben kommenden Beschluß über die Ermordung der polnischen Offiziere bei Katyn (1940) veröffentlichte, die zuvor stets wenig glaubhaft den deutschen Nationalsozialisten angelastet wurde.

Inzwischen sind – wenngleich immer noch eingeschränkt – weite Teile der bislang gesperrten Bestände auch ausländischen Historikern zugänglich. Gertrud Pickhan vom Deutschen Historischen Institut in Warschau hat im KGB-Archiv die Akten über die letzten Tage der im Zweiten Weltkrieg umgebrachten Führer der polnisch-jüdisch-sozialistischen Partei »Bund«, Henryk Erlich und Wiktor Alter, einsehen können. Historikern des Göttinger Arbeitskreises wurden die Akten zur Deportation der Deutschen aus der Wolgarepublik und über die »Trudarmija« – ein Euphemismus für Zwangsarbeitslager – zur Verfügung gestellt. Weil sorgfältige historische Arbeit ihre Zeit braucht, ist davon bisher noch wenig veröffentlicht. »Schnellschüsse«, die das ungeduldig wartende Publikum bedienen sollen, verwirren eher.

Neben die Bearbeitung der Archivalien trat eine makaber anmutende moderne Archäologie, die die Vergangenheit erschließen sollte. In Ekaterinburg (Sverdlovsk) fand man Skelette, die als Überreste der ermordeten Zarenfamilie identifiziert wurden. In Kuropaty bei Minsk – und dann an vielen anderen Orten – wurden die Mordstätten der Jahre 1937–1941 ausgegraben, wobei man nicht selten mit Widerständen der beteiligten Behörden und örtlichen Machthaber zu kämpfen hatte. Die allgemeinen Rehabilitationsverfahren, die seit den 50er Jahren ohne rechtsstaatliche Basis und einer willkürlichen Auswahl folgend stattfanden, erfuhren eine Konkretisierung. Die Rehabilitationen der »Repressierten« (auch die russische Sprache verfügt über ein verharmlosendes »Wörterbuch des Unmenschen«) waren keine Privatsache mehr, sondern öffentliches Anliegen. Im Staatsverlag »Juriditschesskaja Literatura« erschienen die ersten Dokumentationen des Grauens, so das von Georgi Tarnawski und anderen besorgte Buch »Kuropaty: Sledstvie prodolschajetsja« (Moskau 1990), mit Bildern der Exhumierungen, Aktenkopien, Zeitzeugenaussagen und engagierten Kommentaren der Herausgeber.

Eine dritte Kategorie sind die Memoiren der Häftlinge, die – jahrzehntelang zum Schweigen verurteilt – sich nun endlich artikulieren konnten. Zum einen wurde der Nachfolgebedarf befriedigt, indem längst im Ausland veröffentlichte Arbeiten in der UdSSR und ihren Nachfolgestaaten erschienen (die

Bücher von Nadeschda Mandelschtam, Lidija Tschukowskaja und Alexander Solschenizyn), aber auch neuere Erinnerungen wie die »Zapiski Zakljutschonnogo« von Alfred Mirek (Moskau 1989).

Inzwischen ist das Wissen um den GULag, die Morde, die Deportationen, die Zwangsarbeit und die Inhaftierung aus nichtigstem oder gar ohne jeden Anlaß ins allgemeine Bewußtsein vorgedrungen. Selbst die Kommunisten geben »Fehler« zu, wenngleich sie ihnen naturgemäß eine gegenüber den »Errungenschaften« der Sowjetunion nachrangige Bedeutung beimessen. Die neuen wie die alten Nationalisten haben sich dieser Argumentation angeschlossen. Nun wird die Geschichte bereinigt. Das unbestrittene Unrecht wird einer auch sonst unbeliebten Gruppe zugewiesen. Bei den Nationalisten heißen sie ganz offen »Juden«, bei den Altkommunisten wie einst »Zionisten und Kosmopoliten«. Die »anständigen« Russen, die »anständigen« Kommunisten haben nichts damit zu tun. Da stört auch nicht, daß in der zweiten Verfolgungsphase Juden im Verhältnis zu ihrem Anteil an der Bevölkerung überproportional Leidtragende waren. Damit aber rückt die Verfolgungsgeschichte zugunsten der Gegenwartsargumente in den Hintergrund.

Das Entsetzen, die Diskussion der zweiten Hälfte der 80er Jahre sind vorbei. Nach sehr kurzer Zeit ist etwas eingetreten, was man von deutschen Stammtischen und Politikern auch hört: Man ist es leid, die Vergangenheit »aufzubereiten«, man will nicht mehr nur von vergangenen Verbrechen hören – und die Opfer haben sich wieder in die Stille der Sprachlosigkeit zurückgezogen. Das hat mehrere Gründe:

- Tschernobyl ist näher als der GULag; wo sich Protest artikuliert, bezieht er sich eher auf die Gegenwart als auf die Aufarbeitung einer wenig bekannten Vergangenheit.
- Die ökonomische Lage in Rußland läßt die Armen ums Überleben kämpfen und die neuen Reichen Geld verdienen – beides sind keine guten Voraussetzungen für »Trauerarbeit«.
- Der Nachholbedarf an literarischer Produktion konzentriert sich auf die früher unbekannte Science-fiction-, Klatsch-, Kriminal- und Liebesliteratur. Esoterik verspricht eine bequemere Bewältigung der Gegenwart als die Auseinandersetzung mit Fehlentwicklungen der Vergangenheit. Sie liest sich auch einfacher als die sich letztlich doch immer wieder gleichenden Erinnerungen der Häftlinge und Verfolgten.
- Die gegenwärtigen Politiker haben erkannt, daß das Hervorkramen der üblen Vergangenheit ihnen nicht unbedingt zugute kommt. In den mei-

sten Territorien der alten Sowjetunion sind die alten Kader, nur ein wenig gewendet, in allen einschlägigen Machtpositionen; welches Interesse sollten ausgerechnet sie, die über die immer noch knappen Ressourcen verfügen, daran haben, die Sünden ihrer Jugendzeit aufbereiten zu lassen?

Kann man also mit dem Erfolg der Befreiung der Erinnerung zufrieden sein? Immer seltener erscheinen dazu Publikationen. Nur wenige beschäftigen sich noch mit der Stalin-Vergangenheit, mit dem GULag. Und wenn andere sich erinnern, dann tun sie es anders.

Zweierlei Erinnerung

Eine der »informellen Gruppen«, die sich für die Aufarbeitung der GULag-Vergangenheit eingesetzt haben, ist »Memorial« (Denkmal). Junge Intellektuelle aus der Dissidentenszene, zu denen dann auch »Nicht-Helden« gestoßen waren, hatten diese Gruppe gegründet, um Spenden zugunsten eines Denkmals für die Opfer des Stalinismus zu sammeln. Bald schon weitete sich das Aufgabenfeld. An die Stelle der relativ banalen Frage des Denkmals trat ein allgemeineres Bemühen um die Dokumentation des Unheils der Stalinära und dessen Vorbereitung. »Memorial« wurde – nicht zuletzt durch Reisen seiner Vertreter – weit über Rußland hinaus bekannt.

Aber zu den »informellen Gruppen«, die sich in der letzten Phase der UdSSR als Repräsentanten einer »außerparlamentarischen Opposition«, als Komplementärorganisationen zu den Parteiorganen der Staatsmacht verstanden, gehören auch andere. Vergangenheitsbezogene Gruppen, die sich dem Schutz der Kulturdenkmäler, aber auch der Umwelt widmeten, waren in den ersten Jahren der Perestrojka kaum von den Kämpfern für die Menschenrechte aus der Helsinki-Gruppe oder den Verbrechensaufklärern von »Memorial« zu unterscheiden. Auch die westliche Sowjetunionforschung brauchte eine gewisse Zeit, um zu erkennen, daß »wertkonservative« oder russischnationale Einstellungen, die in einem ähnlichen Gegensatz zur Partei der »Stagnationszeit« standen wie die Dissidenten, durchaus anders strukturiert waren.

Der Schriftsteller Valentin Rasputin stellte etwa mit »Matjora« (wonach Elim Klimow den Film »Abschied von Matjora«, UdSSR 1981, drehte) die sowjetische Technokratie dem Ideal des russischen Landlebens gegenüber:

Seine Kritik an der Stalinschen und der Breschnewschen Gigantomanie war jedoch mit einer deutlichen Abneigung gegen »westliches Denken« verbunden – und damit auch gegen den Pluralismus, Liberalismus und das, was gemeinhin zwischen Rockmusik und Pornographie angesiedelt wird und als Symbol für »westliche Dekadenz« gilt. Diese Einstellungen sind aus der russischen Vergangenheit nicht unbekannt: Der russische Nationalismus slavophil/panslavistischer Prägung erlebte in der Glasnost-Zeit seine Wiederanerkennung und entwickelte sich bis hin zur radikalen, faschistischen »Nationalpatriotischen Front Pamjat« und zu ähnlichen Gruppen, die durchaus imstande sind, unter den neuen politischen Bedingungen mit den Erben der Altkommunisten zu paktieren.

Sowohl »Memorial« als auch »Pamjat« (russ. Gedächtnis, Erinnerung), Worte weitgehend ähnlichen Inhalts, beschreiben das gleiche Phänomen, den Versuch der Wiedergewinnung der Vergangenheit, um die Gegenwart gestalten zu können. Und dennoch gehören die beiden Denkweisen, die hinter diesen Organisationen stehen, diametral entgegengesetzten Kategorien an.

Will die eine dazu beitragen, Unmenschlichkeit und Mordtaten künftig zu verhindern, so steht die andere dafür, finstere Kapitel der russischen (Pogrome) und der internationalen Geschichte (Faschismus, Militarisierung, Gehorsamskult) zu revitalisieren. Beide halten den sowjetischen Versuchen, einen Teil der Vergangenheit vergessen zu machen, die Erinnerung, das Gedächtnis entgegen. Aber sie tun dies zu unterschiedlichen Zwecken: »Memorial« will warnen, »Pamjat« Vorbilder setzen. Ist dies der fundamentale Gegensatz zwischen beiden Haltungen? Ist die Erinnerung an Schreckliches, die Warnung vor dem Unmenschlichen die Art der Erinnerung, durch die eine Erneuerung im Sinne des Humanismus begünstigt, vielleicht sogar bewirkt werden kann? Schafft die negative Erinnerung in jedem Fall Positives? Oder kann selbst die Erinnerung an Niederlagen (etwa die Kosovo-Schlacht 1389 für die Serben) durch Kompensation Chauvinismus begünstigen?

Die Erinnerung an wirkliche oder angebliche vergangene Größe, an Vorbilder, an die »Rolle in der Geschichte«, die durch die Geographie »gegebene Aufgabe« eines Landes – die manche deutsche Historiker in einer (zweideutig) »zentralen« Aufgabe in Europa sehen wie russische Nationalisten von Dostojewski über Gumiljow bis Schirinowski in »Eurasien« – treibt zu Machtdenken, Aggressivität und zum Hinwegsetzen über Hemmungen an.

Es gib Beispiele dafür, daß eine Geschichte gemeinsam erduldeten Leids eine Basis für Gruppenbildung, für Gruppenbewußtsein, für das Zueinanderfinden von Menschen schafft. Die Shoa hat dazu geführt, daß auch prinzipiell antizionistische Juden sich nicht völlig von der Entwicklung Israels nach dem Zweiten Weltkrieg distanzieren können. Die deutsche Verfolgung der Polen im Zweiten Weltkrieg hat ebenfalls einen Teil des polnischen Autostereotyps für lange Jahrzehnte geprägt.

Die Erfahrungen des GULag haben dies aber offensichtlich nicht im gleichen Maße bewirkt. Die Erinnerung an sowjetische Siege und an eine »ruhmreiche« russische Vergangenheit ist wohl erinnerungsmächtiger als die an das eigene Leid und die Verfolgungsgeschichte. Erinnerung kann sich der Verfolger oder der Verfolgten annehmen – sie ist als solche nicht wertfrei und daher auch nicht das »Geheimnis der Erlösung«.

Anmerkungen

1 Vgl. René Ahlberg, »Stalinistische Vergangenheitsbewältigung«, in: *Osteuropa*, 42, 1992, S. 921-937.
2 Hermann Lübbe, »Der Nationalsozialismus im deutschen Nachkriegsbewußtsein«, in: *Historische Zeitschrift*, 236, 1983, S. 587.
3 Zitiert nach Christian Schmidt-Häuer/Maria Huber, *Rußlands zweite Revolution*, München/Zürich 1987, S. 98.
4 Ebenda, S. 100 f.
5 Deutsche Ausgabe: *Die Kinder vom Arbat*, Köln 1988.

Hiroshima und das Atomzeitalter

Erinnerung als Flucht in die Fiktion

Bernhard Moltmann

Die These

In der Mitte der neunziger Jahre gehört es zum Gemeingut der öffentlichen Rede zu behaupten, mit der Auflösung des Ost-West-Konfliktes sei auch das Atomzeitalter zu Ende gegangen. Mit dem Zusammenbruch der sozialistischen Staatenwelt unter Führung der ehemaligen Sowjetunion, der deutschen Einigung und der Charta von Paris aus dem Jahr 1990 sei die fünfundvierzigjährige Periode abgeschlossen, die unter dem Bann der Atombombe gestanden habe. In der Bezeichnung als Atomzeitalter bündeln sich zwei Einsichten: einerseits die Erfahrung, daß die Hierarchie der Mächte seit dem Ende des Zweiten Weltkrieges davon bestimmt gewesen ist, über Atomwaffen zu verfügen.[1] Damit hatten sich Verständnis und Praxis von Souveränität der Staaten verschoben, denn nun waren nur wirklich jene Staaten souverän, über Krieg und Frieden zu entscheiden, die über den Einsatz von Atomwaffen entscheiden konnten. Andererseits brachte der Begriff des Atomzeitalters das Wissen zum Ausdruck, daß die Menschen selbst Verursacher des tragenden Moments dieser Epoche geworden seien,[2] denn die Existenz der Atombombe hatte ein fundamentales Umdenken von Geschichte erzwungen. Die Geschichte konnte nicht mehr dem Zufall oder dem Schicksal anheim gegeben werden, sondern war dem Menschen überantwortet worden, und er wußte nun davon.

Der Beginn des Atomzeitalters läßt sich eindeutig auf den 6. August 1945 datieren, als ein US-amerikanisches Flugzeug die erste Atombombe über der japanischen Stadt Hiroshima zur Explosion brachte. Die unmittelbaren Auswirkungen der Bombe überschritten alle bisherigen Vorstellungen über die Wirkungen eines militärischen Mittels und führten dazu, daß alle Konsequenzen von Waffeneinsätzen sowie deren Rechtfertigung neu bedacht werden mußten. Der folgende Beitrag unternimmt es nun, die Inhalte der Erinnerung als fortwährende Vergegenwärtigung des damaligen Geschehens und dessen politischen wie intellektuellen Folgen Revue passieren zu lassen. Gerade angesichts der inzwischen eingetretenen weltpolitischen Umbrüche stellt sich die Frage, welche Fakten und Ordnungsmuster im Denken und in der praktischen Politik inzwischen überholt sind und welche weiterhin Gültigkeit beanspruchen können. Dabei orientiert sich die Argumentation an der These, die Thomas Assheuer bündig so formuliert hat: »Wenn Vernichtung die Signatur dieses Jahrhunderts ist, ist die Fluchtphantasie sein Schatten.«[3] Die These des Autors ist faszinierend. Sie benennt als Charakteristikum des Atomzeitalters die perfektionierte Praxis der Destruktion, die Menschen, Völker und inzwischen die Natur erfaßt hat. Und sie liefert eine Schlußfolgerung, wie Menschen und Gesellschaften mit dieser Erfahrung umgehen: Sie fliehen ihr. Die Metapher der Flucht steht dafür, der Realität auszuweichen. Sie beschreibt zugleich die Um- und Irrwege, die sich die Politik sucht, um der Tatsache nicht ins Auge zu sehen, daß die Vernichtung möglich, wahrscheinlich und wirklich ist. Sie ist real und wird doch in das Reich des Irrealen, des Fiktiven verbannt. Diese Doppelfigur ist die Chiffre des Atomzeitalters. Wird eine kausale Beziehung zwischen Vernichtung und Flucht hergestellt, bietet sich ein Schlüssel, individuelles und kollektives Handeln in den Jahrzehnten seit 1945 zu verstehen. Jenseits des Erklärens einzelner Phänomene lassen sich größere Bögen hin zu einem Bild jener Epoche schlagen, die als Atomzeitalter bezeichnet wird.

Unter dem Eindruck der zerstörerischen Wirkung der Atombomben hat die weltpolitische Situation nach 1945 ihre Deutung mit dem klassischen Mythos des Prometheus gefunden. Als der Mensch geschaffen wurde, so erzählt Platon, stahl Prometheus mit dem Feuer von den Göttern die Fähigkeit, Energie zu gewinnen und zu kontrollieren. Aber die wichtigste Gabe vermochte er nicht zu erlangen: Er konnte die Menschen nicht mit politischer Weisheit und mit Gerechtigkeit ausstatten.[4] Solange Wissenschaft und Technologie nicht durch jenes tiefe Wissen gelenkt sind, das zur Ehrfurcht vor der göttlichen Ordnung der Natur und zur Gerechtigkeit gegenüber den Mitmenschen anleitet – das ist die Lehre von Platon –, wird die Menschheit zur Selbstzerstörung angetrieben. Diese Einsicht, gipfelnd in dem Wissen um die destruktive Kraft der Atombombe, verbindet Günther Anders, einer der wenigen konsequenten Denker des Atomzeitalters, mit der Forderung, die

Menschheit müsse heute apokalypsebewußt sein. Aus dem Satz: »Alle Menschen sind tötbar« müsse der Satz werden: »Die Menschheit ist tötbar«.[5]

Mit dem Eintritt in das Atomzeitalter sahen sich Gesellschaften und Politik vor die Aufgabe gestellt, zwischen einer destruktiven oder einer konstruktiven Verwendung ihrer technischen Möglichkeiten zu entscheiden.[6] Der tatsächlich gefundene Weg bestand und besteht darin, diese Entscheidung aufzuschieben und ihr letztlich auszuweichen. Diese Flucht wurde zum System und so zum leitenden Handlungsmuster mit den Selbstläufigkeiten und institutionellen Mechanismen, die zu seiner Absicherung in den folgenden Jahrzehnten etabliert und zur Selbstverständlichkeit wurden. Hiroshima und Nagasaki standen als Menetekel an der Wand. Alle Anstrengungen richteten sich darauf, ihm zu entkommen. Trotzdem konnte es nicht ausgelöscht werden. Die Flucht dauert bis in die Gegenwart. Auch Momente des Besinnens, wie anläßlich der fünfzigjährigen Wiederkehr der Bombenabwürfe auf die beiden japanischen Städte Hiroshima und Nagasaki, sind letztlich nur Zwischenstationen einer solchen Bewegung.

Unter dem Vorzeichen der Flucht sollen im folgenden die erinnernde Reaktion der unmittelbar am Geschehen in Hiroshima und Nagasaki beteiligten Staaten und Gesellschaften, die Japans und der USA, betrachtet werden. Hinzu kommt als ein zweites Moment die Politik der Kriegsverhütung und der Abschreckung, die aus der Möglichkeit einer atomaren Katastrophe bereits eine vorweggenommene Wirklichkeit gemacht und die Konturen der Weltpolitik seit 1945 bestimmt hat, ausgehend von der Annahme, daß im Atomzeitalter die Fiktion der Vernichtung selbst zu einem tragenden Element der politischen Realität geworden sei. Der fiktionale Charakter ging in politische Imperative über und bestimmte das politische und militärische Denken wie Handeln. Er hat die Gesellschaften wie die internationalen Beziehungen durchdrungen, das Weltbild geprägt und die praktischen Vollzüge der internationalen Politik determiniert.

Die Geschichte

Die Ursprünge des Atomzeitalters liegen in physikalischen Instituten und Laboratorien. Sie legten den Grundstein für eine bis dahin unbekannte Symbiose von Wissenschaft, Militär und Politik. Der Zweite Weltkrieg diente als Stimulus für wissenschaftlich-technische Innovationen. Den Wissenschaftlern wurde eine Handlungskompetenz zugewiesen, die sie als »scientific technological elite«[7] etablierte, auch wenn sie angesichts der hier ebenfalls vorhandenen Heterogenität der politischen Orientierungen für vielfältige Instrumentierungen seitens des Militärs und der Politik offen blieben. In den Jahren 1938/39 hatten die deutschen Physiker Otto Hahn und Rudolf Straßmann die Möglichkeiten der Kernspaltung entdeckt. Zu Beginn der vierziger Jahre entschloß sich die amerikanische Regierung, eine Atombombe zu entwickeln, und zog dazu alle verfügbare Forschungskapazität der USA und seiner Alliierten zusammen. Auf dem Höhepunkt des »Manhattan-Projektes« arbeiteten über 150 000 Menschen daran. Am 16. Juli 1945 detonierte in der Wüste Neu-Mexikos die erste Atombombe. Am 6. und 9. August 1945 warfen Flugzeuge der US-Luftwaffe zwei Atombomben auf die beiden japanischen Städte Hiroshima und Nagasaki ab.

Augenzeugen berichteten über die Explosionen: Was in dem amerikanischen Flugzeug wie ein Blitzlicht ausgesehen hatte, wirkte in Hiroshima

»wie das ›Abbrechen eines Stückes von der Sonne‹: dieses glühend-strahlende ›Sonnenstück‹ befand sich plötzlich in nur sechshundert Meter Höhe über dem Stadtzentrum. Innerhalb weniger Augenblicke gab es da einen glühenden Gasball von 300 Metern Durchmesser, dessen Hitze in einem Kilometer Entfernung alles Leben verkohlte und noch vier Kilometer entfernt Brände entfachte. Rotblaue und dunkelbraune Flammen, die mit unvorstellbarer Geschwindigkeit über den Boden fegten. Ungeheure Luftmengen wurden derart rasch erhitzt, daß eine Druckwelle entstand, die mit Schallgeschwindigkeit alles in Trümmer legte. Ein furchtbarer, die Splitterwirkung noch vervielfachender Sog folgte. Jedes Gramm U-235 entwickelt soviel Hitze, wie fünfzig Zentner Kohle. Zwar hatte diese Wärmestrahlung in Hiroshima nur vier Sekunden gedauert. Auch die direkte Radioaktivität wirkte nur zwei Minuten. Aber das genügte, um 130 000 Menschen zu töten und ebenso viele zu Krüppeln und lebenslang krank zu machen. Fünfzehn Minuten, nachdem der Explosionspilz in den Himmel stieg, fiel Regen und wusch die radioaktiven Partikel zurück auf die Erde. Zwanzig Minuten nach der Explosion war die Stadt ein einziges Flammenmeer.«[8]

In Nagasaki kamen am 9. August 1945, durch Berge geschützt, »nur« 36 000 Menschen sofort ums Leben, während weitere 40 000 Menschen langsam starben.

Der weitere Verlauf der Geschichte ist bekannt: Der Zweite Weltkrieg ging mit der Kapitulation auch Japans zu Ende. Am 23. August 1949 brachte die Sowjetunion ihre erste Atombombe zur Explosion. Seit dem Jahr 1953 verfügte die Sowjetunion über wirksame Wasserstoffbomben. Sie hatten die doppelte Sprengwirkung der ersten thermonuklearen Vorrichtungen: durchschnittlich 25 Millionen TNT-Äquivalent oder die fünfzehnhundertfache

Wirkung der Hiroshima-Bombe. Im Jahr 1954 zündeten die USA eine Wasserstoffbombe. In den darauffolgenden Jahren stiegen die Explosionsleistungen der nuklearen Sprengsätze unaufhörlich: Die nun verfügbare »Groß-Super-Hydrogen-Bombe« kam einer Sprengkraft von 45 Millionen Tonnen TNT gleich, dem Zweihundertzwanzigfachen der Hiroshima-Bombe oder dem Fünfunddreißigfachen aller während der fünfeinhalb Jahre während des Zweiten Weltkrieges über Deutschland abgeworfenen Bomben.[9]

Parallel zu den Mammutprogrammen wurde die Atombombe »miniaturisiert«, also Bomben geschaffen, die sich leichter ins Ziel bringen und deren Wirkung sich begrenzen ließen. Die »taktischen Nuklearwaffen« entstanden. Vor Beginn des Zweiten Weltkrieges hatte es Fliegerbomben von einer Tonne Trinitrotoluol (TNT) Sprengkraft gegeben. Englands »Blockbuster« hatten im Jahr 1944 die Sprengkraft von sechs Tonnen TNT, die Hiroshima-Bombe jedoch von zwanzigtausend Tonnen TNT. In den ersten fünfzehn Jahren nach Hiroshima aber wurden bei Versuchen Bomben mit zusammen mindestens zweihundert Millionen Tonnen TNT-Wirkung zur Explosion gebracht, zu Testzwecken im Zustand des Nicht-Krieges also das Zehntausendfache der Bombe von Hiroshima.[10]

Im Jahr 1953 lancierte die US-amerikanische Regierung das Programm »Atoms for Peace« zur friedlichen Anwendung der Kernenergie. Die Vereinten Nationen organisierten internationale Konferenzen und schufen überstaatliche Kontrollinstanzen.[11] Mit dem nuklearen Nichtverbreitungsregime, begründet mit dem Nichtverbreitungsvertrag des Jahres 1968, wurde versucht, das Interesse an einer friedlichen Nutzung der Kernenergie in Einklang mit dem Bedürfnis an Sicherheit zu bringen. Die Bilanz der Bemühungen ist aus heutiger Sicht negativ. Gegenwärtig gibt es fünf »offizielle« Atommächte. Weitere zehn Staaten sind in der Lage, Atomwaffen zu produzieren und einzusetzen.[12] Gleichwohl verschwinden die Atomwaffen aus den Schlagzeilen. Die Tatsache, daß Rußland die Produktion von Plutonium für Atomwaffen einstellt und sich mit US-amerikanischer Hilfe auf die Konversion seiner Kernkraftwerke einläßt, ist nur noch eine kleine Meldung wert.[13] Im Rahmen der START-Verträge werden die USA in den kommenden Jahren neuntausend und Rußland siebentausend Atomsprengköpfe aus ihren strategischen Waffenarsenalen vernichten. Aber selbst wenn die atomare Abrüstung fortschreitet, bleiben drei Hinterlassenschaften dieser Epoche präsent:

- der ungebremste Drang, sich Zugang zu Wissen und Technologie zu verschaffen;
- das Wissen, atomare Waffen bauen zu können;
- das waffenfähige Material, das auch bei einer nicht-militärischen Nutzung der Kernenergie weiter anfällt.

Wege der Erinnerung

Hiroshima – eine Stätte des Martyriums

Am 6. August 1952 wurde in Hiroshima der erste Gedenkstein für die Opfer der Atombombe der Öffentlichkeit übergeben. Der Ort wird als »Kenotaph« – als leeres Grabmal für einen Toten, der dort nicht begraben liegt – bezeichnet. Die Inschrift lautet in ihrer englischen Übersetzung »Rest in peace, the mistake shall not be repeated«, während die japanischen Worte eine mehrdeutige Übertragung zulassen. Eine lautet: »Laßt die Seelen hier in Frieden ruhen, damit sich das Unheil nicht wiederholt.«[14], eine andere: »Laßt alle Seelen hier in Frieden ruhen, denn wir werden das Böse nicht wiederholen.«[15] Wie auch immer, es bleibt der Eindruck des Vagen und der Intention, alle Menschen in die Verantwortung für das Geschehen einzubeziehen, in Zukunft Haß zu überwinden und den Weltfrieden zu verwirklichen. In der gleichen Absicht ist auch der Ort mit seiner später entzündeten »Flamme des Friedens« inszeniert. Hiroshima sollte zu einem universalen Symbol der Anti-Atom-Bewegung und der globalen Pflicht zum Frieden gemacht werden.

Die Reaktionen in der japanischen Gesellschaft und Politik nach 1945 auf die Zerstörung der beiden Städte Hiroshima und Nagasaki waren von den Schwierigkeiten bestimmt, dies Ereignis in ein angemessenes Verhältnis zur Bewertung der eigenen Schuld im Zweiten Weltkrieg und im vorangehenden sino-japanischen Krieg zu setzen. Hinzu kamen die Auswirkungen der amerikanischen Besetzung des Landes in der Nachkriegszeit und der engen sicherheitspolitischen Bindungen, die Japan durch den Abschluß eines Militärpaktes mit den USA im aufziehenden Ost-West-Konflikt eingegangen war. Bis in die späten vierziger Jahre untersagten die US-amerikanischen Besatzungstruppen in Japan jede öffentliche Beschäftigung mit den Folgen der beiden Abwürfe von Atombomben. Sie wollten damit möglicherweise eine Kritik an den USA unterbinden. Die unmittelbar von den Folgen der Atombombenexplosionen betroffenen Menschen in Hiroshima und Nagasaki erfuhren über Jahre hinweg keine öffentliche Anerkennung und Hilfe, zumal auch die Schwere ihres Leidens durch fehlende Information nicht bekannt wurde. Das medizinische Interesse galt allein der Erforschung der Auswirkungen der atomaren Schäden, nicht aber der Rehabilitation. Bis zum Jahr 1957 mußten die Überlebenden die Kosten für ihre medizinische und soziale Versorgung selbst bestreiten. Ähnlich wie behinderte Menschen galten die Strahlenkranken nach der shintoistischen Tradition als unrein. Die Menschen blieben im gesellschaftlichen Abseits. Erst im Mai 1949 entschloß sich das japanische Parlament, ein Aufbauprogramm für beide Städte zu initiieren. Gleichzeitig setzte das politische Interesse ein, die Atomenergie für den wirtschaftlichen Wiederaufbau des Landes zu nutzen. Dazu schien es nicht opportun, gleichzeitig die Risiken dieser Energiequelle öffentlich zur Schau zu stellen.

Erst mit der Zuspitzung des globalen Konfliktes zwischen Ost und West, die die Region mit dem Korea-Krieg zu Beginn der fünfziger Jahre und den nachfolgenden Spannungen zwischen den USA, China und der Sowjetunion unmittelbar erlebte, erwachte eine intensivere Auseinandersetzung mit dem Geschehen der Augusttage des Jahres 1945. Als im Jahr 1954 die Besatzung eines japanischen Fischkutters bei amerikanischen Tests von Wasserstoffbomben im Bikini-Atoll atomar verstrahlt wurde, wurden die Erinnerungen an die Folgen des Abwurfs der beiden Atombomben wieder lebendig. Die Japaner entdeckten sich als alleinige und einzige Opfer von Atombomben – eine Formel, die konservativen Kräften im Lande dazu diente, die Kriegsschuldfrage gegenüber den süd- und südostasiatischen Nachbarn und die Leiden der koreanischen Opfer in Japan selbst in den Hintergrund zu drängen. Auf der Linken fanden sich Anti-Atom-Bewegung und Gegnerschaft gegen die zunehmende Verstrickung der USA in den Vietnam-Krieg zusammen. Die kontroverse Deutung war da, mit all ihren immanenten Fluchtbewegungen vor der Auseinandersetzung mit den tatsächlichen Gegebenheiten. Der Einsatz der Atombombe wurde gemeinhin in Japan nicht als Mittel angesehen, um den Zweiten Weltkrieg in der Pazifik-Region möglichst rasch zu beenden, sondern als Auftakt des Kräftemessens zwischen den USA und der Sowjetunion. Die japanischen Toten seien letztlich einem Machtkalkül der USA zum Opfer gefallen. Zudem blieb die japanische Diskussion auch nicht frei von Argumenten, die den USA rassistische Absichten bei ihrer

Entscheidung zugunsten des Einsatzes von Atombomben gegen Japan unterstellten.[16]

So unterschiedlich die Linke und die Rechte in Japan das Verhalten von Regierung und Militär im Zweiten Weltkrieg bewerten, so einig waren und sind sie sich, daß Hiroshima »die grausamste und kaltblütigste aller militärischen Aktionen während des Zweiten Weltkrieges« war.[17] Mit dieser Argumentationsfigur gelang es, über die Vergehen gegen die Menschlichkeit, die im japanischen Namen während des Zweiten Weltkrieges ausgeübt worden waren, hinweg zu gehen und sich als gesamte Nation als großes Opfer zu sehen. Die Leiden der Menschen nach dem Abwurf der beiden amerikanischen Atombomben verflochten sich in der gesellschaftlichen Wahrnehmung mit den Leiden, die Soldaten und Bevölkerung Japans im vorangegangenen Krieg zu tragen hatten. So wie sich das Volk als Opfer eines von Militär, führenden Beamten und Industrie eigenwillig angezettelten Krieges sah und sich als unschuldig heroisierte, so erhielten auch die Atomexplosionen eine Alibifunktion.

»Das Selbstverständnis des Volkes als Opfer der Staatshandlung ermöglichte eine Identifikation mit den Atomopfern, erkauft durch Ignoranz gegenüber den Opfern der japanischen Invasion. Natürlich hat diese eigenartige Selbststilisierung in weiten Kreisen der Bevölkerung zur Herausbildung einer neuen Mentalität beigetragen, nämlich der des unnachgiebigen und totalen Pazifismus. Der Slogan ›Nie wieder Krieg – nie wieder Waffengang‹, der vielleicht nur egoistisch gedacht war, fand nach 1945 lange Zeit große Unterstützung.«[18]

In den japanischen Reaktionen auf die beiden Explosionen von Atombomben über Hiroshima und Nagasaki des Jahres 1945 mischen sich Entsetzen angesichts des Geschehens und die verbreitete Uneinsichtigkeit angesichts der selbst begangenen Grausamkeiten gegenüber den Gegnern des Landes im Zweiten Weltkrieg. Die Rollen von Opfern und Tätern überblenden sich in der Rückschau. Hiroshima erhöht sich zu einem Symbol eines universalen Martyriums, und die japanischen Sünden gehen in den Sünden der Menschheit auf.

»Das ermöglicht es den Japanern, zwei Wege gleichzeitig zu beschreiten, den nationalen Weg als in der Geschichte einzig darstehendes Opfer der Atombombe und einen universellen Weg als Apostel des Geistes von Hiroshima.«[19]

Hiroshima verkörpert die Sicht und die Unschuld der Opfer. Von hier aus liegt es nicht fern, den Vergleich zu Auschwitz zu ziehen, der in Japan als einziger für das Geschehen akzeptiert wird.

Reflexe in den USA

Auch in den USA schwelt der Streit, mit welchen Inhalten und Interessen sich an Hiroshima und Nagasaki zu erinnern sei, dicht unter einer scheinbar ruhigen Oberfläche. Zu eng ist er mit späteren Grundsatzentscheidungen zugunsten der atomaren Rüstung und der Abschreckungsstrategie verbunden. So brach die Auseinandersetzung über das Pro und Contra der Entscheidung im Jahr 1945 für den Einsatz der Atombomben gegen Japan heftig auf, als im Jahr 1995 der fünfzigste Jahrestag des Endes des Zweiten Weltkrieges bevorstand. Welche Faktoren hatten die schicksalsschwere Entscheidung Präsident Trumans bestimmt, und warum war der Einsatz der A-Bombe für verantwortliche Politiker attraktiver als andere Alternativen gewesen? In dem Konflikt arbeitet die eine Position heraus, daß die wichtigsten Politiker den Einsatz der A-Bombe als legitim ansahen und nicht grundsätzlich hinterfragten. Das maßgebliche Motiv sei die Aussicht gewesen, mit dem Einsatz der atomaren Bomben den Krieg gegen Japan rasch zu beenden. Die andere Position betont, daß die US-Regierung aus innenpolitischen Gründen den Hinweisen auf ein bevorstehendes japanisches Kapitulationsangebot nicht hinreichend nachgegangen sei und zudem darauf gesetzt habe, mit der neuen Waffe die Ausgangsposition gegenüber der Sowjetunion zu stärken.[20] Ihren populären Niederschlag fand die wissenschaftliche Kontroverse in den USA seit 1994 in dem Streit um die offizielle »Enola Gay«-Ausstellung im National Air and Space Museum. Dort sollte das gleichnamige Flugzeug gezeigt werden, das seinerzeit die Bombe nach Hiroshima transportiert hatte. Nationale wie internationale Proteste rief auch die Absicht der Postverwaltung der USA hervor, eine Sonderbriefmarke anläßlich des Gedenkens an das Kriegsende 1945 mit dem Aufdruck »Atomic bombs hasten war's end, August 1945« herauszubringen.[21] Die Einsprüche wendeten sich gegen eine nachträgliche Rechtfertigung des Einsatzes atomarer Bomben, und Präsident Clinton sah sich genötigt, den Druck der Marke zu stoppen.

Der Streit um Inhalt und Form dieses Moments der Erinnerung trägt deshalb soviel Brisanz in sich, weil in ihm unterschiedlich in der Vergangenheit besetzte Optionen für die Gestaltung zukünftiger Sicherheitspolitik miteinander um Dominanz ringen. Zudem ist die aktuelle nordamerikanische Debatte um die Bewertung der Abwürfe der Atombomben über Hiroshima und Nagasaki nicht dem Bannkreis der Kontroversen entkommen, die die nordamerikanische Gesellschaft noch immer über den Vietnam-Krieg der sechziger und siebziger Jahre führt. Die hier offenkundige Niederlage der US-Streitkräfte habe – so ein Argument, das sich gegen ein Schuldeingeständnis seitens der USA wendet – zu einem rückwärts gewandten »Hiroshima guilt trip« geführt.[22]

Fluchten in politische und militärische Fiktionen

Die internationale Politik im Atomzeitalter hat auf die im Jahr 1945 eingetretene Situation mit drei einander bedingenden Fluchtbewegungen reagiert:
- Sie orientierte sich an einem vereinfachenden Weltbild, indem sie die politischen Konstellationen und Machtverhältnisse auf ein bipolares Modell reduzierte.
- Ein atomarer Krieg war nicht zu führen. Dennoch wurde alles militärische Denken, Planen und Rüsten auf die als real angenommene Möglichkeit eines atomaren Krieges ausgerichtet.
- Die klassische militärische Devise, den Feind durch eigene Rüstung und Strategie von einem Angriff abzuhalten, wurde zu einer differenzierten Strategie der Abschreckung umgewandelt.

Alle drei Fluchtbewegungen haben sich nicht allein auf die politische Sphäre beschränkt, sondern unmittelbar Eingang in das gesellschaftliche Wissen und das individuelle Bewußtsein gefunden. Menschen, Völker und Staaten, die den Zweiten Weltkrieg überstanden hatten, glitten sofort in einen neuen Status über, der unter dem Zeichen eines drohenden neuen Weltkrieges stand. Dieser Krieg war immer möglich. Jedoch wurde er, wie wir heute nach fünfzig Jahren wissen, nicht zur Realität. Er blieb, mit der simplen, aber einprägsamen Formel gesprochen, immer ein »kalter Krieg«.

Das einfache Weltbild: Die Bipolarität

Mit der Rede von der Bipolarität wird das internationale Kräfteverhältnis so beschrieben, daß sich die meisten politischen Einheiten um zwei von ihnen gruppieren, deren Kräfte die der anderen überragen: die Vereinigten Staaten und die damalige Sowjetunion.[23] Der Rest gehörte zur Peripherie. Damit wurde das militärische Potential im Vergleich zu Geographie, Volkswirtschaft oder Bevölkerungszahl zum wichtigsten Machtfaktor. Die Interessen der Supermächte in den Blöcken waren klar bestimmt und exklusiv, die Interessen an der Peripherie veränderlich. Unvereinbarkeiten wurden soweit zugelassen, wie sie die globale Stabilität nicht tangierten.[24] Beide Supermächte drangen innerhalb ihrer Einflußbereiche darauf, daß ihre Hegemonie nicht in Frage gestellt wurde. Die Folge der globalen Bipolarität war eine blockinterne Unipolarität. Dafür zahlten die Mitgliedsstaaten in den Blöcken mit der Einschränkung ihrer Souveränität, denn beide Supermächte sorgten für eine zumindest teilweise gewaltfreie Regelung von Konflikten innerhalb ihres Einflußbereiches. Sie verhinderten zudem, daß Auseinandersetzungen in Blockkonfrontationen übergingen. Der Gegensatz zwischen Ost und West fand seinen Niederschlag in einer ideologischen Überhöhung. Mit dem »Wettkampf der Systeme« verengte sich die Perzeption der Wirklichkeit in einem Umfang, dessen Ausmaß erst heute – nach dem Ende der Bipolarität – sichtbar wird.

Die Flucht in das einfache Weltbild der Bipolarität forderte ihren Preis im Verlust des Realitätsbezugs. Ihre Attraktivität und Wirkungsmacht lagen darin, daß sie auf weltpolitischer Ebene jenes Ordnungsmuster fortschrieb, das seit der französischen Revolution zwischen rechts und links, zwischen progressiv und regressiv, zwischen gut und böse unterschieden hatte. Das eine konnte nur dadurch existieren, daß es das andere gab. Man brauchte den Gegner, um sich selbst zu bestätigen.[25]

Der fiktionale Krieg

Seit dem Übergang zum weltweiten »Kalten Krieg« basierten alle militärisch-politischen Planungen und Instrumente nicht mehr auf empirischer Evidenz oder Erfahrung. Niemand wußte oder weiß, einen atomaren Krieg auszutragen.[26] Vielmehr richteten sich nun alle politischen und militärischen Bemühungen darauf, den Krieg zu verhindern, was zu einer unbedingten Symbiose von Militär und Politik führte. Mit den Atomwaffen waren militärische Mittel zur politikprägenden Größe geworden – was sich im Rückblick als regressives Moment herausstellte.

Unter der Vorgabe der Kriegsverhütung hielt eine neue politische Rationalität Einzug, die eine Balance zwischen den Optionen der Zerstörung und der des Überlebens herstellen sollte. Beide Optionen waren denkbar und vorhanden. Ein eindeutiges Handeln dagegen war nicht möglich, so daß zur Deutung der Situation auf das Bild der Komplementarität zurückgegriffen wurde. Mit ihr beschreibt die Physik das gleichberechtigte Nebeneinander von sich ausschließenden Bedingungen.[27] Die Politik geriet unter den Zwang zu handeln, ohne die Zukunft tatsächlich zu kennen. Ihr Alltag war davon gekennzeichnet, die Erwartungsunsicherheit zu steuern.[28] Ungewollte, unerträgliche Zustände konnten nicht beseitigt, sondern nur in der Schwebe gehalten werden. Es galt zu verhindern, daß die erreichte Stabilität von Drohung und Kriegsverhütung aus den Fugen geriet.

Die Realität der Atombombe als einer »totalen Waffe« (Günther Anders), einmal erfahren in Hiroshima und Nagasaki und anschließend hundertfach in langen Testreihen erprobt, lebte in Szenarien fort. Die Wahrheit wurde nicht maskiert, sondern in einen anderen Zustand transformiert, der letzten Endes mehr der Drohung als dem wirklichen Einsatz diente.[29] Diese Fiktionen schufen sich in unterschiedlichen Formen Ausdruck. Neben unmittelbaren Manifestationen der Angst und des Erschreckens standen jene, die mit ihr spielten, getreu der Maxime des amerikanischen Filmregisseurs John Houston: »Wenn der Mythos besser ist als die Wirklichkeit, muß man beim Mythos bleiben.«[30] Hier boten sich Möglichkeiten, aus den Szenarien eines nuklearen Krieges zwischen den beiden Supermächten Funken zu schlagen. Die Irrationalität menschlichen Handelns suchte immer wieder die Logik der Kriegsverhütung zu unterlaufen. Sie lieferte die Grundlage zahlreicher Drehbücher für die Inszenierung der großen Katastrophe. James Bond hätte allerdings seinen Reiz sofort verloren, wenn es ihm nicht stets gelungen wäre, diese Ausbruchsversuche aus der immanenten Logik der Kriegsverhütung unter Einsatz seiner Manneskraft zu unterbinden. Vor allem sein siegreicher Kampf gegen jenen Dritten – ob Deutschen oder Asiaten –, der sich dem Gleichgewicht der Bipolarität entzog und es durchbrechen wollte, zog die Faszination auf sich. Diese Ordnung ertrug keinen Störer, und die Zuschauer der Filme wollten sich in dieser Sicherheit bestätigt sehen – eine lohnende Aufgabe für den Spezialagenten einer Macht wie Großbritannien, die in einer bipolaren Welt eigentlich keinen Platz mehr hatte.

Die Fixierung darauf, in der bipolaren Welt einen großen Krieg zu verhindern, war so stark, daß sie alle Kriege seit 1945 unter die globale Konfrontation subsummierte und zu Konflikten zweiter Ordnung degradierte. Dabei stieg die Zahl von offenen Konflikten. Und mit ihnen wuchs die Zahl von Opfern, deren Höhe inzwischen diejenige überschritten hat, die im Zweiten Weltkrieg ihr Leben verloren haben. Auch wenn ein Dritter Weltkrieg verhindert werden konnte, war die Welt nicht friedlicher geworden.

Kriegsverhütung durch Abschreckung

Das Atomzeitalter machte mit der Vorstellung Schluß, Kriege könnten durch die Fähigkeit zur Verteidigung verhindert werden. Die militärische Sicherheit beruhte nach 1945 nicht mehr auf dem Vermögen zur Verteidigung. Statt dessen wurde einem Gegner angedroht, daß die Kosten eines Sieges, eines Erfolges für ihn unkalkulierbar hoch – im Extremfall bis an die Grenzen seiner eigenen Vernichtung – steigen könnten.[31] Aus der traditionellen »Abhaltung« (englisch: detention) war die »Abschreckung« (englisch: deterrence) zur militärisch-politischen Maxime geworden. Das Funktionieren der Abschreckung in ihren verschiedenen Varianten stützte sich auf das Zusammenwirken von drei Faktoren:
- der Verfügung über ein militärisches Potential, das groß genug ist, um dem Gegner einen untragbaren Schaden zuzufügen;
- der Fähigkeit, einen nuklearen Schlag zu überleben und auf ihn mit gleichen Mitteln antworten zu können (= Zweitschlagskapazität);
- der Glaubwürdigkeit, das Risiko einer Selbstzerstörung einzugehen und die atomaren Waffen tatsächlich einzusetzen.

Trotz aller immanenten Gegensätze stützte sich die kriegsverhütende Wirkung der Abschreckung darauf, daß beide Seiten einen Mechanismus des Konsens im Dissens gefunden hatten. Geriet einer der genannten Faktoren in Zweifel, brach die Logik des gesamten Systems der Abschreckung zusammen.

Das Prinzip der Abschreckung übertrug auf die Weltpolitik simple Regeln zwischenmenschlichen Verhaltens, die sich auch in den benutzten Sprachformeln niederschlugen:

»Um einen Gegner von einer Handlung abzuschrecken, muß ich für den Fall, daß er so handelt, ein Übel androhen. Das Übel muß einerseits groß genug sein; sonst könnte er den Gewinn, den ihm seine Handlung bringt, vorziehen und das Übel in Kauf nehmen. Andererseits muß hinreichend wahrscheinlich sein, daß ihm das Übel, falls er tatsächlich handelt, wirklich zugefügt wird: also, daß ich es kann und auch will. Meinen Willen kann er seinerseits durch eine Gegenabschreckung zu lähmen suchen: Er droht mir für den Fall, daß ich ihn ausführe, mit einem noch größeren Übel.«[32]

Die Glaubwürdigkeit der atomaren Drohung hängt davon ab, ob man auf die Drohung des jeweiligen anderen mit einer angemessenen Gegenreaktion antworten kann, ohne selbst Risiko zu laufen, in die Eskalationszwänge einer Auseinandersetzung zu geraten. Dennoch muß für das gesamte Spektrum denkbarer Angriffe dem Gegner ein für ihn nicht akzeptabler Schaden angedroht werden. Dies macht die eigenen Reaktionen für einen Gegner unvorhersehbar, sein Risiko bewußt unkalkulierbar. Aber damit wird in dem aufgezeigten Wechselverhältnis auch das eigene Risiko unkalkulierbar, »... und das wiederum hat Rückwirkungen auf die Glaubhaftigkeit jeder Reaktionsdrohung«.[33]

Im Sinne der Transformation von Realität in eine aus Szenarien gebildete Fiktion hat sich in der Logik der Abschreckung eine substantielle Umwertung von Gefahr niedergeschlagen. »Gefahren« bezeichnen in Anlehnung an Niklas Luhmann Drohungen, die außerhalb des menschlichen Einflusses liegen. »Risiken« dagegen sind das Ergebnis von Entscheidungen. Beides mischte sich in den Szenarien zu einem unentwirrbaren Bündel von Annahmen und Realitäten. Die Ironie des Atomzeitalters liegt im expliziten Imperativ aller Planungen und Vorbereitungen, die »Gefahr« zu vermeiden, daß sich die »Risiken« in eine Gefahr zurückverwandeln.[34]

Ähnlich fragil sind die Vorstellungen von Stabilität, die mit dem Abschreckungssystem einhergingen. Die politische und militärische Planung hatte immer vorauszusetzen, daß der schlimmste aller möglichen Fälle eintritt (= worst case). Dafür mußte sie vorbereitet sein, auch um den Preis, in eine nach oben offene »Rüstungsspirale« einzusteigen – eine Metapher, die die unvorstellbaren Anstrengungen auf dem Rüstungssektor kaschierte. Der Aufbau einer wechselseitig zugesicherten Zerstörungsfähigkeit (= MAD: mutual assured destruction) ist ein Beispiel für das Bemühen, in den Zustand der Instabilität gewisse Garantien der Berechen- und Vorhersehbarkeit einzuführen. Von deren Gültigkeit hing es ab, den Gesamtzustand zu erhalten.

»Gleichgewicht ist ein Bild. Ob man so ein Bild als gegeben ansieht, hängt zum einen davon ab, welche Aufgaben man den eigenen strategischen Waffen stellt, und richtet sich zum anderen an die eigenen Annahmen, welche Aufgaben der Gegner seinen strategischen Waffen gegeben hat. Vor allem kommt es darauf an, ob man nach gleichen militärischen Fähigkeiten fragt – oder ob man mit ›Gleichgewicht‹ eigentlich Stabilität, gleiche militärische *Unfähigkeit* zur sinnvollen Nutzung der Potentiale meint. Es hängt ferner davon ab, welche technisch-militärischen Fähigkeiten man einzelnen Waffensystemen des Gegners oder der eigenen Seite für eine bestimmte Aufgabenstellung (z.B. Zerstörung verbunkerter Interkontinentalraketen) zumißt. Eine Rechnung, die letztlich nur ein Krieg verifizieren oder falsifizieren kann.«[35]

Paul Virilio hat die Unbestimmtheit von Glaubwürdigkeit, Risiko und Stabilität als Ausdruck der »Interpretationsdelirien zwischen Ost und West« bezeichnet.[36] Für ihn hat die Wirksamkeit des politisch-militärischen

Systems des Atomzeitalters die Wahrheit zugunsten der terrorisierenden Abschreckung durch Waffen massiver Zerstörungskraft beseitigt. An ihre Stelle ist die Hauptfigur der Desinformation getreten. Die virtuelle Grundlage des Rüstungswettlaufes und der Militarisierung von Politik und Wissenschaft wurde trotz der wirtschaftlichen Lasten als »günstiger« betrachtet als eine reale Konfrontation mit ihren desaströsen Folgen.

Fazit: Die verdrängte Erinnerung

Es war die These von der Flucht als Schatten der Vernichtung, die die vorangehende Reflexion anleitete. Sie bot den Leitfaden, um die disparaten Bestandteile jener fünfzig Jahre, die als Atomzeitalter bezeichnet werden, zu sichten und eine Antwort auf die Frage nach der Qualität der geleisteten Erinnerung zu finden. Die aufgezeigten inszenierten Überhöhungen und politikwirksamen Fluchten in die Fiktion legen es nahe, von einer »verdrängten Erinnerung« als einer dritten Form von Erinnerung neben der »authentischen« und der »konstruierten« Erinnerung zu sprechen.

Die Abwürfe der beiden Atombomben über Hiroshima und Nagasaki haben die Wirklichkeit im Jahr 1945 und danach grundlegend verändert. Verbreitete Metaphern wie die Rede davon, nun sei der Geist der Flasche entwichen und man wisse nicht, wie man ihn wieder bannen solle, decken die intellektuelle wie politische Hilflosigkeit diesem Fakt gegenüber auf. Die Erinnerung an die atomare Zerstörung der beiden japanischen Städte suchte die Orte zu einem Fanal des Nie-Wieder zu gestalten und ließ sich auf eine die Tatsachen und Verantwortlichkeiten vernebelnde Vermengung von Tätern und Opfern ein. Die Folgen des getrübten Blicks auf das Geschehen in Hiroshima und Nagasaki sind noch heute im kollektiven Bewußtsein nicht nur der japanischen Gesellschaft präsent. Ebenso viel Aufwand diente jedoch auch dazu, den am 6. August 1945 eingeleiteten weltpolitischen Zustand in der Schwebe zu halten und damit den Zustand des »Unnormalen« zu normalisieren. Die Projektion einer drohenden Apokalypse lähmte die Politik. In deren Fixierung auf Sicherheit als Bewahrung des Status quo gingen alle innovativen Elemente, diese Situation zu überwinden, unter. Für Günther Anders wurden der Abwurf der Bomben auf Hiroshima und Nagasaki und die fortwährende atomare Bedrohung zu einem Ereignis, das zu groß sei, das jede vorhandene menschliche Aufnahmefähigkeit überfordere und das deshalb – kein einfacher Gedanke – Veränderungen in der »conditio humana« erzwänge: Ausbildung, höhere Elastizität der menschlichen Phantasie- und Gefühlsleistungen.[37] Dies ist faktisch nicht eingetreten, und darin liegt das Moment der Verdrängung.

Wie hätte eine Erinnerung aussehen können, die nicht der Verdrängung folgt?

– Wenn als Kategorie die »verdrängte Erinnerung« eingeführt wird, so folgt diese Argumentation nicht der Annahme von Günther Anders, das Ereignis der Atombombe sei für die Menschen »zu groß«. Schließlich ist es von Menschen ersonnen und ins Werk gesetzt worden. In der Wissenschaft hatte man schnell einen Schuldigen gefunden, der nun mit dem Makel leben mußte, die Quelle des Ungeheuerlichen geworden zu sein. Die Fixierung auf die Apokalypse und die Zweifel an den intelligenten Möglichkeiten der Menschen taten das Ihrige, um die Politik von der Aufgabe zu entlasten, sich neuen Optionen zu stellen.

– Eine wirksame, auf die neue Realität des Atomzeitalters bezogene Form der Erinnerung hätte eine Balance zwischen der Konsequenz politischer Optionen und einem der geschaffenen Bedrohung angemessenen Handeln herstellen müssen. Statt dessen hat man letztlich der Steuerung des Risikos den Vorrang gegeben. Der Preis war eine Lähmung der Politik. Man ist der Situation nicht entkommen, die Carl Friedrich von Weizsäcker im Jahr 1958 als die »stählerne Glocke der Atomwaffen« bezeichnet hatte.[38]

– Eine wirksame Erinnerung an Hiroshima hätte den progressiven Optionen Vorrang gegenüber den regressiven Tendenzen der Sicherheit einräumen müssen. Die Erinnerung wäre dann ein stimulierender Faktor geworden, emanzipativ aus der Erfahrung der Vergangenheit zu neuen politischen Ordnungs- und Handlungsvorstellungen vorzustoßen.

Möglicherweise steht dies jetzt an, nachdem sich die Bipolarität durch die ihr eigenen Widersprüche aufgelöst hat. Die Zeit der Katastrophenindifferenz ist vorbei. Die Drohung der Totalapokalypse ist in eine partialer Apokalypsen verwandelt (Rudi Thiessen). Die Hoffnung von Carl Friedrich von Weizsäcker und anderen, Menschen, Gesellschaften und Staaten würden innerhalb der Logiken der Bipolarität, eines atomaren Krieges und der Abschreckung neue Formen des politischen Handelns lernen, haben sich trotz der Entwicklungen, die das Ende des Ost-West-Konfliktes herbeiführten, nicht erfüllt. Vielmehr zeigt sich: Flucht und Fiktion machen müde! Regressive politische

Konzepte greifen um sich, wenn es darum geht, die Phase der fünfundvierzigjährigen Stagnation, in der die internationale Politik unter der atomaren Drohung stand, zu überwinden. Davon zeugen die zahlreichen manifesten und gewaltträchtigen Konflikte in vielen Krisenregionen der Welt ebenso wie der Beinah-Ruin, in den überstaatliche Institutionen, allen voran die Vereinten Nationen, nach 1990 getrieben wurden.

Diese Hypothek bringt das Atomzeitalter in eine neue Zeit. Daneben bleiben die materiellen Erbschaften dieser Epoche präsent: das Vorhandensein atomarer Waffen und das Wissen, ihren Einsatz vorzubereiten. Die Hindernisse, die einem Verbot von Atomwaffentests in den Weg gestellt werden, dokumentieren, daß es derzeit unmöglich ist, ein effektives Regime gegen die Verbreitung von Atomwaffen zu errichten. Am Verfügen über diese Waffen hängt noch immer der Anspruch von Staaten, tatsächlich souverän zu sein. Gegen das Festhalten daran, daß es noch immer die Atomwaffen seien, die die Welt vor zunehmenden konventionellen Kriegen bewahrten, ruft ein Praktiker wie profunder Theoretiker der Nuklearstrategie wie Robert McNamara an:

»Wenn wir es endlich wagen, aus den Denkschemata auszubrechen, die die Nuklearstrategie der Atommächte seit über vier Jahrzehnten bestimmen, dann kann es uns meiner Ansicht nach gelingen, den Geist in die Flasche zurückzuverbannen. Wenn wir es nicht tun, besteht die große Gefahr, daß das 21. Jahrhundert einen nuklearen Holocaust erlebt.«[39]

Selbst ein so scharf formuliertes Postulat entkommt nicht dem Dilemma, die Möglichkeiten einer weltumspannenden Zerstörung, wie sie das Atomzeitalter birgt, in Bezug zu dem tatsächlichen Geschehen des Judenmords zu setzen. Heißt dies, daß für die Erinnerung an Hiroshima keine differenzierenden Reaktionen gegeben sind? Das Atomzeitalter hätte die Welt immer noch fest im Griff.

Anmerkungen

1 Vgl. Georg Picht, *Hier und Jetzt. Philosophieren nach Auschwitz und Hiroshima*, Band 2, Stuttgart 1981, S. 374.
2 Vgl. Michael Salewski, »Zur Dialektik der Bombe«, in: ders. (Hg.), *Das Zeitalter der Bombe. Die Geschichte der atomaren Bedrohung von Hiroshima bis heute*, München 1995, S. 7-26, S. 9.
3 Thomas Assheuer, in: *Frankfurter Rundschau* vom 26. 3. 1994.

4 Vgl. Picht (wie Anm. 1), S. 371.
5 Günther Anders, *Die Antiquiertheit des Menschen. Über die Seele im Zeitalter der zweiten industriellen Revolution*, 2. Aufl., München 1958, S. 241-243.
6 Arnold Bergsträsser, »Das Problem der Friedenssicherung im Atomzeitalter« (Erstdruck 1958), in: Uwe Nerlich (Hg.), *Krieg und Frieden in der modernen Staatenwelt*. Beiträge der Sozialwissenschaft, Bd. 2, Gütersloh 1966, S. 378-383, hier S. 383.
7 Bernd Kubbig, »Hiroshima, Nagasaki und die Rolle der Naturwissenschaftler. Der gegenwärtige Forschungsstand im Spiegel neuerer Literatur«, in: *Wissenschaft und Frieden* 12, 1995, S. 12-21, hier S. 13.
8 Ein Shinto-Priester, zitiert in: Anton Zischka, *Krieg oder Frieden. Die Chancen des Friedens in unserer Zeit*, Gütersloh 1961, S. 66.
9 Vgl. ebenda, S. 73 f.
10 Vgl. ebenda, S. 69.
11 Charles-Noel Martin, *Atom. Zukunft der Welt*, Frankfurt/M. 1957, S. 25 f.
12 Zur laufenden Entwicklung vgl. Constanze Eisenbart u. a., »Erfolge und Mühsal nuklearer Abrüstung und Nichtverbreitung«, in: Bruno Schoch u. a. (Hg.), *Friedensgutachten 1996*, Münster 1996, S. 269-286 mit regionalen Akzenten.
13 *Frankfurter Rundschau* vom 18. 3. 1994.
14 Wolfgang Schwentker, »Hiroshima und Nagasaki. Die Zerstörung der Städte und die Formen der Erinnerung in Japan«, in: *Wissenschaft und Frieden* 12, 1995, S. 75-79, hier S. 77.
15 Ian Buruma, *Erbschaft der Schuld. Vergangenheitsbewältigung in Deutschland und Japan*, München/ Wien 1994, S. 121.
16 Vgl. Schwentker (wie Anm. 14), S. 77 f.
17 Ian Buruma, »Schuld in Ost und West«, in: *Wissenschaft und Frieden*, 12, 1995, S. 80-86, hier S. 81.
18 Kenichi Mishima, »Fehlende ›Vergangenheitsbewältigung‹ in Japan. Der Versuch einer Erklärung«, in: *Wissenschaft und Frieden*, 12, 1995, 2, S. 83-86, S. 85.
19 Buruma, *Erbschaft* (wie Anm. 15), S. 136.
20 Vgl. Kubbig (wie Anm. 7), S. 13 f. mit Literaturverweisen.
21 Vgl. Salewski (wie Anm. 2), S. 10, und *Rheinische Post* vom 9. 12. 94.
22 Vgl. Kubbig (wie Anm. 7), S. 14, zitiert Robert P. Newman, *Truman and the Hiroshima Cult*, East Lansing 1995, S. 183.
23 Vgl. Raymond Aron, *Frieden und Krieg. Eine Theorie der Staatenwelt*, Frankfurt/M. 1963, S. 166. Siehe auch: Harrison R. Wagner, »What was Bipolarity?« in: *International Organization* 47, 1993, 1, S. 77-106.
24 Vgl. Erich Weede, »Determinanten der Kriegsverhütung während des Kalten Krieges und danach. Nukleare Abschreckung, Demokratie und Freihandel«, in: *Politische Vierteljahresschrift*, 35, 1994, S. 62-84, hier S. 68.
25 In Auseinandersetzung mit Norberto Bobbio vgl. Konrad Adam, »Den Aufruhr denken. Richtungskämpfe sind Nachhutgefechte«, in: *Frankfurter Allgemeine Zeitung* vom 4. 5. 1994.
26 Vgl. Stephan Rossbach, *Nuclear Weapons and Western Attitudes toward Death*, MS (unveröffentlicht), Florenz 1993, S. 4.

27 Heidelberger Thesen (1959), These 6, in: Günther Howe, *Atomzeitalter. Krieg und Frieden*, Berlin 1960, S. 225-235, hier S. 230.
28 Carl Friedrich von Weizsäcker, »Mit der Bombe leben« (Erstdruck 1958), in: ders., *Der bedrohte Friede. Politische Aufsätze 1945–1981*, München 1983, S. 43-87, hier S. 64.
29 Vgl. Paul Virilio, »Die Ent-Täuschung. Logik der Wahrnehmung vom Krieg der Töne und Bilder«, in: *Lettre International*, 1991, Nr. 12, S. 16-18, hier S. 16.
30 Zitiert in: Frankfurter Rundschau vom 30. 4. 1994.
31 Vgl. Carl Friedrich von Weizsäcker, »Kriegsfolgen und Kriegsverhütung«. Einleitung zu Horst Afheldt u. a., *Kriegsfolgen und Kriegsverhütung*, München 1971, wiederabgedruckt in: Carl Friedrich von Weizsäcker, *Der bedrohte Friede. Politische Aufsätze 1945–1981*, München 1983, S. 217–246, hier S. 231.
32 Weizsäcker (wie Anm. 31), S. 232.
33 Ebenda, S. 234.
34 In Anlehnung an Rossbach (wie Anm. 26), S. 4.
35 Horst Afheldt, *Atomkrieg. Das Verhängnis einer Politik mit militärischen Mitteln*, München 1984, S. 118.
36 Virilio (wie Anm. 29), S. 16; er trifft sich hier mit Günther Anders.
37 Vgl. Rudi Thiessen, »Katastrophenindifferenz. Wie wir verdrängen, was uns bedrängt«, in: *DU. Die Zeitschrift der Kultur*, 1994, Nr. 2, S. 26-32, hier S. 29.
38 von Weizsäcker (wie Anm. 28), S. 73.
39 Robert S. McNamara, »Meine Vision einer globalen Sicherheit im 21. Jahrhundert«, Vortrag in Frankfurt am Main am 22. 6. 1995, in: *Wissenschaft und Frieden* 12, 1995, S. 4-11, hier S. 11.

Autorenverzeichnis

Fikret Adanır
1941 in Foça/Türkei geboren. Promotion an der Universität Frankfurt/M., seit 1986 Professor für südosteuropäische Geschichte (mit besonderer Berücksichtigung der osmanisch-türkischen Geschichte) an der Ruhr-Universität Bochum. Veröffentlichungen zu Themen der spätmittelalterlichen und neuzeitlichen Geschichte der Balkanländer und der Türkei, insbesondere *Die Makedonische Frage. Ihre Entstehung und Entwicklung bis 1908* (1979); *Geschichte der Republik Türkei* (1995).

Aleida Assmann
1947 in Bethel bei Bielefeld geboren. Professorin für Anglistik und Allgemeine Literaturwissenschaft an der Universität Konstanz. Zahlreiche kulturwissenschaftliche Veröffentlichungen, insbesondere *Arbeit am nationalen Gedächtnis. Eine kurze Geschichte der deutschen Bildungsidee* (1993); (Mit-)Herausgeberin von *Schrift und Gedächtnis* (1983); *Kanon und Zensur* (1987); *Weisheit* (1990); *Kultur als Lebenswelt und Monument* (1991); *Mnemosyne* (1991).

Micha Brumlik
1947 geboren. Professor für Erziehungswissenschaft mit Schwerpunkt Sozialpädagogik am Erziehungswissenschaftlichen Seminar der Universität Heidelberg. Seine Arbeitsschwerpunkte sind die Theorie sozialer Arbeit, die Theorie abweichenden Verhaltens, die Erziehungsphilosophie unter besonderer Berücksichtigung der Ethik. Zahlreiche Veröffentlichungen, insbesondere *Der Anti-Alt* (1991); *Weltrisiko Naher Osten* (1991); *Advokatische Ethik* (1992); *Die Gnostiker* (1992); *C. G. Jung. Zur Einführung* (1993); *Wort, Schrift und Ikone. Wege aus dem Bilderverbot* (1994); *Gerechtigkeit zwischen den Generationen* (1995)

Mihran Dabag
1944 geboren. Dr. phil., Studium der Philosophie, Soziologie und Politikwissenschaften. Leitet das Institut für Armenische Studien in Bochum. Forschungsarbeiten und Veröffentlichungen zur Entwicklungs-, Friedens- und

Konfliktforschung, zur Vergleichenden Diasporaforschung, Arbeiten über die jungtürkische Bewegung und zu Gedächtnis und Erinnerung, insbesondere Mitherausgeber von *Identität und Erinnerung* (1993); *Generation und Gedächtnis* (1995).

Dan Diner
1946 geboren. Professor für außereuropäische Geschichte an der Universität Essen und für deutsche Geschichte an der Universität Tel Aviv. Zahlreiche Veröffentlichungen zur Geschichte Palästinas, zur Diskussion über das Völkerrecht und zur Historiographie des Holocaust, insbesondere *Ist der Nationalsozialismus Geschichte? Zu Historisierung und Historikerstreit* (1987); *Zivilisationsbruch. Denken nach Auschwitz* (1988); *Verkehrte Welten. Antiamerikanismus in Deutschland* (1993); *Kreisläufe. Nationalsozialismus und Gedächtnis* (1995); Herausgeber des *Tel Aviver Jahrbuchs für deutsche Geschichte*.

Jürgen Ebach
1945 geboren. Professor für Exegese und Theologie des Alten Testaments und biblische Hermeneutik an der Ruhr-Universität Bochum. Zahlreiche Bücher und Aufsätze zur Religionsgeschichte, Theologie und Hermeneutik.

Frank Golczewski
1948 in Katowice, Polen, geboren. Von 1983 bis 1994 Professor für Neuere Geschichte an der Universität der Bundeswehr Hamburg, seit 1994 Professor für Osteuropäische Geschichte an der Universität Hamburg. Veröffentlichte insbesondere *Polnisch-jüdische Beziehungen* 1881-1922 (1981); *Kölner Universitätslehrer und der Nationalsozialismus* (1988); Herausgeber von *Geschichte der Ukraine* (1993).

Hanno Loewy
1961 in Frankfurt/M. geboren. Studium der Literaturwissenschaft, Tätigkeit als Publizist und Ausstellungsautor, seit 1990 Projektleiter und seit 1995 Direktor des Fritz Bauer Instituts in Frankfurt/M. Zahlreiche Veröffentlichungen zum Holocaust, zur Kulturgeschichte von Moderne und Nationalsozialismus, zum Neokonservatismus, zur Geschichte der Photographie und zur Geschichte Palästinas, insbesondere *Holocaust. Grenzen des Verstehens. Eine Debatte über die Besetzung der Geschichte* (1991).

Bernhard Moltmann
1945 geboren. Dr. phil., Studium der Geschichte und Politikwissenschaft in Berlin und Rio de Janeiro, wissenschaftlicher Mitarbeiter der Hessischen Stiftung Friedens- und Konfliktforschung, von 1990 bis 1996 Direktor der Evangelischen Akademie Arnoldshain, Autor und Herausgeber von Publikationen zu Themen der Friedensforschung und Sicherheitspolitik in der Dritten Welt, insbesondere *Das Militär (in Brasilien): Neuorientierungen in Zeiten der Krise* (1994); *Neue Gewaltmuster im internationalen Kontext* (1995).

Christoph Münz
1961 in Limburg/Lahn geboren. Dr. phil., Studium der Germanistik und Geschichte an der Universität/Gesamthochschule Siegen. Nach der Promotion Beschäftigung als Übersetzer und in der Erwachsenenbildung. Veröffentlichungen zur Geschichte des Holocaust und des Antisemitismus, vor allem *Der Welt ein Gedächtnis geben. Geschichtstheologisches Denken im Judentum nach Auschwitz* (1995).

Dietrich Neuhaus
1951 in Duisburg geboren. Dr. phil., Studium der Theologie, Philosophie und Literaturwissenschaft, danach Studienleiter an der Evangelischen Akademie Arnoldshain. Zahlreiche Veröffentlichungen zu Themen von Theologie, Kirche und Kultur, insbesondere *Erinnerung und Schrecken. Die Einheit von Geschichte, Phantastik und Mathematik im Werk Leo Perutz'* (1984); *Auf dem Weg zur Nation? Über deutsche Identität nach Auschwitz* (zusammen mit Hajo Funke 1989); *Teufelskinder oder Heilsbringer. Die Juden im Johannesevangelium* (1990).

Jörn Rüsen
1938 in Duisburg geboren. Von 1974 bis 1989 Professor für Neuere Geschichte an der Ruhr-Universität Bochum, seitdem Professor für Allgemeine Geschichte mit besonderer Berücksichtigung der Geschichtstheorie an der Universität Bielefeld. Seit 1994 geschäftsführender Direktor des Zentrums für interdisziplinäre Forschung (ZiF) der Universität Bielefeld. Zahlreiche Veröffentlichungen zu Theorie und Geschichte der Geschichtswissenschaft, Geschichtsbewußtsein und historisches Lernen, insbesondere *Begriffene Geschichte* (1969); *Für eine erneuerte Historik* (1976); *Ästhetik und Geschichte* (1976); *Historische Vernunft* (1983); *Rekonstruktion der Vergangenheit* (1986);

Lebendige Geschichte (1989); *Zeit und Sinn* (1990); *Konfiguration des Historismus* (1992); *Studies in Metahistory* (1993); *Historische Orientierung* (1994); *Historisches Lernen* (1994).

James E. Young
1951 in Kalifornien geboren. Promotion 1983 an der University of California. Professor für English and Judaic Studies, University of Massachusetts, Amherst. Zahlreiche Publikationen zu öffentlichem Gedenken und historischer Vergegenwärtigung vor allem des Holocaust, insbesondere *Writing and Rewriting the Holocaust* (1985), deutsche Ausgabe *Beschreiben des Holocaust. Darstellung und Folgen der Interpretation* (1992); *The Texture of Memory* (1992), deutsche Ausgabe *Formen des Erinnerns*, erscheint Ende 1996.